Christian Immler

Linux mit Raspberry Pi

FRUIT UP
YOUR
FANTASY

CHRISTIAN IMMLER

LINUX MIT RASPBERRY PI

Raspbian, Internet, Linux-Kommandos, Spiele, Office, Mediacenter, Raspberry Pi Camera, GPIO und mehr: Kitzeln Sie alles aus dem Pi heraus

FRANZIS

Bibliografische Information der Deutschen Bibliothek

Die Deutsche Bibliothek verzeichnet diese Publikation in der Deutschen Nationalbibliografie;
detaillierte Daten sind im Internet über http://dnb.ddb.de abrufbar.

Programmleitung und Lektorat: Dr. Markus Stäuble
art & design: www.ideehoch2.de
Satz: DTP-Satz A. Kugge, München
Druck: C.H. Beck, Nördlingen
Printed in Germany

ISBN 978-3-645-60329-4

Inhaltsverzeichnis

Start mit dem Raspberry Pi

Kaum ein elektronisches Gerät in seiner Preisklasse hat in letzter Zeit so viel von sich reden gemacht wie der Raspberry Pi. Der Raspberry Pi ist, auch wenn es auf den ersten Blick gar nicht so aussieht, ein vollwertiger Computer, etwa in der Größe einer Kreditkarte und zu einem sehr günstigen Preis. Nicht nur die Hardware ist günstig, sondern vor allem auch die Software. Das Betriebssystem und alle im Alltag notwendigen Anwendungen werden kostenlos zum Download angeboten.

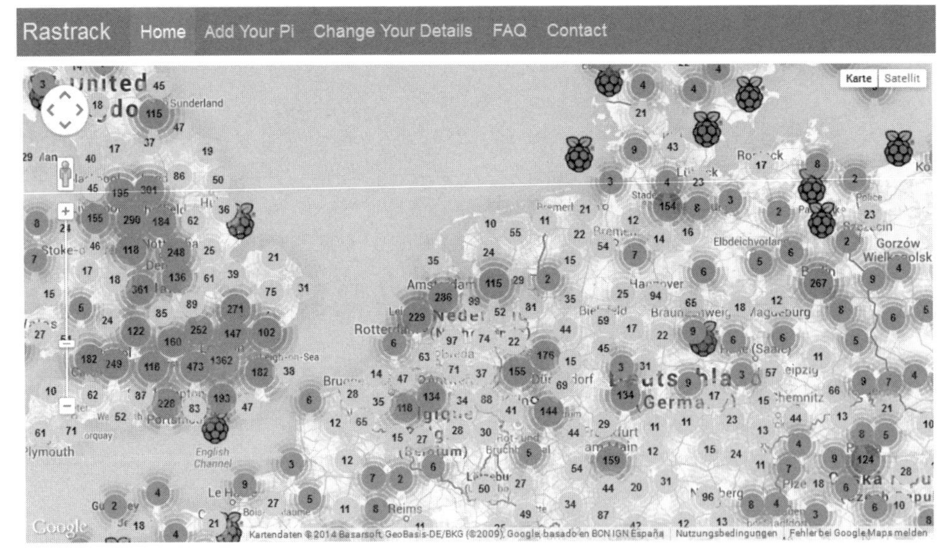

Bild 1.1: Die Website *rastrack.co.uk* zeigt eindrucksvoll, wie viele Raspberry Pis auf der ganzen Welt im Einsatz sind. Der Schwerpunkt liegt, wie zu erwarten, auf Großbritannien, der Heimat des Raspberry Pi.

Linksammlung zum Raspberry Pi

Den Link zur abgebildeten Website sowie auch alle anderen im Buch erwähnten Links und noch mehr finden Sie in unserer Linksammlung zum Raspberry Pi unter *www.softwarehandbuch.de/raspberry-pi.*

Mit dem speziell angepassten Linux mit grafischer Oberfläche ist der Raspberry Pi ein stromsparender, lautloser PC-Ersatz. Seine frei programmierbare GPIO-Schnittstelle macht den Raspberry Pi besonders interessant für Hardwarebastler und die Maker-Szene.

Der Raspberry Pi läuft mit einem 700-MHz-ARM-Prozessor und einer Video-Core-IV-GPU. Die Leistungsfähigkeit der CPU ist mit der eines 300-MHz-Pentium II vergleichbar, der für einen Office-PC jahrelang völlig ausreichte. Die Grafikleistung entspricht etwa der Xbox 1 und liefert HDMI-Qualität. Somit eignet sich ein Raspberry Pi durchaus auch als Mediacenter fürs Wohnzimmer.

Der Name

»Raspberry« ist das englische Wort für Himbeere. Schon früher wurden Computer nach Früchten benannt, wie z. B. Apple, Apricot und Blackberry. »Pi« steht für Python Interpreter, die wichtigste Programmiersprache auf dem Raspberry Pi. Zusammen ergibt sich ein Name, der mit dem englischen Wort für Himbeerkuchen, »Raspberry Pie« phonetisch identisch ist.

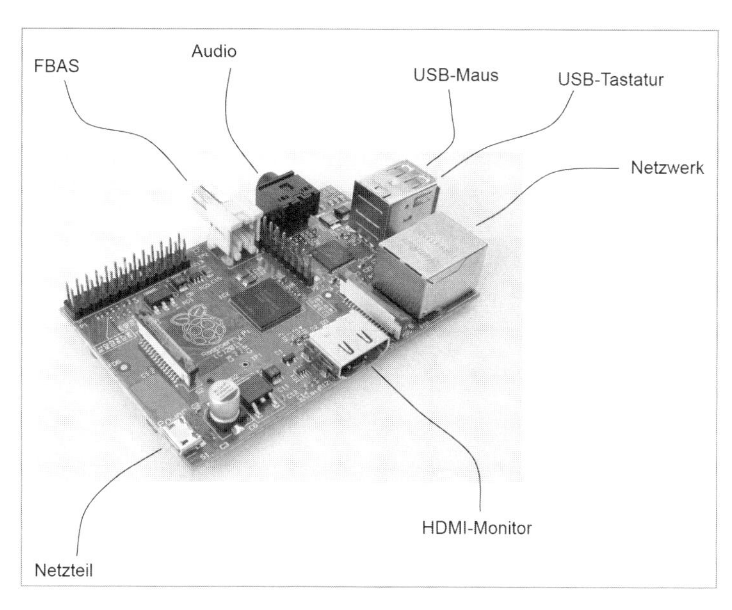

Bild 1.2: Der Raspberry Pi und seine Hardwareanschlüsse.

Die Geschichte des Raspberry Pi

Als die britische Stiftung Raspberry Pi Foundation im Mai 2011 den ersten Raspberry Pi der Presse vorstellte, war das eigentliche Ziel, Schülern mehr Interesse an Informatik und am Programmieren zu vermitteln. Die Entwickler hatten damals an weltweite Verkaufszahlen von um die 1.000 Stück gedacht. Nachdem ein vom britischen Fernsehsender BBC gedrehtes Video zur Vorstellung des Raspberry Pi auf YouTube 600.000 Mal angesehen wurde (*youtu.be/pQ7N4rycsy4*), erhöhten die Entwickler spontan die Erstauflage des Modell B auf 10.000 Stück. Beim Verkaufsstart im Februar 2012 wurden jedoch am ersten Tag bereits 100.000 Stück bestellt, sodass es zu erheblichen Lieferengpässen kam. Daraufhin schloss die Raspberry Pi Foundation Verträge mit den großen britischen Elektronikdistributoren Premier Farnell und RS Components, die die Herstellung und den Vertrieb der Geräte übernahmen. Inzwischen sind etwa 2.000.000 Geräte vom Typ Modell B verkauft worden. Das Modell A ohne Netzwerkanschluss und mit deutlich geringerem Stromverbrauch erschien im Februar 2012.

Was ist Linux?

Linux ist ein freies Betriebssystem auf Basis des früheren Großrechnerbetriebssystems Unix. Es wurde ursprünglich für die Intel-x86-Plattform entwickelt, inzwischen gibt es aber auch Varianten für andere Systeme. Der Name Linux ist abgeleitet vom Namen des finnischen Programmierers Linus Torvalds, der den ersten freien Unix-Kernel veröffentlichte und damit den Grundstein für das heutige Linux legte.

Unix ist ein Betriebssystem, das schon lange vor Windows, auch noch vor DOS, für Computer entwickelt wurde. Der große Vorteil von Unix ist, dass es unabhängig von einer speziellen Hardwareplattform läuft.

Wie weit Unix schon von Anfang an seiner Zeit voraus war, zeigen die wichtigsten Systemeigenschaften, die seit der anfänglichen Entwicklung bis heute in allen Unix- und Linux-Derivaten erhalten geblieben sind:

- Unix/Linux unterstützt präemptives Multitasking. Mehrere Programme können also gleichzeitig laufen, ohne sich gegenseitig zu beeinflussen. Beim Absturz eines Programms bleiben die anderen Programme stabil.
- Unix/Linux ist mehrbenutzerfähig. Benutzer haben eigene Bereiche für ihre Daten und können anderen Benutzern Rechte darauf erteilen. Sind mehrere Konsolen angeschlossen und ist die Hardware leistungsfähig genug, können auch mehrere Benutzer gleichzeitig an einem System arbeiten.
- Unix/Linux verwendet ein hierarchisches Dateisystem mit einer Verzeichnisstruktur, die unabhängig von physikalischen Laufwerken wie einzelnen Festplatten ist.
- Unix/Linux verwendete als Erstes das TCP/IP-Netzwerkprotokoll und lieferte damit die Grundlage des heutigen Internets. Andere Systeme bauten lange Zeit auf proprietären Netzwerkprotokollen auf.
- Unix/Linux ist für Administratoren frei zugänglich, es gibt keine Systemsperren oder versteckten Features.
- Unix/Linux lässt sich sehr gut automatisieren und ist daher besonders für Server interessant.

1.1 Was braucht man?

Der Raspberry Pi ist trotz seiner winzigen Größe ein vollwertiger Computer. Um ihn nutzen zu können, braucht man jedoch wie bei einem »normalen« PC noch einiges an Zubehör, ein Betriebssystem sowie Stromversorgung, Netzwerk, Monitor, Tastatur und diverse Anschlusskabel.

1.1.1 Raspberry Pi

In den Anfangszeiten war der Raspberry Pi nur über die englischen Shops von Premier Farnell Element14 (*de.farnell.com/raspberry-pi-accessories*) und RS Components (*bit.ly/16aDyZv*) zu bekommen, was mit Wartezeiten und hohen Versandkosten verbunden war. Mittlerweile bieten diverse Händler bei eBay (*bit.ly/ZJPoHG*) und Amazon (*amzn.to/11PxUbp*) den Raspberry Pi online an. Bei Conrad bekommt man ihn ebenfalls im Onlineshop (*bit.ly/10NrwEF*) sowie auch - wenn nicht gerade ausverkauft - in den Filialen.

Die Preise für das Modell B liegen zwischen 30 und 50 Euro. Das einfachere Modell A ist für 20 bis 40 Euro zu bekommen.

Das größte Angebot an Erweiterungskomponenten für den Raspberry Pi bietet der Onlineshop von Farnell. Auf dessen Webseite zeigt eine interaktive Grafik, was man alles an den Raspberry Pi anschließen kann.

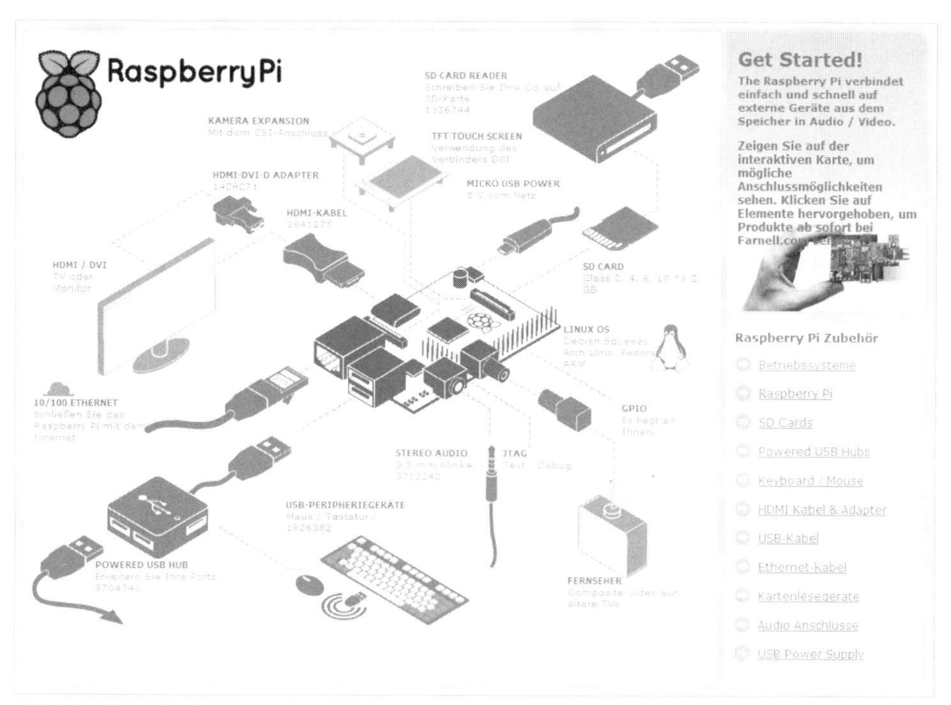

Bild 1.3: Verschiedene Erweiterungen für den Raspberry Pi bei *de.farnell.com/raspberry-pi-accessories*.

1.1.2 Micro-USB-Handyladegerät

Für den Raspberry Pi reicht jedes moderne Handynetzteil. Ältere Ladegeräte aus den Anfangszeiten der USB-Ladetechnik sind noch zu schwach. Schließt man leistungshungrige USB-Geräte wie externe Festplatten ohne eigene Stromversorgung an, ist ein stärkeres Netzteil erforderlich. Das Netzteil muss 5 V und mindestens 700 mA liefern.

So äußert sich ein zu schwaches Netzteil
Wenn der Raspberry Pi zwar bootet, sich dann aber die Maus nicht bewegen lässt oder das System nicht auf Tastatureingaben reagiert, deutet dies auf eine zu schwache Stromversorgung hin. Auch wenn der Zugriff auf angeschlossene USB-Sticks oder Festplatten nicht möglich ist, sollten Sie ein stärkeres Netzteil verwenden.

Der Raspberry Pi kann seinen Strom auch aus dem USB-Anschluss eines PCs beziehen. Allerdings braucht man hier einen USB-3.0-Anschluss mit Micro-USB-2.0-Kabel, da diese Anschlüsse 900 mA liefern, ein normaler USB-2.0-Anschluss aber nur 500 mA.

1.1.3 Speicherkarte

Die Speicherkarte dient sozusagen als Festplatte. Sie enthält das Betriebssystem. Eigene Daten und installierte Programme werden ebenfalls darauf gespeichert. Die Speicherkarte sollte mindestens 4 GB groß sein und nach Herstellerangaben des Raspberry Pi mindestens den Class-4-Standard unterstützen. Eine aktuelle Class-10-Speicherkarte macht sich in der Performance deutlich bemerkbar. Dieser Standard gibt die Geschwindigkeit der Speicherkarte an.

1.1.4 Tastatur

Jede gängige Tastatur mit USB-Anschluss kann genutzt werden. Kabellose Tastaturen funktionieren manchmal nicht, da sie zu viel Strom benötigen. Haben Sie keine andere Tastatur zur Verfügung, benötigen Sie einen USB-Hub mit separater Stromversorgung zum Betrieb einer Funktastatur. Einige USB-Tastaturen besitzen einen weiteren USB-Anschluss für die Maus. Dadurch sparen Sie sich am Raspberry Pi einen Anschluss und können diesen z. B. für einen USB-Stick nutzen.

Eine praktische Lösung, die zur Größe des Raspberry Pi passt, ist die Mikro-Multimedia-Funktastatur mit Touchpad MFT-2402.TP von GeneralKeys. Diese Tastatur hat etwa die Größe eines Taschenrechners oder größeren Smartphones, dabei aber ein komplettes deutsches QWERTZ-Tastaturlayout mit Funktionstasten, Cursorblock und Ziffernblock. Tasten mit einem klar spürbaren Druckpunkt ermöglichen ein flüssiges Tippen aus der Hand, ohne dass die Tastatur irgendwo aufliegen muss. Ein präzises Touchpad und je zwei Maustasten an beiden Seiten, die mit den Daumen leicht erreichbar sind, ersetzen die Maus. Die Stromaufnahme des Funkempfängers ist so gering, dass man ihn ohne Hub am Raspberry Pi anschließen kann.

Bild 1.4: Bildquelle: Pearl GmbH – *www.pearl.de/a-PX4833-1002.shtml.*

Die Tastatur wird über einen USB-Funkempfänger mit dem Raspberry Pi verbunden, wobei keine Treiber installiert werden müssen. Der USB-Stick kann bei Nichtbenutzung in einem Fach auf der Unterseite der Tastatur gelagert werden. In der Tastatur ist ein Akku eingebaut, der mit einem USB-Ladegerät aufgeladen werden kann.

1.1.5 Maus

Eine Maus mit USB-Anschluss wird nur benötigt, wenn man auf dem Raspberry Pi ein Betriebssystem mit grafischer Benutzeroberfläche verwendet. Einige Tastaturen haben zusätzliche USB-Anschlüsse für Mäuse, sodass Sie keinen weiteren Anschluss belegen müssen. Spezielle USB-Adapter ermöglichen den Anschluss von Tastaturen und Mäusen mit PS/2-Anschluss. Über so einen Adapter können Tastatur und Maus am gleichen USB-Port genutzt werden, sodass der zweite für andere Geräte frei wird.

1.1.6 Netzwerkkabel

Zur Verbindung mit dem Router im lokalen Netzwerk wird ein Netzwerkkabel benötigt. Zur Ersteinrichtung ist dies noch auf jeden Fall erforderlich, später kann man auch WLAN nutzen. Ohne Internetzugang sind viele Funktionen des Raspberry Pi nicht sinnvoll nutzbar.

1.1.7 Audiokabel

Über ein Audiokabel mit 3,5-mm-Klinkensteckern können Kopfhörer oder PC-Lautsprecher am Raspberry Pi genutzt werden. Das Audiosignal ist auch über das HDMI-Kabel verfügbar. Bei HDMI-Fernsehern oder Monitoren ist kein Audiokabel nötig. Wird ein PC-Monitor über ein HDMI-Kabel mit DVI-Adapter angeschlossen, geht meist an dieser Stelle das Audiosignal verloren.

1.1.8 HDMI-Kabel

Der Raspberry Pi kann per HDMI-Kabel an Monitoren oder Fernsehern angeschlossen werden. Zum Anschluss an Computermonitore mit DVI-Anschluss gibt es spezielle HDMI-Kabel oder Adapter. HDMI-Kabel sind im Elektronikhandel zu Preisen erhältlich, die fast dem Preis des Raspberry Pi selbst entsprechen. Bei Onlineversendern (z. B. *amzn.to/VGv05j*) bekommt man sie einschließlich Versand für wenige Euro. Unterschied: außer dem Preis keiner. VGA-Monitore werden leider nicht unterstützt. Der Raspberry Pi-Hersteller Farnell bietet seit Kurzem Adapter von HDMI auf VGA an, die allerdings mehr kosten als der Raspberry Pi selbst.

1.1.9 Gelbes FBAS-Videokabel

Steht kein HDMI-Monitor zur Verfügung, kann der Raspberry Pi mit einem analogen FBAS-Videokabel, mit den typischen gelben Steckern, an einen klassischen Fernseher angeschlossen werden, wobei die Bildschirmauflösung allerdings sehr gering ist. Für Fernseher ohne gelben FBAS-Eingang gibt es Adapter von FBAS auf SCART. Die grafische Oberfläche lässt sich in Fernsehauflösung nur mit Einschränkungen bedienen.

Die beiden Screenshots zeigen eindrucksvoll die unterschiedlichen Auflösungen eines modernen HDMI-Monitors und eines klassischen Fernsehers. Der Bildbetrachter skaliert sich auf dem Fernseher im Beispiel automatisch auf 68 % Größe, um gerade auf den Bildschirm zu passen. Bei gleicher Skalierung ergibt sich auf dem HDMI-Monitor nur ein kleines Bild, aber in deutlich höherer Qualität.

Bild 1.5: Die grafische Oberfläche des Raspberry Pi auf einem HDMI-Monitor und einem analogen Fernseher zeigt eindrucksvoll die unterschiedliche Auflösung der beiden Systeme.

Haben Sie weder einen HDMI-Monitor noch einen Fernseher mit FBAS-Eingang, können Sie auch einen PC mit TV-Karte nutzen, um das Bild des Raspberry Pi auf einem Monitor darzustellen. Schließen Sie das gelbe Videokabel an den analogen Eingang der TV-Karte an und starten Sie auf dem PC das Programm zum Fernsehen bzw. zur Videoaufzeichnung. Hier können Sie das Bild des Raspberry Pi nicht nur sehen, sondern sogar aufzeichnen, allerdings auch nur in der Bildauflösung, die die TV-Karte unterstützt.

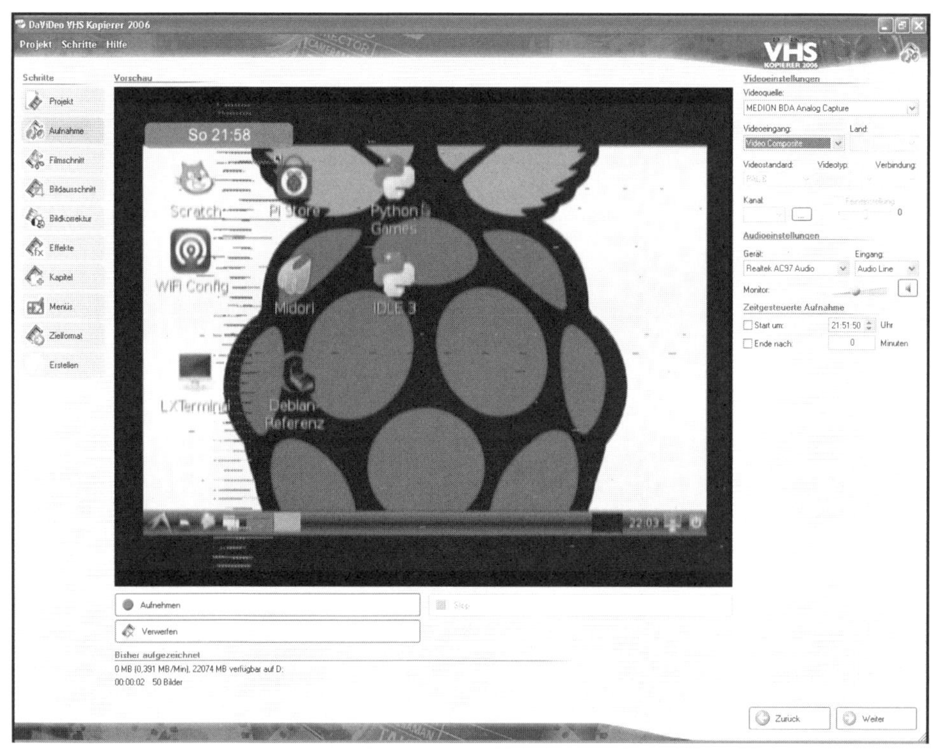

Bild 1.6: Raspberry Pi an einem PC mit einer älteren TV-Karte.

1.2 Ein Gehäuse für den Raspberry Pi selbst bauen

Der Raspberry Pi wird als Elektronikplatine mit offen liegenden Kontakten und Bauteilen geliefert, was einerseits ziemlich cool aussieht, andererseits die Gefahr von Kurzschlüssen durch Berührung mit herumliegenden Metallteilen birgt.

Ein Gehäuse soll die Platine schützen, muss aber die Anschlüsse, die an allen vier Seiten liegen, weiterhin benutzbar halten.

Anstatt teuer ein Gehäuse zu kaufen, basteln Sie sich einfach selbst eines. Eine Vorlage für ein Faltschachtelgehäuse zum Selberbauen finden Sie bei *www.softwarehandbuch.de/2014/01/ein-gehaeuse-fuer-den-raspberry* (oder kurz *wp.me/p1mbVt-by*) zum Download.

www.buch.cd
Alle Downloads zu diesem Buch, wie unter anderem alle Python-Programmierbeispiele, finden Sie unter *www.buch.cd*. Geben Sie dort den auf der Rückseite dieses Buchs aufgedruckten Buch-CD-Code ein.

1. Drucken Sie die Vorlage auf Karton oder eine stärkere Kunststofffolie. Einige Drucker verfügen dafür auf der Rückseite über einen zweiten Papiereinzug, über den sich auch dickeres Material verwenden lässt. Achten Sie beim Drucken darauf, dass alle Skalierungsfunktionen des PDF-Betrachters abgeschaltet werden und die Vorlage wirklich in Originalgröße gedruckt wird.

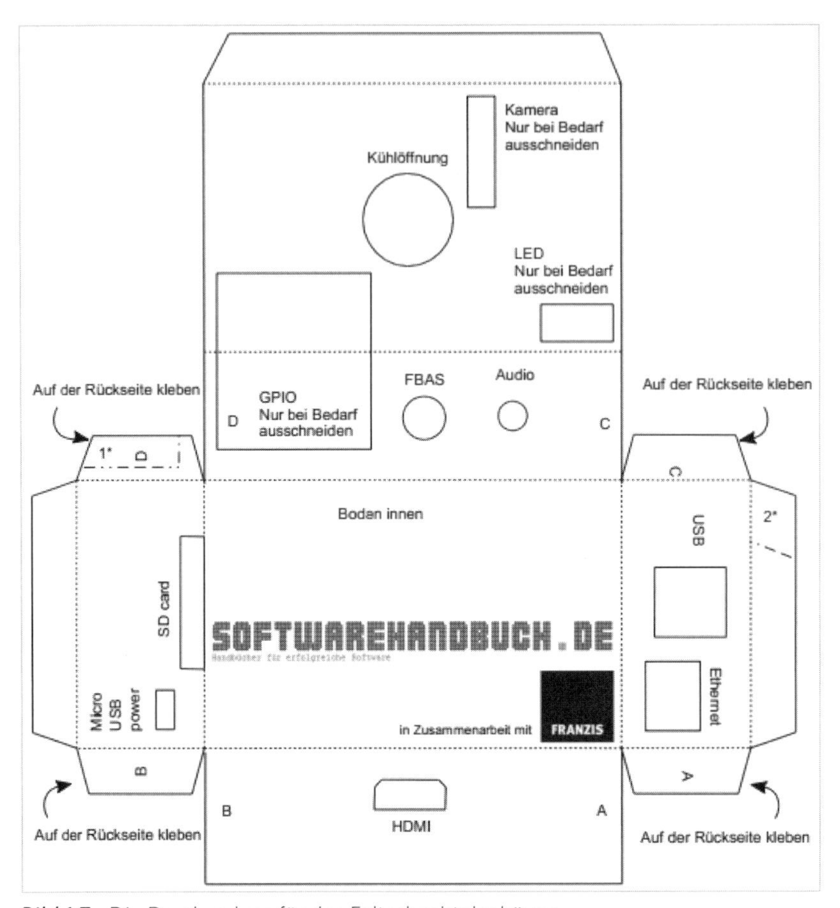

Bild 1.7: Die Druckvorlage für das Faltschachtelgehäuse.

2. Schneiden Sie als Erstes die Öffnungen mit einem scharfen Messer aus. Die mit *LED* markierte Öffnung benötigen Sie nur, wenn Sie die LEDs auf dem Raspberry Pi sehen möchten. Die *GPIO*-Öffnung brauchen Sie, wenn Sie den GPIO-Port nutzen. Andernfalls schneiden Sie sie nicht aus, das Gehäuse bleibt dann stabiler. Der Raspberry Pi entwickelt nur wenig Wärme. Die Kühlöffnung müssen Sie nur ausschneiden, wenn Sie den Raspberry Pi im Dauerbetrieb laufen lassen, z. B. als Server.

3. Die Öffnungen für *Audio* und *HDMI* können Sie ebenfalls geschlossen lassen, wenn Sie sie nicht benötigen. Die runde Öffnung für den *FBAS*-Stecker muss auf jeden Fall ausgeschnitten werden, da dieser Stecker über die Platine herausragt.
4. Falten Sie an den gestrichelten Linien nach innen. Bei dickerem Karton oder Folie ritzen Sie die Faltkanten mit einem scharfen Messer leicht vor. Die aufgedruckten Hinweise befinden sich später an der Innenseite des Gehäuses, sodass Sie die Außenseite nach Belieben gestalten können.

5. Kleben Sie das Gehäuse an den vier schmalen Laschen zusammen. Die breiten Laschen an den Schmalseiten und am Deckel dienen nur als Auflage bzw. Verschluss.

6. Möchten Sie die Gehäuseöffnung für GPIO nutzen, schneiden an der mit *1** bezeichneten Lasche die kurze Strichpunktlinie ein. Kleben Sie den unteren Teil der Lasche fest und stecken Sie den größeren oberen Teil durch die GPIO-Öffnung. Falten Sie ihn nach außen um und kleben Sie ihn dann fest. Das stabilisiert das Gehäuse an dieser Stelle zusätzlich.
7. Möchten Sie die Gehäuseöffnung für LED nutzen, schneiden Sie den mit *2** bezeichneten Teil der Lasche ab.
8. Legen Sie jetzt den Raspberry Pi in das Gehäuse. Ziehen Sie die Blechkanten am USB-Port durch die Öffnung nach außen. Damit verhindern Sie ein Rutschen und Wackeln beim Anschließen der Kabel.

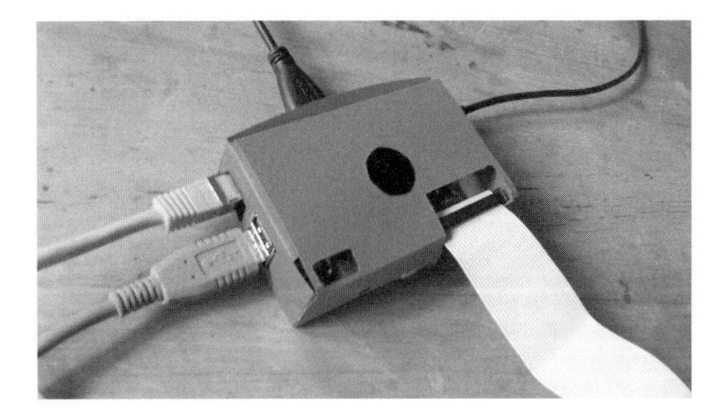

1.3 Modell A oder B?

Die Entwickler haben den Raspberry Pi in zwei Versionen erschaffen. In diesem Buch und auch sonst fast überall, wenn man vom Raspberry Pi spricht, geht es um Modell B. Das Modell A ist erst seit Kurzem lieferbar und unterscheidet sich vom Modell B im Wesentlichen darin, dass es nur einen USB-Anschluss hat und der Netzwerkanschluss fehlt. Außerdem verfügt Modell A lediglich über 256 MB RAM. All diese Einschränkungen tragen dazu bei, dass diese Version nur ein Drittel des Stroms benötigt und sich so auch gut mit Batterien betreiben lässt.

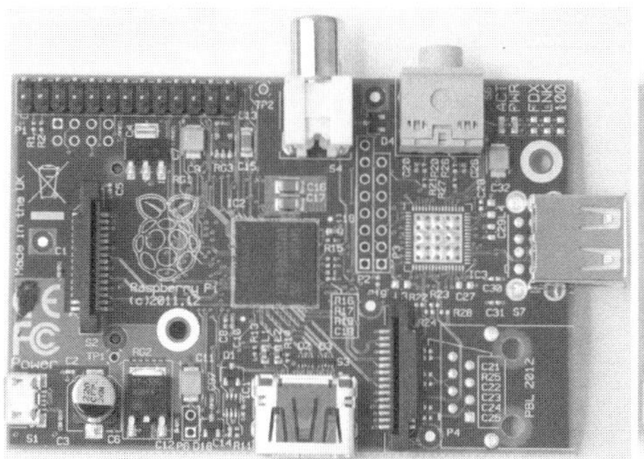

Bild 1.8: Links: Modell A, rechts: Modell B.

Die allerersten Geräte des Modells B wurden allerdings auch nur mit 256 MB RAM ausgeliefert. Wie viel Speicher ein Raspberry Pi hat, ist an einem Aufdruck auf der CPU, dem quadratischen Chip in der Mitte, zu erkennen.

Bild 1.9: Achten Sie auf die Zahl *2G* oder *4G* in der Chipbezeichnung.

Bezeichnung	Arbeitsspeicher
2G	2 GBit / 8 = 256 MB
4G	4 GBit / 8 = 512 MB

1.3.1 Die LEDs auf dem Raspberry Pi

In einer Ecke auf dem Raspberry Pi befinden sich fünf LEDs mit Statusanzeigen. Die Bezeichnungen sind auf neueren und älteren Raspberry-Pi-Modellen teilweise unterschiedlich, die Funktionen sind aber die gleichen.

Neue Platine (Rev. 2)	Ältere Platine (Rev. 1)	Bedeutung der LED
ACT	OK	Zugriff auf die Speicherkarte
PWR	PWR	Mit Stromversorgung verbunden
FDX	FDX	LAN im Vollduplexmodus
LNK	LNK	Zugriff auf das LAN
100	10M	LAN mit 100 MBit/s

Bild 1.10: Die Status-LEDs auf dem Raspberry Pi.

1.4 Raspbian-Betriebssystem installieren

Der Raspberry Pi wird ohne Betriebssystem ausgeliefert. Anders als bei PCs, die fast alle Windows verwenden, empfiehlt sich für den Raspberry Pi ein speziell angepasstes Linux. Windows würde auf der sparsamen Hardware gar nicht laufen. Da Linux ein völlig offenes System ist, an dem jeder beliebig basteln kann, sind mittlerweile Hunderte Linux-Varianten verfügbar, fast alle kostenlos und ein paar davon sogar speziell für den Raspberry Pi angepasst.

Raspbian heißt die Linux-Distribution, die vom Hersteller des Raspberry Pi empfohlen und unterstützt wird. Raspbian basiert auf Debian-Linux, einer der bekanntesten Linux-Distributionen, auf der unter anderem auch die populären Linux-Varianten Ubuntu und Knoppix basieren. Wir verwenden für die Beispiele in diesem Buch die aktuelle Raspbian-Version »Wheezy«.

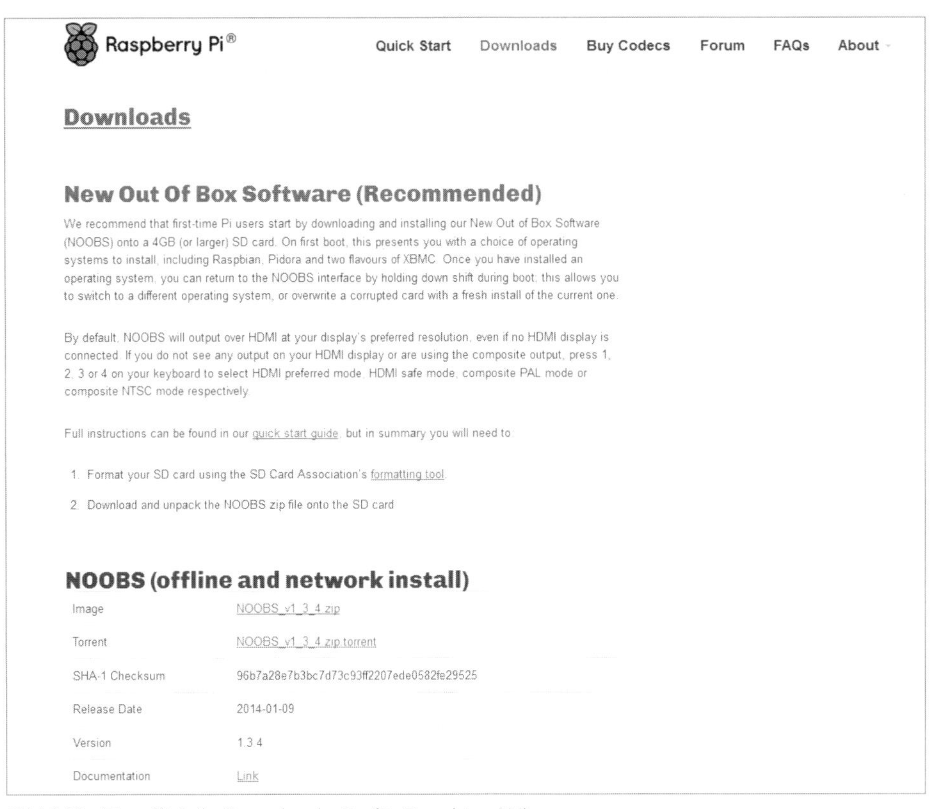

Bild 1.11: Die offizielle Downloadseite für Raspbian Wheezy.

Was bei PCs die Festplatte ist, ist beim Raspberry Pi eine Speicherkarte. Auf ihr befinden sich das Betriebssystem und die Daten, von ihr bootet der Raspberry Pi auch. Raspbian ist fast 2 GB groß, es empfiehlt sich also eine 4 GB große Speicherkarte, damit auch noch Platz für Programme und eigene Dateien bleibt. Da der Raspberry Pi selbst noch nicht booten kann, bereiten wir die Speicherkarte auf dem PC im Kartenleser vor.

Verwenden Sie am besten fabrikneue Speicherkarten, da diese vom Hersteller bereits optimal vorformatiert sind. Sie können aber auch eine Speicherkarte verwenden, die vorher bereits in einer Digitalkamera oder einem anderen Gerät genutzt wurde. Diese Speicherkarten sollten vor der Verwendung für den Raspberry Pi neu formatiert werden. Theoretisch können Sie dazu die Formatierungsfunktionen von Windows verwenden. Deutlich besser ist die Software »SDFormatter« der SD Association. Damit werden die Speicherkarten für optimale Performance formatiert. Dieses Tool können Sie bei *www.sdcard.org/downloads/formatter_4* kostenlos herunterladen.

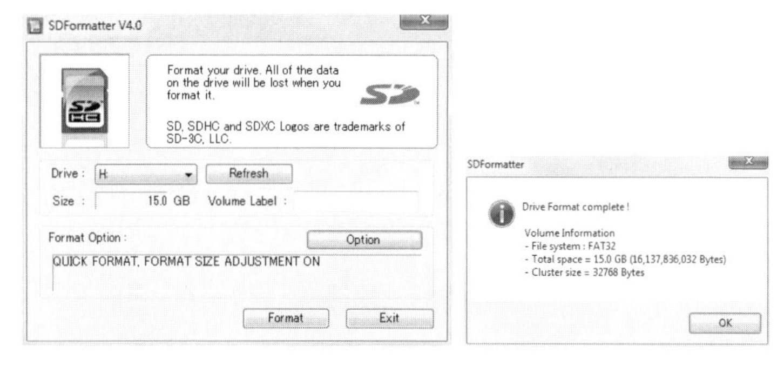

Bild 1.12: Das SDFormatter-Tool unter Windows in Aktion.

Sollte die Speicherkarte Partitionen aus einer früheren Betriebssysteminstallation für den Raspberry Pi enthalten, wird im SDFormatter nicht die vollständige Größe angezeigt. Schalten Sie in diesem Fall die Formatierungsoption *Format Size Adjustment* ein. Damit wird die Partitionierung der Speicherkarte neu angelegt.

Speicherkarte wird gelöscht
Am besten verwenden Sie eine leere Speicherkarte für die Installation des Raspbian-Betriebssystems. Sollten sich auf der Speicherkarte Daten befinden, werden diese durch die Neuformatierung unwiderruflich gelöscht.

1.4.1 Der Software-Installer NOOBS

»New Out Of Box Software« (NOOBS) ist ein Installer für Raspberry Pi-Betriebssysteme. Hier braucht sich der Benutzer nicht mehr wie früher selbst mit Image-Tools und Bootblöcken auseinanderzusetzen, um eine bootfähige Speicherkarte einzurichten.

NOOBS bietet verschiedene Betriebssysteme zur Auswahl, wobei man beim ersten Start direkt auf dem Raspberry Pi das gewünschte Betriebssystem auswählen kann, das dann bootfähig auf der Speicherkarte installiert wird. Ab Version 1.3.0 bietet NOOBS sogar die Möglichkeit, mehrere Betriebssysteme auf einer Speicherkarte zu installieren und jedes Mal beim Start das gewünschte Betriebssystem auszuwählen.

Laden Sie sich das etwa 1,3 GB große Installationsarchiv für NOOBS auf der offiziellen Downloadseite *www.raspberrypi.org/downloads* herunter und entpacken Sie es am PC auf eine mindestens 4 GB große Speicherkarte.

Für die Beispiele im Buch verwenden wir die NOOBS-Version 1.3.4 vom Januar 2014.

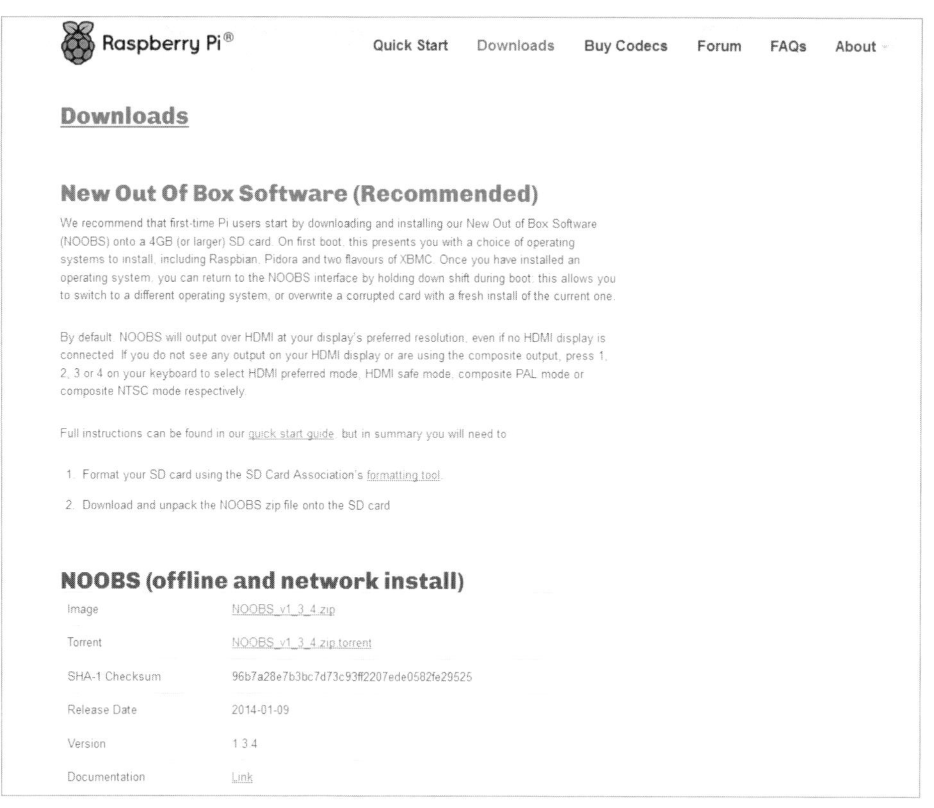

Bild 1.13: Die offizielle Downloadseite für NOOBS und Raspbian Wheezy.

Starten Sie jetzt den Raspberry Pi mit dieser Speicherkarte. Nach wenigen Sekunden erscheint ein Auswahlmenü, in dem Sie das gewünschte Betriebssystem wählen können. Bei Bedarf können Sie auch mehrere Betriebssysteme auswählen, die dann aber alle Speicherplatz auf der Festplatte benötigen. Für dieses Buch verwenden wir, wie bereits gesagt, das von der Raspberry-Pi-Stiftung empfohlene Betriebssystem Raspbian. Weiterhin enthält NOOBS noch ein rein kommandozeilenbasiertes, sehr schnelles Linux »Archlinux« und zwei verschiedene Varianten des Mediacenters XBMC, OpenELEC und RaspBMC. Pidora ist ein auf Fedora Linux basierendes Linux-Betriebssystem. RiscOS ist ein speziell für den ARM-Prozessor entwickeltes eigenständiges Betriebssystem mit grafischer Oberfläche, das mit Linux nichts zu tun hat.

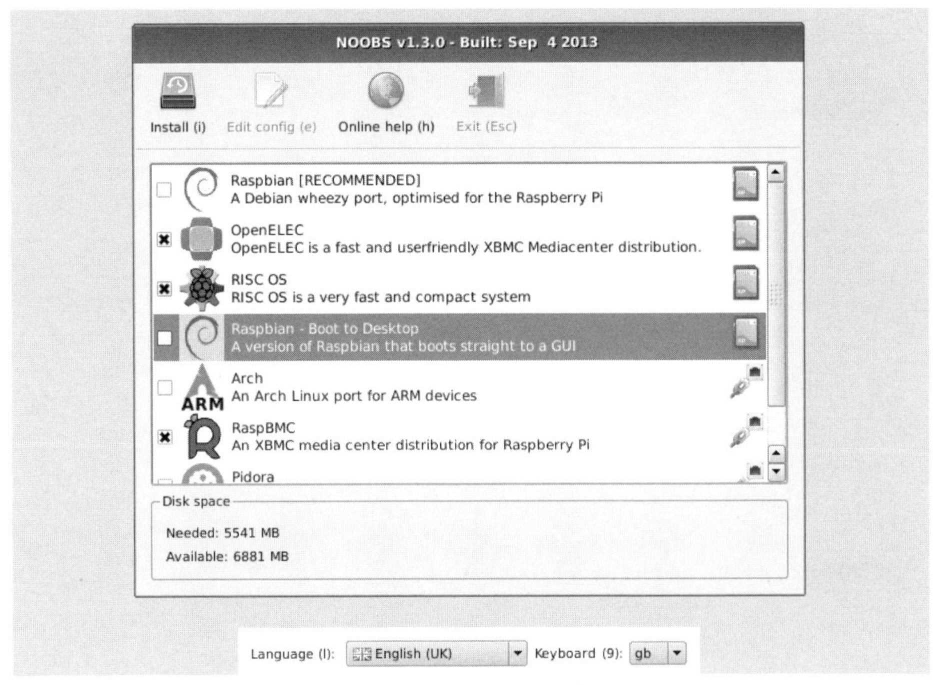

Bild 1.14: Der Auswahlbildschirm zur Betriebssysteminstallation.

Wählen Sie ganz unten Deutsch als Installationssprache aus, damit auch die deutschen Einstellungen auf dem Raspberry Pi korrekt vorgenommen werden, und klicken Sie dann doppelt auf das vorausgewählte *Raspbian [RECOMMEND]*-Betriebssystem. Nach Bestätigung einer Sicherheitsmeldung, dass die Speicherkarte überschrieben wird, startet die Installation, die einige Minuten dauert. Während der Installation werden kurze Informationen zu Raspbian angezeigt.

Nach abgeschlossener Installation bootet der Raspberry Pi neu und startet automatisch das Konfigurationstool `raspi-config`.

Ein anderes Betriebssystem ausprobieren

NOOBS und die anderen Betriebssystemabbilder bleiben auf der Speicherkarte installiert. Halten Sie beim Booten die `Umschalt`-Taste gedrückt, erscheint das Auswahlmenü, in dem Sie ein anderes Betriebssystem installieren können. Bedenken Sie dabei aber, dass alle persönlichen Einstellungen, eigene Dateien und nachträglich installierte Programme bei der Neuinstallation verloren gehen.

1.4.2 Die Konfiguration beim ersten Start

Der Raspberry Pi bootet und zeigt dabei auf einem schwarzen Bildschirm diverse Linux-Kommandos, die schnell durchrauschen.

Am Ende erscheint automatisch ein Konfigurationstool, mit dem sich ein paar wichtige Grundeinstellungen vornehmen lassen. Dieses Tool kann nicht mit der Maus bedient werden. Verwenden Sie die Pfeiltasten und die [Enter]-Taste der Tastatur. Die Bestätigungsschaltflächen *Select* bzw. *Ok* und *Abbrechen* erreicht man mit der [Tab]-Taste. Einige Veränderungen dauern einige Sekunden, in denen ein schwarzer Linux-Bildschirm angezeigt wird. An manchen Stellen steht extra noch dabei *this might take a while*. Nicht wundern!

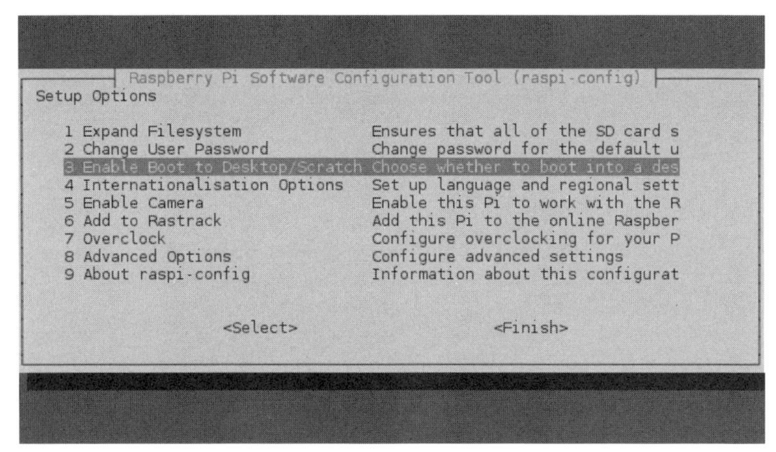

Bild 1.15: Das Konfigurationstool `raspi-config`.

Haben Sie Raspbian über den NOOBS-Installer installiert, brauchen Sie hier nur noch zwei Einstellungen vorzunehmen, der Rest ist bereits richtig konfiguriert.

1. Wichtig ist es, die Zeitzone einzustellen, da der Raspberry Pi keine interne Uhr hat, sondern seine Zeiteinstellung aus dem Internet von einem Zeitserver holt. Die Einstellung finden Sie unter *Internationalization Options*. Wählen Sie hier *Europa* und dann *Berlin* aus, damit der Raspberry Pi die richtige Zeit verwendet.

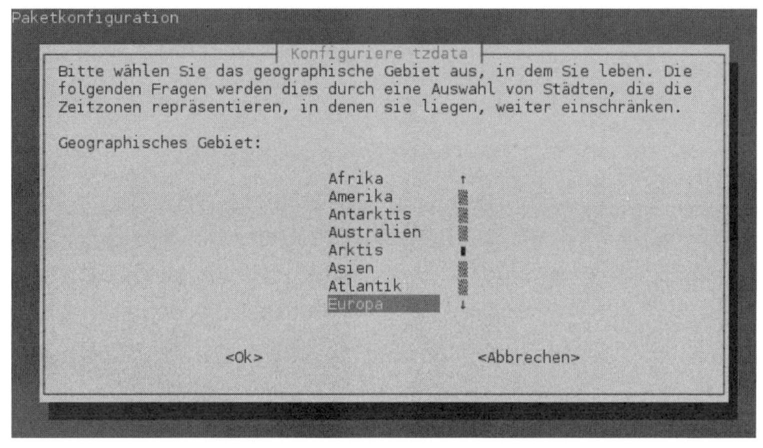

Bild 1.16: Geografisches Gebiet für die Zeitzone auswählen.

2. Wählen Sie unter *Enable Boot to Desktop/Scratch* die Option *Desktop Log in as user 'pi' at the graphical desktop*, damit der Raspberry Pi direkt die grafische Oberfläche bootet. Andernfalls würden Sie nach dem Start auf der Linux-Kommandozeile landen

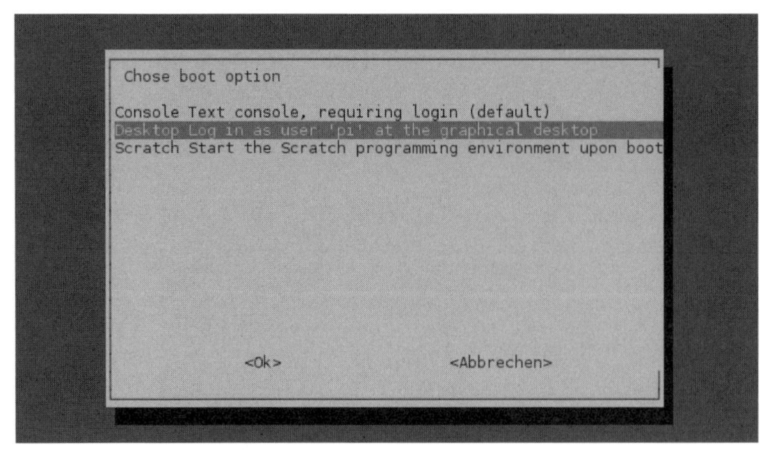

Bild 1.17: Grafischen Desktop beim Booten starten.

3. Nachdem Sie diese Grundkonfiguration vorgenommen haben, springen Sie mit der [Tab]-Taste unten auf *Finish* und beantworten danach die Frage nach einem Neustart mit *Ja*.

1.4.3 Manuelle Konfiguration mit raspi-config

Haben Sie Raspbian nicht über NOOBS installiert oder sollten Sie später dieses Konfigurationstool noch mal brauchen, um eine Einstellung zu ändern, starten Sie es in einem LXTerminal-Fenster oder direkt von der Kommandozeile mit:

```
sudo raspi-config
```

Was bedeutet sudo?
Der auf dem Raspberry Pi standardmäßig angemeldete Benutzer `pi` ist ein typischer eingeschränkter Linux-Benutzer. Für administrative Arbeiten am System werden Superuser-Rechte benötigt. Diese bekommt man mit einem vorangestellten `sudo` vor einem Linux-Kommando. Auf einem »großen« Linux-System muss dabei das `root`-Passwort eingegeben werden. Auf dem Raspberry Pi hat der Superuser `root` kein Passwort.

Falls Sie nicht NOOBS verwenden, machen Sie als Erstes nach der Installation die gesamte Speicherkarte für den Raspberry Pi nutzbar. Die Image-Dateien sind etwa 2 GB groß. Damit ist das verfügbare Dateisystem für den Raspberry Pi auch nur 2 GB groß. Der Menüpunkt *Expand Filesystem* vergrößert das Dateisystem auf die gesamte Größe der Speicherkarte. Wer wie empfohlen eine 4 oder 8 GB große Speicherkarte verwendet, kann dann entsprechend auch 4 oder 8 GB auf dem Raspberry Pi nutzen. Diese Änderung wird erst nach dem nächsten Neustart wirksam.

Viele Programme, auch dieses Konfigurationstool, können statt englischer auch deutsche Texte ausgeben. Teilen Sie Ihrem Raspberry Pi einfach mit, dass Sie Deutsch sprechen. Wählen Sie dazu den Menüpunkt *Internationalization Options/Change Locale*. Bestätigen Sie den ersten Dialog mit [Enter]. Jetzt erscheint eine lange Liste mit Sprachen. Wählen Sie hier *de_DE.UTF-8 UTF-8*. Nachdem Sie mit dem Cursor dort angekommen sind, drücken Sie die [Leertaste], um die Auswahl zu bestätigen. Springen Sie mit der [Tab]-Taste auf *Ok* und wählen Sie auf dem nächsten Bildschirm ebenfalls *de_DE.UTF-8* aus. Auch das muss noch mit *Ok* bestätigt werden.

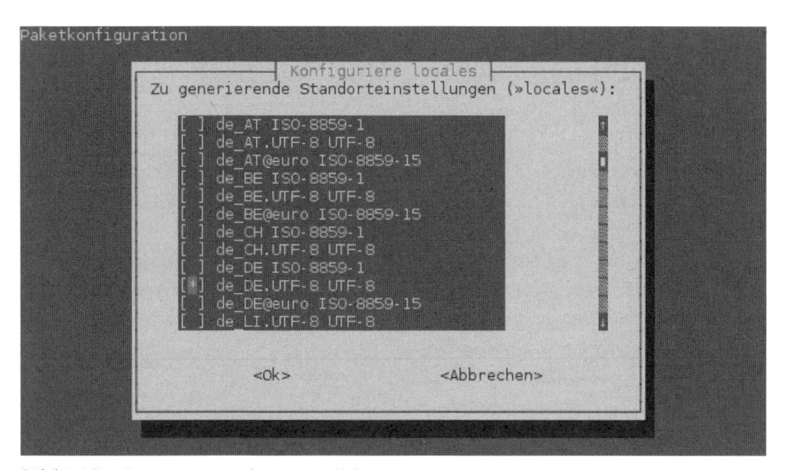

Bild 1.18: Anzeigesprache auswählen.

Stellen Sie den Raspberry Pi auch auf die deutsche Tastatur um, um nicht immer Y und Z vertauschen zu müssen. Wählen Sie dazu den Menüpunkt *Change Keyboard Layout*. Nach einigen Sekunden erscheint eine Liste mit zahlreichen verschiedenen Tastaturlayouts. In den allermeisten Fällen - solange man eine normale PC-Tastatur verwendet - ist die *Generische PC-Tastatur mit 105 Tasten (Intl)* die richtige Wahl. Viel wichtiger ist die Tastaturbelegung. Wählen Sie hier zunächst *Other*, um eine Auswahl an Tastaturen zu bekommen, die über den englischen Sprachraum hinausreichen, und suchen Sie in dieser Liste die einfache deutsche Tastatur *Deutsch* bzw. *German*. Auf den nächsten Bildschirmen wählen Sie *Standard für die Tastaturbelegung* und *Keine Compose-Taste*. Die letzte Frage, ob die Tastenkombination [Strg]+[Alt]+[Zurück] ([Ctrl]+[Alt]+[Backspace]) den X-Server beenden soll, beantworten Sie am besten mit *Ja*. Dann können Sie, wenn wirklich einmal ein Programm auf der grafischen Oberfläche hängen bleibt, diese mit dieser Tastenkombination komplett beenden und anschließend wieder neu starten.

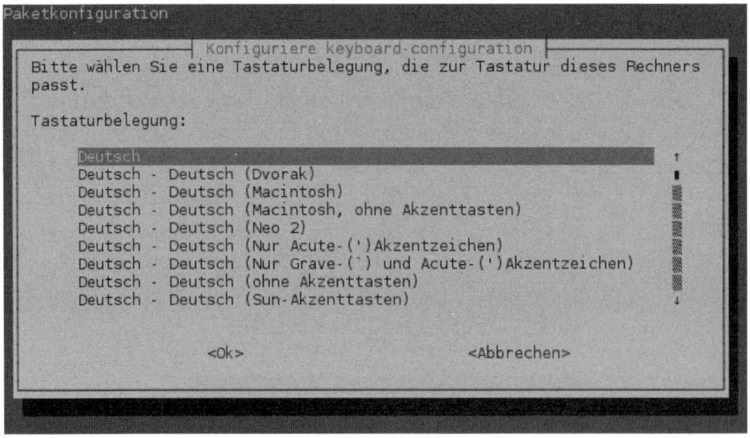

```
Paketkonfiguration

          Konfiguriere keyboard-configuration
 Bitte wählen Sie eine Tastaturbelegung, die zur Tastatur dieses Rechners
 passt.

 Tastaturbelegung:

      Deutsch
      Deutsch - Deutsch (Dvorak)
      Deutsch - Deutsch (Macintosh)
      Deutsch - Deutsch (Macintosh, ohne Akzenttasten)
      Deutsch - Deutsch (Neo 2)
      Deutsch - Deutsch (Nur Acute-(')Akzentzeichen)
      Deutsch - Deutsch (Nur Grave-(`) und Acute-(')Akzentzeichen)
      Deutsch - Deutsch (ohne Akzenttasten)
      Deutsch - Deutsch (Sun-Akzenttasten)

                 <Ok>                          <Abbrechen>
```

Bild 1.19: Tastaturlayout auswählen.

Seit über 140 Jahren unverändert

Das in Deutschland verwendete QWERTZ-Tastaturlayout basiert bis auf minimale Unterschiede auf dem vom amerikanischen Buchdrucker Christopher Latham Sholes entworfenen QWERTY-Layout. Dieses ist zwar so ausgelegt, dass man englische Texte ergonomisch einigermaßen schnell schreiben kann, aber auch nicht zu schnell. Das Tastaturlayout sollte vor allem verhindern, dass sich auf den damaligen Schreibmaschinen die Typenhebel häufig aufeinanderfolgender Buchstabenkombinationen beim schnellen Tippen verhaken.

Obwohl dieses Problem auf Computertastaturen längst nicht mehr besteht, hat sich die Tastenanordnung seit der Patentanmeldung im Jahr 1868 fast nicht geändert. In neuerer Zeit gab es einige Versuche, die Anordnung der Tasten neu zu optimieren, um Verkrampfungen beim Schreiben zu verhindern. Die bekanntesten sind die *Dvorak*-Tastatur und die *Neo-2*-Tastatur. Beide werden vom Raspberry Pi unterstützt, aber keine davon konnte sich auch nur ansatzweise durchsetzen.

Unter *Advanced Options/SSH* muss der SSH-Server mit *Enable* eingeschaltet sein, um über das Netzwerk auf den Raspberry Pi zugreifen zu können.

1.4.4 Audioausgang festlegen

Der Raspberry Pi verfügt über zwei Audioausgabekanäle:

- Am analogen Kopfhörerstecker können außer Kopfhörern auch Lautsprecher oder Stereoanlagen angeschlossen werden.
- Das Audiosignal wird auch über das HDMI-Kabel ausgegeben und kommt so direkt auf einem HDMI-Fernseher an. PC-Monitore mit DVI-Eingang, an den sich über einen Adapter ein HDMI-Kabel anschließen lässt, verarbeiten meist nur das Videosignal, nicht aber das Audiosignal.

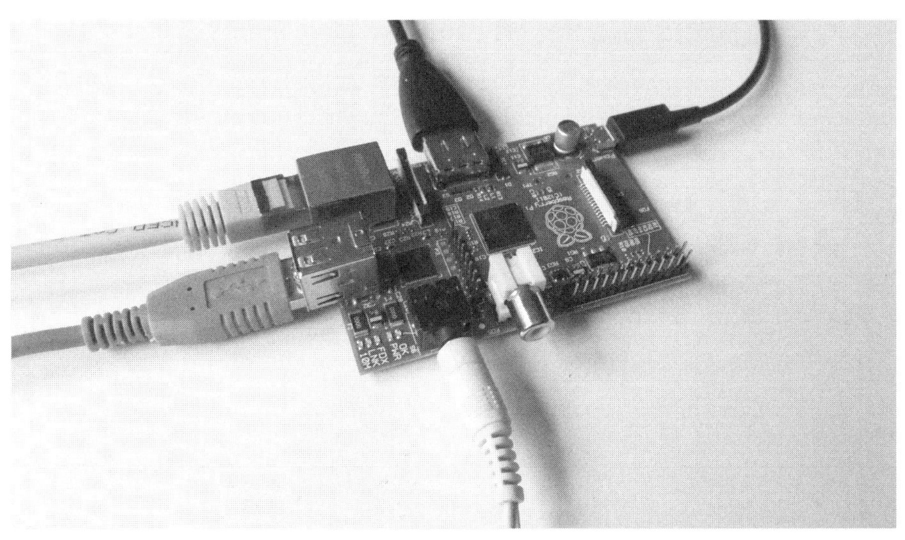

Bild 1.20: Oben: HDMI-Kabel, unten: analoges Audiokabel.

Wenn Sie keinen HDMI-Fernseher mit HDMI-Audio, sondern einen Computermonitor per DVI-Anschluss und HDMI-Adapter angeschlossen haben, benötigen Sie externe Lautsprecher an der 3,5-mm-Klinkenbuchse. Um diese auch nutzen zu können, wählen Sie unter *Advanced Options/Audio* die Option *Force 3.5mm ('headphone') jack*.

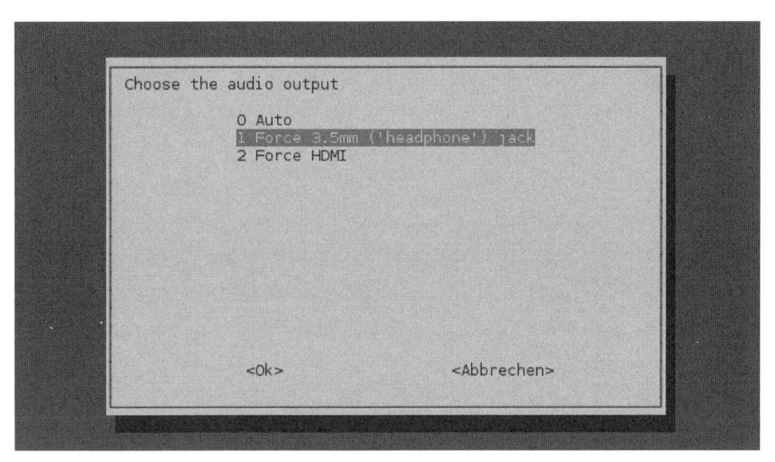

Bild 1.21: 3,5-mm-Audioausgang aktivieren.

Andernfalls würde die Automatik das Audiosignal über den HDMI-Anschluss ausgeben, und in den meisten Fällen wäre nichts zu hören.

1.4.5 Zeiteinstellung ohne Internet

Haben Sie keine Internetverbindung, zeigt der Raspberry Pi eine ungültige Uhrzeit an. Sie können in solchen Fällen über einen Kommandozeilenbefehl die richtige Zeit einstellen, z. B.:

```
sudo date --set="2014-01-06 18:39:00 CET"
```

Die Einstellung wird anschließend mit einer Klartextanzeige von Datum und Uhrzeit quittiert:

```
Mo 6. Jan 18:39:00 CET 2014
```

Diese Zeiteinstellung gilt nur bis zum nächsten Neustart. Es gibt keine batteriegepufferte Uhr. Sowie der Raspberry Pi eine Internetverbindung hat, wird automatisch die richtige Zeit angezeigt.

1.4.6 Der klassische Installationsweg für Betriebssysteme

Bevor es NOOBS gab, musste man ein Betriebssystem-Image auf dem PC auf die Speicherkarte übertragen und diese bootfähig machen. Diese Methode wird immer noch für alle Betriebssysteme verwendet, die bei NOOBS nicht enthalten sind. Sie können auf diesem Weg aber auch ältere Raspbian-Versionen installieren, wenn Sie diese testen wollen.

Zur Vorbereitung der Speicherkarte brauchen Sie ein Programm, mit dem sich solche Image-Dateien auf die Speicherkarte übertragen lassen. Die Datei kann nicht einfach kopiert werden, sie enthält die komplette Verzeichnisstruktur des Raspbian-Betriebssystems, das auf der Speicherkarte bootfähig installiert werden muss. Hier verwenden wir das kostenlose Tool »USB Image Tool« von *www.alexpage.de*.

1. Eine Image-Datei des Raspbian-Wheezy-Betriebssystems finden Sie bei *www.raspberrypi.org/downloads*. Das ZIP-Archiv zum Download ist etwa 500 MB groß. Nach dem Entpacken auf der Festplatte des PCs ergibt sich eine 2 GB große Image-Datei mit der Endung *.img*.

2. Stecken Sie die Speicherkarte in den Kartenleser und starten Sie das USB Image Tool. Wählen Sie oben links den *Device Mode* und klicken Sie auf das Symbol der Speicherkarte. Rechts sehen Sie technische Daten der Speicherkarte sowie das standardmäßig darauf vorhandene logische Laufwerk.

   Vorsicht
   Lassen Sie bei der Bedienung des USB Image Tool und vergleichbarer Software äußerste Vorsicht walten. Bei Fehlbedienung formatieren Sie schnell die Festplatte des PCs anstelle der Speicherkarte.

3. Wählen Sie mit *Restore* das Image aus und starten Sie den Kopiervorgang, der einige Minuten dauern kann, wobei die Speicherkarte neu formatiert wird. Alle vorher darauf befindlichen Daten gehen verloren. Nach Abschluss ist die Speicherkarte fertig vorbereitet.

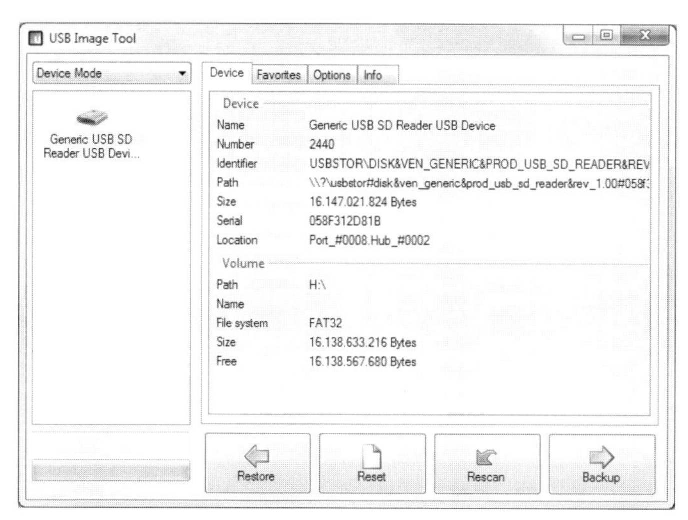

Bild 1.22: Das Raspbian-Betriebssystem wird auf dem PC auf der Speicherkarte installiert.

Jenseits von Raspbian – weitere Linux-Varianten für den Raspberry Pi

Nicht nur Hardware wird rund um den Raspberry Pi entwickelt, sondern auch Betriebssysteme. In der Linkliste *www.softwarehandbuch.de/raspberry-pi* sind bereits über 20 verschiedene Betriebssysteme für den Raspberry Pi enthalten. Da die Speicherkarte leicht gewechselt werden kann, ist es einfach, verschiedene Betriebssysteme auszuprobieren.

Pidora – Fedora-Remix für Raspberry Pi

Pidora basiert auf dem beliebten Fedora-Linux, der Communityversion von Red Hat Linux. Pidora wurde speziell für den Raspberry Pi zusammengestellt, ist im NOOBS-Installer enthalten und startet nach der Installation ein Konfigurationstool für die wichtigsten Einstellungen. In diesem Tool müssen Sie einen Benutzer mit Passwort anlegen. Es gibt keinen Standardbenutzer wie bei Raspbian.

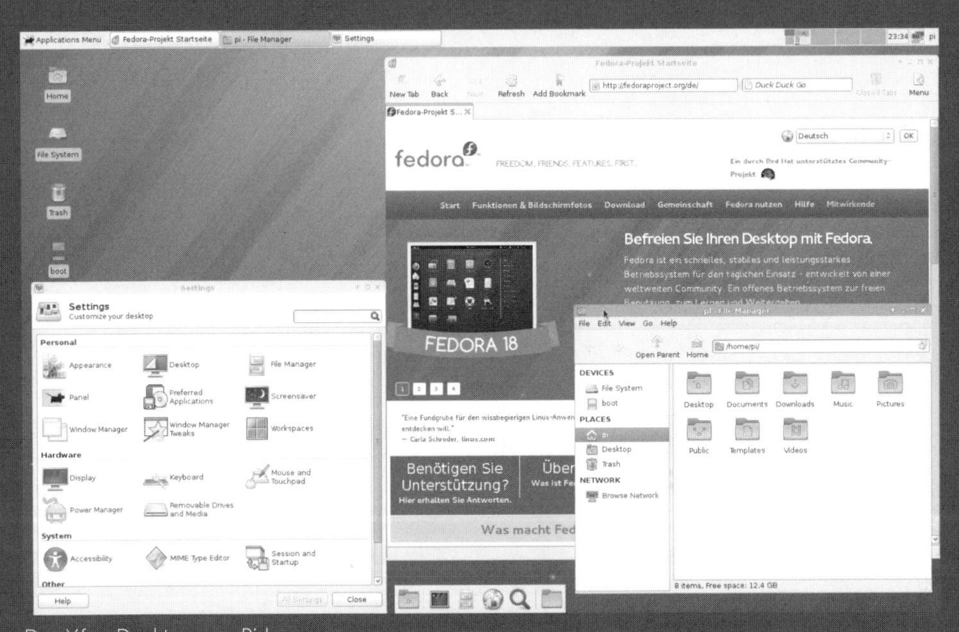

Der Xfce-Desktop von Pidora.

Pidora bootet mit dem Xfce-Desktop, der sich vom Lxde-Desktop, den Raspbian nutzt, etwas unterscheidet. Xfce orientiert sich in der Desktopgestaltung eher an Mac OS, wogegen der Lxde-Desktop an Windows erinnert. Auf dem Xfce-Desktop befindet sich die Taskleiste am oberen Bildschirmrand, ein Klick ganz links öffnet das *Applications Menu* mit allen installierten Programmen. Wichtige Programme finden Sie auch als Schnellstartsymbole am unteren Bildschirmrand.

Ein Rechtsklick auf den Desktop öffnet ein Kontextmenü mit den üblichen Desktopfunktionen. Der letzte Menüpunkt *Applications* enthält auch das komplette *Applications*-Menü.

Pidora-Webseite: *pidora.ca*

PiBang Linux

PiBang ist eine Linux-Distribution für den Raspberry Pi, die technisch auf Raspbian basiert, sich aber inhaltlich davon deutlich unterscheidet. Hier wird nicht die ursprüngliche Zielgruppe der Schüler und Studenten mit Bildungsanspruch angesprochen, sondern alle, die den Raspberry Pi als schlanken Alltags-PC nutzen.

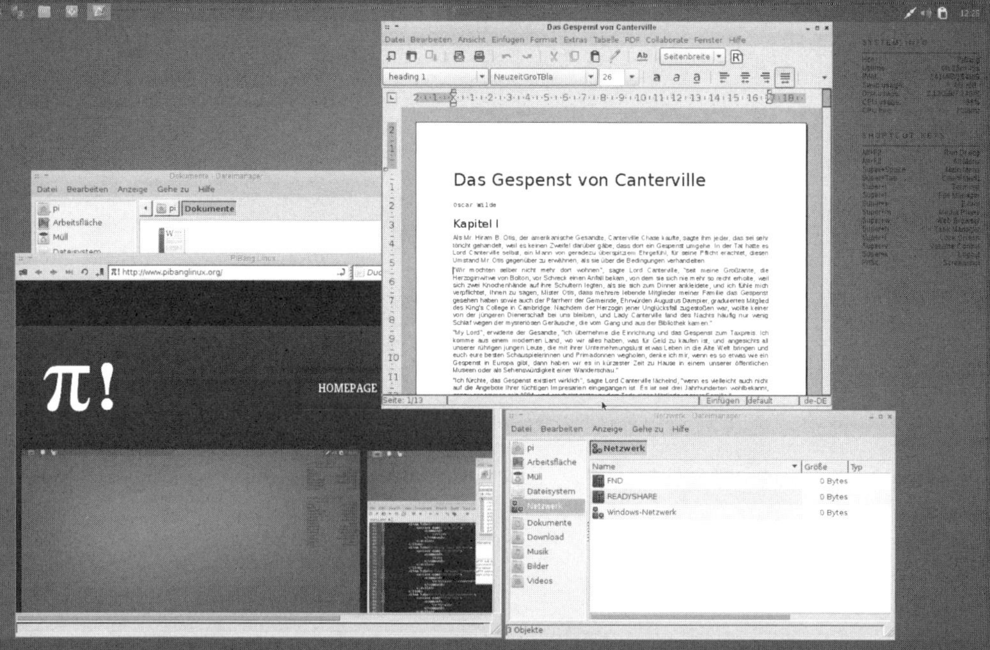

PiBang Linux mit dem Openbox-Desktop.

PiBang Linux verwendet eine speziell angepasste Version der extrem ressourcensparenden Openbox-Desktopoberfläche. Diese erscheint mit einem völlig leeren Desktop, es gibt auch kein gewohntes Startmenü, das Sie mit einem Rechtsklick auf den Desktop oder per `Win`+`Leertaste` öffnen. Das Menü mit allen vorinstallierten Programmen erscheint direkt am Mauszeiger.

Alle wichtigen Tastenkombinationen sowie die aktuelle Ressourcenauslastung werden rechts oben auf dem Desktop angezeigt. Leider ist die schwarze Schrift auf dem dunkelgrauen Hintergrundbild schwer lesbar. Wählen Sie doch einfach über den Menüpunkt *Settings/Choose Wallpaper* ein anderes Hintergrundbild. Die Änderungen werden hier erst nach einem Klick auf *Apply* übernommen.

PiBang Linux-Webseite: *pibanglinux.org*

ArchLinux ARM

ArchLinux ist eine besonders schlanke, ressourcensparende Linux-Distribution, die seit einiger Zeit auch für den Raspberry Pi angeboten wird. Hier gibt es keinen grafischen Desktop. Dank der flexiblen Architektur können genau die Komponenten installiert werden, die man wirklich braucht.

ArchLinux-Webseite: *archlinuxarm.org*

RaspBMC und OpenELEC

Diese beiden Betriebssysteme basieren auf dem Standard-Raspbian, beinhalten aber bereits die XBMC Media Center Distribution mit ihrer eigenen Benutzeroberfläche. RaspBMC wird im Kapitel »7 Der Raspberry Pi als Mediacenter« ausführlich beschrieben.

RaspBMC-Webseite: *raspbmc.com*

OpenELEC-Webseite: *openelec.tv*

ChameleonPi, RetroPie und PiMAME

Dies sind drei verschiedene Spezialversionen von Raspbian für Spieler. Unter einer eigenen Oberfläche sind verschiedene Emulatoren für Retrocomputer und Spielkonsolen vorinstalliert. ChameleonPi wird im Kapitel »6 Coole Spiele auf dem Raspberry Pi« ausführlich beschrieben.

ChameleonPi-Webseite: *chameleon.enging.com*

RetroPie-Webseite: *blog.petrockblock.com/retropie*

PiMAME-Webseite: *pimame.org*

ha-pi

ha(ck with raspberry)pi ist eine spezielle Linux-Distribution mit Hackertools, um verschiedene Angriffe auf andere Computer im Netzwerk zu simulieren und so eigene Netzwerke und Server sicherer zu machen. Es gibt keine grafische Oberfläche. Alle Tools laufen über die Kommandozeile. Zur Automatisierung von Prozessen werden die Skriptsprachen ruby, Python und Perl mitgeliefert

ha-pi-Webseite: *sourceforge.net/projects/ha-pi*

1.5 Fast wie Windows - die grafische Oberfläche LXDE

Viele schrecken bei dem Wort Linux erst einmal zurück, weil sie befürchten, kryptische Befehlsfolgen per Kommandozeile eingeben zu müssen, wie vor 30 Jahren unter DOS. Weit gefehlt! Linux bietet als offenes Betriebssystem den Entwicklern freie Möglichkeiten, eigene grafische Oberflächen zu entwickeln. So ist man als Anwender des im Kern immer noch kommandozeilenorientierten Betriebssystems nicht auf eine Oberfläche festgelegt.

Das Raspbian-Linux für den Raspberry Pi verwendet die Oberfläche LXDE (Lightweight X11 Desktop Environment), die einerseits sehr wenig Systemressourcen benötigt und andererseits mit ihrem Startmenü und dem Dateimanager der gewohnten Windows-Oberfläche sehr ähnelt.

Linux-Anmeldung
Selbst die bei Linux typische Benutzeranmeldung wird im Hintergrund erledigt. Falls Sie sie doch einmal brauchen: Der Benutzername lautet `pi` und das Passwort `raspberry`.

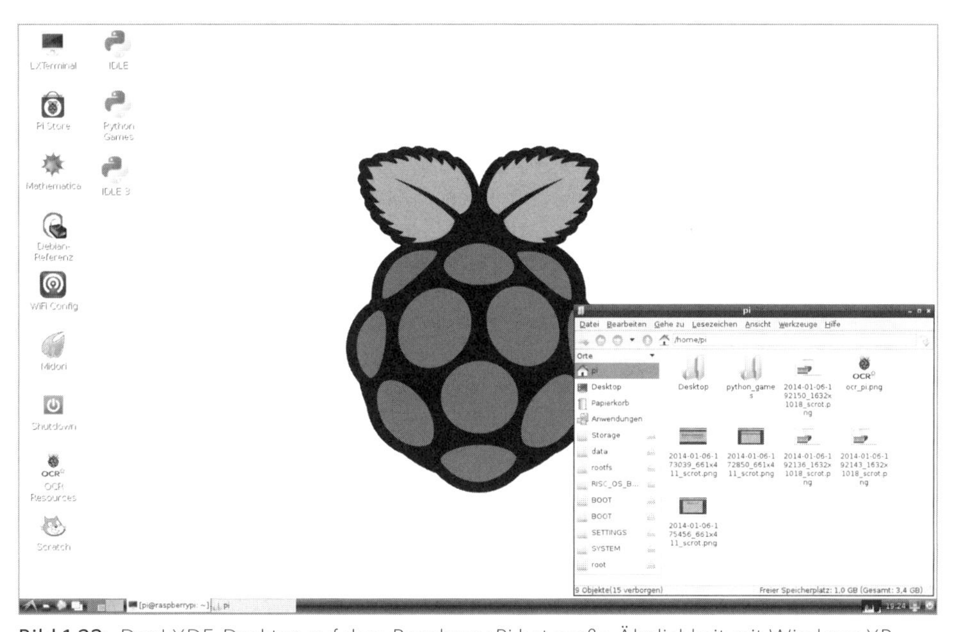

Bild 1.23: Der LXDE-Desktop auf dem Raspberry Pi hat große Ähnlichkeit mit Windows XP.

Das LXDE-Symbol ganz links unten öffnet das Startmenü, die Symbole daneben den Dateimanager und den Webbrowser. Das Startmenü ist wie unter Windows mehrstufig aufgebaut. Häufig verwendete Programme lassen sich mit einem Rechtsklick auf dem Desktop ablegen. Hier liegen bereits einige der vorinstallierten Programme, der Midori-Webbrowser, Python-Entwicklungsumgebungen und der Pi Store.

Raspberry Pi ausschalten und neu starten

Theoretisch kann man beim Raspberry Pi einfach den Stecker ziehen, und er schaltet sich ab. Besser ist es jedoch, das System wie auf einem PC sauber herunterzufahren. Klicken Sie dazu im Startmenü ganz unten auf *Abmelden* oder auf das rote Symbol in der rechten unteren Bildschirmecke. Wählen Sie im nächsten Dialogfeld *Ausschalten*.

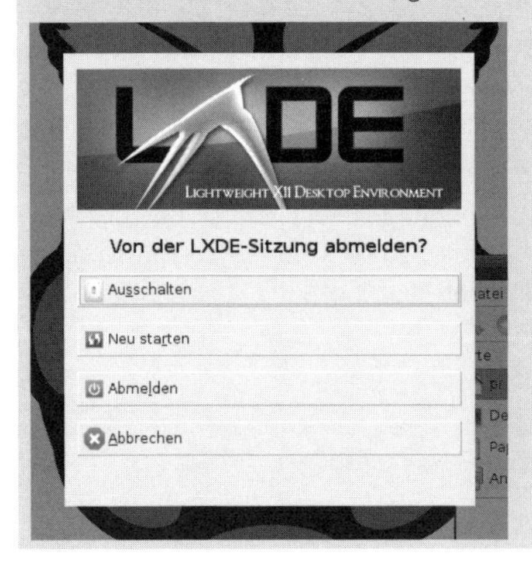

1.5.1 Eigene Dateien auf dem Raspberry Pi

Die Dateiverwaltung läuft unter Linux zwar etwas anders als unter Windows, ist aber auch nicht schwieriger. Raspbian bringt einen Dateimanager mit, der dem Windows-Explorer täuschend ähnlich sieht. Ein wichtiger Unterschied zu Windows: Linux trennt nicht strikt nach Laufwerken, alle Dateien befinden sich in einem gemeinsamen Dateisystem.

Unter Linux legt man alle eigenen Dateien grundsätzlich nur unterhalb des eigenen Home-Verzeichnisses ab. Hier heißt es `/home/pi` nach dem Benutzernamen `pi`. Linux verwendet den einfachen Schrägstrich zur Trennung von Verzeichnisebenen (`/`), nicht den von Windows bekannten Backslash (`\`).

Der Dateimanager, den man außer über das Startmenü übrigens auch wie unter Windows mit der Tastenkombination [Win]+[E] starten kann, zeigt standardmäßig auch nur dieses Home-Verzeichnis an. Einige Programme legen dort automatisch Unterverzeichnisse an.

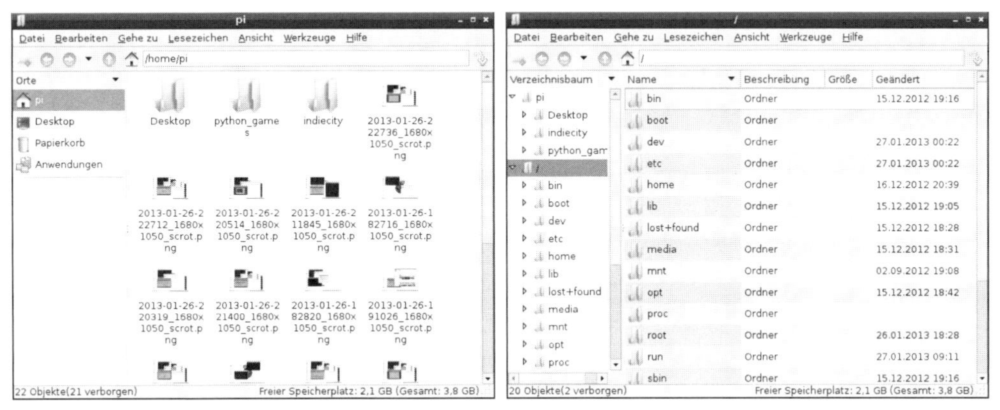

Bild 1.24: Der Dateimanager auf dem Raspberry Pi.

Wer wirklich alles sehen möchte, auch die Dateien, die den normalen Benutzer nichts angehen, schaltet den Dateimanager oben links von *Orte* auf *Verzeichnisbaum* um. Dann noch im Menü unter *Ansicht* die Option *Detailansicht* wählen, und die Anzeige sieht aus, wie man sich Linux vorstellt.

Wie viel Platz ist auf der Speicherkarte frei?

Nicht nur Festplatten von PCs sind ständig voll - bei der Speicherkarte des Raspberry Pi kann das noch viel schneller gehen. Umso wichtiger ist es, den freien und belegten Platz auf der Speicherkarte immer im Blick zu haben. Die Statuszeile des Dateimanagers am unteren Fensterrand zeigt rechts den freien und belegten Speicherplatz an.

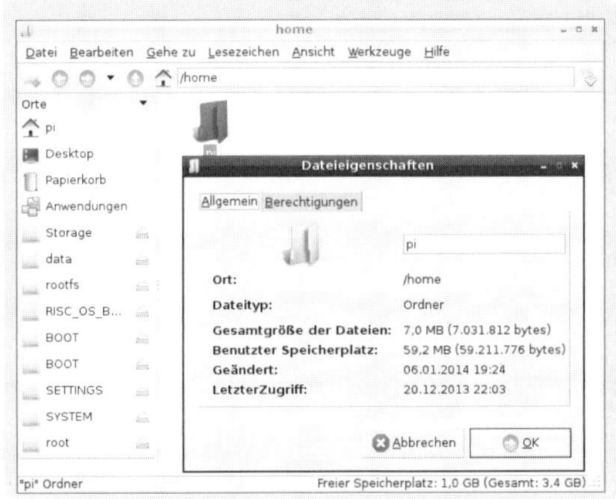

Um zu sehen, wie viel Speicherplatz Ihre eigenen Dateien auf dem Raspberry Pi belegen, kann man sich auch die Größe eines Verzeichnisses anzeigen lassen. Klicken Sie dazu, wenn Sie sich im Dateimanager im Home-Verzeichnis befinden, auf den grünen Pfeil nach oben, um eine Verzeichnisebene höher zu springen. Klicken Sie dort mit der rechten Maustaste auf das Symbol Ihres Home-Verzeichnisses `pi` und wählen Sie im Kontextmenü *Eigenschaften*. Hier wird die Gesamtgröße aller Dateien angezeigt sowie der tatsächlich auf der Speicherkarte benutzte Speicherplatz. Dieser kann bedingt durch die Clustergröße der Speicherkarte deutlich größer sein, wenn sehr viele kleine Dateien abgelegt werden, was z. B. beim Browsercache der Fall ist.

1.6 Eigene Dateien auf den PC sichern oder vom PC kopieren

Im Laufe der Zeit sammeln sich auf dem Raspberry Pi wie auf jedem PC jede Menge persönliche Daten an, die man nicht verlieren möchte, wenn die Speicherkarte auf einmal den Geist aufgibt - und das passiert bei Speicherkarten öfter als bei Festplatten.

Ob man nun seine Daten vom Raspberry Pi sicherheitshalber auf den PC kopieren oder Bilder und andere Daten vom PC auf den Raspberry Pi übertragen möchte - die Geräte müssen miteinander verbunden werden. Die physikalische Verbindung ist über das Netzwerk bereits da, es muss nur noch logisch der Zugriff vom PC geschaffen werden.

1. Wenn Sie bei der Einrichtung des Raspberry Pi bereits den SSH-Server aktiviert haben, ist auf der Serverseite bereits alles getan. Wenn nicht, holen Sie das einfach nach. Starten Sie dazu das LXTerminal vom Desktop und geben Sie dort ein:

```
sudo raspi-config
```

2. Wählen Sie mit den Pfeiltasten die Zeile *Advanced Options* und danach *SSH*. Hier muss der SSH-Server mit *Enable* eingeschaltet sein, damit Sie über das Netzwerk auf den Raspberry Pi zugreifen können. Bestätigen Sie den nächsten Bildschirm mit *OK* und verlassen Sie das Konfigurationstool mit *Finish*.

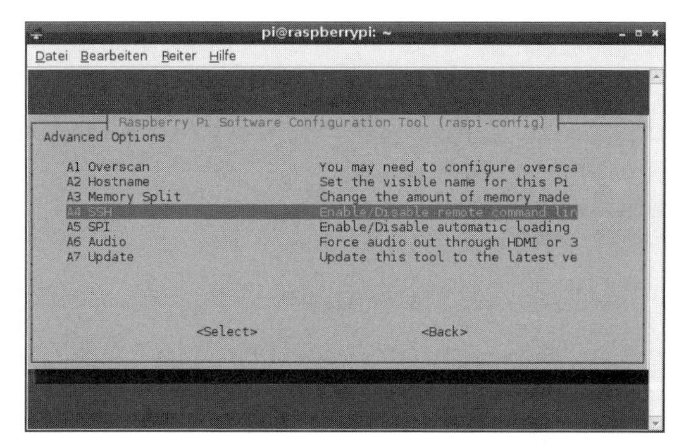

Bild 1.25: *SSH* über `raspi-config` aktivieren.

3. Der Raspberry Pi arbeitet hier als Server, der vom PC, dem Client, gesteuert wird. Jetzt brauchen Sie auf dem PC nur noch ein geeignetes Tool zur Verbindung und Datenübertragung. Wer unter Windows lediglich den Explorer und keinen besonderen Dateimanager nutzt, bekommt mit WinSCP (*www.winscp.net/de*) ein komfortables Übertragungsprogramm für SCP-Verbindungen, wie sie auf dem Raspberry Pi verwendet werden.

4. Beim ersten Start fragt WinSCP nach einer neuen Verbindung. Dazu brauchen Sie die IP-Adresse des Raspberry Pi im lokalen Netzwerk. Starten Sie dazu das LXTerminal vom Raspbian-Desktop und geben Sie dort ein:

```
ip addr
```

5. In der letzten Zeile der Anzeige bei `eth0` wird unter `inet` die lokale IP-Adresse angezeigt. Auch der Befehl `ifconfig` zeigt die IP-Adresse an. Auf Linux heißt dieser Befehl wirklich `ifconfig` und nicht `ipconfig` wie unter Windows.

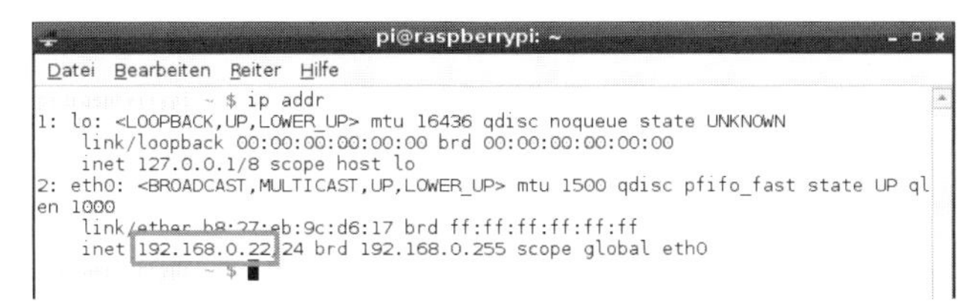

Bild 1.26: Anzeige der lokalen IP-Adresse des Raspberry Pi mit `ip addr`.

6. Wählen Sie im WinSCP-Anmeldungsdialog bei Übertragungsprotokoll *SCP* aus, tragen Sie bei *Rechnername* die IP-Adresse des Raspberry Pi ein und lassen Sie bei *Portnummer* die voreingestellte *22* stehen. Geben Sie dann `pi` im Feld *Benutzername* ein und `raspberry` im Feld *Kennwort*. Benutzername und Kennwort müssen beide kleingeschrieben sein, Linux nimmt es da sehr genau.

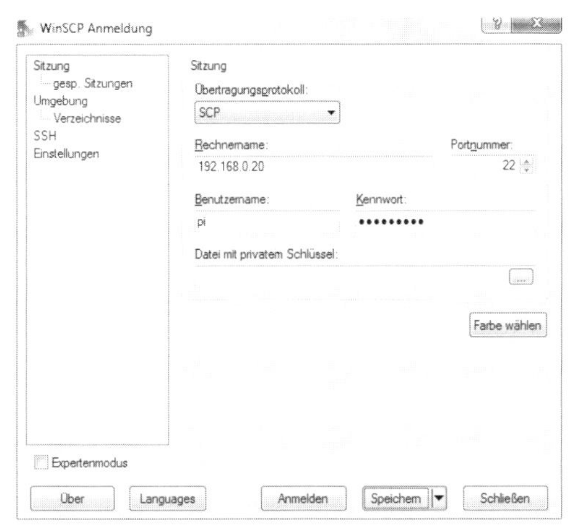

Bild 1.27: Neue Verbindung in WinSCP einrichten.

7. Klicken Sie unten auf *Speichern* und aktivieren Sie im nächsten Dialogfeld den Schalter *Passwort speichern*, obwohl WinSCP dies nicht empfiehlt. Hier gibt es aber keine Sicherheitsbedenken, da sowieso jeder das Passwort für den Raspberry Pi kennt.

8. Klicken Sie jetzt auf *Anmelden*, stellt WinSCP eine Verbindung her und zeigt nach wenigen Sekunden einen eigenen Dateimanager in übersichtlicher Zwei-Fenster-Gestaltung. Das rechte Fenster zeigt das Home-Verzeichnis des Raspberry Pi, das linke die lokale Festplatte des PCs. Jetzt können hier Sie in beide Richtungen

Dateien kopieren. Der Dateimanager bietet komfortable Funktionen, um Verzeichnisse zu vergleichen oder zu synchronisieren, und zeigt auf dem Raspberry Pi in leichtem Grau auch die Dateien an, die Linux normalerweise versteckt. WinSCP verwendet übrigens die gleichen Tastenkombinationen wie der alte Norton Commander, den viele noch aus DOS-Zeiten kennen werden.

Warnungen beim Verbindungsaufbau
Alle Sicherheitswarnungen beim Verbindungsaufbau können Sie einfach bestätigen. Sie brauchen hier keine Sicherheitsschlüssel, die Verbindung ist sicher. Sie läuft im lokalen Netzwerk und nicht über das Internet.

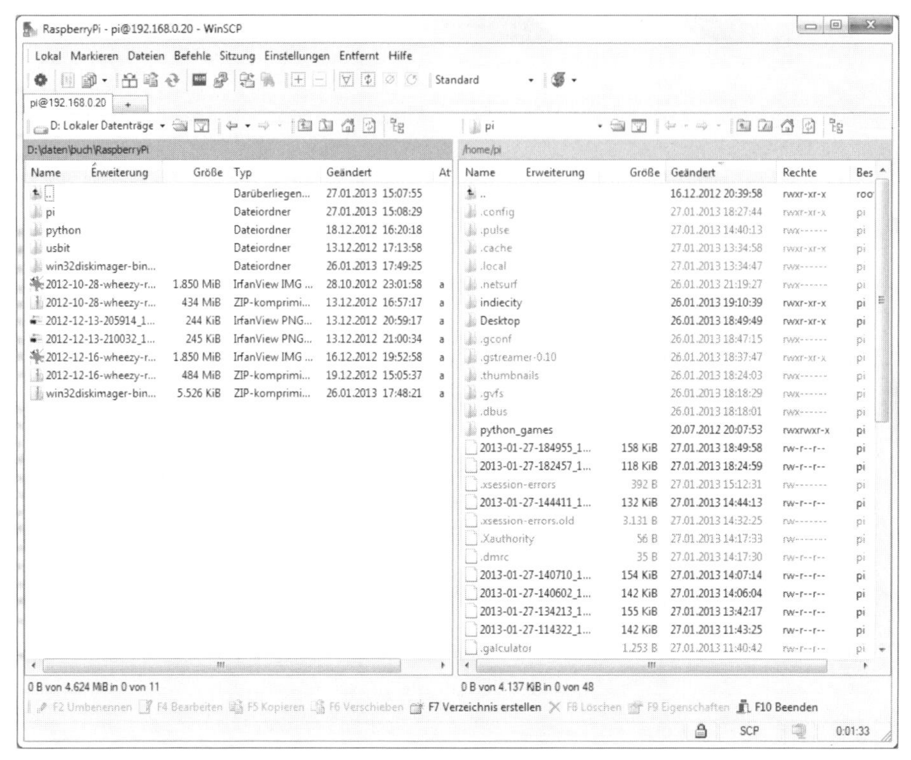

Bild 1.28: Datenübertragung zwischen PC und Raspberry Pi mit WinSCP.

Verzeichnisstruktur beachten
Obwohl WinSCP den Zugriff auf andere Verzeichnisse ermöglichen würde, kopieren Sie eigene Dateien auf den Raspberry Pi nur in das Verzeichnis `/home/pi` und darunterliegende Verzeichnisse.

9 WinSCP speichert Adresse und Anmeldedaten. Beim nächsten Start brauchen Sie nur auf die gespeicherte Verbindung zu klicken und keine Daten mehr einzugeben. Das funktioniert so lange, wie der Raspberry Pi die gleiche IP-Adresse hat. Diese kann sich z. B. bei einem Reset des Routers ändern. Stellen Sie in diesem Fall wieder

auf dem Raspberry Pi die IP-Adresse fest und ändern Sie diese in der Verbindung in WinSCP.

1.6.1 Datenübertragung mit dem Total Commander

Viele Windows-Nutzer sind mit dem vorinstallierten Explorer unzufrieden und längst auf einen komfortableren Dateimanager umgestiegen. Eines der beliebtesten derartigen Tools ist der Total Commander (*www.totalcommander.de*). Dieser kann auch zur Datenübertragung mit dem Raspberry Pi verwendet werden, man braucht nur ein SFTP-Plug-in.

1. Laden Sie bei *www.ghisler.com/dplugins.htm* das SFTP-Plug-in herunter und installieren Sie es im Total Commander. Zusätzlich sind einige DLL-Dateien erforderlich, deren Downloadlinks für 32-Bit- und 64-Bit-Windows auf der Seite mit angegeben sind. Kopieren Sie sie in das Plug-in-Verzeichnis des Total Commander.

2. Richten Sie nun die Verbindung ein. Schalten Sie dazu eines der Fenster des Total Commander (im Beispiel das rechte) auf *Netzwerkumgebung*. Hier erscheint ein neuer Eintrag *Secure FTP*. Drücken Sie jetzt die Taste [F7]. Damit wird in diesem Fall kein neues Verzeichnis, sondern eine Verbindung angelegt. Geben Sie dieser einen Namen, z. B. *RaspberryPi*.

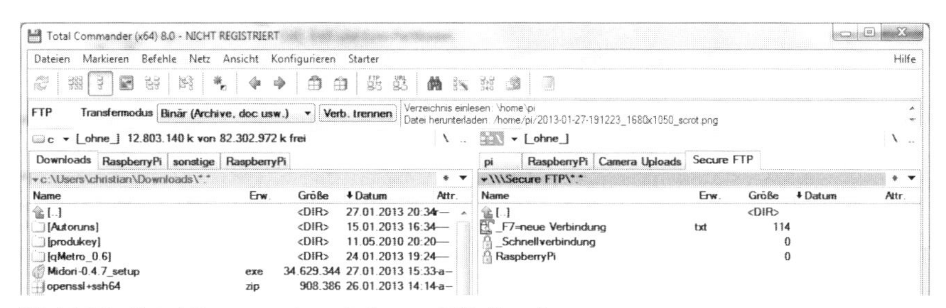

Bild 1.29: Total Commander mit SecureFTP-Plug-in.

3. Geben Sie im nächsten Dialogfeld IP-Adresse, Benutzernamen und Kennwort des Raspberry Pi ein, wie weiter oben bei WinSCP beschrieben. Wählen Sie oben rechts *IPv4* aus und aktivieren Sie im unteren Bereich den Schalter *Benutze SCP für Transfers*. Schließen Sie dieses Dialogfeld anschließend mit *OK*.

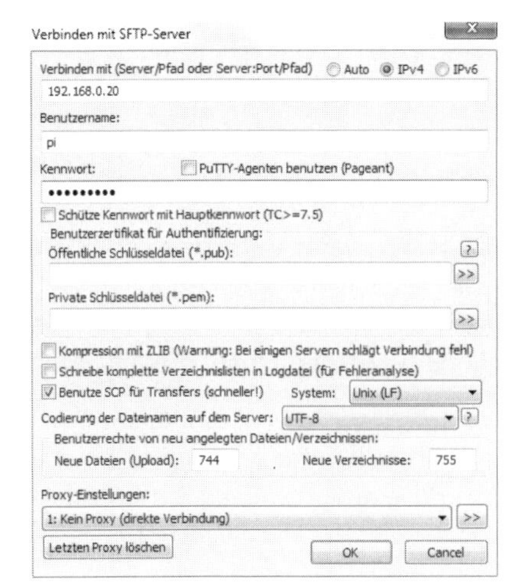

Bild 1.30: Verbindung zum Raspberry Pi im Total Commander einrichten.

4. Jetzt können Sie per Doppelklick die Verbindung aufbauen. Wechseln Sie auf dem Raspberry Pi in das Verzeichnis `/home/pi`, und Sie können Dateien wie im Total Commander gewohnt kopieren, umbenennen, verschieben und auch neue Verzeichnisse anlegen.

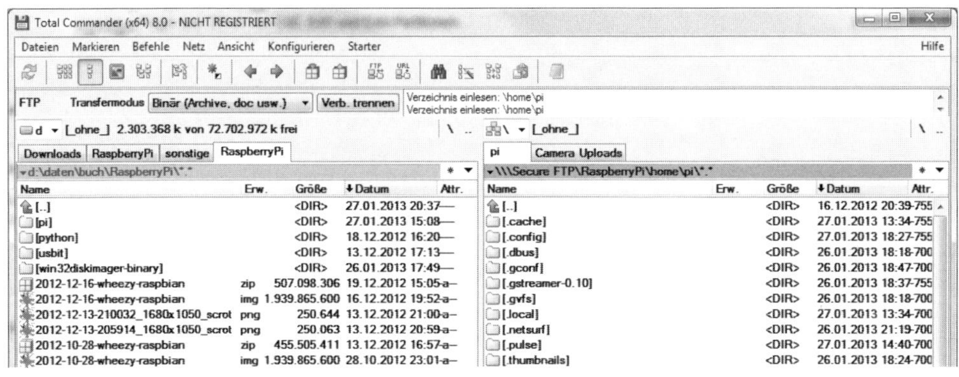

Bild 1.31: Verbindung mit dem Raspberry Pi im Total Commander.

Datensicherung des Raspberry Pi
Um alle persönlichen Daten vom Raspberry Pi auf den PC zu sichern, kopieren Sie einfach das komplette Verzeichnis `/home/pi` in ein neues Verzeichnis auf der Festplatte Ihres PCs.

1.6.2 Komplettsicherung der SD-Karte

Beim Kopieren des Home-Verzeichnisses werden nur die Daten gesichert, nicht aber das Betriebssystem selbst. Sollte die Speicherkarte versagen, müssen Sie Betriebssystem und zuvor installierte Programme wieder neu installieren. Um dem vorzubeugen, hilft nur eine Komplettsicherung der Speicherkarte in eine Image-Datei. Ein einfaches Kopieren aller Daten kopiert den Bootblock nicht mit.

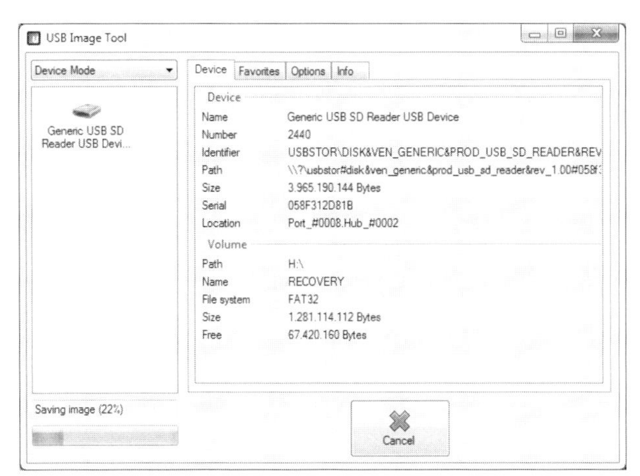

Bild 1.32: SD-Karte auf dem PC komplett sichern.

Das weiter oben bereits beschriebene USB Image Tool von *www.alexpage.de* kopiert mit dem *Backup*-Button auf einem Windows-PC eine Speicherkarte unabhängig von ihrem Betriebssystem in eine komprimierte Image-Datei, aus der die Speicherkarte später wiederhergestellt werden kann. Auf diese Weise lassen sich auch fertig installierte SD-Karten für den Raspberry Pi einfach kopieren.

1.7 Persönliches Hintergrundbild auf dem Raspberry Pi

Das Hintergrundbild des Bildschirms, sei es auf dem PC, auf dem Handy oder auch auf dem Raspberry Pi, ist ein höchst emotionales Thema. Die einen vertreten äußerst vehement die Meinung, der Bildschirmhintergrund sei das Unwichtigste überhaupt, anderen liegt dieses Bild so am Herzen, dass es je nach Tageslaune ständig geändert werden muss.

Natürlich können Sie sich auch auf dem Raspberry Pi anstelle der schlichten Himbeere eine andere Grafik, ein Strandmotiv oder einen ganzen Himbeerkuchen als Hintergrund auf den Desktop legen.

Übrigens ...

... auch Microsoft hat die Bedeutung dieses Themas erkannt und in der billigsten Windows-7-Version, der Starter-Edition, die Möglichkeit, das Hintergrundbild zu verändern, entfernt. Allein das soll für einige Nutzer ein Anreiz sein, sich eine höherwertige Windows-Version zu kaufen.

Idealerweise hat das Hintergrundbild, wenn es sich nicht um ein kleines Logo handelt, sondern den ganzen Desktop bedecken soll, auch genau dessen Auflösung. Es ergibt keinen Sinn, ein Originalfoto einer hochauflösenden Digitalkamera mit mehreren

Tausend Pixeln Auflösung jedes Mal vom Raspberry Pi auf Monitorauflösung herunterskalieren zu lassen.

❶ Skalieren Sie das gewünschte Foto zunächst am PC auf die vom Raspberry Pi verwendete Bildschirmauflösung.

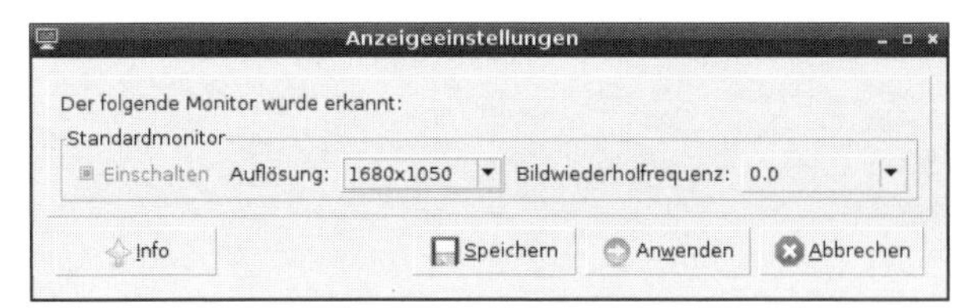

Bild 1.33: Die aktuelle Bildschirmauflösung finden Sie auf dem Raspberry Pi über das Startmenü unter *Einstellungen/Bildschirmeinstellungen*.

❷ Übertragen Sie dann das Bild im PNG- oder JPG-Format in Ihr Home-Verzeichnis auf dem Raspberry Pi.

❸ Klicken Sie mit der rechten Maustaste auf den Desktop und wählen Sie im Kontextmenü *Einstellungen der Arbeitsfläche*.

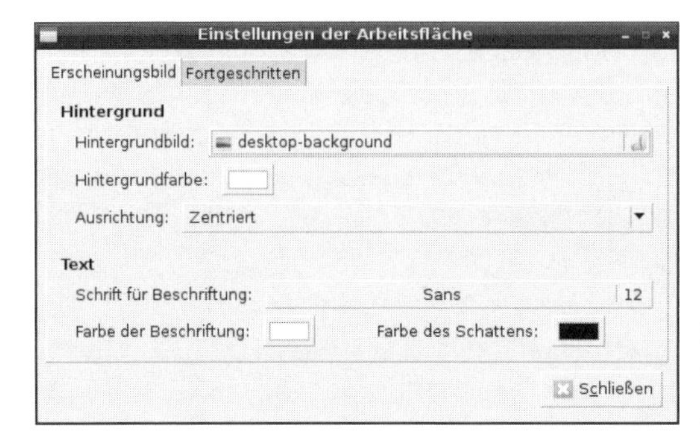

Bild 1.34: Der LXDE-Desktop bietet verschiedene Einstellungen für die Arbeitsfläche.

❹ Klicken Sie hier auf *desktop-background*, den Namen des aktuellen Hintergrundbilds. Im nächsten Fenster wählen Sie Ihr gewünschtes Hintergrundbild aus. Über das linke Seitenfenster kommen Sie schnell in Ihr Home-Verzeichnis `pi`. Klicken Sie oben auf einen Spaltentitel, um die Liste neu zu sortieren, z. B. nach Änderungsdatum.

❺ Wählen Sie das neue Hintergrundbild aus und klicken Sie auf *Öffnen*. Das Bild wird sofort als Desktophintergrund angezeigt.

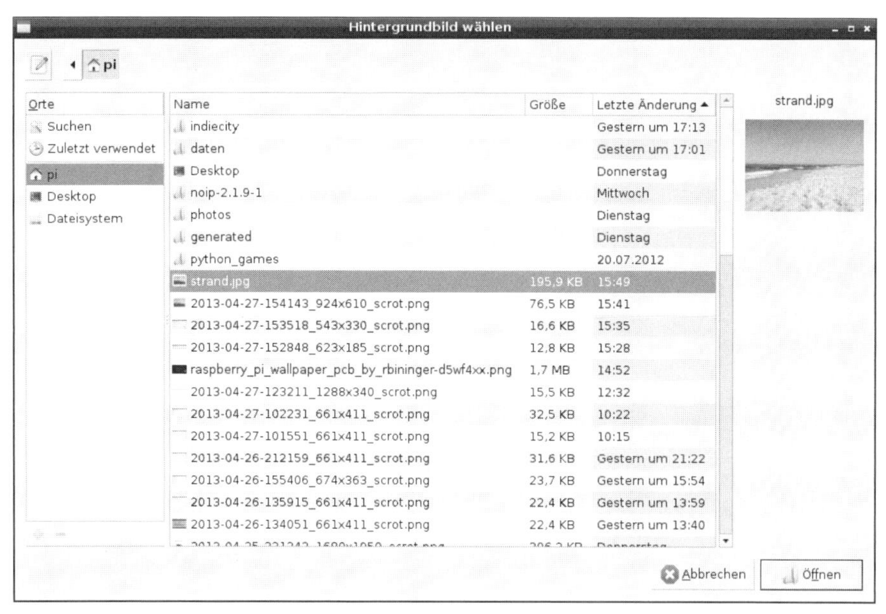

Bild 1.35: Ein angeklicktes Bild wird rechts im Fenster als Vorschau angezeigt.

6 Das Dialogfeld *Einstellungen der Arbeitsfläche* bleibt geöffnet. Hier können Sie jetzt noch die Ausrichtung wählen. Es stehen verschiedene Optionen zur Wahl:

Ausrichtung für Hintergrundbilder	
mit Hintergrundfarbe füllen	Es wird kein Bild dargestellt. Der ganze Desktop wird mit der ausgewählten Hintergrundfarbe gefüllt.
Bildschirm füllen	Das Bild wird so skaliert, dass es den gesamten Bildschirm ohne freie Ränder ausfüllt. Dabei kann sich unter Umständen das Seitenverhältnis ändern.
Skalieren	Das Bild wird so skaliert, dass es den Bildschirm in der Höhe oder Breite ausfüllt, aber das Seitenverhältnis unverändert bleibt. Freie Flächen an den Rändern werden mit der ausgewählten Hintergrundfarbe gefüllt.
Zentriert	Das Bild wird in Originalgröße dargestellt. Freie Flächen an den Rändern werden mit der ausgewählten Hintergrundfarbe gefüllt.
Kacheln	Ist das Bild kleiner als der Bildschirm, wird es nach rechts und unten gekachelt wiederholt.

Hat das Bild genau die Auflösung des Bildschirms, gibt es keinen Unterschied zwischen den verschiedenen Ausrichtungen.

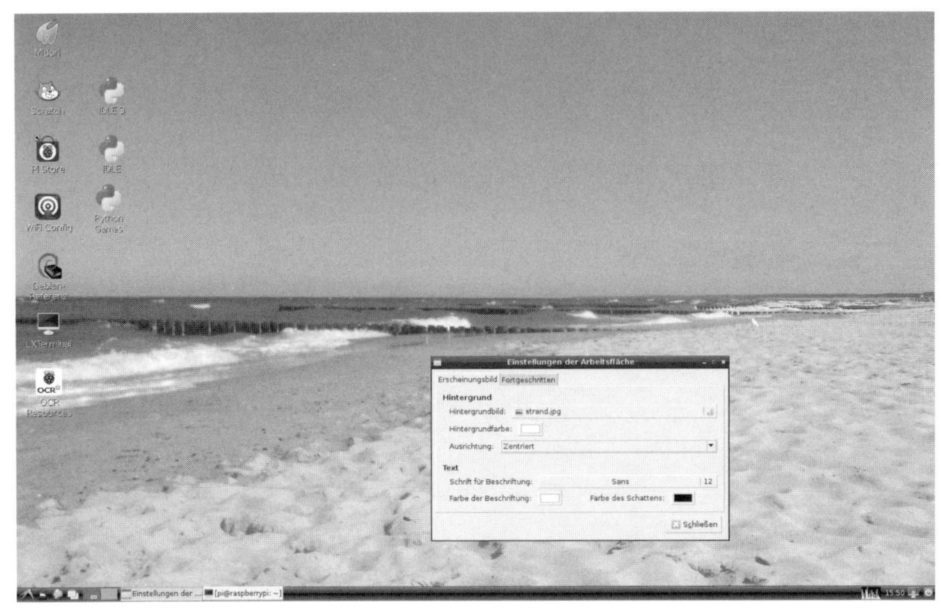

Bild 1.36: Der Raspberry-Pi-Desktop mit persönlichem Hintergrundbild.

Das Original-Raspberry-Pi-Hintergrundbild liegt im Verzeichnis `/etc/alternatives`. Der LXDE-Desktop liefert weitere Hintergrundbilder im Verzeichnis `/usr/share/lxde/wallpapers`. Beide Systemverzeichnisse sind für den Benutzer `pi` schreibgeschützt. Möchten Sie der Übersichtlichkeit halber Ihre eigenen Hintergrundbilder auch dort ablegen, müssen Sie sie mit Root-Berechtigung dorthin kopieren, z. B.:

```
sudo cp ./meinbild.png /etc/alternatives
```

Viele Raspberry-Pi-Fans haben in der letzten Zeit eigene Hintergrundbilder mit Raspberry Pi-Motiven entworfen und bieten sie zum Download an. Eine gute Quelle ist das Künstlerportal deviantART, wo sich diverse Hintergrundbilder in verschiedenen HDMI-Auflösungen finden lassen: *bit.ly/11L7UxU*.

1.8 WLAN mit dem Raspberry Pi

In vielen Fällen ist es bequemer, den Raspberry Pi nicht über ein Netzwerkkabel, sondern per WLAN mit dem lokalen Netzwerk bzw. mit dem Internet zu verbinden. Das Raspbian-Betriebssystem bringt bereits grundlegende Unterstützung für WLAN mit. Allerdings ist das Angebot verschiedener WLAN-USB-Sticks unüberschaubar, und längst nicht für jeden Stick sind Linux-Treiber verfügbar. Viele Hardwarehersteller sind heute noch der Ansicht, Windows sei das einzige Betriebssystem auf der ganzen

Welt. Ob ein bestimmter WLAN-Stick von Raspbian unterstützt wird, hängt im Wesentlichen von dem im Stick verbauten Chipsatz ab.

Bild 1.37: Raspberry Pi mit WLAN-Stick LogiLink WL0084B.

Nach der Recherche in diversen Internetforen und einigen eigenen Tests funktionieren folgende WLAN-Sticks am Raspberry Pi:

Raspberry Pi-kompatible WLAN-Sticks	
3com	3CRUSB10075
Allnet	ALL0234MINI Wireless N 150Mbit
Asus	USB N10, USB N13
Conrad	WLAN Stick N150
D-Link	DWL-G122 G 54
EDIMAX	EW-7811 UN
IOGear	GWU625
LogiLink	WL0084B
Netgear	N150, WG111
Realtek	8188CU Wireless USB 11N Nano Adaptor 802.11N
Tenda	USB 11n, Wireless-N150 W311M
TP-Link	TL-WN722N
Zyxel	NWD2015

Bei WLAN-Sticks, die nicht in dieser Tabelle aufgeführt sind, haben Sie eine gute Chance auf Kompatibilität, wenn der Stick den Realtek-8188CU-Chipsatz verwendet. Der eingebaute Chipsatz ist üblicherweise auf dem Datenblatt und oft auch auf der Verpackung des WLAN-Sticks angegeben.

Nur zwei USB-Ports

Der WLAN-Stick belegt einen USB-Port. Wenn Sie gleichzeitig Maus und Tastatur betreiben wollen, benötigen Sie entweder einen USB-Hub (möglichst mit eigener Stromversorgung) oder eine Tastatur mit zusätzlichem USB-Anschluss für die Maus.

Vor der ersten Verwendung des WLAN-Sticks müssen Treiber installiert werden. Dies funktioniert weitgehend automatisch, allerdings muss dazu der Raspberry Pi über ein Netzwerkkabel mit dem Internet verbunden sein.

1. Starten Sie den Raspberry Pi mit angeschlossenem Netzwerkkabel und eingestecktem WLAN-Stick. Die Treiber werden automatisch während des Bootens installiert.
2. Klicken Sie doppelt auf das vorinstallierte Symbol *WiFi Config* auf dem Raspbian-Desktop. Wurden der WLAN-Stick korrekt erkannt und geeignete Treiber gefunden, erscheint im oberen Feld des Fensters *wpa_gui* ein Name für den WLAN-Adapter, meistens *wlan0*.
3. Trennen Sie jetzt das Netzwerkkabel und klicken Sie auf *Scan*. Der WLAN-Stick sucht drahtlose Netzwerke in der Umgebung.
4. Klicken Sie doppelt auf das Netzwerk, mit dem Sie sich verbinden wollen. Es öffnet sich ein neues Fenster mit den Eigenschaften dieses Netzwerks, in das Sie den Schlüssel eingeben müssen. Manchmal wird das vom Netzwerk verwendete Authentifizierungsverfahren nicht richtig erkannt. Sollte die Verbindung nicht zustande kommen, wählen Sie in der Liste *Authentication* die verwendete Methode. Bei den meisten WLANs ist das heute *WPA2-Personal (PSK)*.

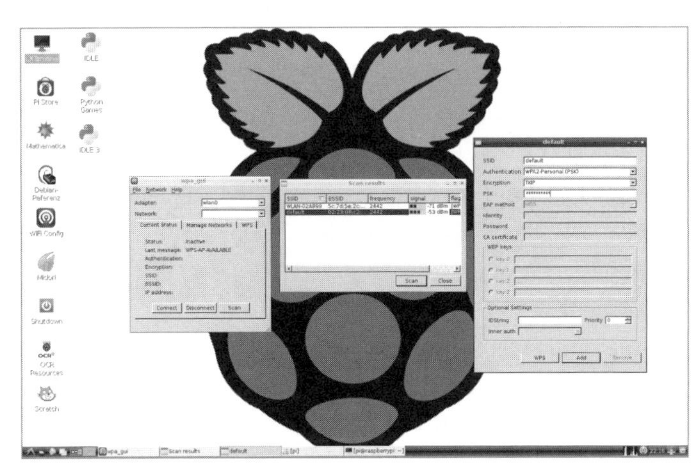

Bild 1.38: Nach automatischer Installation der Treiber ist die WLAN-Verbindung auf dem Raspberry Pi schnell eingerichtet.

5. Nachdem die Verbindung aufgebaut wurde, sehen Sie im Dialogfeld *wpa_gui* Ihre IP-Adresse. Mit den Schaltflächen *Connect* und *Disconnect* lässt sich die WLAN-Verbindung jederzeit verbinden und trennen.
6. Auf diese Weise können Sie für mehrere WLANs die Daten eintragen und über das Listenfeld *Network* zwischen diesen hin und her schalten. Auf der Registerkarte *Manage Networks* lassen sich die gespeicherten Netzwerke nachträglich bearbeiten.

WLAN-Konfiguration in der Taskleiste
Wurde WiFi Config einmal eingerichtet, steht es in Zukunft als Symbol rechts unten in der Taskleiste neben der Uhr zur Verfügung. Mit einem Klick greifen Sie direkt auf die Konfigurationsoberfläche zu.

1.8.1 wicd - das bessere WLAN-Konfigurationstool

Neben dem vorinstallierten WLAN-Konfigurationstool wird ein weiteres angeboten, das noch mehr Möglichkeiten bietet und auch etwas übersichtlicher ist.

1. Zur Installation des Tools wicd benötigen Sie eine Internetverbindung über ein Netzwerkkabel. Danach können Sie die WLAN-Verbindung einrichten. Öffnen Sie ein LXTerminal-Fenster und geben Sie dort ein:

```
sudo apt-get install wicd
```

2. Jetzt werden diverse Pakete heruntergeladen und installiert, was einige Minuten dauern kann. Zum Schluss startet automatisch ein Konfigurationsdialog im blauen Textmodus, in dem Sie den Standardbenutzer `pi` einer Gruppe hinzufügen, die die Berechtigung zur Konfiguration des WLAN hat.

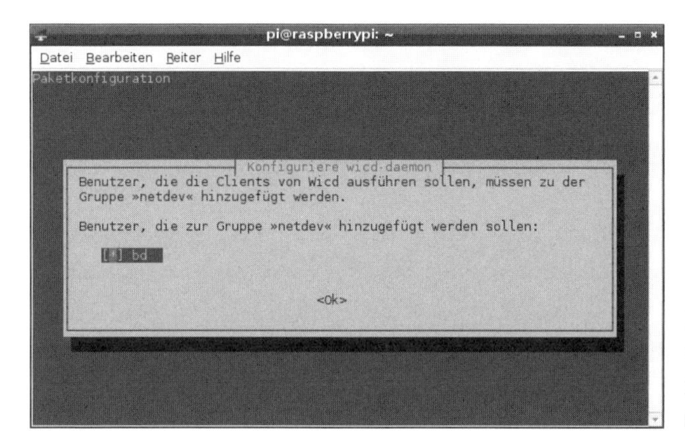

Bild 1.39: Schalten Sie mit der [Leertaste] den Standardbenutzer ein und bestätigen Sie mit OK.

3. Am Ende der Installation wird das WLAN-Konfigurationstool wicd automatisch als Symbol rechts unten neben der Uhr in der Taskleiste abgelegt. Klicken Sie darauf, öffnet sich der *Wicd Netzwerk Manager*.

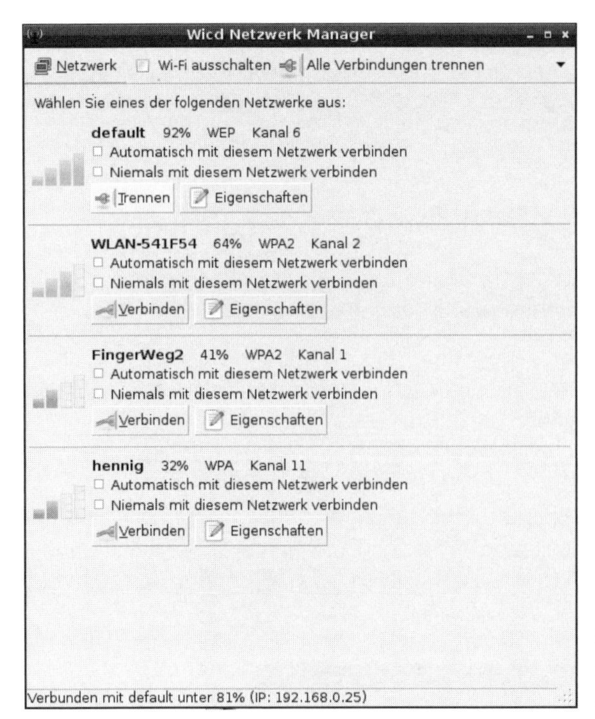

Bild 1.40: Der *Wicd Netzwerk Manager* zeigt alle WLANs in der Umgebung.

4 Auf einen Blick sehen Sie alle WLANs mit Angaben zu Signalstärke, Verschlüsselung und Kanal. Wählen Sie das gewünschte Netzwerk und klicken Sie auf *Verbinden*.

5 Über den Button *Eigenschaften* wählen Sie die Verschlüsselung des Netzwerks und geben den Schlüssel ein. Aktivieren Sie den Schalter *Automatisch mit diesem Netzwerk verbinden*, um in Zukunft die Verbindung beim Start des Raspberry Pi automatisch herzustellen.

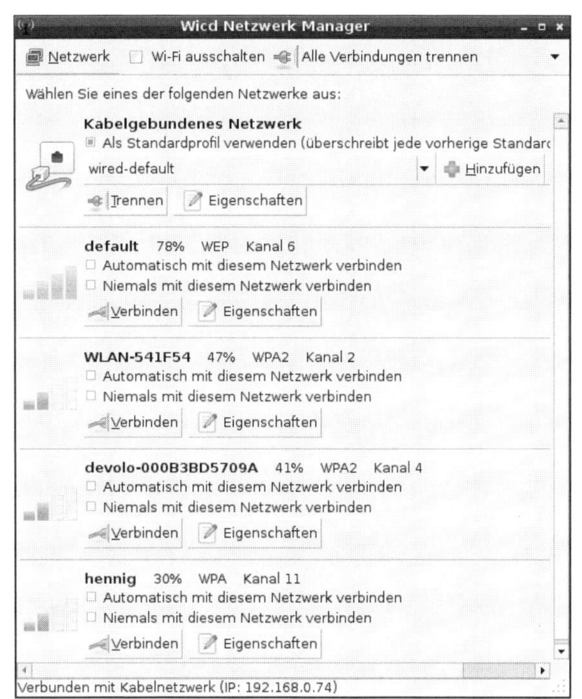

Bild 1.41: Ein kabelgebundenes Netzwerk wird als Standardverbindung festgelegt.

❻ Der *Wicd Netzwerk Manager* verwaltet auch ein kabelgebundenes Netzwerk am Raspberry Pi. Dieses wird immer als Standardnetzwerk angenommen, wenn ein Netzwerkkabel eingesteckt ist. Über den Button *Eigenschaften* lassen sich besondere Konfigurationen, wie z. B. feste IP-Adressen, festlegen.

RISC OS – das schnellere Betriebssystem

RISC OS ist ein extrem schlankes und schnelles Betriebssystem, das nicht auf Linux basiert, sondern eine komplette Eigenentwicklung der englischen Firma Acorn darstellt, die es ursprünglich für ihren ersten RISC-Computer Archimedes in den 80er-Jahren geschaffen hat. RISC OS ist speziell für ARM-Prozessoren entwickelt, wurde nicht von einer anderen Plattform her umgesetzt und läuft daher wesentlich schneller. Unter dem Namen RISC OS OPEN (*www.riscosopen.org*) wurde es auf den Raspberry Pi portiert.

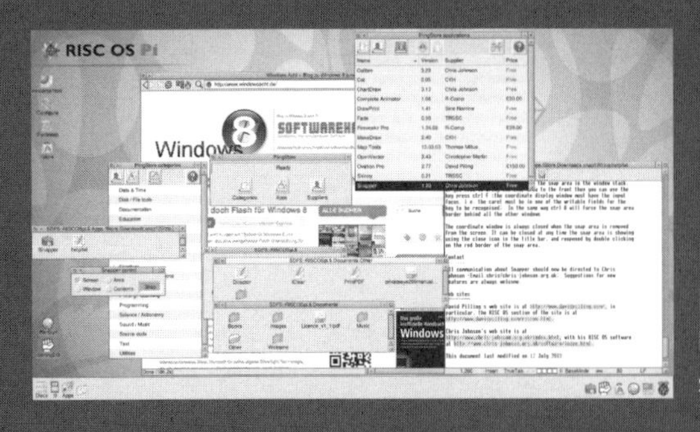

RISC OS läuft auch bei vielen geöffneten Programmen auf dem Raspberry Pi noch sehr flüssig.

RISC OS startet standardmäßig mit einer englischen Tastaturbelegung. Diese lässt sich aber leicht auf Deutsch umschalten:

1. Klicken Sie doppelt auf das Symbol *!Configure* auf dem Desktop. Es erscheint ein Fenster mit verschiedenen Konfigurationsmöglichkeiten. Klicken Sie hier auf das Symbol *Keyboard*.
2. Klicken Sie im nächsten Fenster ganz oben rechts auf das Listensymbol. Es öffnet sich eine Liste mit Sprachen. Wählen Sie hier *Germany* und klicken Sie unten im Dialogfeld auf *Set*.

RISC OS startet standardmäßig ohne Internetanbindung. Diese muss ebenfalls erst im Konfigurationsdialog aktiviert werden.

1. Klicken Sie im Konfigurationsdialog auf das Symbol *Network* und im nächsten Fenster auf *Internet*.
2. Aktivieren Sie im folgenden Fenster den Schalter *Enable TCP/IP Protocol Suite* und verlassen Sie das Fenster mit *Close*.
3. Klicken Sie auf *Save* und lassen Sie danach das Betriebssystem neu booten. Jetzt können Sie mit RISC OS ins Internet gehen, zum Beispiel über den Netsurf-Browser, für den bereits ein Symbol auf dem Desktop vorinstalliert ist.

Innovative Bedienung in RISC OS

RISC OS bot bereits Ende der 80er-Jahre eine innovative Bedienoberfläche an und war das erste Betriebssystem mit einer Taskleiste am unteren Bildschirmrand, die Microsoft später für Windows 95 bei den RISC OS-Entwicklern lizenzierte.

- Auf der linken Seite der Taskleiste befinden sich ein Speicherkartensymbol, das den Dateimanager öffnet, sowie ein Apps-Symbol. Dieses öffnet ein Fenster mit allen Apps und dient sozusagen als Startmenü.
- RISC OS verwendet keine Menüs in den Fenstern, sondern setzt auf Kontextmenüs, die mit der mittleren Maustaste aufgerufen werden. Die Menüs haben eine Titelleiste, über die sie sich auf dem Bildschirm verschieben lassen, wenn sie gerade an einer Position auftauchen, an der sie wichtige Inhalte verdecken. Menüpunkte lassen sich mit der linken oder rechten Maustaste aufrufen, wobei bei einem Rechtsklick das Menü stehen bleibt, um einen Menüpunkt schnell ein zweites Mal aufrufen zu können.
- Laufende Programme legen Symbole auf der rechten Seite der Taskleiste an. Auch hier gibt es Menüs, die über einen Klick mit der mittleren Maustaste aufgerufen werden.
- RISC OS setzt voll auf Drag-and-drop. Dateien werden per Doppelklick aus dem Dateimanager heraus mit der passenden Anwendung geöffnet. Es gibt keine Dateiendungen, die Dateiformate werden im Dateisystem gespeichert. Beim Speichern einer Datei aus einer Anwendung heraus erscheint kein Dialogfeld zur Auswahl eines Verzeichnisses. Man zieht das Dateisymbol aus dem Speichern-Dialog direkt in das gewünschte Fenster des Dateimanagers.
- Noch eine interessante Kleinigkeit: Klickt man mit der linken Maustaste auf den Pfeil am Ende einer Bildlaufleiste, scrollt der Fensterinhalt wie erwartet in diese Richtung. Klickt man jedoch mit der rechten Maustaste, scrollt der Fensterinhalt in die umgekehrte Richtung, was beim Blättern in einem Text sehr bequem ist.

Anwendungen aus dem Store installieren

RISC OS bietet einen eigenen App Store mit (bis jetzt relativ wenigen) Anwendungen speziell für dieses Betriebssystem. Klassische Linux-Anwendungen lassen sich auf RISC OS nicht installieren. Sie finden den Store über das Symbol *!Store* auf dem Desktop. Der *PlingStore* sieht zwar grafisch nicht so ansprechend aus wie der Pi Store aus Raspbian oder App Stores, die man von anderen Plattformen kennt, ist aber genauso einfach zu bedienen. Auch hier braucht man sich um die detaillierte Installation und Verzeichnisstruktur der Programme nicht zu kümmern.

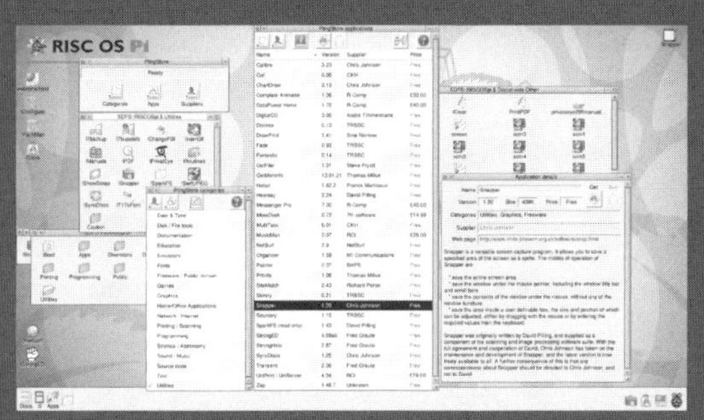

Das Symbol mit dem »i« in der Symbolleiste des *PlingStore* liefert Beschreibungen zu jedem Programm.

Die Anwendungen lassen sich nach Kategorien oder Herstellern filtern, um bestimmte Anwendungen besser zu finden. Aus dem Store installierte Anwendungen erscheinen nicht in der Liste der Apps, sondern in Unterverzeichnissen des eigenen Home-Verzeichnisses. Dieses öffnen Sie mit einem Klick auf das Speicherkartensymbol links unten in der Symbolleiste.

Diashow und Internet auf dem Fernseher

Ist das Fernsehprogramm mal wieder schlecht? Der Raspberry Pi eignet sich sehr gut für eine private Diashow oder zum Internetsurfen auf dem Fernseher - größer und auch viel gemütlicher als im Arbeitszimmer am PC. Mit einer entsprechenden Halterung (z. B. *bit.ly/XMaP4C*) lässt sich der Raspberry Pi sogar direkt an einer VESA-Mount-Konsole auf der Monitorrückseite befestigen. Natürlich kann man einen Raspberry Pi mit einer Fotosammlung auch bequem zu Freunden mitnehmen und dort an den Fernseher anschließen. Die Fotos können von einem anderen PC im Netzwerk, der Speicherkarte einer Digitalkamera oder aus einem Cloud-Dienst stammen.

2.1 Bilder vom PC

Am einfachsten ist es, die Fotos vom PC über eine SCP-Verbindung auf den Raspberry Pi zu kopieren. Legen Sie dazu im Home-Verzeichnis für jedes Album ein eigenes Unterverzeichnis an. Dies ist wichtig, weil die Diashow-Funktion des Bildbetrachters immer alle Bilder aus einem Verzeichnis zeigt. Noch besser: Legen Sie ein Verzeichnis `/home/pi/fotos` an und darunter für jedes Album einen eigenen Ordner.

Bild 2.1: Dieses Symbol in der Taskleiste startet den Dateimanager.

Der Dateimanager auf dem Raspberry Pi zeigt Miniaturansichten aller Fotos. Die Sortierung stellen Sie im Menü *Ansicht* unter *Sortieren* ein.

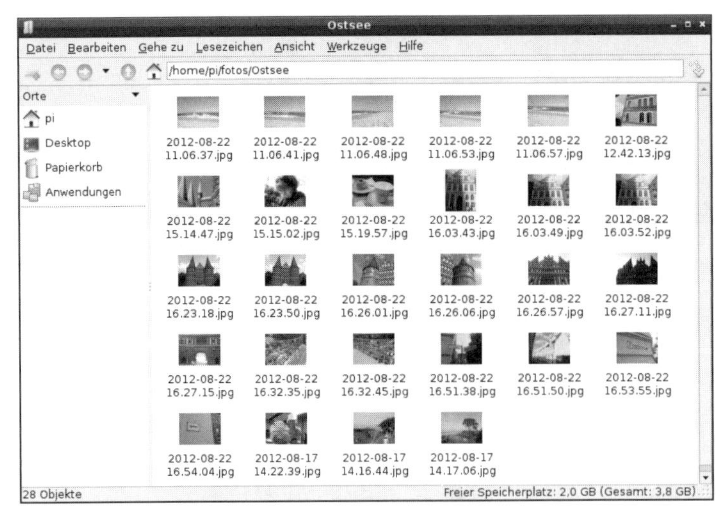

Bild 2.2: Ein Fotoalbum im Dateimanager.

Leider öffnet ein Doppelklick auf ein Foto dieses standardmäßig im Netsurf-Browser, der sich zum Betrachten von Fotos nur wenig eignet und auch keine Diashow-Funktion bietet. Ändern Sie also dieses Standardverhalten, indem Sie mit der rechten Maustaste auf ein Foto klicken. Wählen Sie im Kontextmenü *Öffnen mit*.

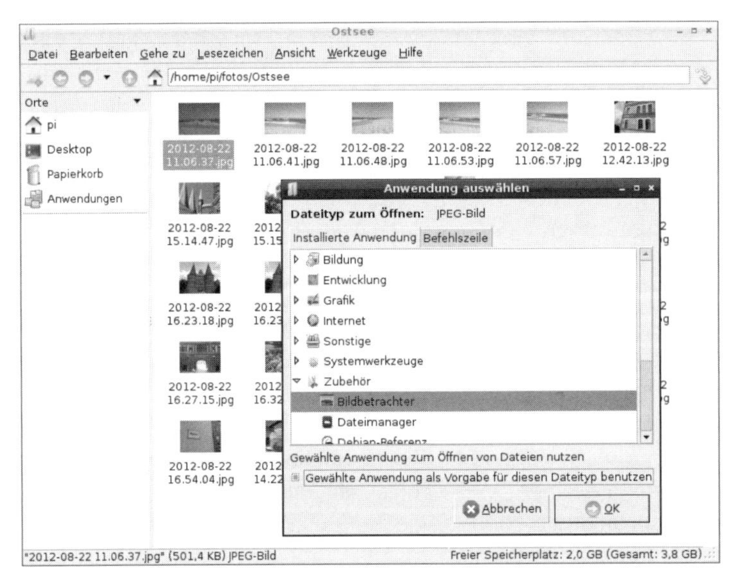

Bild 2.3: Bildbetrachter auswählen.

Wählen Sie im nächsten Dialogfeld den *Bildbetrachter* unter *Zubehör* und schalten Sie das Kontrollkästchen *Gewählte Anwendung als Vorgabe für diesen Dateityp benutzen* ein. Klicken Sie jetzt doppelt auf ein Bild, wird es im Bildbetrachter geöffnet.

Bild 2.4: Bild im Bildbetrachter.

Auf einem Fernseher im Wohnzimmer wollen Sie die Bilder natürlich in voller Größe sehen und auch nicht mühsam mit einer Maus herumhantieren. Drücken Sie die Taste F11, und das Bild erscheint im Vollbildmodus ohne jegliche Fensterränder oder Schaltflächen. Sollte das Bild nur teilweise zu sehen sein oder den Bildschirm nicht ausfüllen, drücken Sie die Taste F. Jetzt starten Sie mit der Taste W die Diashow. Mit der gleichen Taste halten Sie sie später wieder an, und mit F11 kommen Sie zum Desktop zurück.

Sie können auch jederzeit mit der rechten Maustaste auf das Bild klicken und finden alle diese Befehle im Menü. Nur bedient sich eine kabellose Tastatur vom Sofa vor dem Fernseher aus einfach bequemer als eine Maus.

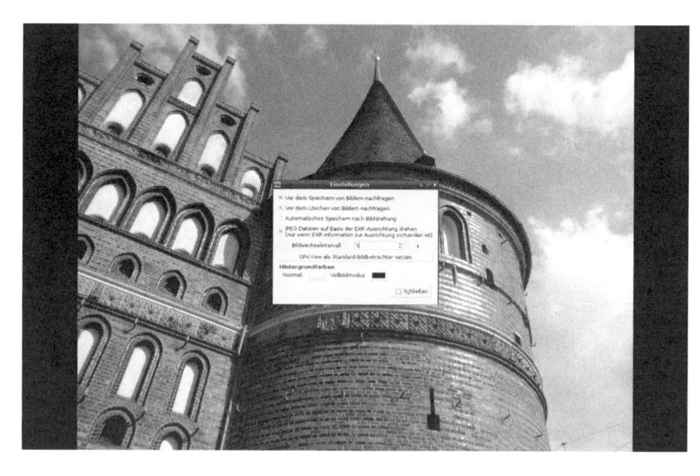

Bild 2.5: Geschwindigkeit der Diashow einstellen.

Über den Menüpunkt *Einstellungen* in diesem Menü stellen Sie die Geschwindigkeit der Diashow ein. Sie erreichen das Dialogfeld auch mit der Taste [P] und können es dann mit der [Tab]-Taste steuern, wenn Sie keine Maus zur Hand haben.

2.2 Diashow mit Urlaubsfotos von der SD-Karte

Sie haben im Urlaub viele Fotos aufgenommen und möchten sich diese im Großformat ansehen. Nur dafür ein Notebook mitzuschleppen, ist zu aufwendig, ein Raspberry Pi tut es auch. Schließlich gibt es in allen Ferienwohnungen und Hotels moderne Fernseher, an die man ein HDMI-Kabel anschließen kann. Nur um Fotos zu betrachten, brauchen Sie nicht einmal eine Tastatur mitzunehmen. Der Bildbetrachter lässt sich mit der Maus bedienen, und weitere Eingaben sind am Raspberry Pi nicht nötig.

Vorher zu Hause ausprobieren
Probieren Sie eine solche Diashow vorher zu Hause aus, damit Sie auch alle notwendigen Kabel und sonstige Hardware einpacken.

Viele Digitalkameras haben einen USB-Anschluss, mit dem sie sich direkt als Laufwerk am PC nutzen lassen. Sofern eine Kamera den echten USB-Laufwerkmodus nutzt, wird sie vom Raspberry Pi beim Anschluss per USB-Kabel als Laufwerk erkannt. Es erscheint ein Dialogfeld, in dem Sie nur noch die Option *Im Datei-Manager öffnen* bestätigen müssen.

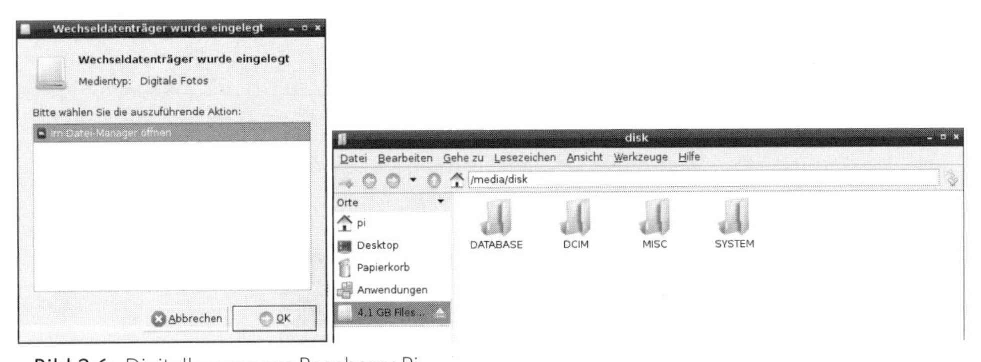

Bild 2.6: Digitalkamera am Raspberry Pi.

Der Raspberry Pi bindet die Kamera unter `/media/disk` in die Verzeichnisstruktur ein. Hier finden Sie ein Verzeichnis `DCIM`, in dem die Fotos liegen. Diese können Sie jetzt wie lokal gespeicherte Fotos betrachten.

Kamera anschließen

Wenn Sie im Urlaub den Raspberry Pi ohne Tastatur betreiben, ist ein USB-Anschluss frei, an dem Sie die Kamera anschließen können. Allerdings verwenden viele Kameras mit USB-Anschluss diesen auch zum Aufladen des Akkus und saugen dann mehr Strom, als der Raspberry Pi hergibt, was zu Abstürzen führen kann. Schließen Sie also besser einen kleinen USB-Hub mit eigener Stromversorgung an den freien USB-Port. Dieser versorgt die Kamera mit Ladestrom und liefert gleich noch weitere USB-Anschlüsse für andere Geräte. Möchten Sie sich ein Netzteil sparen, weil vielleicht auch nur eine Steckdose zur Verfügung steht, schließen Sie das Stromversorgungskabel des Raspberry Pi einfach an den USB-Hub an. Da über dieses Kabel keine Daten fließen, schließen Sie gleichzeitig noch das Datenkabel des USB-Hubs an den USB-Port des Raspberry Pi an.

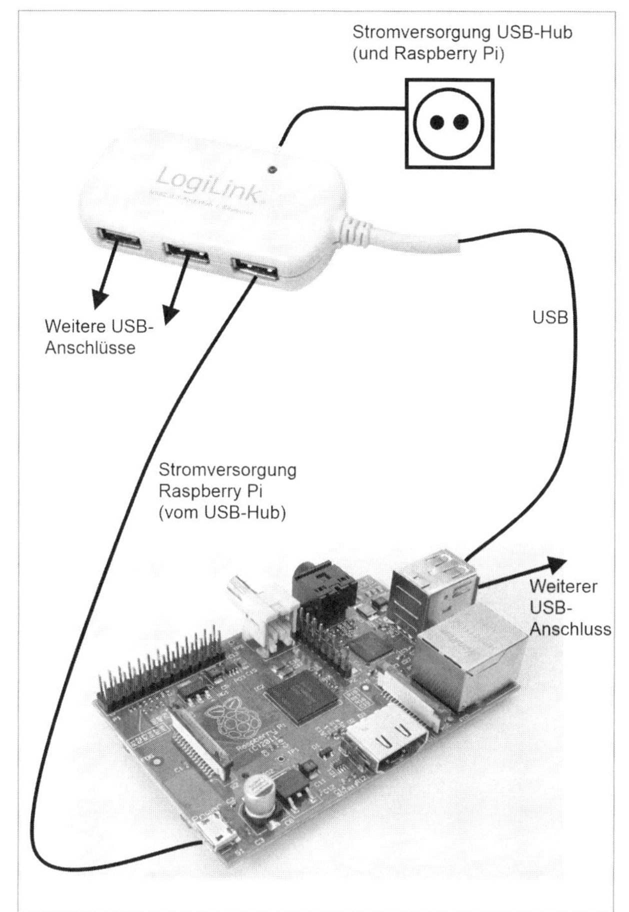

Bild 2.7: Anschlussschema Raspberry Pi mit USB-Hub und Stromversorgung.

Verfügt die Kamera über keinen USB-Anschluss, besorgen Sie sich einen Kartenleser im USB-Stick-Format (z. B. bei *amzn.to/1adz328*) und stecken die Speicherkarte der Kamera dort ein. Der eingebaute Kartensteckplatz ist ja belegt. Achten Sie darauf, dass der Kartenleser das SDHC-Format unterstützt, da sonst keine Speicherkarten mit 4 GB und größer gelesen werden können. Kartenleser im USB-Stick-Format haben einen so geringen Strombedarf, dass kein zusätzlicher USB-Hub nötig ist. Hier können Sie einen der im Raspberry Pi eingebauten USB-Ports verwenden, wenn Sie zur Steuerung der Diashow ausschließlich Maus oder Tastatur nutzen.

2.3 Fotos von einer Netzwerkfestplatte auf dem Raspberry Pi zeigen

Ein lokales Netzwerk gibt es heute in den meisten Haushalten. Immer häufiger werden große Fotosammlungen auf Netzwerkfestplatten abgelegt, damit jedes Familienmitglied sie am eigenen Computer betrachten kann. Mit dem Raspberry Pi am Fernseher ist das jetzt auch im Wohnzimmer möglich. Man braucht nicht mehr vor dem Computer im Arbeitszimmer zu sitzen. Eine Unterstützung für Windows-Netzwerke ist in Raspbian bereits eingebaut.

Starten Sie den Dateimanager und wählen Sie im Menü *Gehe zu/Netzwerk*. Hier finden Sie Ihre Netzwerkfestplatten sowie Windows-Arbeitsgruppen. Springen Sie einfach in das gewünschte Verzeichnis mit den Fotos und lassen Sie die Diashow im Bildbetrachter laufen. Die Windows-Heimnetzgruppen werden nicht unterstützt, es müssen klassische Freigaben verwendet werden.

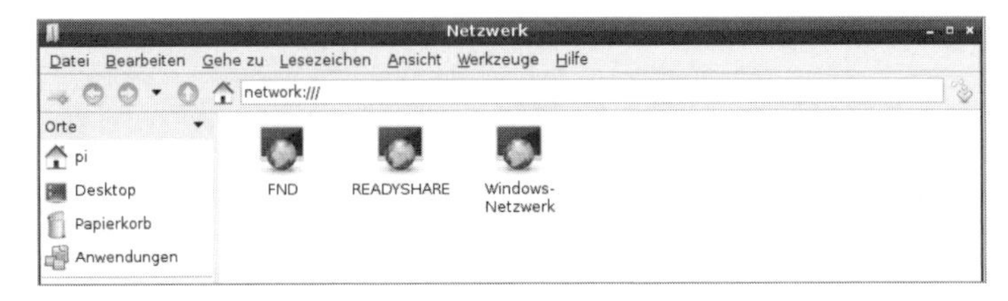

Bild 2.8: Windows-Netzwerk auf dem Raspberry Pi.

Selbst wenn Sie bisher kein Netzwerk verwenden und nur einen einzigen PC neben dem Raspberry Pi haben, können Sie auf diesen PC zugreifen und Fotos betrachten. In den meisten Fällen geht man heute über einen DSL-Router ins Internet. Diese Router erfüllen auch alle Voraussetzungen, die man für ein lokales Netzwerk braucht – und das kann im einfachsten Fall aus dem einzigen PC und dem Raspberry Pi bestehen.

1. Haben Sie nur einen einzigen PC, nutzen Sie diese Festplatte auch nur selbst, sie ist noch nicht für andere Benutzer im Netzwerk freigegeben, da es bisher ja auch keine anderen Benutzer gab.

2. Geben Sie jetzt auf dem Windows-PC das Datenverzeichnis, in dem sich die Fotoalben befinden, oder auch gleich die ganze Festplatte frei. Klicken Sie dazu im Windows-Explorer mit der rechten Maustaste auf das Verzeichnis und wählen Sie im Kontextmenü *Freigeben für/Bestimmte Personen*.

3. Klicken Sie im nächsten Dialogfeld auf die Auswahlliste und wählen Sie *Jeder*. Klicken Sie anschließend auf *Hinzufügen* und danach auf *Freigabe*.

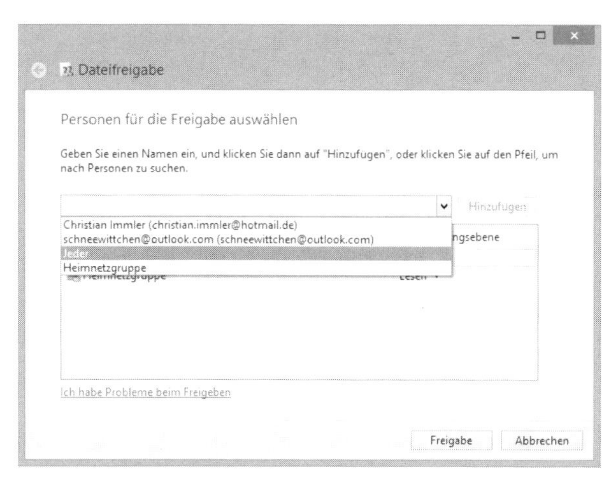

Bild 2.9: Verzeichnis auf einem Windows-PC freigeben.

Keine Sorge ...
Diese Freigabe bezieht sich nur auf Nutzer Ihres lokalen Netzwerkes. Niemand kann über das Internet auf diesem Weg auf Ihre persönlichen Dateien zugreifen.

Starten Sie jetzt auf dem Raspberry Pi den Dateimanager und wählen Sie im Menü *Gehe zu/Netzwerk*. Hier finden Sie Ihre Netzwerkumgebung, die nur aus dem einen PC mit dem freigegebenen Laufwerk besteht. Jetzt erscheint ein Anmeldefenster, in dem Sie Ihren Benutzernamen mit Passwort des Windows-PCs auf dem Raspberry Pi eingeben müssen, um sich aus der Ferne an Ihrem PC anzumelden. Hier dürfen Sie also nicht `pi` und `raspberry` verwenden!

Bild 2.10: Anmeldung auf dem Raspberry Pi am PC.

Nach der Anmeldung finden Sie Ihre Fotos und können sie bequem auf dem Raspberry Pi über den Fernseher ansehen, ohne am PC sitzen zu müssen.

2.3.1 Bilder aus dem Netzwerk auf den Raspberry Pi holen

Bei dieser Diashow muss der Raspberry Pi natürlich laufen und auch im Netzwerk erreichbar sein. Kopieren Sie sich doch einfach Ihre Lieblingsbilder auf den Raspberry Pi, um unabhängig zu sein. Dann können Sie diesen auch zu Freunden mitnehmen und dort am Fernseher die Fotos zeigen.

Wie man vom PC aus Dateien auf den Raspberry Pi überträgt, hatten wir bereits beschrieben. Es geht aber auch umgekehrt - und bei Netzwerkfestplatten auch ohne dass irgendein PC dazu laufen muss. Der Dateimanager auf dem Raspberry Pi ermöglicht Kopieren und Verschieben von Dateien wie der Windows-Explorer auf dem PC.

1. Öffnen Sie dazu am einfachsten zwei Dateimanagerfenster auf dem Raspberry Pi.
2. Wechseln Sie in einem der Fenster über den Menüpunkt *Gehe zu /Netzwerk* auf die Netzwerkfestplatte bzw. das Fotoverzeichnis auf dem PC und lassen Sie das andere Fenster in Ihrem Home-Verzeichnis auf dem Raspberry Pi stehen oder wechseln Sie dort in ein eigenes Unterverzeichnis für Fotos.
3. Markieren Sie jetzt mit der Maus die gewünschten Fotos oder ganze Ordner auf der Netzwerkfestplatte und ziehen Sie diese einfach in das andere Dateimanagerfenster in Ihr Fotoverzeichnis.

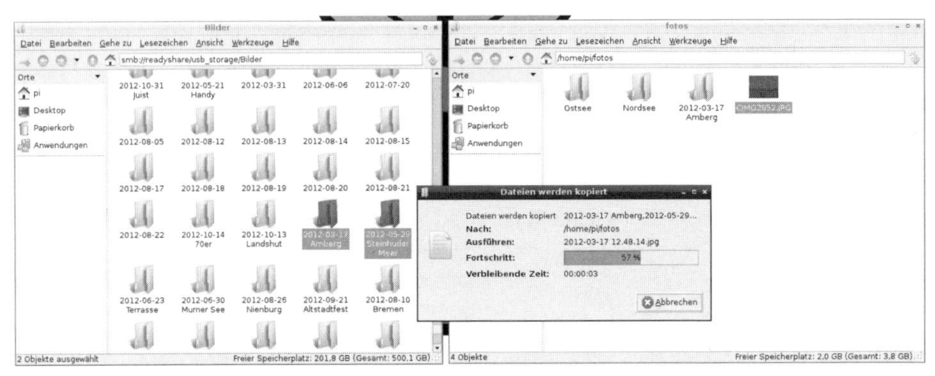

Bild 2.11: Fotos von einer Netzwerkfestplatte auf den Raspberry Pi kopieren.

Fotos zu kopieren, geht auch deutlich schneller, als sie einzeln mit dem Bildbetrachter über die Netzwerkverbindung zu öffnen.

2.4 Diashow aus der Cloud mit dem Midori-Browser

Wer seine Fotos jederzeit verfügbar haben und auch Freunden zeigen möchte, speichert sie in einem der beliebten Fotocloud-Dienste wie Picasa (*picasaweb.google.com*), Flickr (*flickr.com*), SkyDrive (*skydrive.live.com*) oder 500px (*500px.com*). Auch diese Fotos kann man sich auf dem Raspberry Pi ansehen, allerdings verwenden die erwähnten Bilderdienste Webseiten mit sehr aufwendiger Technik. Der auf dem Raspberry Pi vorinstallierte *Midori*-Webbrowser ist zwar sehr schnell - schneller als (fast) jeder andere, was ihn eigentlich zum optimalen Browser auf leistungsschwacher Hardware macht -, aber ihm fehlen leider einige der Fähigkeiten moderner Browser. Daher funktionieren diese Bilderdienste nur eingeschränkt, die Diashow-Funktion läuft lediglich bei Flickr im Midori-Browser.

Bild 2.12: Flickr funktioniert von allen Fotodiensten am besten im Midori-Browser, sogar mit Diashow.

Wer einen eigenen Webserver zur Verfügung hat, installiert dort am besten die kostenlose Software PhotoShow (*www.photoshow-gallery.com*). Die damit erzeugten Fotogalerien lassen sich problemlos auf dem Raspberry Pi im Midori-Browser anzeigen. Nähere Informationen dazu finden Sie weiter unten im Abschnitt »Fotogalerie mit PhotoShow und Webserver«.

Eine weitere interessante Alternative für Diashows aus der Cloud ist das im Abschnitt »Die eigene Cloud mit ownCloud auf dem Raspberry Pi« beschriebene ownCloud. Der in dieser Software integrierte Bildbetrachter funktioniert im Midori-Browser sogar mit automatischen Diashows.

Bild 2.13: Die PhotoShow auf einem eigenen Server lässt sich gut im Midori-Browser darstellen, auch die Diashow.

Tipps zum Midori-Browser

Der Midori-Browser verhält sich an manchen Stellen etwas anders, als man es von den bekannten Windows-Browsern gewohnt ist. Ein paar Tipps helfen, sich schnell mit diesem Browser anzufreunden. Die Taste F9 blendet eine Seitenleiste ein, über die man sehr bequem Zugriff auf Lesezeichen, Verlaufsliste und die letzten Downloads hat. Bei Bedarf kann man diese Seitenleiste auch am rechten Fensterrand anordnen.

Das Symbol ganz rechts oben öffnet ein Menü. In diesem Menü unter *Lesezeichen importieren* importieren Sie Lesezeichen aus einer `bookmarks.html`-Datei, wie sie Firefox und Chrome anlegen können.

Aktivieren Sie beim Anlegen eines Lesezeichens den Schalter *Zu Schnellwahl hinzufügen*, erscheint das Lesezeichen automatisch auf der Schnellwahlseite beim Öffnen eines neuen Tabs.

Ein Klick mit der rechten Maustaste auf die Symbolleiste blendet eine kleine Liste verfügbarer Symbol- und Menüleisten ein. Aktivieren Sie hier die Menüleiste, stehen weitere Funktionen zur Verfügung.

Mit den Tasten H, J, K und L navigieren Sie schnell und ohne Maus auf einer Webseite. Diese Funktion wurde aus dem Linux-Editor Vim übernommen.

Wird bei vielen geöffneten Tabs der Platz auf der Tableiste knapp, klicken Sie mit der rechten Maustaste auf einen Tab und wählen *Nur Reitersymbol anzeigen*. Wegen der begrenzten Ressourcen des Raspberry Pi sollten immer nur möglichst wenige Tabs gleichzeitig geöffnet sein.

Um eine Webseite wirklich neu zu laden und dabei den Cache zu übergehen, halten Sie die [Umschalt]-Taste gedrückt, während Sie auf das Symbol *Neu laden* in der Adressleiste klicken, oder drücken die Tastenkombination [Strg]+[Umschalt]+[R].
Der Midori-Browser bietet die Möglichkeit, mehrere Suchmaschinen zu integrieren. Diese können über Tastenkürzel direkt in der Adressleiste aufgerufen werden. Über *Extras/Suchmaschinen verwalten* legen Sie die Suchmaschinen fest. Ändern Sie hier bei Wikipedia den Eintrag auf `de.wikipedia.org` um. Standardmäßig ist die englische Seite eingestellt.

Einige Webseiten zeigen Probleme beim Besuch mit dem Midori-Browser. Zum Beispiel funktioniert die Google-Live-Suche nur mit Firefox und Google Chrome. In solchen Fällen können Sie über eine Änderung des User Agent String dem Server einen anderen Browser vorgaukeln. Wählen Sie dazu im Menü unter *Bearbeiten/Einstellungen* auf der Registerkarte *Netzwerk* im Feld *Ausgeben als* den gewünschten Browser aus. Auf der Webseite *useragentstring.com* sehen Sie, welche Browserkennung Ihr Browser überträgt.
Der Menüpunkt *Bearbeiten/Ort* ist etwas ungeschickt übersetzt. Hier verbirgt sich die lokale Suchfunktion auf einer Webseite. Schneller geht es mit [Strg]+[F] oder einfach nur mit der Taste [,] (Komma).
Auf der Registerkarte *Erweiterungen* in den Einstellungen finden Sie interessante Zusatzmodule zum Midori-Browser, wie unter anderem Mausgesten und einen Werbeblocker. Der Werbeblocker in Midori nutzt die Negativliste des bekannten Addblock Plus. Über das *Einstellungen*-Symbol rechts lässt sich diese Liste anpassen.

2.4.1 Der superschnelle Dillo-Browser

Neben dem Midori- und dem Netsurf-Browser ist bei Raspbian noch ein weiterer Browser namens *Dillo* im Startmenü unter *Internet* vorinstalliert. Dieser kann nur einfache HTML-Strukturen darstellen, keine Skripte, ist dafür aber im Seitenaufbau extrem schnell. Allerdings lassen sich viele moderne Webseiten damit nur unvollständig darstellen und oft auch nicht bedienen. Die Inkompatibilität zu aufwendigen Webtechniken bringt Dillo auch einen Vorteil. Es werden kaum Werbebanner dargestellt, da die von Werbeservern verwendeten Techniken ebenfalls nicht unterstützt werden.

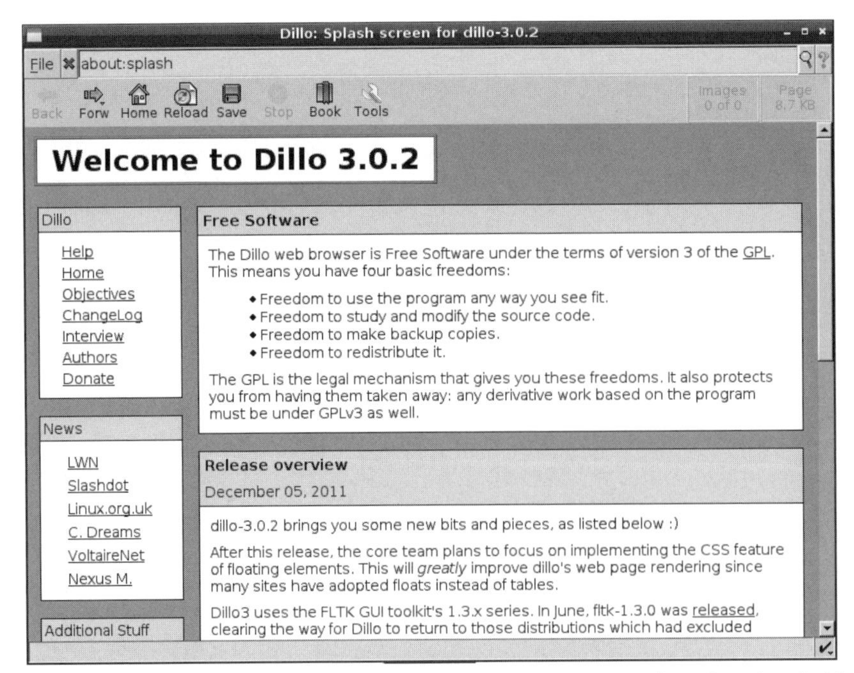

Bild 2.14: Der Retrobrowser Dillo ist in der Version 3.0.2 vorinstalliert. Die aktuelle Version 3.0.3 mit erweiterter CSS-Unterstützung ist für Raspbian (noch) nicht verfügbar.

Tipps zum Dillo-Browser

Der Dillo-Browser bietet mehr, als man auf den ersten Blick vermutet. So eignet er sich z. B. sehr gut als Hilfe beim Erstellen von HTML-Seiten. Hier ein paar interessante versteckte Funktionen:

Dillo bietet eine sehr komfortable Zwischenablage zum Kopieren von Textpassagen. Ein mit der Maus markierter Text wird automatisch in die Zwischenablage übernommen. Ein Klick auf die mittlere Maustaste fügt den Text an der entsprechenden Position in einem Formularfeld oder der Adresszeile wieder ein.

Ein Klick auf einen Link mit der mittleren Maustaste öffnet diesen in einem neuen Tab. Die Tabs werden ganz oben im Fenster sehr platzsparend angezeigt. Ein Klick mit der mittleren Maustaste auf einen Tab schließt diesen wieder.

Dillo kann auch zum Durchsuchen lokaler Dateien verwendet werden. Tippen Sie dazu `file:~` in die Adressleiste des Browsers.

Downloads werden mit dem Linux-Tool `wget` durchgeführt. Sie laufen weiter, auch wenn der Browser geschlossen wird.

Über einen Rechtsklick in eine Seite öffnet sich ein Kontextmenü, mit dem man den Seitenquelltext sowie die verwendeten Stylesheets und eventuelle Fehler anzeigen kann. Unten rechts in der Ecke werden mit einem roten Käfer HTML-Fehler auf einer Seite angezeigt. Mit einem Rechtsklick auf dieses Symbol lässt sich die Seite mit zwei bekannten HTML-Checksystemen prüfen.

Mit einem Klick auf *Tools* in der Symbolleiste lassen sich verwendete CSS-Stylesheets ausschalten, um die reine HTML-Seite zu sehen.

2.5 Diashow mit Nokia Windows Phones und PhotoBeamer

Windows Phones von Nokia bieten eine ebenso innovative wie einfache Methode, Fotos vom Handy auf jedem beliebigen Computer anzuzeigen. Man benötigt keinerlei Anmeldung, keine Kabel- oder WLAN-Verbindung, und auch das Betriebssystem des verwendeten PCs ist völlig egal.

1. Besuchen Sie in einem beliebigen Webbrowser auf dem PC oder auch auf dem Raspberry Pi die Seite *www.photobeamer.com*. Diese Seite funktioniert problemlos mit dem Midori-Browser (aber nicht in Dillo). Sie zeigt einen großformatigen QR-Code an.

2. Starten Sie jetzt die PhotoBeamer-Anwendung auf dem Windows Phone und wählen Sie ein Foto aus. Die PhotoBeamer-Anwendung auf dem Windows Phone schaltet automatisch die Handykamera ein.

3. Halten Sie das Windows Phone in Richtung des PCs und scannen Sie diesen QR-Code. Nach wenigen Sekunden erscheint das ausgewählte Foto auf dem PC-Bildschirm. Jetzt können Sie auf dem Windows Phone durch Ihre Fotoalben blättern. Die Bilder werden auf dem PC bzw. Raspberry Pi angezeigt. Wenn Sie einige Zeit nichts tun, wird die Verbindung automatisch getrennt.

Bild 2.15: Einfach mit dem Windows Phone den QR-Code auf dem Raspberry Pi scannen und dort Fotos betrachten.

2.6 Chromium – der bessere Browser

Auf dem PC gehört Google Chrome mittlerweile zu den beliebtesten Browsern. Da Google den größten Teil des Quelltexts dieses Browsers als Open-Source veröffentlicht, können Entwickler auf Basis der Chromium-Engine eigene Browserversionen bauen.

So gibt es auch eine Chromium-Variante für den Raspberry Pi, die Sie sich mit folgendem Befehl, in einem LXTerminal-Fenster eingegeben, installieren:

```
sudo apt-get update
sudo apt-get install chromium-browser
```

Zur Installation wird die Linux-Paketverwaltung `apt-get` verwendet, deren genaue Funktionen man für die einfache Installation eines Programms gar nicht kennen muss. Wichtig ist nur, vor der Installation eines unbekannten Programms zu lesen, wie viel Speicherplatz auf der Festplatte bzw. SD-Karte es benötigt. Wird die Speicherkarte sehr voll und sind nur noch etwa 100 MB frei, bleibt der Raspberry Pi einfach »hängen«. Es sollte immer genügend freier Speicherplatz zur Auslagerung von Daten während des Betriebs frei sein.

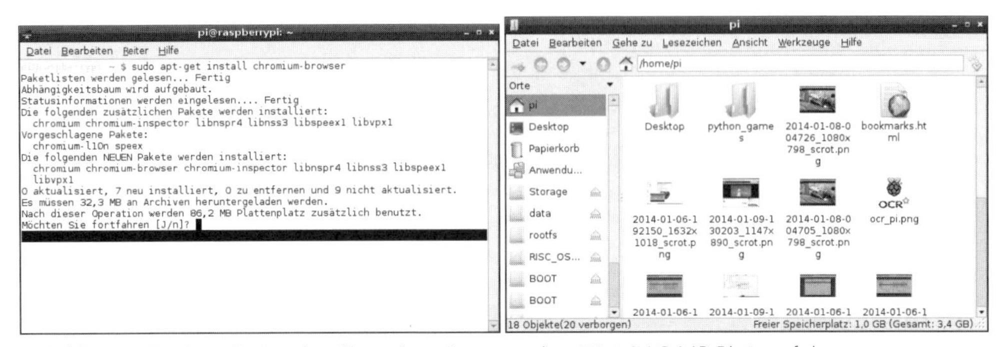

Bild 2.16: Die Installation des Chromium-Browsers benötigt 86,2 MB Platz auf der Speicherkarte. Rechts die Anzeige des freien Speicherplatzes im Dateimanager.

Wenn Sie sicher sind, dass genug Speicherplatz frei ist, starten Sie den Download mit der Taste [J]. Der freie Speicherplatz auf der Speicherkarte wird im Dateimanager unten rechts angezeigt. Die Installation läuft anschließend vollautomatisch. Warten Sie, bis das Installationsskript im LXTerminal vollständig durchgelaufen ist. Danach erscheint der *Chromium-Webbrowser* im Startmenü unter *Internet*.

Klicken Sie mit der rechten Maustaste auf diesen Menüeintrag, können Sie eine Verknüpfung für Chromium auf dem Desktop anlegen, um den Browser schneller zu starten.

Chromium läuft zwar erheblich langsamer als Midori oder gar Dillo, dafür lassen sich fast alle Webseiten, die ohne Flash auskommen, problemlos auf dem Raspberry Pi nutzen - auch die Diashow-Funktionen von Flickr, Picasa und SkyDrive.

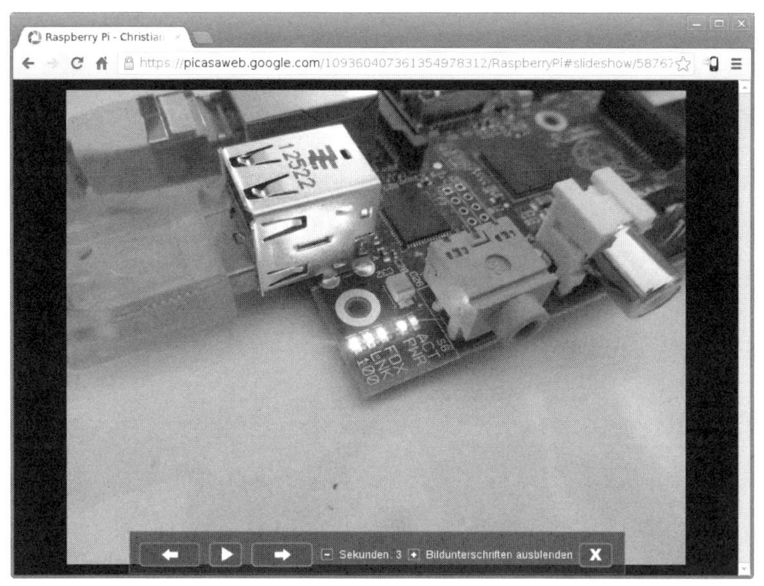

Bild 2.17: Picasa-Diashow im Chromium-Browser auf dem Raspberry Pi.

Verwenden Sie bei Google-Fotos immer die Picasa-Varianten der Alben und besonders der Diashows. Diese laufen deutlich flüssiger als die Google+-Varianten. Wenn Google+ oben keinen Umschaltlink anbietet, hängen Sie am Ende der URL diese Zeichenfolge an:

```
?noredirect=1
```

2.6.1 Chromium auf Deutsch

Bringen Sie jetzt dem Chromium-Browser noch die deutsche Sprache bei. Die Benutzeroberfläche ist nach der Installation nur auf Englisch verfügbar, installieren Sie das deutsche Sprachpaket also nach:

```
sudo apt-get install chromium-l10n
```

Nach einem Neustart sehen Sie alle Menüs im Browser auf Deutsch. Der Chromium-Browser kann sich Webservern gegenüber auch als deutsch ausgeben, damit Websites mit automatischer Sprachumschaltung dem Besucher die deutsche Version anzeigen. Außerdem ist die eingebaute Rechtschreibprüfung z. B. für Webmailer nur sinnvoll nutzbar, wenn sie ein deutschsprachiges Wörterbuch verwendet. Andernfalls würde in deutschen Texten fast jedes Wort rot unterringelt.

Wählen Sie im Menü rechts oben *Einstellungen* und klicken Sie unten auf *Erweiterte Einstellungen anzeigen*. Scrollen Sie nach unten zur Überschrift *Sprache* und klicken Sie auf *Einstellungen für Sprachen und Rechtschreibprüfung*. Jetzt erscheint eine Liste der installierten Sprachen, die am Anfang nur Englisch enthält. Über die Schaltfläche *Hinzufügen* können weitere Sprachen hinzugefügt werden. Wählen Sie *Deutsch* und schieben Sie diese Sprache dann in der Liste nach ganz oben.

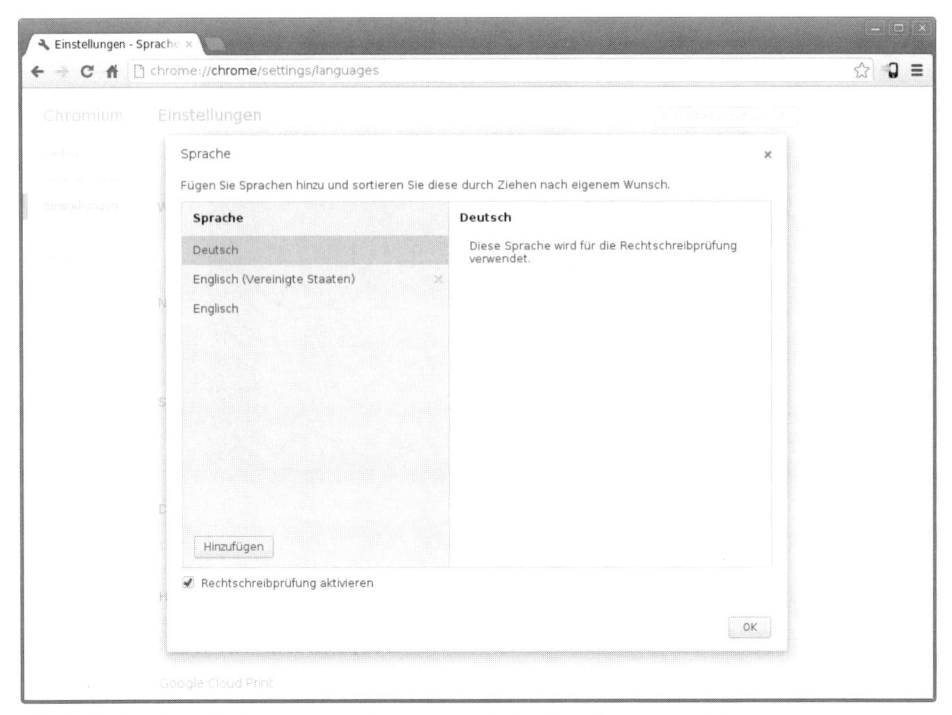

Bild 2.18: Deutsch für Browsersprache und Rechtschreibprüfung auswählen.

Achten Sie darauf, dass der Schalter *Rechtschreibprüfung aktivieren* eingeschaltet ist. und bestätigen Sie die neue Sprachenliste mit *OK*.

2.6.2 Tipps zum Chromium-Browser

Um den Chromium-Browser auf dem Raspberry Pi optimal zu nutzen, beachten Sie folgende Tipps:

- Schließen Sie alle anderen Fenster. Der Chromium-Browser bekommt dann mehr Systemressourcen. Auf einem Raspberry Pi mit nur 256 MB sollten Sie Chromium nicht installieren. Es macht einfach keinen Spaß.
- Mehrfaches Klicken auf einen Link, der nicht sofort reagiert, bringt gar nichts, sondern verzögert nur durch höhere Prozessorauslastung. Verfolgen Sie die Systemauslastung in der Leistungsanzeige neben der Uhr in der Taskleiste. Solange sie noch voll auf Grün steht, brauchen Sie keinen Link auf einer Webseite anzuklicken. Warten Sie noch etwas ab.

Bild 2.19: Anzeige der Systemauslastung.

Die Einstellungen des Chromium-Browsers sind für die Alltagsnutzung auf dem Raspberry Pi nicht optimal voreingestellt. Sie finden den Einstellungsbildschirm über das Menüsymbol oben rechts im Chromium-Browser und den Menüpunkt *Einstellungen*.

- Da sich wahrscheinlich die wenigsten so brennend für die Entwicklung von Debian-Linux interessieren, dass sie diese Webseite als Startseite brauchen, wählen Sie im Bereich *Beim Start* der Einstellungen die Option *"Neuer Tab"-Seite öffnen* und stellen weiter unten bei *Erscheinungsbild* über den Link *Ändern* die *"Neuer Tab"-Seite* als Startseite ein. Sie zeigt Links auf die in letzter Zeit am häufigsten aufgerufenen Seiten.

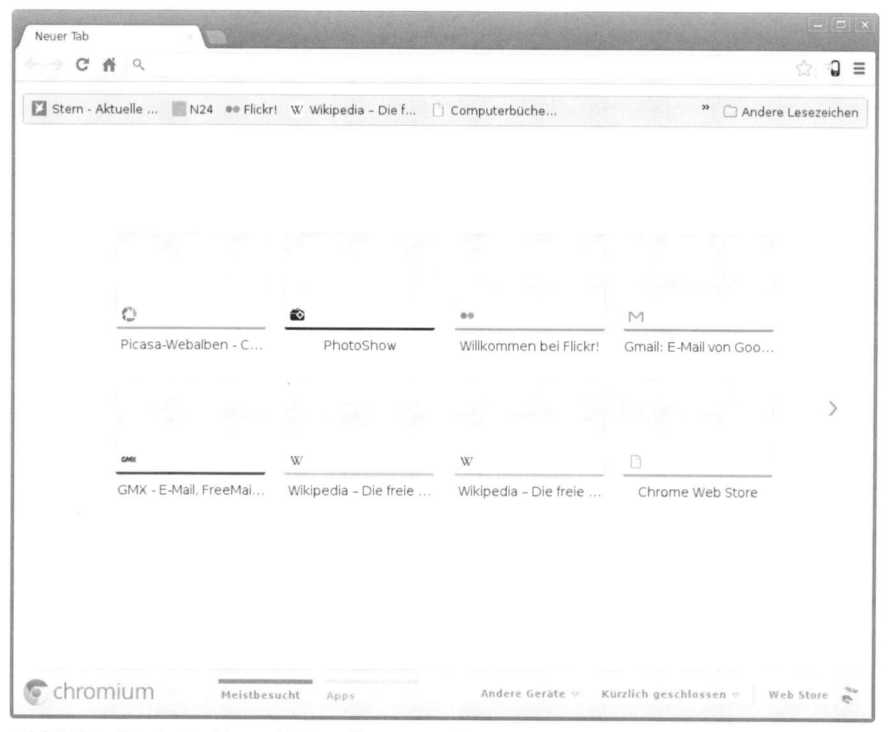

Bild 2.20: Startseite *Neuer Tab* im Chromium-Browser.

- Deaktivieren Sie ganz unten in den erweiterten Einstellungen den Schalter *Hintergrund-Apps*, um den ohnehin knappen Arbeitsspeicher des Raspberry Pi nicht noch durch Hintergrundanwendungen zu belasten, wenn der Browser geschlossen wurde.

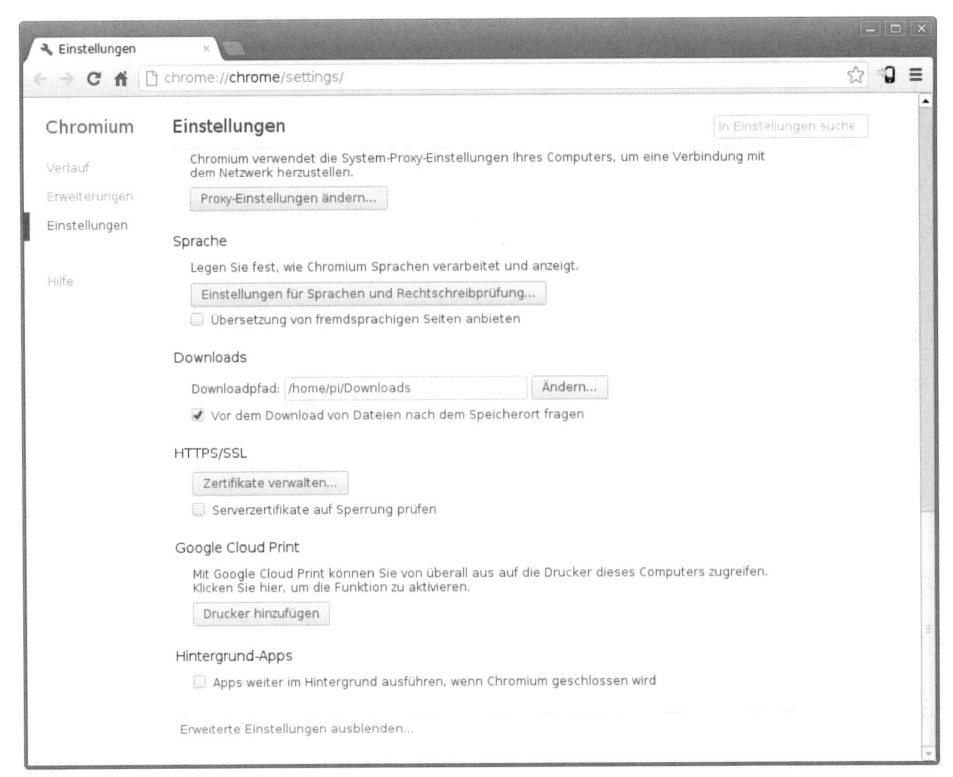

Bild 2.21: Erweiterte Einstellungen im Chromium-Browser.

2.7 Iceweasel als Firefox-Ersatz auf dem Raspberry Pi

Fans des beliebten Firefox-Browsers suchen diesen auf dem Raspberry Pi vergeblich. Es gibt aber mit *Iceweasel* in eine vergleichbare Software, die auf der gleichen Browser-engine wie Firefox basiert.

```
sudo apt-get update
sudo apt-get install iceweasel iceweasel-l10n-de
```

Nach der Installation finden Sie den Iceweasel-Browser im Startmenü unter *Internet*.

Bild 2.22: Der Iceweasel-Browser sieht nicht nur auf den ersten Blick aus wie Firefox.

Der Markenstreit um Mozilla
Debian, die Linux-Distribution, auf der Raspbian basiert, vertritt eine sehr strenge Politik, was freie Software angeht. In den Debian-Softwarerepositories sind nur Pakete enthalten, die vollständig frei verteilt werden dürfen. Da Mozilla, der Hersteller von Firefox, aber unfreie Lizenzen zum Schutz seiner Icons und Logos nutzt, entspricht Firefox nicht den Debian Free Software Guidelines. In diesem Zusammenhang gab es immer wieder Streitigkeiten zwischen Debian und Mozilla, sodass sich Debian vor einigen Jahren entschloss, den Firefox-Browser mit eigenen Icons und Logos unter dem Namen Iceweasel in seine Linux-Distribution zu integrieren, aus Thunderbird wurde Icedove, aus SeaMonkey wurde Iceape. Alle auf Debian basierenden Linux-Distributionen verwenden diese Varianten der Mozilla-Programme.

Auf dem Raspberry Pi mit seinen knappen Hardwareressourcen läuft Iceweasel leider nicht so flüssig wie der Midori-Browser, bietet dafür aber den vollen Komfort von Firefox wie auch dessen Erweiterungsmöglichkeiten über Add-ons.

Durch die Installation des deutschen Sprachpakets wird die Oberfläche automatisch auf Deutsch eingestellt. Außerdem wird automatisch voreingestellt, dass der Browser bei mehrsprachigen Webseiten auch die deutsche Version anzeigt.

2.7.1 Lesezeichen und Tabs mit Firefox synchronisieren

Nutzen Sie auf dem PC Firefox, können Sie die dort gespeicherten Lesezeichen, die Chronik, Formulardaten, Passwörter und sogar zuletzt geöffnete Browsertabs auch auf dem Raspberry Pi in Iceweasel nutzen, ohne alles neu eintippen zu müssen.

Klicken Sie auf der Startseite von Iceweasel ganz unten auf *Sync* und im nächsten Dialogfeld auf *Firefox-Sync einrichten*. Haben Sie bereits ein Firefox-Sync-Konto, bekommen Sie einen zwölfstelligen Ziffern- und Buchstabencode angezeigt. Andernfalls legen Sie sich ein kostenloses Sync-Konto an. Hierzu sind nur eine E-Mail-Adresse und ein selbst definiertes Passwort erforderlich.

Gehen Sie jetzt an einen Computer, der bereits Ihr Firefox-Sync-Konto nutzt, und klicken Sie dort in den Einstellungen im Bereich *Sync* auf *Gerät verbinden*. Jetzt öffnet sich ein Dialogfeld, in dem Sie den Code, der auf dem Raspberry Pi angezeigt wurde, eingeben müssen. Danach startet automatisch die Synchronisation. Die erste Synchronisation kann einige Minuten dauern, bis die Daten auf dem neuen Computer zur Verfügung stehen. Über den Menüpunkt *Extras/Jetzt synchronisieren* starten Sie die Synchronisation der Daten jederzeit.

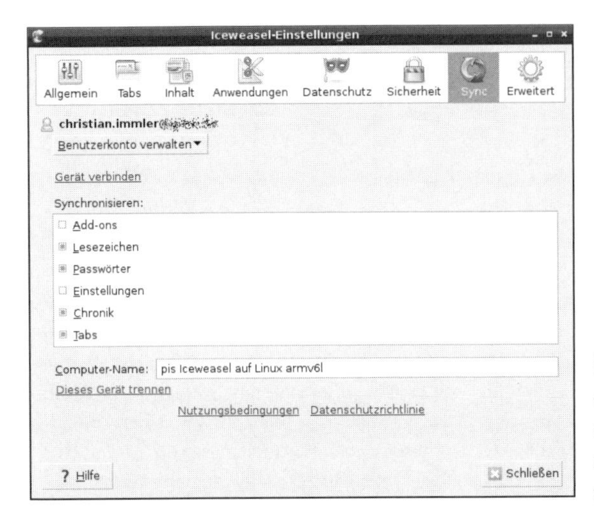

Bild 2.23: In den *Sync*-Einstellungen auf dem Raspberry Pi können Sie dem Computer einen Namen geben und festlegen, welche Daten synchronisiert werden sollen.

In der empfohlenen Einstellung werden Lesezeichen, Passwörter, Einstellungen und die Chronik von einem Computer direkt in die Daten der anderen integriert.

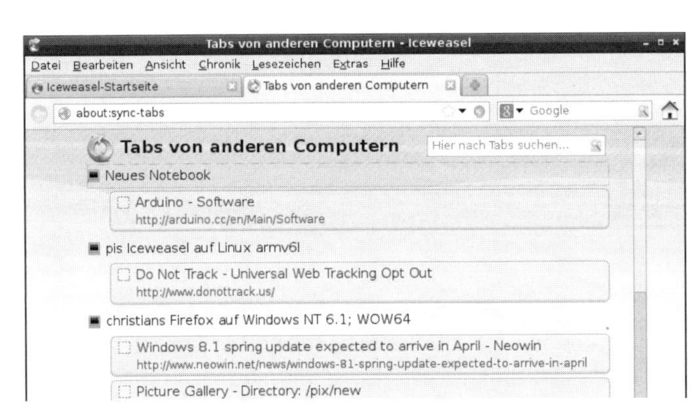

Bild 2.24: Die Tabs der anderen Computer sehen Sie über den Menüpunkt *Tabs von anderen Computern* im Menü *Chronik*.

2.8 Standardbrowser in der Anwendungsstartleiste ändern

Die Anwendungsstartleiste ganz links unten auf dem Bildschirm enthält ein Weltkugelsymbol, das einen Webbrowser startet. Allerdings ist hier meistens der Netsurf- oder Dillo-Browser vorausgewählt. Diese Voreinstellung ändern Sie mit dem Befehl:

```
sudo update-alternatives --config x-www-browser
```

Hier wird eine Liste der installierten Browser angezeigt.

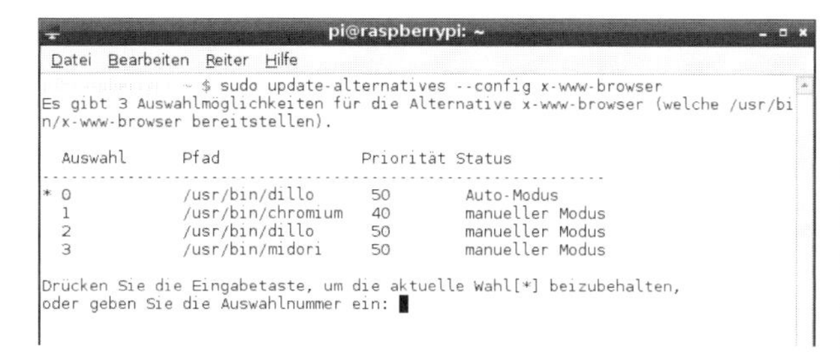

Bild 2.25: Nach Auswahl des gewünschten Browsers startet das Symbol in der Anwendungsstartliste zukünftig diesen Browser.

Alternativ können Sie auch weitere Browsersymbole zur Anwendungsstartleiste hinzufügen, um auf einfache Weise die direkte Auswahl zwischen verschiedenen Browsern zu haben. Klicken Sie dazu mit der rechten Maustaste auf die Anwendungsstartleiste und wählen Sie im Menü *»Anwendungsstartleiste«-Einstellungen*. In diesem Fenster sind alle installierten Programme nach Startmenügruppen geordnet im rechten Teilfenster aufgelistet. Wählen Sie dort die gewünschten Browser aus und klicken Sie auf *Hinzufügen*, um sie in die Anwendungsstartleiste mit aufzunehmen.

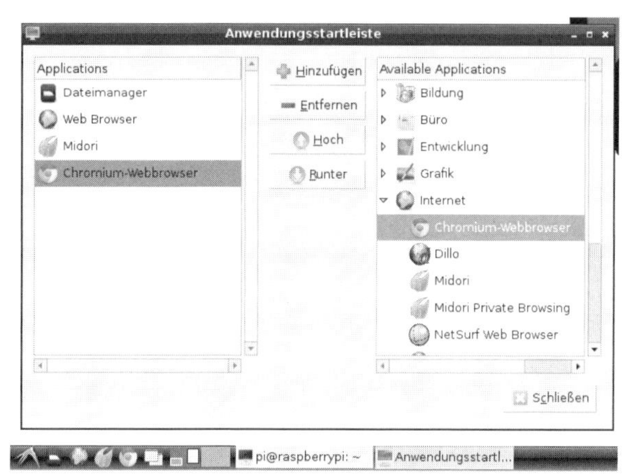

Bild 2.26: Auf diesem Weg lassen sich auch andere Programme, nicht nur Browser, zur Anwendungsstartleiste hinzufügen.

2.9 Lesezeichen vom PC auf dem Raspberry Pi nutzen

Mit dem Chromium-Browser können Sie Ihre Lesezeichen vom PC auch auf dem Raspberry Pi nutzen. Am einfachsten funktioniert das, wenn Sie auch auf dem PC den Chrome-Browser nutzen. Melden Sie sich auf dem Raspberry Pi mit dem gleichen Google-Konto an wie auf dem PC. Die Lesezeichen werden automatisch übernommen. Das Gleiche gilt für Lesezeichen aus dem Chrome-Browser für Android.

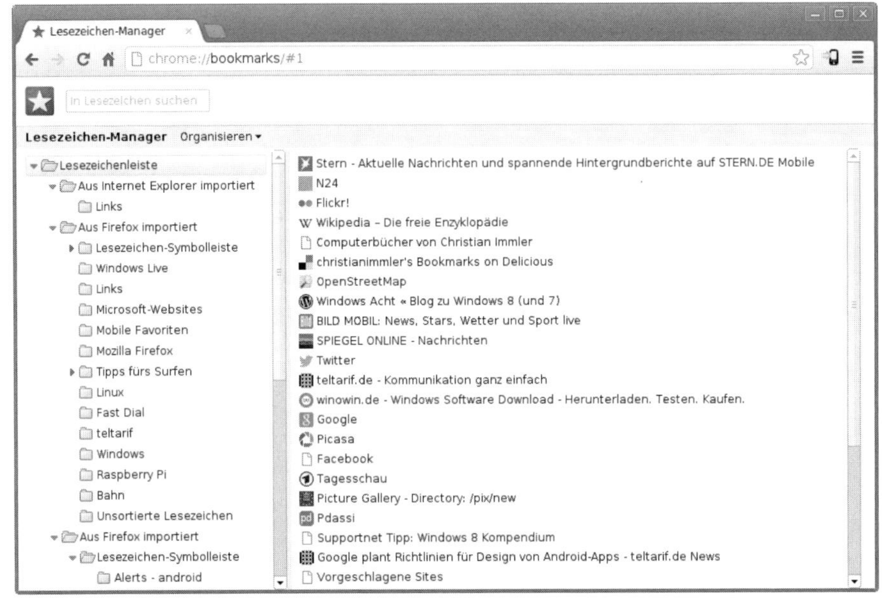

Bild 2.27: Über den Menüpunkt *Lesezeichen/Lesezeichen-Manager* haben Sie direkten Zugriff auf die Lesezeichen.

Lesezeichen, die Sie auf dem Raspberry Pi anlegen, stehen umgekehrt automatisch auch auf dem PC und Android-Geräten im Chrome-Browser zur Verfügung.

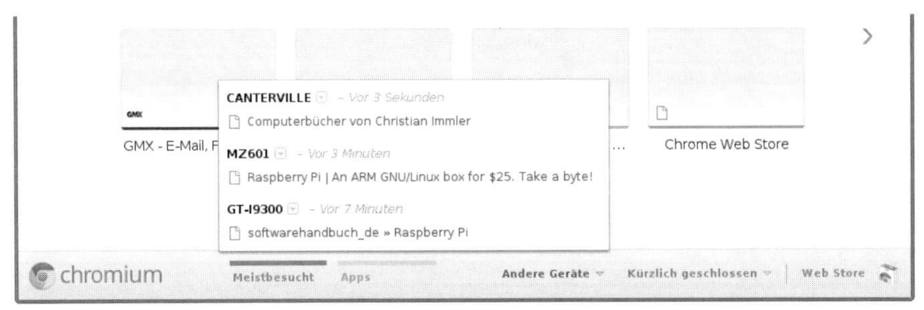

Bild 2.28: Der Link *Andere Geräte* unten auf der Startseite von Chromium bietet direkten Zugriff auf die zuletzt auf anderen Geräten geöffneten Webseiten.

2.9.1 Lesezeichen aus Firefox und Internet Explorer übernehmen

Der einfachste Weg, Lesezeichen von Firefox oder dem Internet Explorer zu übernehmen, ist die Installation von Google Chrome auf dem PC. Sie bekommen den Browser für Windows bei *www.google.com/chrome*. Der Chrome-Browser braucht nicht als Standardbrowser eingerichtet zu werden. Melden Sie sich nach der Installation mit Ihrem Google-Konto an, klicken Sie oben rechts auf das Menü-Symbol und wählen Sie *Lesezeichen/Lesezeichen und Einstellungen importieren*.

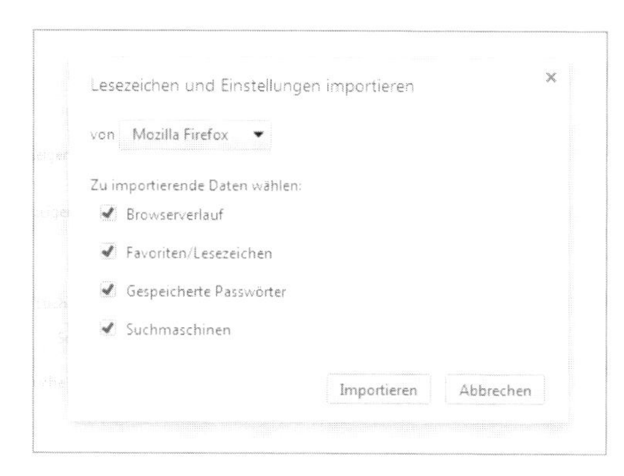

Bild 2.29: Wählen Sie hier den gewünschten Browser aus und welche Daten importiert werden sollen.

Nach dem Import werden die Daten in Ihrem Google-Konto gespeichert und stehen Sekunden später automatisch auf dem Raspberry Pi zur Verfügung.

Lesezeichen über eine HTML-Datei importieren

Haben Sie keine Möglichkeit, den Weg über Google Chrome zu nutzen, um Lesezeichen vom PC auf den Raspberry Pi zu bringen, können Sie den klassischen Weg über den HTML-Export der Lesezeichen nutzen. Jeder Browser unter Windows bietet eine Funktion, mit der alle Lesezeichen in eine HTML-Datei exportiert werden können.

Starten Sie in Firefox die Lesezeichenverwaltung über den Menüpunkt *Lesezeichen/Alle Lesezeichen anzeigen* oder mit der Tastenkombination `Strg`+`Umschalt`+`B`. Im Menü der Lesezeichenverwaltung finden Sie einen Menüpunkt *Importieren und Sichern/Lesezeichen nach HTML exportieren*.

Klicken Sie dazu im Favoritencenter des Internet Explorer auf das kleine Dreieck neben *Zu Favoriten hinzufügen* und wählen Sie in der Liste *Importieren und Exportieren*. Wählen Sie im nächsten Dialogfeld *Einstellungen für den Import/Export* die Option *In Datei exportieren*. Danach bestimmen Sie den zu exportierenden Favoritenordner. Eine Auswahl mehrerer Ordner, wie man es vom Windows-Explorer gewohnt ist, ist hier nicht möglich. Alle untergeordneten Verzeichnisse des selektierten Ordners werden automatisch mit exportiert.

Die auf diesem Weg erzeugte HTML-Datei übertragen Sie auf den Raspberry Pi. Wählen Sie dann im Chromium-Browser den Menüpunkt *Lesezeichen/Lesezeichen Manager* oder verwenden Sie die Tastenkombination `Strg`+`Umschalt`+`O`. Klicken Sie in der oberen Leiste auf *Organisieren* und wählen Sie *Lesezeichen aus HTML-Datei importieren*.

Über den HTML-Export können Sie auf dem Raspberry Pi sogar im Midori-Browser Lesezeichen vom PC nutzen. Wählen Sie hier im Menü *Datei/Lesezeichen importieren*. Klicken Sie im nächsten Dialogfeld auf *Lesezeichen importieren* und wählen Sie die vom PC exportierte HTML-Datei aus.

2.9.2 Delicious – Lesezeichen online verwalten

Onlinebookmarkdienste wie Delicious (*www.delicious.com*) bieten eine besonders komfortable Möglichkeit, Lesezeichen auf beliebigen Computern zu verwenden. Da die Daten in der Cloud gespeichert werden, haben Sie von jedem Gerät aus darauf Zugriff. Änderungen und neue Lesezeichen stehen sofort auf allen angemeldeten Computern, Tablets oder Smartphones zur Verfügung. Haben Sie sich einmal angewöhnt, Ihre Lesezeichen bei Delicious zu speichern, haben Sie diese automatisch auch auf dem Raspberry Pi verfügbar.

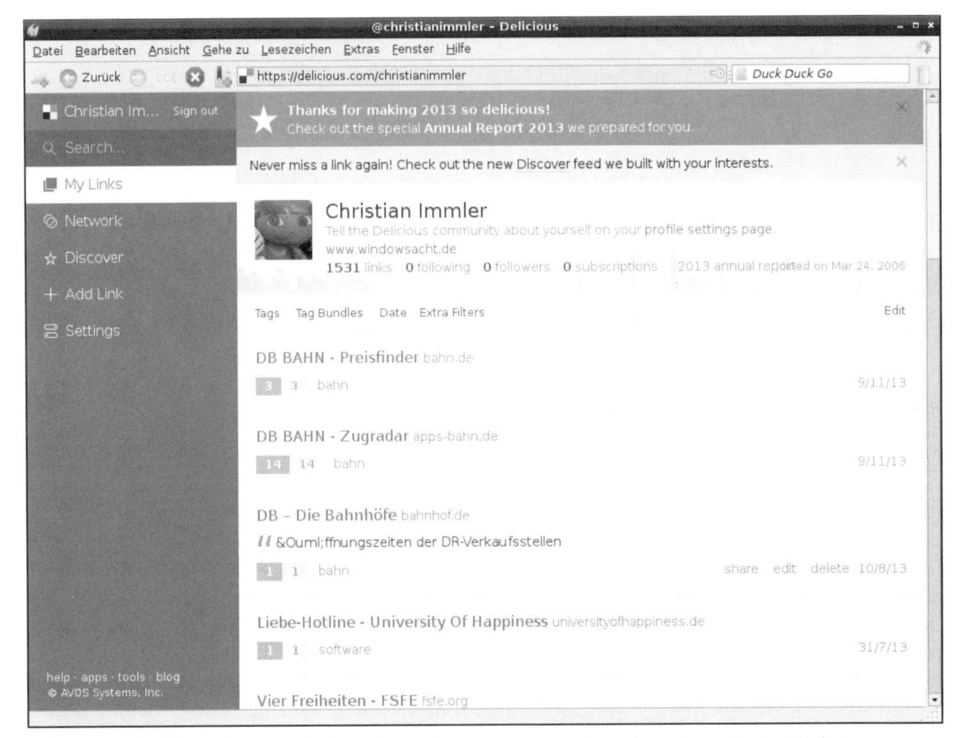

Bild 2.30: Delicious funktioniert nach der Anmeldung auf dem Raspberry Pi im Midori-Browser.

1. Legen Sie auf einem Computer bei Delicious ein Benutzerkonto an. Zur Anmeldung können Sie ein vorhandenes Google-, Facebook- oder Twitter-Konto nutzen oder sich ein eigenes Benutzerkonto anlegen.

2. Über die Schaltfläche *Add Link* in der Symbolleiste können Sie Lesezeichen auf Delicious speichern und dabei auch Kommentare sowie Tags zur Sortierung angeben.

3. Für gängige PC-Browser werden Plug-ins angeboten, die die Verwaltung von Delicious-Lesezeichen noch weiter vereinfachen.

Die Linux-Kommandos und die Verzeichnisstruktur

Das Raspbian-Linux verwendet die grafische Benutzeroberfläche LXDE, die für jeden Windows-Benutzer sofort bedienbar ist. Trotzdem empfehlen sich ein paar Grundkenntnisse über die Verzeichnisstruktur von Linux sowie auch zu wichtigen Befehlen, die ähnlich wie auf einem Windows-PC in einem Eingabeaufforderungsfenster, hier *LXTerminal* genannt, aufgerufen werden.

Linux verwendet nicht wie Windows für jedes Laufwerk seine eigene Verzeichnisstruktur, sondern eine globale, laufwerkübergreifende Struktur. Dabei sind einige Verzeichnisnamen fest vorgegeben. Die Inhalte der Verzeichnisse außerhalb des Home-Verzeichnisses `/home/pi` sollte man auch nur ändern, wenn man sehr umfassendes Wissen über die einzelnen Linux-Systemdateien besitzt. Die meisten systemkritischen Dateien kann der normale Benutzer nicht verändern.

Linux als offenes System bietet jedem Entwickler freie Möglichkeiten, Verzeichnisse für eigene Programme und Daten anzulegen. Um bei der Vielfalt an Beteiligten eine gemeinsame Basis zu schaffen, wurde der *Filesystem Hierarchy Standard* entwickelt. Diese Verzeichnisstruktur ist auf oberen Ebenen in allen Unix-Systemen gleich. Die Free Standards Group (*www.freestandards.org*) veröffentlicht auf der Webseite *www.pathname.com/fhs* den aktuellen *Filesystem Hierarchy Standard*. Eine deutsche Übersetzung finden Sie unter *bit.ly/ZhgOV7*.

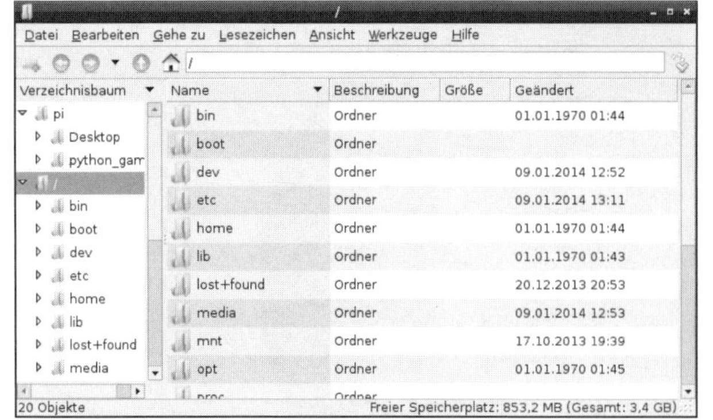

Bild 3.1: Die Verzeichnisstruktur ist in der Verzeichnisbaumansicht im Dateimanager gut zu sehen.

Unterschiede zu Windows

Bei der Arbeit mit Dateien und Verzeichnissen sollte man ein paar wichtige Unterschiede zwischen Linux und Windows kennen:

Windows verwendet zur Kennzeichnung von Dateitypen die entsprechende Dateiendung, die klassischerweise aus drei Zeichen besteht, durch einen Punkt vom eigentlichen Dateinamen getrennt. Bei Linux kann jeder beliebige Name für eine Datei verwendet werden. Es gibt keinen Unterschied zwischen Dateinamen und Dateiendung. Die Namen können auch mehrere Punkte enthalten, allerdings keine Leerzeichen. Diese sollte man auch in Windows besser nicht verwenden, da sie zwar erlaubt sind, aber nicht mit allen Befehlen funktionieren. Die Dateinamen sollten aussagekräftig sein, aber bei 128 Stellen ist Schluss. Im Gegensatz zu Windows unterscheidet Linux bei Dateinamen zwischen Groß- und Kleinschreibung.

Linux kennt das Backslash-Zeichen \ nicht. Zur Angabe von Verzeichnissen wird immer der normale Schrägstrich / verwendet.

Im Folgenden finden Sie eine kurze Übersicht über die wichtigsten Verzeichnisse.

- `/` Unter dem Wurzelverzeichnis sind alle anderen Verzeichnisse angeordnet. Dies bezieht sich hier nicht auf ein Laufwerk, sondern auf die gesamte Verzeichnisstruktur.
- `/bin` Wichtige, immer verfügbare Programme, wie zum Beispiel die Unix-Shells und die Shell-Kommandos.
- `/boot` Der Linux-Kernel vmlinuz und Konfigurationsdateien, die zum Booten benötigt werden.
- `/dev` Abkürzung für Devices, sogenannte Gerätedateien. Hier werden für alle Geräte virtuelle Dateien angelegt, über die auf die Geräte zugegriffen werden kann.
- `/etc` Konfigurationsdateien für das System oder einzelne Programme.
- `/home` Unterhalb dieses Verzeichnisses besitzt jeder Benutzer sein Home-Verzeichnis. In einer Raspbian-Installation ist neben dem Superuser `root` nur ein Standardbenutzer `pi` vorhanden. Sofern keine speziellen Zugriffsrechte vergeben wurden, kann ein Benutzer die Verzeichnisse der anderen Benutzer nicht sehen. Der Benutzer `root` hat sein Home-Verzeichnis direkt unter dem Hauptverzeichnis und nicht unter `/home`.
- `/lib` Funktionsbibliotheken des Betriebssystems. In diesem Verzeichnis sollten Sie auf keinen Fall irgendetwas verändern.

- `/lost+found` Auf dieses Verzeichnis hat nur das System selbst Zugriff. Hier werden Dateien abgelegt, die bei einem Programmabsturz oder Hardwarefehler entstehen und keinem anderen Verzeichnis mehr zugeordnet werden können.
- `/media` In Unterverzeichnissen dieses Verzeichnisses werden externe Festplatten, Speicherkarten, CD-ROM-Laufwerke und USB-Sticks gemountet.
- `/mnt` Hier kann man selbst andere Dateisysteme in die Verzeichnisstruktur mounten.
- `/opt` Optionale Software; in diesem Verzeichnis werden vor allem große Programmpakete installiert.
- `/proc` Jedes laufende Programm erhält hier automatisch ein Unterverzeichnis mit Dateien, die genaue Informationen zum jeweiligen Prozess geben. Dieses Verzeichnis ist als Schnittstelle zum Kernel gedacht, sodass Programme auf Systemfunktionen und Funktionen anderer Programme zugreifen können.
- `/root` Das Home-Verzeichnis des Benutzers `root`. Es liegt traditionell im Hauptverzeichnis, damit der Administrator auch dann auf seine Dateien zugreifen kann, wenn durch einen Fehler der Zugriff auf andere Partitionen nicht mehr möglich ist. Als Standardanwender `pi` sehen Sie nur ein leeres Verzeichnis.
- `/run` Dieses Verzeichnis enthält Informationen über das System seit seinem Start.
- `/sbin` Wichtige Systemprogramme, auf die nur der Administrator `root` Zugriff besitzt.
- `/selinux` Verzeichnis für die Kernel-Erweiterung *Security Enhanced Linux*. Dieses ist auf dem Raspberry Pi zwar vorhanden, wird aber standardmäßig nicht genutzt.
- `/srv` Spezielle Dateien laufender Dienste.
- `/sys` Virtuelles Verzeichnis für Systeminformationen.
- `/tmp` Das Temporärverzeichnis zur Ablage temporärer Dateien und zum Datenaustausch zwischen Benutzern. Auf dieses Verzeichnis hat jeder jederzeit Zugriff.
- `/usr` In diesem Verzeichnis liegen die Unterverzeichnisse für die installierten Programme. Da dieses Verzeichnis üblicherweise mit Abstand das größte auf einem System ist, ist eine detaillierte Unterteilung nötig. Linux verwendet hier diverse Unterverzeichnisse, in denen die einzelnen Programme, Bibliotheken und Systemkommandos eingeordnet sind.
- `/var` Abkürzung für variabel, ein Verzeichnis für Dateien, die sich ständig ändern. Hier liegen in verschiedenen Unterverzeichnissen zum Beispiel der Browsercache und der Druckerspooler.

3.1 Wichtige Kommandozeilenbefehle

Denken Sie immer daran: Linux ist ein befehlszeilenorientiertes Betriebssystem. Die Oberfläche liegt nur darüber und führt im Hintergrund Kommandozeilenbefehle aus. Wenn Sie einige wichtige Linux-Befehle kennen, können Sie damit noch deutlich mehr erreichen als mit einer fensterorientierten Benutzeroberfläche. Auf die Kommandozeile kommt man aus der grafischen Oberfläche heraus am einfachsten mit dem *LXTerminal* auf dem Desktop.

Wenn nichts anderes angegeben ist, können Parameter verknüpft werden. Nach dem Zeichen `-`, das jeden Parameter einleitet, folgen die Parameter direkt hintereinander ohne Leer- oder sonstige Trennzeichen. Alle Optionen und Parameter finden Sie in den jeweiligen MAN-Dateien und oft auch über den Parameter `-?` oder `-help`. Die folgende Auflistung enthält nur die wichtigsten Befehle zur Dateiverwaltung.

Groß- und Kleinschreibung
Wie bei Dateinamen unterscheidet Linux auch bei den Parametern der Kommandozeilenbefehle zwischen Groß- und Kleinschreibung. Derselbe Buchstabe kann in unterschiedlichen Schreibweisen unterschiedliche Bedeutungen haben.

3.1.1 man - Manual-Dateien lesen

```
man [Befehlsname]
```

Seit den Anfängen von Unix gibt es für jeden Befehl ein textbasiertes Handbuch, die sogenannte MAN-Datei. Mit dem Befehl `man` gefolgt von einem Befehlsnamen wird dieser Handbuchtext auf die Größe des Shell-Fensters formatiert und seitenweise ausgegeben. Mit den Tasten Bild↓ und Bild↑ kann man durch den Text blättern.

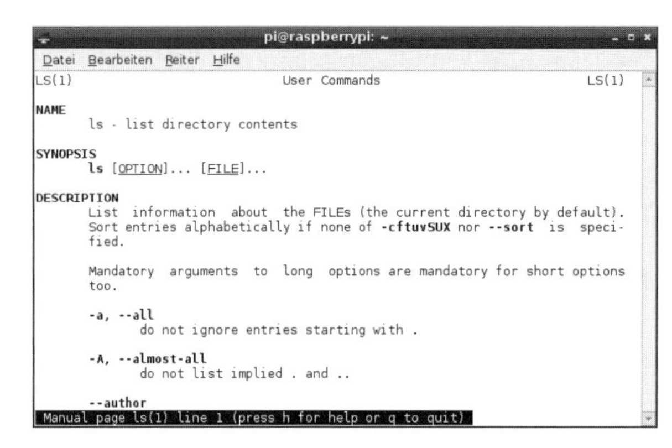

Bild 3.2: Anzeige einer MAN-Datei für den Befehl `ls` im LXTerminal.

Farben im LXTerminal-Fenster
Wenn Sie sich jetzt fragen, wie wir das LXTerminal so druckfreundlich mit schwarzer Schrift auf weißem Grund dargestellt bekommen ... das ist kein Photoshop-Trick. Im Menü des Fensters legen Sie unter *Bearbeiten/Einstellungen* Schriftart und Farben fest.

3.1.2 ls - Verzeichnisinhalt anzeigen

```
ls [OPTION]... [DATEI]...
```

Das wahrscheinlich häufigste Linux-Kommando listet Dateien in einem Verzeichnis auf. Die Standardvorgabe ist das aktuelle Verzeichnis. Die Einträge werden, falls nicht anders angegeben, alphabetisch sortiert.

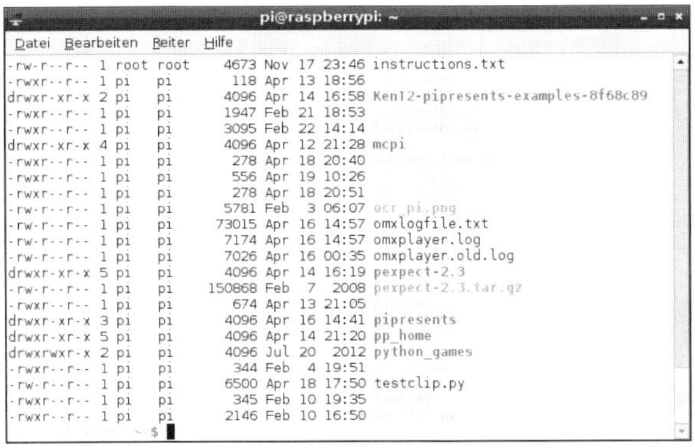

```
pi@raspberrypi: ~
Datei Bearbeiten Reiter Hilfe
-rw-r--r-- 1 root root   4673 Nov 17 23:46 instructions.txt
-rwxr--r-- 1 pi   pi      118 Apr 13 18:56
drwxr-xr-x 2 pi   pi     4096 Apr 14 16:58 Ken12-pipresents-examples-8f68c89
-rwxr--r-- 1 pi   pi     1947 Feb 21 18:53
-rwxr--r-- 1 pi   pi     3095 Feb 22 14:14
drwxr-xr-x 4 pi   pi     4096 Apr 12 21:28 mcpi
-rwxr--r-- 1 pi   pi      278 Apr 18 20:40
-rwxr--r-- 1 pi   pi      556 Apr 19 10:26
-rwxr--r-- 1 pi   pi      278 Apr 18 20:51
-rw-r--r-- 1 pi   pi     5781 Feb  3 06:07 ocr_pi.png
-rw-r--r-- 1 pi   pi    73015 Apr 16 14:57 omxlogfile.txt
-rw-r--r-- 1 pi   pi     7174 Apr 16 14:57 omxplayer.log
-rw-r--r-- 1 pi   pi     7026 Apr 16 00:35 omxplayer.old.log
drwxr-xr-x 5 pi   pi     4096 Apr 14 16:19 pexpect-2.3
-rw-r--r-- 1 pi   pi   150868 Feb  7  2008 pexpect-2.3.tar.gz
-rwxr--r-- 1 pi   pi      674 Apr 13 21:05
drwxr-xr-x 3 pi   pi     4096 Apr 16 14:41 pipresents
drwxr-xr-x 5 pi   pi     4096 Apr 14 21:20 pp_home
drwxrwxr-x 2 pi   pi     4096 Jul 20  2012 python_games
-rwxr--r-- 1 pi   pi      344 Feb  4 19:51
-rw-r--r-- 1 pi   pi     6500 Apr 18 17:50 testclip.py
-rwxr--r-- 1 pi   pi      345 Feb 10 19:35
-rwxr--r-- 1 pi   pi     2146 Feb 10 16:50
~ $
```

Bild 3.3: Am häufigsten wird die Anzeige `ls -l` verwendet, die neben den Dateinamen auch noch Größe, Besitzer und Zugriffsrechte anzeigt.

Bedeutung der Farben im LXTerminal	
Schwarz	Dateien, nicht spezifiziert
Blau	Verzeichnisse
Gelb	Geräte
Grün	ausführbare Dateien
Magenta	Bilddateien
Rot	komprimierte Archive
Cyan	Verknüpfungen

3.1.3 cd - Verzeichnis wechseln

```
cd [Verzeichnisname]
```

Dieses Kommando (*change directory*) wechselt in das angegebene Verzeichnis. Dies kann entweder relativ bezogen auf das aktuelle Verzeichnis angegeben werden oder mit einem Schrägstrich beginnend als absolute Pfadangabe bezogen auf das Hauptverzeichnis. `cd` ohne weitere Parameter wechselt ins Home-Verzeichnis des angemeldeten Benutzers, z. B. `/home/pi`.

3.1.4 pwd - aktuelles Verzeichnis anzeigen

```
pwd
```

Dieses Kommando (*print working directory*) zeigt den Namen und den kompletten Pfad des aktuellen Verzeichnisses an.

3.1.5 cat - Dateien anzeigen oder zusammenfügen

```
cat [OPTION] [DATEIEN]…
```

Dieses Kommando zeigt eine oder mehrere Dateien hintereinander im Shell-Fenster an.

Die verschiedenen Optionen legen vor allem die Darstellung nicht druckbarer Zeichen fest. Lenkt man die Ausgabe in eine Datei um, kann man mit `cat` mehrere Dateien zusammenfügen.

```
cat teil1 teil2 > gesamt
```

Das setzt die beiden Dateien `teil1` und `teil2` zu einer Datei `gesamt` zusammen.

3.1.6 cp – Dateien kopieren

```
cp [OPTION]... QUELLE ZIEL
```

Dieses Kommando (*copy*) kopiert Dateien und Verzeichnisse. Wenn zwei Dateinamen als Parameter angegeben werden, wird die erste Datei in die zweite kopiert. Werden mehrere angegeben, wird angenommen, dass die letzte Angabe der Name eines Verzeichnisses ist, und alle angegebenen Dateien werden in dieses Verzeichnis kopiert, falls es existiert.

3.1.7 mv – Dateien verschieben oder umbenennen

```
mv [OPTION]... QUELLE ZIEL
```

Dieses Kommando (*move*) verschiebt Dateien an eine andere Stelle oder benennt Dateien um. Die Syntax ist die gleiche wie bei `cp`.

3.1.8 rm – Dateien löschen

```
rm [OPTION]... DATEI...
```

Dieses Kommando (*remove*) löscht Dateien. Dabei wird KEIN Papierkorb verwendet, die Daten werden wirklich direkt gelöscht. Um Dateien löschen zu können, benötigt man Schreibrechte im jeweiligen Verzeichnis.

3.1.9 mkdir – Verzeichnis anlegen

```
mkdir [OPTION] VERZEICHNIS...
```

Dieses Kommando (*make directory*) legt ein neues Unterverzeichnis an. Der Pfad kann relativ im aktuellen Verzeichnis liegen oder ein absoluter Pfad sein.

3.1.10 rmdir – Verzeichnis löschen

```
rmdir [OPTION] VERZEICHNIS...
```

Dieses Kommando (*remove directory*) löscht ein oder mehrere angegebene Verzeichnisse. Diese müssen dazu leer sein. Um Verzeichnisse zu löschen, die Daten und Unterverzeichnisse enthalten, verwenden Sie `rm -r`.

Arch Linux – Raspbian-Alternative für Linux-Freaks
Linux-Freaks, die keinerlei grafische Oberfläche brauchen, bekommen mit Arch Linux ARM eine extrem schlanke Linux-Distribution speziell für den Raspberry Pi, die in etwa zehn Sekunden bis zum Kommandoprompt bootet. Speziell für die angesprochene Zielgruppe ist neben dem Benutzer `root` mit Passwort `root` kein weiterer Benutzer vorkonfiguriert. Arch Linux ARM gibt es wie die anderen Distributionen bei *www.raspberrypi.org/downloads* als Speicherkartenabbild zum Download.

3.2 Speichertuning für mehr Performance

Aktuelle Geräte des Raspberry Pi Modell B haben zwar insgesamt 512 MB Speicher. Davon wird aber ein erheblicher Teil für die GPU abgezweigt, was bei einem PC dem Grafikkartenspeicher entspricht. So bleibt für den Benutzer nur deutlich weniger. Besonders eng wird es bei Modell A oder älteren Versionen des Modells B, die nur mit 256 MB RAM ausgeliefert wurden, von denen nach Abzug des Grafikspeichers für den Benutzer gerade noch 184 MB bleiben. Zum Glück bietet das Raspbian OS eine Tuningmöglichkeit an, um die Speicheraufteilung den genutzten Anwendungen anzupassen.

Um die tatsächliche Speicherbelegung zu ermitteln, starten Sie im Startmenü über *Systemwerkzeuge* den *Taskmanager*. Setzen Sie dort im Menü *Ansicht* die Schalter wie in der folgenden Abbildung:

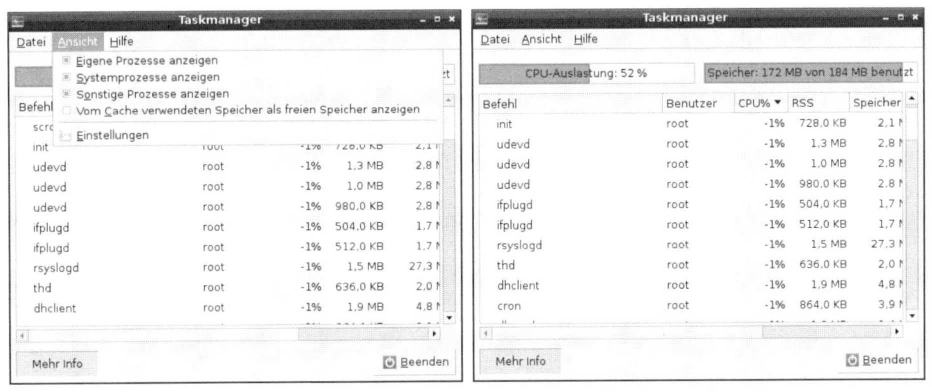

Bild 3.4: Diese Einstellungen zeigen den tatsächlich freien und belegten Speicher.

Sehen Sie hier wie in der Abbildung nur 184 MB Gesamtspeicher, haben Sie einen Raspberry Pi mit 256 MB, bei dem 64 MB für den Grafikspeicher abgezweigt sind. Wenn Sie jetzt ein paar Programme öffnen, können Sie direkt mitverfolgen, wie der Speicher zu Neige geht.

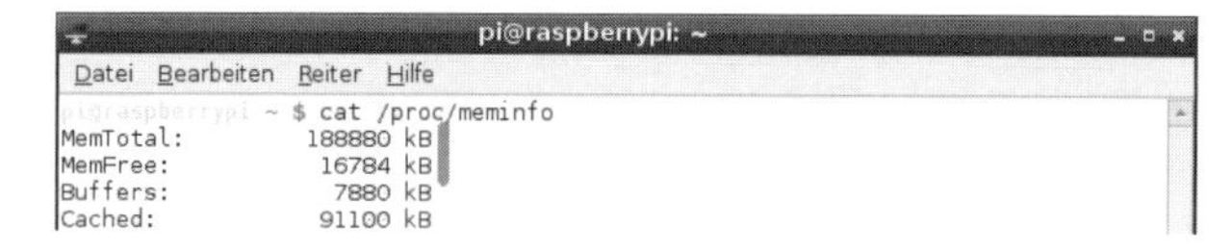

Bild 3.5: `cat /proc/meminfo` zeigt den gesamten und den freien Arbeitsspeicher auf der Kommandozeile an.

Je nach Verwendung des Raspberry Pi können Sie im Konfigurationsprogramm die Speicheraufteilung zwischen RAM und Grafikspeicher verändern. Läuft der Raspberry Pi ausschließlich als Server für Daten oder Webdienste, wird so gut wie kein Grafikspeicher benötigt. Sollen dagegen Videos abgespielt werden, muss erheblich mehr Grafikspeicher reserviert werden als im typischen Linux-Desktopbetrieb. Über das Konfigurationstool lässt sich die Speicheraufteilung festlegen. Wählen Sie dazu *Advanced Options/Memory Split*.

```
sudo raspi-config
```

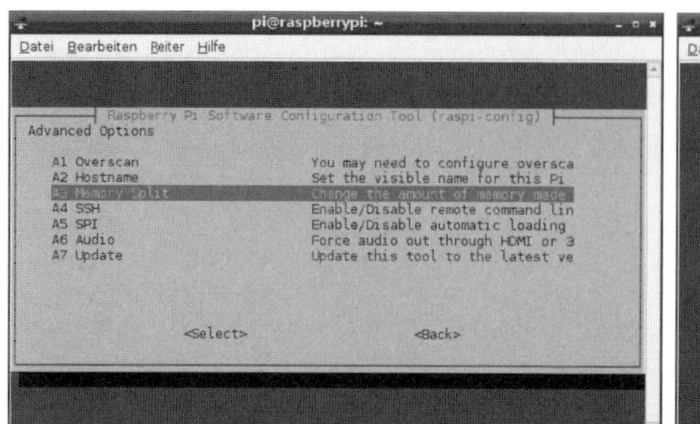

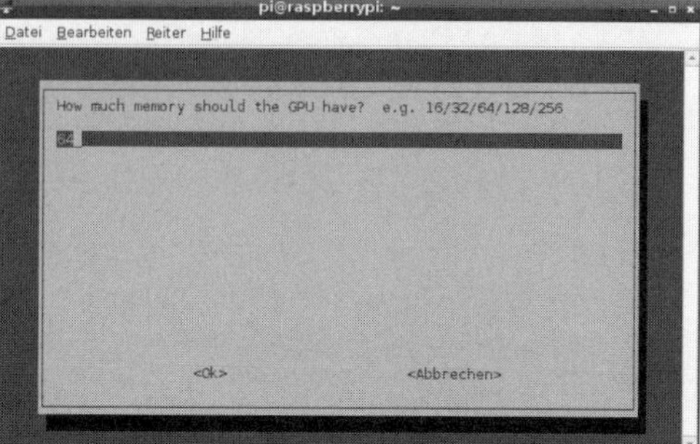

Bild 3.6: Im Bereich *Memory Split* legen Sie fest, wie viel Speicher für die Grafik reserviert wird.

Die Tabelle zeigt Richtwerte für den Grafikspeicher bei verschiedenen Anwendungsszenarien für Geräte mit 512 MB RAM und 256 MB RAM:

Anwendung	512 MB RAM	256 MB RAM
HD-Videos abspielen und decodieren, Videostreaming, grafiklastige Anwendungen und Spiele.	256 MB	128 MB
Normale Mischnutzung als PC mit grafischer Oberfläche und gelegentlich als Mediacenter.	128 MB	64 MB
Reiner Serverbetrieb ohne grafische Oberfläche.	16 MB	16 MB

Nach Änderung der Speicheraufteilung müssen Sie den Raspberry Pi neu starten.

3.3 Datenaustausch über Cloud-Dienste zwischen Raspberry Pi und PC

Nicht immer besteht die Möglichkeit, Daten über ein lokales Netzwerk zwischen Raspberry Pi und PC auszutauschen. Cloud-Dienste sind oft wesentlich bequemer und überall verfügbar. Die meisten Anbieter von Cloud-Speicherplatz bieten Synchronisationstools an, mit denen sich eigene Dateien aus bestimmten Verzeichnissen automatisch mit dem Cloud-Speicherplatz synchronisieren lassen. Allerdings gibt es diese Programme meist nur für Windows. Vom Raspberry Pi aus kann man über den Webbrowser auf den persönlichen Cloud-Speicherplatz zugreifen, vorausgesetzt, der jeweilige Anbieter hat seine Website so intelligent gestaltet, dass sie sich auch mit den ressourcenschonenden Browsern nutzen lässt. Im Alltag ist ein Browserzugriff doch sehr mühsam. Wesentlich komfortabler ist es, das Cloud-Laufwerk wie ein echtes Laufwerk im Dateimanager zur Verfügung zu haben. WebDAV, ein speziell für diese Zwecke entwickeltes Datenübertragungsprotokoll, macht das möglich. Leider bieten die bekanntesten aller Anbieter von Cloud-Speicherplatz, Dropbox und Google Drive, keine Unterstützung für das WebDAV-Protokoll.

3.3.1 CloudMe

CloudMe (*www.cloudme.com*) gehört zwar zu den weniger bekannten Anbietern von kostenlosem Cloud-Speicherplatz, hat aber den Vorteil, dass die WebDAV-Unterstützung problemlos ohne zusätzliche Software funktioniert. Für Windows wird ein Synchronisationstool angeboten, das einen sogenannten »Blue Folder« auf dem PC anlegt, der automatisch mit dem Cloud-Speicher synchronisiert wird. Außerdem kann man über einen Webbrowser auf CloudMe zugreifen. CloudMe bietet 3 GB kostenlosen Speicherplatz an, bei Anmeldung über diesen Link erhalten Leser dieses Buchs 3,5 GB kostenlos: *goo.gl/mJjvM*.

Bild 3.7: Der Cloud-Speicherdienst CloudMe unterstützt den WebDAV-Standard.

Auch im Dateimanager auf dem Raspberry Pi kann der Cloud-Speicher von CloudMe verwendet werden.

1. Tragen Sie in die Adresszeile des Dateimanagers diese Adresse ein: `davs://webdav.cloudme.com/Benutzername`. Das Wort `Benutzername` ersetzen Sie durch Ihren Benutzernamen, den Sie bei der Anmeldung bei CloudMe gewählt haben. Bei der ersten Anmeldung werden Sie nach Ihren CloudMe-Zugangsdaten gefragt.

2. Legen Sie für dieses Verzeichnis über das *Lesezeichen*-Menü ein Lesezeichen an. Dann finden Sie Ihren CloudMe-Speicherplatz auch nach einem Neustart des Raspberry Pi im linken Seitenfenster des Dateimanagers.

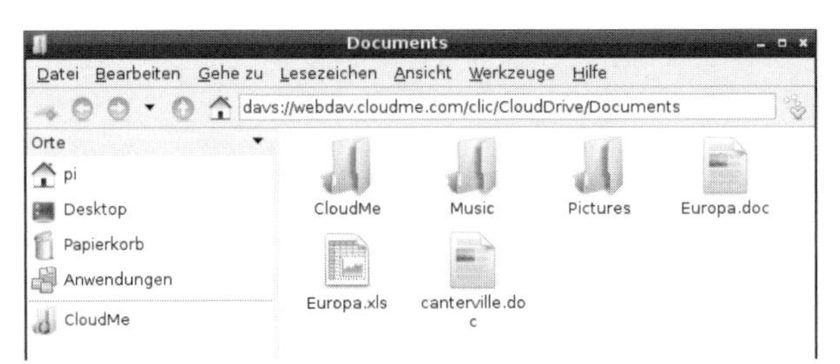

Bild 3.8: Mithilfe dieses Lesezeichens erreichen Sie CloudMe schnell auch nach einem Neustart.

3. Jetzt können Sie den Cloud-Speicher beim Arbeiten auf dem Raspberry Pi nutzen und haben immer Zugriff Ihre persönlichen Dateien, trotz der eng begrenzten Kapazität der Speicherkarte.

Wo ist der Blue Folder?
Diese Methode bietet Zugriff auf den gesamten persönlichen Speicherplatz bei CloudMe, auch auf die Ordner, die man sonst nur über den Browser erreicht. Der *Blue Folder* ist unter *Documents/CloudMe* zu finden.

3.3.2 GMX MediaCenter und Web.de Onlinespeicher

GMX und Web.de bieten jedem Nutzer des kostenlosen Maildiensts 2 GB Speicherplatz im sogenannten GMX MediaCenter bzw. Web.de Online-Speicher. Mit der Installation der Synchronisationsanwendung bekommt man noch 4 GB dazugeschenkt. Nutzer der kostenpflichtigen Tarife bekommen 10 GB, die sich im Browser, mit dem Windows-Synchronisationstool oder über eine Smartphone-App nutzen lassen.

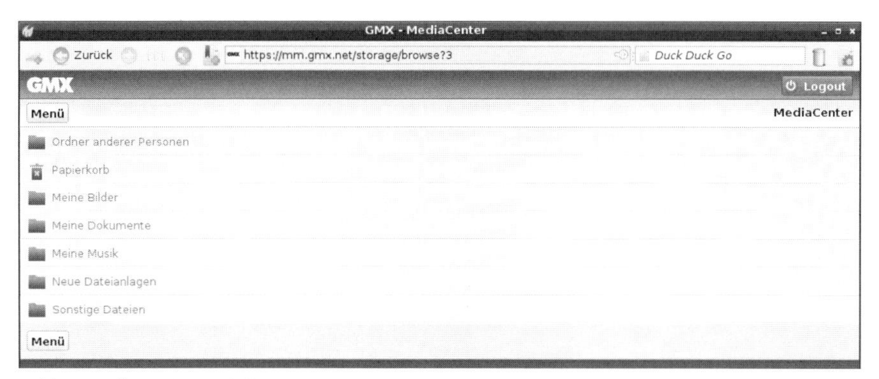

Bild 3.9: Über die mobile Variante der GMX-Website *mm.gmx.net* lässt sich das MediaCenter bequem im Midori-Browser nutzen. Die normale Website *www.gmx.net* läuft auf dem Raspberry Pi extrem langsam.

Leider haben GMX und Web.de wie auch einige andere Cloud-Anbieter ein Kompatibilitätsproblem und halten sich nicht zu 100 % an den WebDAV-Standard. Deshalb können die Cloud-Speicher nicht so einfach über den Dateimanager von Raspbian eingebunden werden.

Die Lösung bietet ein Dateisystemtreiber, der WebDAV-Laufwerke wie externe Festplatten oder Netzwerklaufwerke direkt im Linux-Dateisystem einhängt.

1. Installieren Sie den Dateisystemtreiber:

```
sudo apt-get install davfs2
```

2. Legen Sie ein Unterverzeichnis für den Mountpunkt im Home-Verzeichnis an:

```
sudo mkdir /home/pi/gmx
```

3. Legen Sie noch ein Unterverzeichnis für die Konfigurationsdatei im Home-Verzeichnis an:

```
sudo mkdir /home/pi/.davfs2
```

4. Erstellen Sie eine Konfigurationsdatei mit Namen `secrets` in diesem Verzeichnis:

```
leafpad /home/pi/.davfs2/secrets
```

5. Die Datei enthält Ihre persönlichen Zugangsdaten für das GMX MediaCenter. Tragen Sie dazu Ihre GMX-E-Mail-Adresse und Ihr Passwort ein.

```
https://webdav.mc.gmx.net emailadresse@gmx.de passwort
```

6. Bei Web.de muss die Datei so aussehen:

```
https://webdav.smartdrive.web.de emailadresse@web.de passwort
```

7. Schützen Sie die Datei vor der Verwendung durch andere Benutzer. Ohne diese eingeschränkten Zugriffsrechte lässt `davfs2` die Datei auch nicht zu.

```
chmod 600 /home/pi/.davfs2/secrets
```

8. Tragen Sie das neue Dateisystem und den Mountpunkt in der Datei `/etc/fstab` ein, wie in der Abbildung gezeigt. Beachten Sie, dass am Ende der letzten Zeile noch ein Zeilenumbruch stehen muss.

```
sudo leafpad /etc/fstab
```

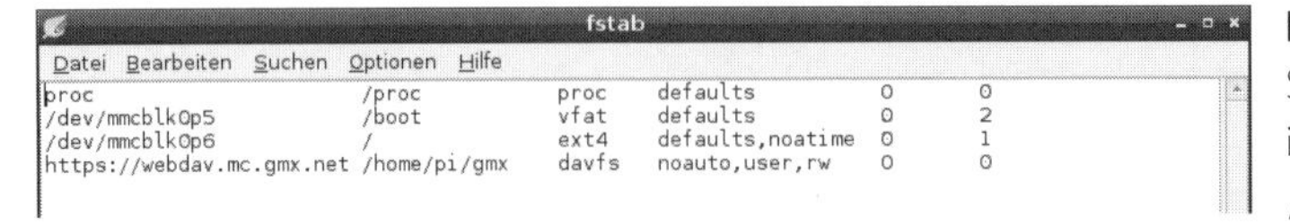

Bild 3.10: Fügen Sie die letzte Zeile in die Datei `/etc/fstab` ein.

9. Bei Web.de muss diese Zeile lauten:

```
https://webdav.smartdrive.web.de /home/pi/gmx davfs noauto,user,rw 0 0
```

10. Geben Sie jetzt auch Nicht-Root-Benutzern die Berechtigung, WebDAV-Laufwerke einzubinden:

```
sudo dpkg-reconfigure davfs2
```

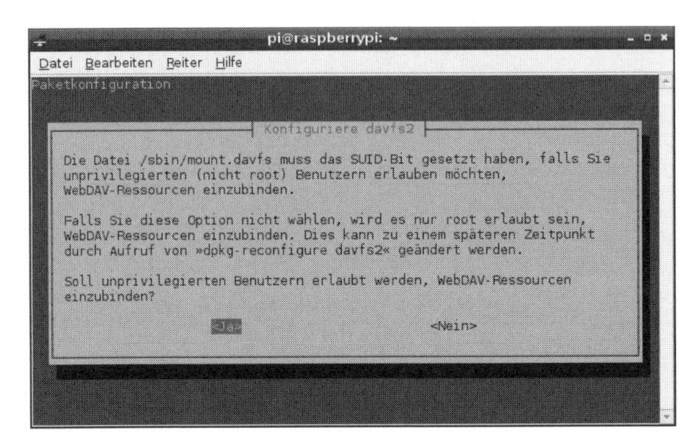

Bild 3.11: Benutzer ohne Root-Berechtigung dürfen WebDAV ebenfalls nutzen.

11. Damit auch der Benutzer `pi` das darf, muss er zur Gruppe `davfs2` hinzugefügt werden:

```
sudo adduser pi davfs2
```

12. Mounten Sie jetzt das WebDAV-Laufwerk im zuvor angelegten Verzeichnis:

```
mount /home/pi/gmx
```

Das GMX MediaCenter bzw. der Web.de Online-Speicher steht nun im Dateimanager wie ein lokales Laufwerk zur Verfügung. Bei einem Neustart wird das GMX MediaCenter automatisch wieder eingehängt, ohne dass Sie sich neu anmelden müssen. Dieser Vorgang dauert allerdings ein paar Sekunden, was man durch einen Blick auf die Systemauslastung in der Taskleiste erfährt. Der Prozessor läuft nach der Anmeldung einen kurzen Moment mit voller Last. Danach können Sie den Cloud-Speicher wieder nutzen.

Bild 3.12: Das GMX MediaCenter im Dateimanager auf dem Raspberry Pi.

3.4 Raspberry Pi über das Netzwerk fernsteuern

Über die bereits bei der Ersteinrichtung des Raspberry Pi festgelegte SSH-Verbindung (Secure Shell) lassen sich nicht nur Daten auf den Raspberry Pi und zurück übertragen, man kann sich auch direkt als Benutzer in einer Art Kommandozeilenfenster anmelden, Befehle ausführen oder Programme starten. Auf diese Weise lässt sich der Raspberry Pi ohne eigenen Monitor und ohne Tastatur oder Maus von einem anderen PC im Netzwerk aus nutzen.

1. Falls Sie bei der Ersteinrichtung des Raspberry Pi den SSH-Server nicht aktiviert hatten, holen Sie das jetzt nach:

```
sudo raspi-config
```

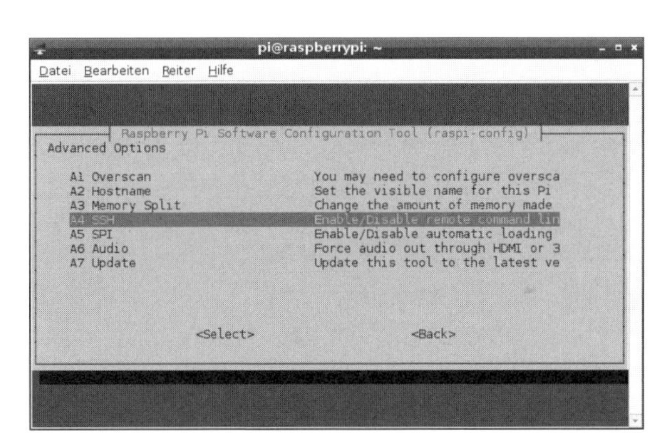

Bild 3.13: Unter *Advanced Options/SSH* sehen Sie den aktuellen Status des SSH-Servers und können ihn auch aktivieren.

2. Auf dem PC brauchen Sie für die Verbindung einen SSH-Client wie z. B. das kostenlose Putty für Windows (*www.putty.org*). Legen Sie in Putty eine neue Verbindung über Port *22* mit dem Verbindungstyp *SSH* an.

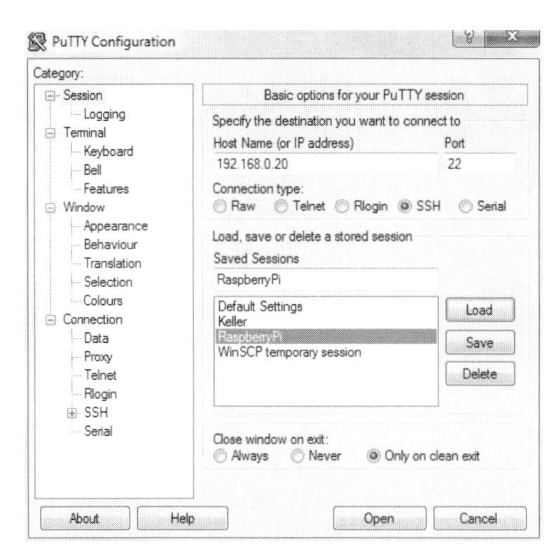

Bild 3.14: Speichern Sie diese Verbindung für eine spätere Verwendung.

3. Die für die Verbindung notwendige IP-Adresse erfahren Sie auf dem Raspberry Pi mit dem Befehl:

```
ip addr
```

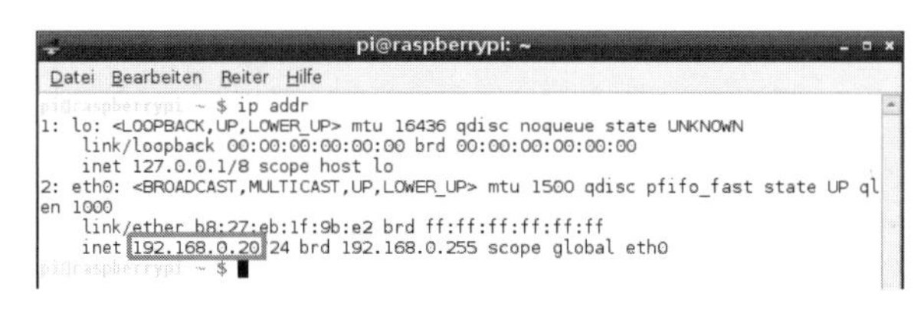

Bild 3.15: Die unter `eth0:` angezeigte IP-Adresse ist die richtige.

4. In Netzwerken mit dynamischen IP-Adressen kann sich die Adresse des Raspberry Pi unter Umständen bei einem Neustart ändern. Sollte der Router zu oft neue Adressen vergeben, reservieren Sie in der Routerkonfiguration eine Adresse für den Raspberry Pi. In den meisten Fällen ist das einfacher, als direkt auf dem Raspberry Pi eine feste IP-Adresse festzulegen.

5. Bauen Sie die Verbindung auf und melden Sie sich mit dem Benutzernamen `pi` und dem Passwort `raspberry` über die SSH-Verbindung am Raspberry Pi an.

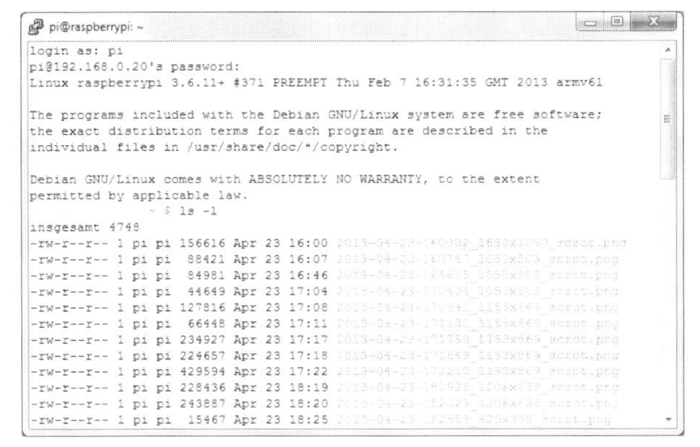

Bild 3.16:
Putty verhält sich wie ein Kommandozeilenfenster auf dem Raspberry Pi.

6. Über Putty können Sie Linux-Kommandozeilenbefehle sowie Skripte auf dem Raspberry Pi starten. Diese laufen auch weiter, wenn die SSH-Verbindung getrennt wird.

Spezielle Befehle und Einstellungen
Klicken Sie auf das Symbol in der linken oberen Ecke des Putty-Fensters, erscheint ein Menü mit speziellen Befehlen zur Steuerung und Konfiguration von Putty selbst.

3.4.1 Grafische Anwendungen vom Raspberry Pi auf dem PC nutzen

Putty unterstützt nur Konsolenbefehle, keine grafischen Anwendungen. Beim Versuch, eine Anwendung zu starten, die ein grafisches Fenster öffnet, wie z. B. den Bildbetrachter `gpicview`, den Dateimanager `pcmanfm` oder den Editor `leafpad`, erscheinen die unterschiedlichsten Meldungen, die Programme werden aber nicht gestartet.

Der Raspberry Pi verwendet eine X-11-Benutzeroberfläche zur grafischen Darstellung von Fenstern. SSH kann diese X-11-Daten auf einen anderen Computer übertragen. Allerdings muss dort ein X-11-Server installiert sein, was auf Windows-PCs möglich ist.

1. Stellen Sie als Erstes sicher, dass auf dem Raspberry Pi das X-11-Forwarding eingeschaltet ist. Solange Sie (oder ein Programm) an der Standardkonfiguration von Raspbian nichts geändert haben, sollte das der Fall sein. Öffnen Sie dazu mit einem Editor die Datei `/etc/ssh/sshd_config`.

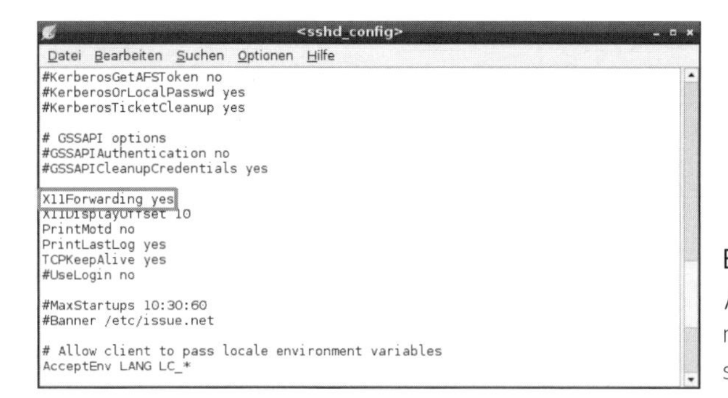
```
<sshd_config>
Datei Bearbeiten Suchen Optionen Hilfe
#KerberosGetAFSToken no
#KerberosOrLocalPasswd yes
#KerberosTicketCleanup yes

# GSSAPI options
#GSSAPIAuthentication no
#GSSAPICleanupCredentials yes

X11Forwarding yes
X11DisplayOffset 10
PrintMotd no
PrintLastLog yes
TCPKeepAlive yes
#UseLogin no

#MaxStartups 10:30:60
#Banner /etc/issue.net

# Allow client to pass locale environment variables
AcceptEnv LANG LC_*
```

Bild 3.17: In der Datei `/etc/ssh/sshd_config` muss X11Forwarding auf `yes` stehen.

2. Wenn Sie per SSH auf dem Raspberry Pi angemeldet sind, können Sie den Leafpad-Editor nicht nutzen, da dieser ein grafisches Fenster benötigt. Raspbian liefert für solche Fälle noch einen weiteren, sehr einfachen Editor namens `nano` mit, der im Konsolenfenster läuft.

```
sudo nano /etc/ssh/sshd_config
```

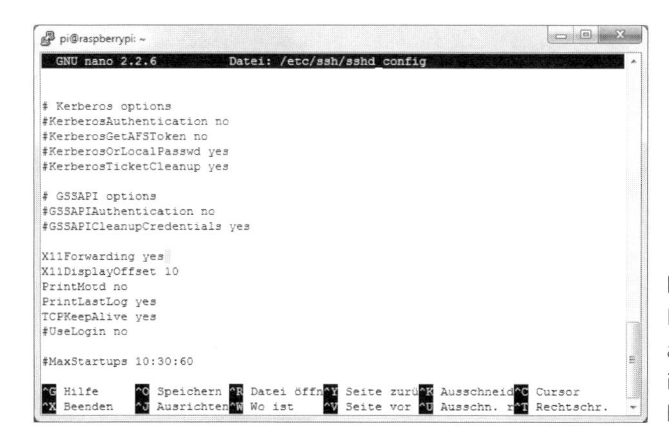
```
pi@raspberrypi: ~
  GNU nano 2.2.6          Datei: /etc/ssh/sshd_config


# Kerberos options
#KerberosAuthentication no
#KerberosGetAFSToken no
#KerberosOrLocalPasswd yes
#KerberosTicketCleanup yes

# GSSAPI options
#GSSAPIAuthentication no
#GSSAPICleanupCredentials yes

X11Forwarding yes
X11DisplayOffset 10
PrintMotd no
PrintLastLog yes
TCPKeepAlive yes
#UseLogin no

#MaxStartups 10:30:60

^G Hilfe      ^O Speichern  ^R Datei öffn^Y Seite zurü^K Ausschneid^C Cursor
^X Beenden    ^J Ausrichten^W Wo ist     ^V Seite vor ^U Ausschn. r^T Rechtschr.
```

Bild 3.18: Mit dem `nano`-Editor lassen sich Dateien auf dem Raspberry Pi auch innerhalb von Putty bearbeiten.

Der Editor Nano

Der Editor `nano` läuft im Kommandozeilenfenster und kann ausschließlich per Tastatur bedient werden. Obwohl er so gut wie keinerlei Beidenungskomfort bietet, ist er erstaunlich leistungsstark. Die wichtigsten Befehle werden immer am unteren Bildschirmrand angezeigt, wobei das Zeichen ^ für die Taste [Strg] steht. Da diese Taste in einigen SSH-Anwendungen anderweitig genutzt und nicht als Tastendruck übertragen wird, kann man stattdessen auch die Taste [Esc] zweimal hintereinander drücken, um den entsprechenden Befehl auszuführen. Die Tastenkombination [Strg]+[G] und die Taste [F1] liefern Hilfetexte sowie eine Übersicht aller Tastenkombinationen. Noch ausführlichere Informationen finden Sie auf der Webseite des Entwicklers: *www.nano-editor.org*.

3. Sollte das X-11-Forwarding ausgeschaltet sein, ändern Sie den Parameter in der Datei und starten den Raspberry Pi neu. Auch das ist direkt in Putty möglich. Nach dem Neustart müssen Sie sich erneut verbinden und anmelden.

```
sudo reboot
```

4. Installieren Sie als Nächstes auf dem Windows-PC den X-Server Xming von *sourceforge.net/projects/xming*.

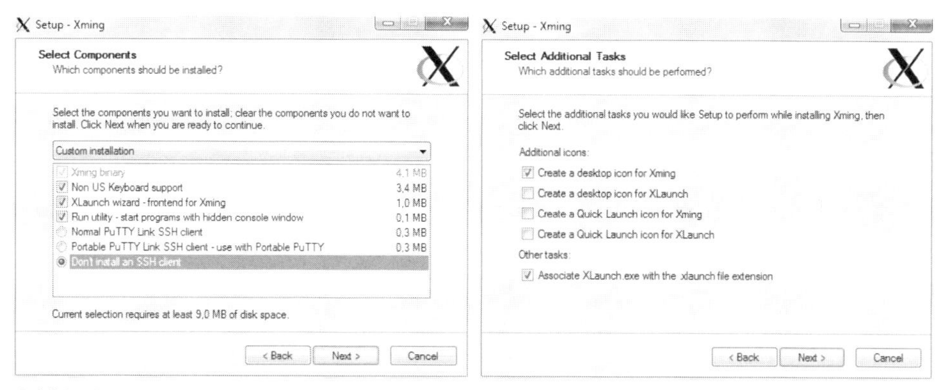

Bild 3.19: Wenn Sie Putty bereits laufen haben, schalten Sie die Installation eines SSH-Clients aus. Achten Sie aber darauf, dass *Non US Keyboard support* eingeschaltet ist.

5. Starten Sie am Ende der Installation den X-Server automatisch. Außer einem neuen Icon im Infobereich der Taskleiste merken Sie davon nichts. Allerdings wird sich je nach Einstellung die Firewall melden.

Bild 3.20: Lassen Sie in der Firewall den Zugriff für Xming im lokalen Netzwerk zu. Andernfalls können Sie sich nicht mit dem Raspberry Pi verbinden.

6. Beenden Sie die SSH-Verbindung und starten Sie Putty neu. Öffnen Sie den Konfigurationsdialog über den Menüpunkt *Change Settings* und laden Sie unter *Session* Ihre gespeicherte Verbindung mit dem Raspberry Pi.

7. Gehen Sie links im Feld *Category* auf *Connection/SSH/X11* und schalten Sie dort *Enable X11 forwarding* ein.

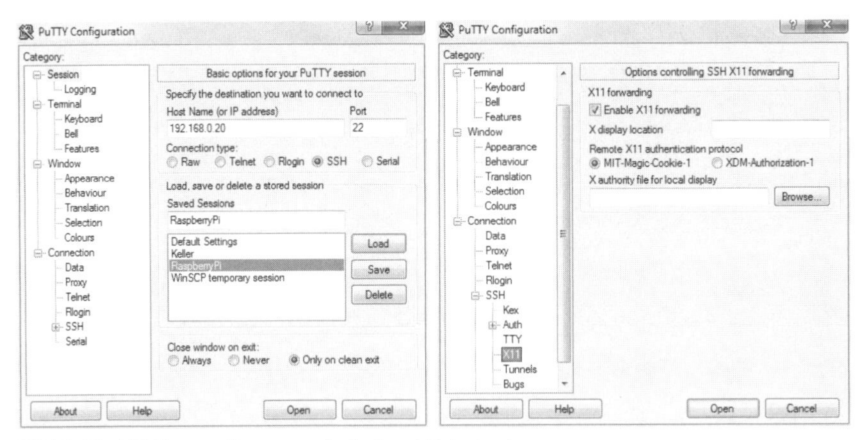

Bild 3.21: X11 Forwarding muss in Putty aktiviert sein.

8. Speichern Sie jetzt die Verbindung wieder und starten Sie dann erneut. Öffnen Sie jetzt im Putty-Kommandozeilenfenster ein Programm auf dem Raspberry Pi, das eine grafische Oberfläche nutzt, wie z. B. den Bildbetrachter `gpicview`.

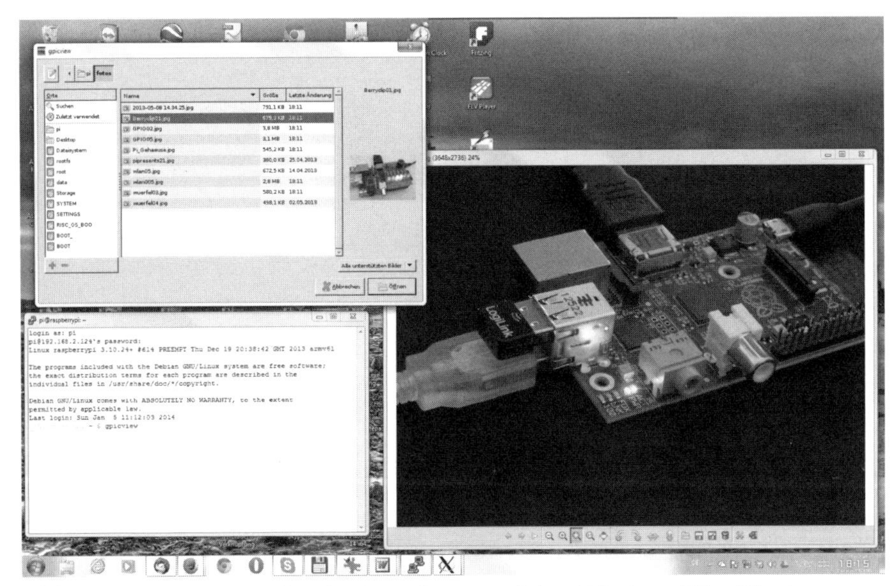
Bild 3.22: X11-Fenster werden als eigene Fenster auf dem Windows-PC geöffnet.

9. Möchten Sie das Putty-Konsolenfenster weiterhin zur Verfügung haben, während ein grafisches Programm läuft, starten Sie es im Hintergrund mit einem &-Zeichen:

```
pistore-desktop &
```

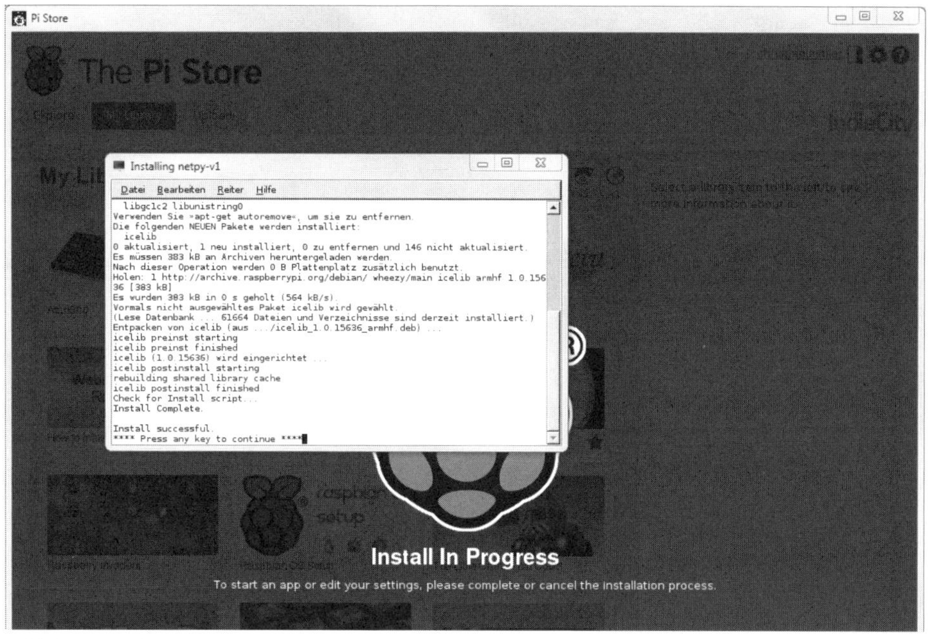

Bild 3.23: Auf diese Weise können Sie auch den Pi Store nutzen, um aus der Ferne über das Netzwerk Programme zu installieren, ohne direkt auf dem Raspberry Pi per Tastatur, Maus und Bildschirm angemeldet sein zu müssen.

3.4.2 Mit VNC den Linux-Desktop übertragen

VNC – Virtual Network Computing – ist eine Technik, mit der man nicht nur einzelne Programme, sondern den kompletten Desktop eines Computers übertragen und dann darauf arbeiten kann. In einem Fenster auf dem Windows-PC ist der Linux-Desktop des Raspberry Pi zu sehen, der mit Maus und Tastatur gesteuert werden kann. Am Raspberry Pi selbst braucht, nachdem VNC installiert ist, weder Tastatur noch Monitor oder Maus angeschlossen zu sein. VNC benötigt ähnlich wie SSH zwei Komponenten: einen VNC-Server auf dem Raspberry Pi sowie einen VNC-Viewer auf dem PC. VNC-Viewer gibt es diverse, für alle wichtigen Betriebssystemplattformen.

1. Installieren Sie auf dem Raspberry Pi den VNC-Server *X11VNC* mit unten stehenden Befehlen in einem LXTerminal-Fenster. Er bietet gegenüber dem einfachen Modul `vncserver` den Vorteil, dass er sich auch zur Zusammenarbeit zweier Personen auf einem Desktop eignet. Der Benutzer direkt am Raspberry Pi sieht, was der Benutzer in der Ferne tut, und kann auch selbst eingreifen.

```
sudo apt-get update
sudo apt-get install x11vnc
```

2. Legen Sie jetzt auf dem Raspberry Pi ein Passwort für den VNC-Server, das zur Anmeldung benötigt wird, mit folgendem Befehl fest (es sollte ein anderes sein als das zur Anmeldung am Raspberry Pi verwendete):

```
x11vnc -storepasswd
```

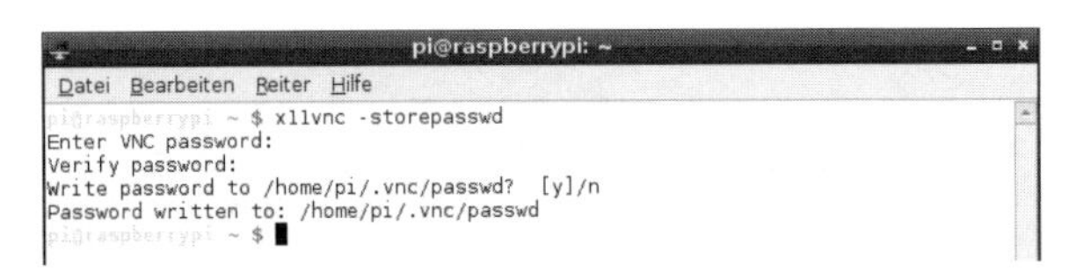

Bild 3.24: Schreiben Sie das Passwort in die Datei **passwd**.

3. Starten Sie jetzt den VNC-Server auf dem Raspberry Pi:

```
x11vnc -forever -usepw -geometry 1072x600 -ultrafilexfer
```

4. Die Parameter haben folgende Bedeutungen:

- `-forever` lässt den VNC-Server weiterlaufen, wenn eine VNC-Verbindung beendet wurde. So steht er sofort für weitere Verbindungen zur Verfügung. Ohne diesen Parameter wird der VNC-Server beendet, wenn der Benutzer aus der Ferne seine VNC-Verbindung trennt.
- `-usepw` verwendet das zuvor mit `-storepasswd` gespeicherte Passwort.
- `-geometry` gibt die Bildschirmauflösung des virtuellen Bildschirms auf dem VNC-Viewer an. Die angegebene Größe `1072x600` sollte in den meisten Fällen auf 16:9-Monitoren funktionieren. Nur bei ganz kleinen Bildschirmen, z. B. von Netbooks, müssen Sie eventuell eine kleinere Auflösung nehmen. Haben Sie am Raspberry Pi einen 4:3-Monitor, verwenden Sie `-geometry 1024x768`. Der VNC-Viewer übernimmt die Auflösung des Raspberry Pi und würde das Bild sonst verzerrt anzeigen.
- `-ultrafilexfer` unterstützt die Dateitransferfunktionen von UltraVNC.

```
pi@raspberrypi: ~
Datei Bearbeiten Reiter Hilfe
27/04/2013 10:22:21 Xinerama is present and active (e.g. multi-head).
27/04/2013 10:22:21 Xinerama: number of sub-screens: 1
27/04/2013 10:22:21 Xinerama: no blackouts needed (only one sub-screen)
27/04/2013 10:22:21
27/04/2013 10:22:22 fb read rate: 47 MB/sec
27/04/2013 10:22:22 The X server says there are 13 mouse buttons.
27/04/2013 10:22:22 screen setup finished.
27/04/2013 10:22:22

The VNC desktop is:      raspberrypi:1
PORT=5901

******************************************************************************
Have you tried the x11vnc '-ncache' VNC client-side pixel caching feature yet?

The scheme stores pixel data offscreen on the VNC viewer side for faster
retrieval.  It should work with any VNC viewer.  Try it by running:

    x11vnc -ncache 10 ...

One can also add -ncache_cr for smooth 'copyrect' window motion.
More info: http://www.karlrunge.com/x11vnc/faq.html#faq-client-caching
```

Bild 3.25: Bei erfolgreichem Start werden einige Meldungen angezeigt, die aber, solange keine auffälligen Fehler auftauchen, nicht beachtet werden müssen.

5 Installieren Sie auf dem PC einen VNC-Viewer. Gut bewährt hat sich *UltraVNC* von *www.uvnc.com*. Bei der Installation können Sie den UltraVNC-Server ausschalten. Für die Verbindung mit dem Raspberry Pi wird nur der UltraVNC-Viewer benötigt.

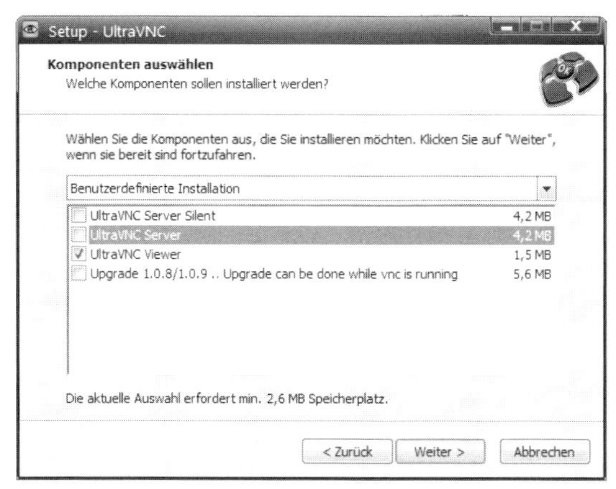

Bild 3.26: Nur der UltraVNC-Viewer wird benötigt.

6 Starten Sie jetzt den UltraVNC-Viewer, tragen Sie oben im Feld *VNC Server* die IP-Adresse des Raspberry Pi ein und mit einem Doppelpunkt dahinter den Port `:5900`.

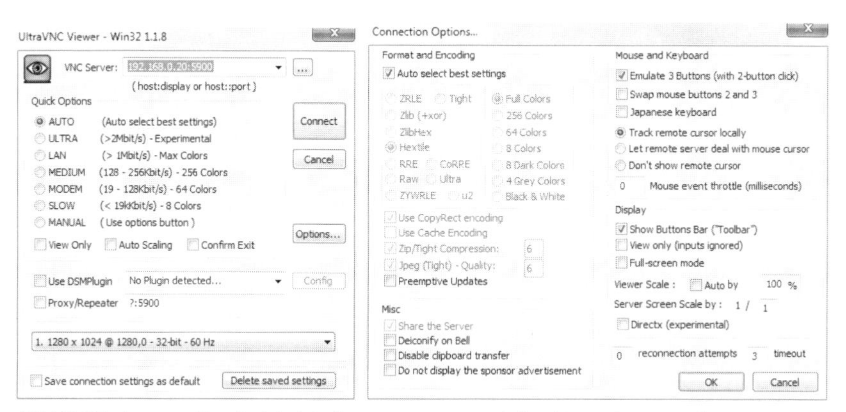

Bild 3.27: Lassen Sie die Verbindungsoptionen auf den Vorgabeeinstellungen stehen, diese funktionieren gut mit dem Raspberry Pi.

7 Bei erfolgreicher Verbindung erscheint noch eine Passwortabfrage, in der Sie das zuvor auf dem Raspberry Pi festgelegte Passwort eingeben. Danach sehen Sie in einem neuen Fenster auf dem Windows-PC den LXDE-Desktop des Raspberry Pi und können diesen mit Maus und Tastatur steuern.

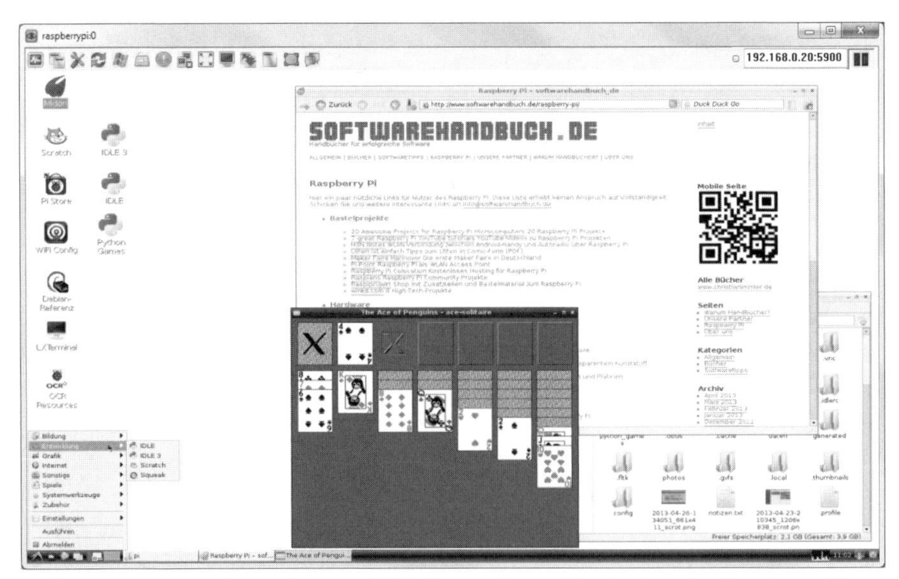

Bild 3.28: Der virtuelle Desktop im VNC-Viewer lässt sich wie der echte Raspberry Pi bedienen.

8. Eine Symbolleiste am oberen Bildschirmrand bietet die Möglichkeit, spezielle Befehle an den VNC-Server zu senden. Hier können Sie den Raspberry-Pi-Desktop auch in den Vollbildmodus auf dem PC schalten. Weitere spezielle, selten benötigte Funktionen finden Sie im Menü mit einem Klick auf das UltraVNC-Logo links oben in der Fenstertitelzeile.

9. UltraVNC bietet eine Funktion zum Dateitransfer zwischen VNC-Client und -Server. Dies gehört nicht zum Standardfunktionsumfang von VNC und muss daher von beiden beteiligten Softwarekomponenten unterstützt werden. In Kombination mit `x11vnc -ultrafilexfer` ist eine Dateiübertragung möglich. Klicken Sie dazu auf das Symbol *Start File transfer* in der Symbolleiste oben.

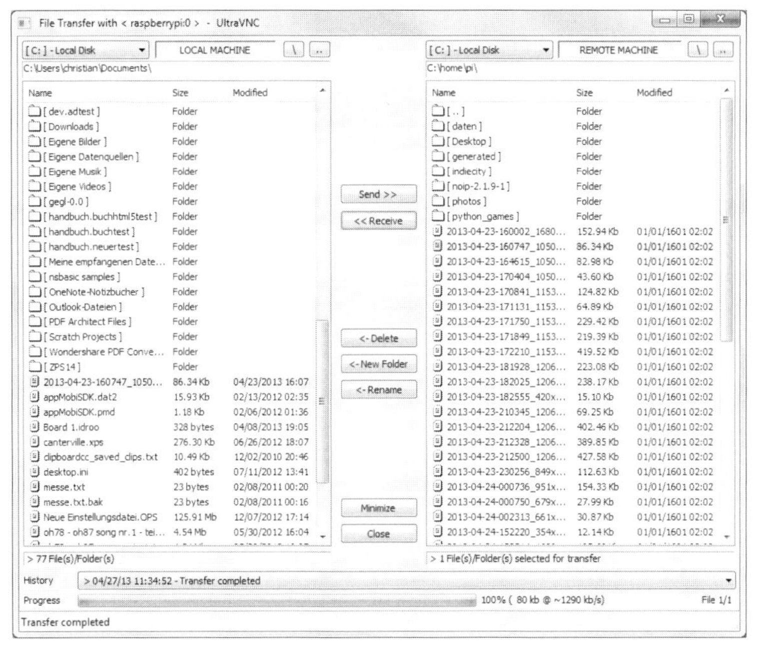

Bild 3.29: Links ist das Dateisystem des lokalen PCs, rechts das des Raspberry Pi zu sehen.

⑩ UltraVNC wurde zunächst für PC-Verbindungen entwickelt. Daher sieht die Verzeichnisstruktur im rechten Fenster beim Start nach Windows aus und zeigt keine wirklichen Linux-Verzeichnisse auf dem Raspberry Pi. Klicken Sie einmal auf das Symbol \ oben rechts, um das Hauptverzeichnis anzuzeigen. Darunter finden Sie wie gewohnt alle Verzeichnisse auf dem Raspberry Pi. Wie in einem Dateimanager können Sie Dateien zwischen beiden Geräten hin- und herkopieren sowie auf dem Raspberry Pi löschen, umbenennen oder neue Verzeichnisse anlegen.

3.4.3 VNC-Server beim Booten automatisch starten

Möchten Sie einen Raspberry Pi ohne Monitor und Tastatur ausschließlich per VNC betreiben, muss der VNC-Server beim Booten automatisch mit gestartet werden. Gehen Sie dazu folgendermaßen vor.

Legen Sie im Dateimanager das Verzeichnis `/home/pi/.config/autostart` an. Das Verzeichnis `.config` ist bereits vorhanden. Es ist aber wie alle Linux-Verzeichnisse, deren Name mit einem Punkt beginnt, nur sichtbar, wenn im Menü des Dateimanagers unter *Ansicht* der Schalter *Verborgene Dateien anzeigen* eingeschaltet ist.

Erstellen Sie in diesem Ordner eine Textdatei mit Namen `vncboot.dektop`, die die Einträge zum Start des VNC-Servers enthält. Stellen Sie dabei den Parameter `-geometry` auf einen zur verwendeten Hardware passenden Wert ein.

```
[Desktop Entry]
Encoding=UTF-8
Type=Application
Name=X11VNC
Exec=x11vnc -forever -usepw -geometry 1072x600 -ultrafilexfer
StartupNotify=false
Terminal=false
Hidden=false
```

Starten Sie jetzt den Raspberry Pi neu. Dazu muss weder ein Monitor noch eine Tastatur angeschlossen sein. Nach dem Booten können Sie sich per VNC von einem anderen Computer aus anmelden.

3.5 Notebook als Tastatur und Monitor für Raspberry Pi nutzen

Haben Sie weder Monitor noch Tastatur zur Verfügung, sondern nur ein Notebook, weil Sie vielleicht gerade unterwegs sind, können Sie auch damit einen Raspberry Pi steuern. Unterwegs in einer Ferienwohnung oder im Zug, steht auch oft kein Netzwerk zur Verfügung, um eine SSH- oder VNC-Verbindung einzurichten.

Mit einer Direktverbindung per Netzwerkkabel und VNC lassen sich Tastatur, Touchpad und Bildschirm eines Notebooks zur Bedienung eines Raspberry Pi nutzen. Auf dem Raspberry Pi muss dazu vorher ein SSH- oder VNC-Server eingerichtet sein, der beim Booten automatisch gestartet wird.

Jedes Notebook hat heute zwei Netzwerkverbindungen: per WLAN und über ein Netzwerkkabel. Das kann man sich zunutze machen, um einen Raspberry Pi per Netzwerkkabel direkt anzuschließen und gleichzeitig per WLAN einen Netzwerk- und Internetzugang zu haben.

Stromversorgung
USB-Ports liefern zwar offiziell erst nach der USB-Spezifikation 3.0 ausreichend Strom, um den Raspberry Pi zu betreiben, die meisten USB-Anschlüsse halbwegs aktueller Notebooks sind aber auch trotz USB 2.0 stark genug. So brauchen Sie kein eigenes Netzteil für den Raspberry Pi und auch nur eine Steckdose, was z. B. bei der Arbeit in ICE-Zügen sehr praktisch ist, da die Steckdosen immer wieder mal knapp sind.

Üblicherweise sind sowohl Windows-PCs als auch der Raspberry Pi so eingerichtet, dass sie automatische IP-Adressen von einem DHCP-Server im Netzwerk beziehen. Schließt man den Raspberry Pi direkt an ein Notebook an, bekommt er keine IP-Adresse und lässt sich so auch nicht per SSH oder VNC ansprechen.

Wie Sie auf dem Raspberry Pi eine feste IP-Adresse für die Direktverbindung eingeben, hängt davon ab, ob Raspbian manuell oder über NOOBS installiert wurde.

3.5.1 Raspbian wurde manuell installiert

1. Nehmen Sie die Speicherkarte aus dem Raspberry Pi heraus und stecken Sie sie in den Kartenleser des Notebooks.

2. Im sichtbaren Bereich der Karte finden Sie die Datei `cmdline.txt`. Öffnen Sie sie mit einem Texteditor. Sie enthält eine einzige lange Zeile. Hängen Sie an das Ende dieser Zeile die IP-Adresse `ip=169.254.0.1` an. Diese gilt nur, wenn das Notebook für ein Netzwerk mit automatisch per DHCP vergebenen IP-Adressen eingerichtet ist. Hat das Notebook eine feste IP-Adresse, tragen Sie in der `cmdline.txt` eine freie IP-Adresse im Netzwerk ein, die sich nur im letzten Ziffernblock von der des Notebooks unterscheidet.

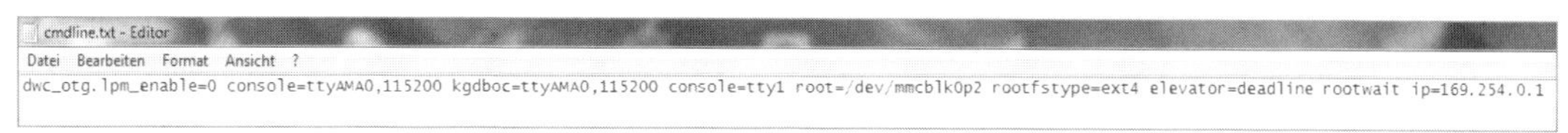

Bild 3.30: Die IP-Adresse muss am Ende der Datei ergänzt werden.

3. Achten Sie darauf, dass der Editor keine Zeilenumbrüche in die Datei einfügt und auch am Ende keine Leerzeile anhängt.

4. Stecken Sie die Speicherkarte wieder in den Raspberry Pi, schließen Sie ihn mit einem Netzwerkkabel am Notebook an und starten Sie ihn. Die Netzwerkschnittstelle auf dem Raspberry Pi erkennt den Verbindungstyp automatisch. Sie brauchen kein Crosskabel, wie es sonst bei der Verbindung zweier Computer nötig ist.

5. Öffnen Sie unter Windows 7 das Netzwerk- und Freigabecenter oder klicken Sie in Windows 8 unten rechts auf das Netzwerksymbol. Neben der WLAN-Verbindung auf dem Notebook wird jetzt ein zweites, nicht identifiziertes Netzwerk angezeigt mit eingeschränkter oder keiner Netzwerkverbindung.

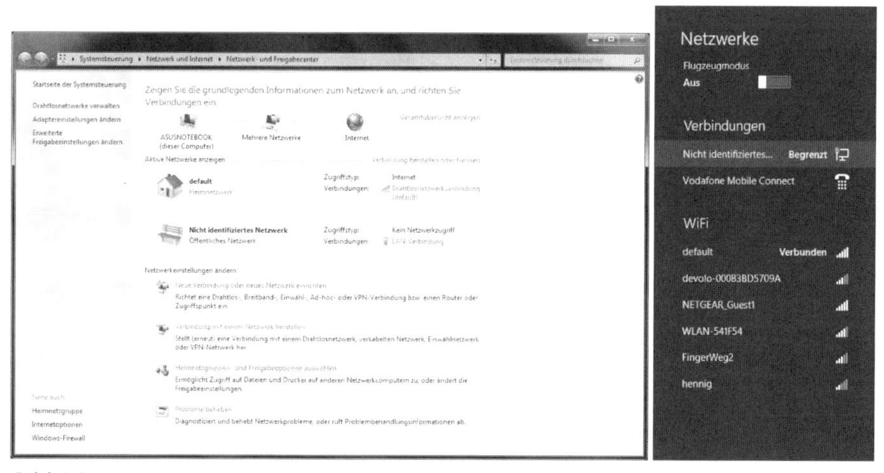

Bild 3.31: Die Netzwerkverbindung zum Raspberry Pi in Windows 7 (links) und Windows 8 (rechts).

6 Zum Testen der Verbindung öffnen Sie auf dem Windows-PC ein Eingabeaufforderungsfenster und pingen die IP-Adresse des Raspberry Pi an.

```
ping 169.254.0.1
```

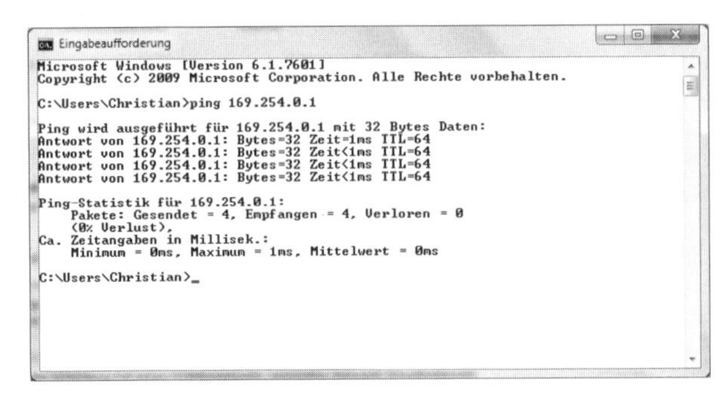

Bild 3.32: Wenn die Verbindung einwandfrei funktioniert, wird `Verloren = 0` angezeigt.

7 Jetzt verbinden Sie sich per SSH und Xming oder über VNC mit dem Raspberry Pi an der IP-Adresse `169.254.0.1`.

Bild 3.33: Mit UltraVNC im Vollbildmodus arbeiten Sie auf dem Notebook am Raspberry Pi wie mit echter Tastatur und Bildschirm.

Wenn Sie häufiger zwischen direkter Verbindung und normaler Netzwerkverbindung wechseln, brauchen Sie die IP-Adresse nicht unbedingt jedes Mal zu löschen und wieder neu einzutragen. Sie können auch ein Kommentarzeichen `#` davorsetzen, um die feste IP-Adresse abzuschalten und den Raspberry Pi normal mit einer dynamischen IP-Adresse zu booten.

```
dwc_otg.lpm_enable=0 console=ttyAMA0,115200 kgdboc=ttyAMA0,115200
console=tty1 root=/dev/mmcblk0p14 rootfstype=ext4 elevator=deadline rootwait
#ip=169.254.0.1
```

3.5.2 Raspbian wurde mit NOOBS installiert

Wurde Raspbian über NOOBS auf der Speicherkarte installiert, ist die Datei `cmdline.txt` nicht sichtbar. In diesem Fall müssen Sie den Raspberry Pi zunächst mit Monitor und Tastatur starten und die Datei bearbeiten. Dazu haben Sie zwei Möglichkeiten:

1. Halten Sie beim Booten die [Umschalt]-Taste gedrückt. Damit kommen Sie ins Konfigurationsmenü von NOOBS. Wählen Sie das installierte Raspbian-Betriebssystem und klicken Sie oben auf *Einstellungen bearbeiten*. Schalten Sie im nächsten Dialogfeld auf die Datei `cmdline.txt` um und hängen Sie ganz hinten `ip=169.254.0.1` an. Bestätigen Sie mit *OK*, um die Konfiguration zu speichern. Danach können Sie den Raspberry Pi am Notebook anschließen und booten.

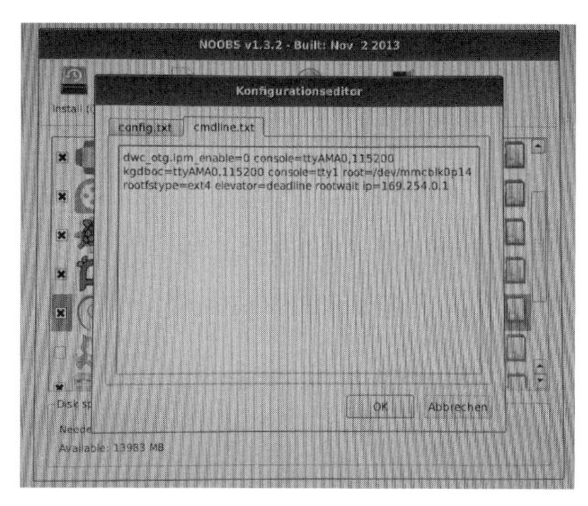

Bild 3.34: `cmdline.txt` in NOOBS bearbeiten.

2. Alternativ bearbeiten Sie direkt in Raspbian die Konfigurationsdatei. Dazu sind Root-Rechte notwendig.

```
sudo leafpad /boot/cmdline.txt
```

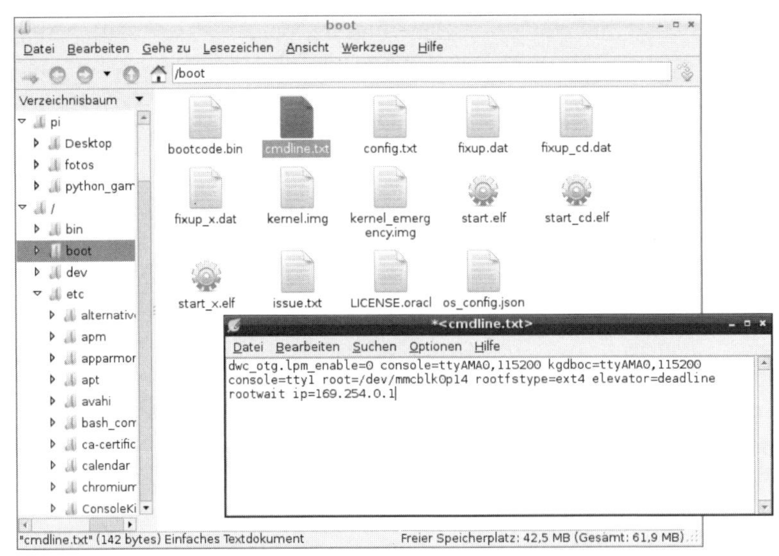

Bild 3.35: `cmdline.txt` im Leafpad-Editor bearbeiten.

Speichern Sie die Datei, nachdem Sie die IP-Adresse am Ende hinzugefügt haben, schließen Sie den Raspberry Pi am Notebook an und booten Sie. Danach verbinden Sie sich über VNC, wie oben beschrieben.

Optimale Einstellungen für den Vollbildmodus

Setzen Sie in der Startkonfiguration für X11VNC den Parameter `-geometry` auf eine Bildschirmauflösung, deren Höhe um 30 Pixel kleiner als die Höhe des Notebook-Bildschirms ist. Die Breite sollte dem Notebook-Bildschirm genau entsprechen. Die Symbolleiste am oberen Bildschirmrand von UltraVNC ist 30 Pixel hoch. So geht nichts vom Bildschirminhalt verloren. Die Bildschirmauflösung Ihres Notebooks finden Sie mit einem Rechtsklick auf den Desktop unter *Bildschirmauflösung*.

Programme und Spiele aus dem Pi Store und anderen Quellen installieren

Auf dem Raspberry Pi lassen sich per Kommandozeilenbefehl `apt-get install` verschiedenste Programme installieren, aber das ist wie auf allen Linux-Computern mit einiger Kenntnis der Paketnamen und Abhängigkeiten verbunden. Das dachten sich auch die Entwickler des Raspberry Pi und bauten den *Pi Store*, eine Art App Store, wie man sie von Handys kennt. Dort sucht man sich ein Programm aus und installiert es mit einem Klick, ohne sich um Dateinamen und Verzeichnisstrukturen kümmern zu müssen.

Ein Laden, in dem man nicht bezahlen muss

Der Name »Store« hört sich verwirrend an, denn die meisten Anwendungen in diesem Laden sind kostenlos. Das Wort Store hat sich seit dem ersten App Store auf dem iPhone für diese Art vorinstallierter Downloadarchive durchgesetzt, die seit Windows 8 auch auf dem PC Einzug gehalten haben.

Der Pi Store ist auf aktuellen Versionen des Raspbian-Betriebssystems vorinstalliert. Falls Sie noch eine ältere Version ohne Pi Store verwenden, laden Sie sich den notwendigen Downloadclient herunter.

```
sudo apt-get update
sudo apt-get install pistore
```

Auf der Website *store.raspberrypi.com* können Sie auch das gesamte Angebot des Pi Store durchstöbern.

Bild 4.1: Anmeldung für den Pi Store.

Um den Pi Store nutzen zu können, legen Sie sich über den Link *Register* auf der Startseite ein kostenloses Benutzerkonto an. Dazu ist eine gültige E-Mail-Adresse nötig, eine, deren Mails Sie auf dem Raspberry Pi selbst oder auf einem PC oder Smartphone in der Nähe lesen können. Denn zur Anmeldung muss eine E-Mail bestätigt werden. Sollten Sie bereits ein Benutzerkonto bei *IndieCity*, dem Betreiber des Pi Store, haben, können Sie dieses auch hier verwenden.

Nach der Anmeldung sehen Sie das Angebot des Pi Store, das zurzeit noch nicht besonders umfangreich ist, aber sehr interessante Anwendungen und Spiele speziell für den Raspberry Pi enthält. Ein Klick auf eines der Vorschaubilder zeigt eine Programmbeschreibung und oft auch weitere Bilder sowie Links auf die Webseiten der Entwickler. Ein Klick auf *Download* lädt das gewünschte Programm herunter und installiert es auch gleich.

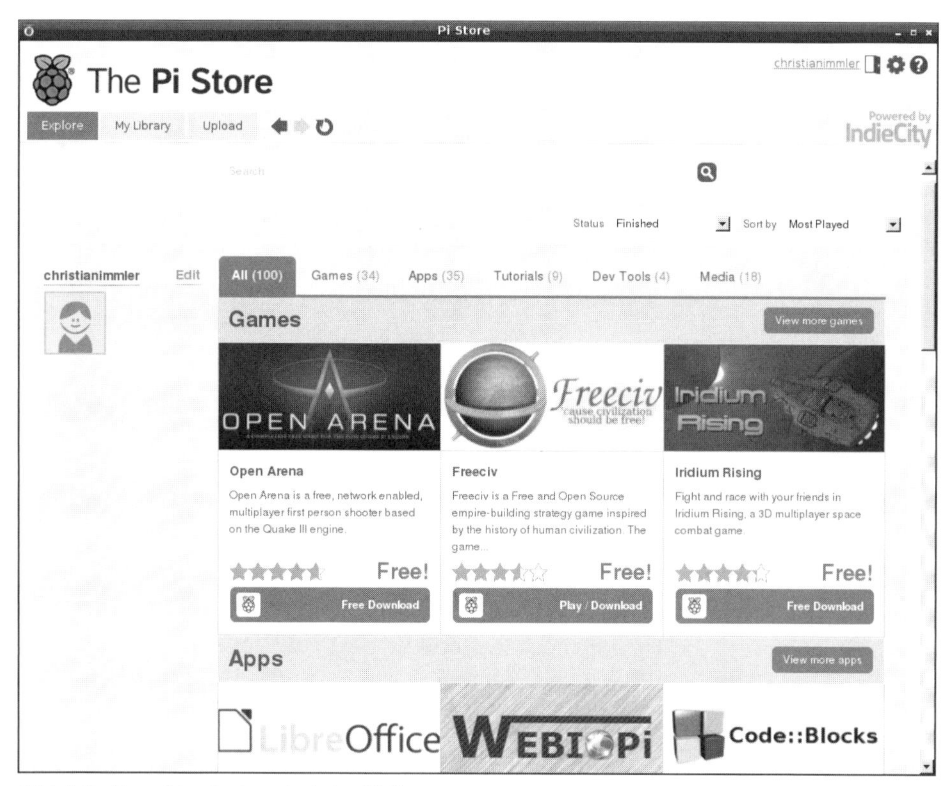

Bild 4.2: Das aktuelle Angebot des Pi Store.

Die meisten Programme, aber nicht alle, tragen sich bei der Installation automatisch ins Startmenü ein oder legen ein Symbol auf dem Desktop an. Installierte Programme sind unter Linux bei Weitem nicht so leicht zu finden wie auf einem Windows-PC. Deshalb zeigt der Pi Store unter *My Library* oben links eine Liste aller jemals aus dem Store installierten Programme und Spiele – auch solche, die unter dem eigenen Benutzerkonto auf einem anderen Raspberry Pi oder einer anderen Speicherkarte installiert wurden. Wählen Sie hier ein Programm aus und klicken Sie mit rechts auf *Launch*, um es zu starten. Mit dem Button *Delete* können Sie es auch sauber und rückstandsfrei deinstallieren, ohne die verwendeten Linux-Pakete kennen zu müssen.

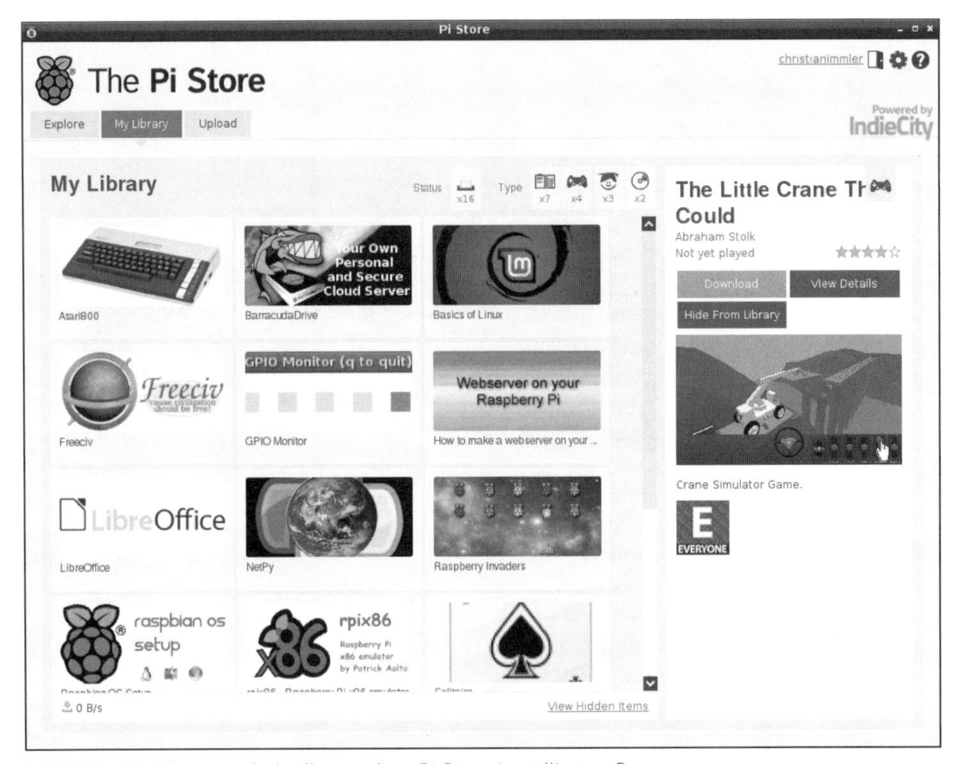

Bild 4.3: *My Library* enthält alle aus dem Pi Store installierten Programme.

4.1 Klassische Linux-Paketinstallation über apt-get

Linux wird ständig weiterentwickelt. Dabei gibt es nicht, wie bei kommerziellen Programmen, große Versionssprünge mit neuen Versionsnummern, sondern es werden einzelne Komponenten unabhängig voneinander aktualisiert. Gerade eine Distribution wie Debian, auf dem Raspbian basiert, an der Hunderte von Entwicklern beteiligt sind, erfährt alle paar Tage eine Änderung. Noch wichtiger als bei den Distributionen, die von einer Firma verwaltet werden, ist hier eine übersichtliche Verwaltung der einzelnen Pakete. Debian liefert zu diesem Zweck das Paketverwaltungssystem `apt-get` mit, über das einzelne Programmpakete aktualisiert und auch zusätzliche Programme installiert werden können.

Die Bedienung von `apt-get` erfolgt über die Konsole. Dazu werden Root-Rechte benötigt. Rufen Sie also die Befehle immer mit `sudo apt-get ...` im LXTerminal auf oder verwenden Sie gleich das Root-Terminal, zu finden im Startmenü unter *Zubehör*.

Die Paketverwaltung `apt-get` bietet diverse Optionen. Die wichtigsten sind `apt-get update` und `apt-get install`.

- `apt-get update` liest die neuesten Paketlisten ein, damit die Möglichkeit besteht, aktuelle Versionen der Pakete herunterzuladen und zu installieren. Die Pakete selbst werden dabei nicht aktualisiert. Dazu verwendet man `apt-get upgrade`.
- `apt-get install [Paketname]` installiert ein neues Paket. Dazu muss der Paketname bekannt sein. Abhängige Pakete werden automatisch mit installiert.

apt-get-Befehl	Wirkung
update	Neue Paketinformationen holen.
upgrade	Upgrade (Paketaktualisierung) durchführen.
install	Neue Pakete installieren.
remove	Pakete entfernen.
autoremove	Alle nicht mehr verwendeten Pakete automatisch entfernen.
purge	Pakete vollständig entfernen (inklusive Konfigurationsdateien).
source	Quellarchive herunterladen.
build-dep	Bauabhängigkeiten für Quellpakete konfigurieren.
dist-upgrade	Upgrade (Paketaktualisierung) für die komplette Distribution durchführen.
dselect-upgrade	Der Auswahl von dselect folgen.
clean	Heruntergeladene Archive löschen.
autoclean	Veraltete heruntergeladene Archive löschen.
check	Überprüfen, ob es unerfüllte Abhängigkeiten gibt.
changelog	Änderungsprotokoll für das angegebene Paket herunterladen und anzeigen.
download	Das Binärpaket in das aktuelle Verzeichnis herunterladen.

Bild 4.4: Die Tabelle beschreibt die weiteren Optionen von `apt-get`.

Zeit für ein erstes Upgrade
Seit der Veröffentlichung der letzten Raspbian-Version wurden zahlreiche Pakete aktualisiert. Nehmen Sie sich für das erste Upgrade Zeit. Die Komplettaktualisierung aller Pakete kann beim ersten Mal über eine Stunde dauern.

Um weiter in die Linux-Paketverwaltung einzusteigen, liefert Raspbian im Startmenü unter *Sonstige* den *Aptitude Package Manager* mit. Damit lassen sich unter einer einfachen, textbasierten Menüoberfläche Pakete interaktiv verwalten und installieren sowie nicht mehr benötigte oder veraltete Pakete finden.

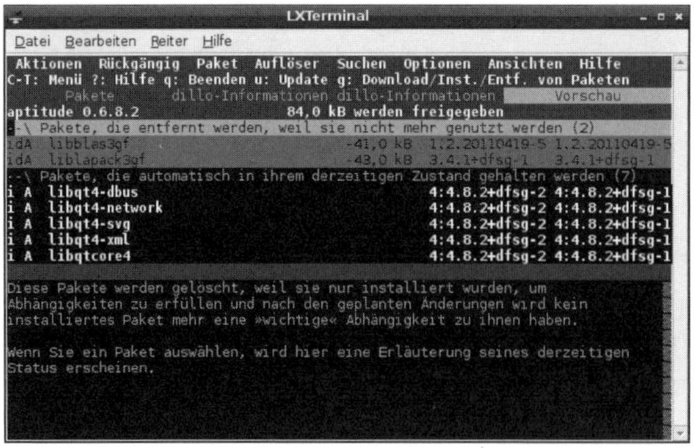

Bild 4.5: Unter einer spartanischen Oberfläche bietet der aptitude-Paketmanager etwas mehr Übersicht als der einfache Kommandozeilenbefehl.

Das Menü wird über die Tastenkombination [Strg]+[T] aufgerufen und über Cursor- und Buchstabentasten gesteuert.

4.1.1 Webkit HTML5-Betabrowser installieren

Unter dem Projektnamen *Web* wird derzeit ein fortschrittlicher HTML5-Browser für den Raspberry Pi entwickelt. Der Browser basiert auf dem Open-Source-Browser *epiphany* und verwendet wie dieser die Webkit-Rendering-Engine, die auch Grundlage für den Chrome-Browser sowie Apples Safari ist.

Um die Betaversion dieses Browsers zu testen, muss zunächst eine zusätzliche Paketquelle für die Paketverwaltung `apt` angegeben werden.

```
sudo leafpad /etc/apt/sources.list
```

Fügen Sie in dieser Datei am Ende folgende Zeile ein:

```
deb http://raspberrypi.collabora.com wheezy web
```

Speichern Sie die Änderung und installieren Sie danach den Browser mit folgenden Befehlen:

```
sudo apt-get update
sudo apt-get upgrade
sudo apt-get install epiphany-browser cgroup-bin libraspberrypi0 libwayland-
client0 libwayland-cursor0 libwayland-server0a
```

Der Browser und die zugehörigen Pakete benötigen über 150 MB Speicherplatz auf der Speicherkarte. Nach der Installation, die etwa eine halbe Stunde dauert, erscheint der neue Browser im Menü unter *Internet*.

4.1.2 Komfortable Paketverwaltung Synaptic

Die kommandozeilenbasierte Paketverwaltung `apt-get` eignet sich gut für skriptgesteuerte, automatisierte Prozesse, ist aber alles andere als benutzerfreundlich. Wesentlich mehr Komfort und Möglichkeiten bietet die grafische Paketverwaltung *Synaptic*, die auch auf dem Raspberry Pi läuft, aber erst installiert werden muss:

```
sudo apt-get update
sudo apt-get install synaptic
```

Nach der Installation trägt sich Synaptic automatisch im Startmenü unter *Einstellungen* ein. Von dort können Sie es aufrufen, ohne ein LXTerminal zu benötigen. Beim Start müssen Sie sich einmal mit dem Passwort `raspberry` autorisieren.

Synaptic bietet eine gute Übersicht über installierte Pakete und deren Abhängigkeiten. Alle Befehle, wie Installation, Deinstallation oder vollständige Entfernung, werden zunächst zur Ausführung vorgemerkt und dann unbeaufsichtigt hintereinander ausgeführt. Die Installation mehrerer großer Pakete kann durch Abhängigkeiten von anderen Paketen manchmal sehr lange dauern.

Klicken Sie beim ersten Start von Synaptic einmal auf den Button *Neu laden* links oben, um die lokale Paketdatenbank zu aktualisieren.

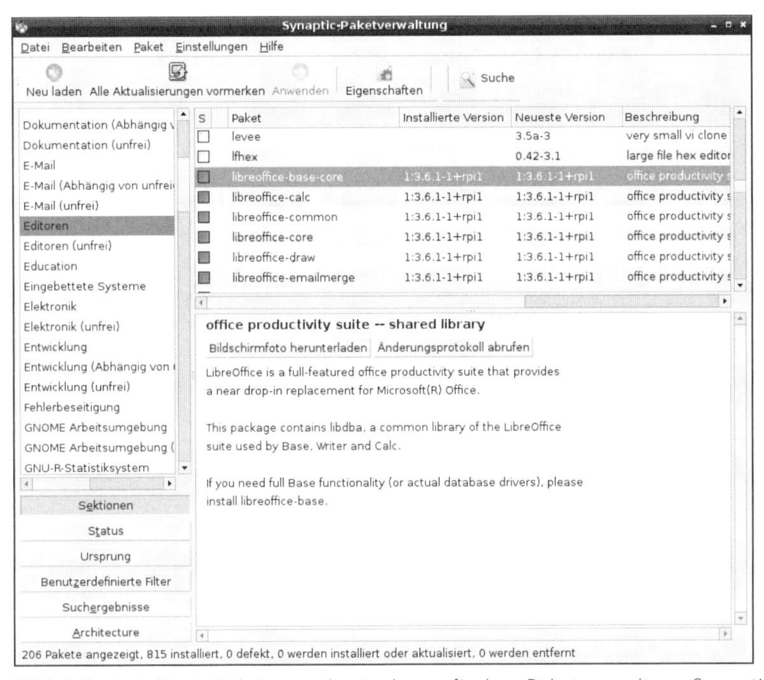

Bild 4.6: Installierte Pakete werden in der grafischen Paketverwaltung Synaptic mit einem grünen Symbol angezeigt.

4.2 xfce4-goodies – nützliche Erweiterungen für den Desktop

Der schlanke xfce4-Desktop des Raspbian-Linux ist zwar zweckmäßig, bietet aber vielen, die den Raspberry Pi als PC-Ersatz nutzen wollen, noch nicht den gewünschten Komfort. Die `xfce4-goodies`, eine Sammlung kleiner Tools und Plug-ins, erweitert den Desktop um diverse nützliche Kleinigkeiten, die man zwar nicht zwingend braucht, die aber manches erleichtern.

Markieren Sie das Paket `xfce4-goodies` in Synaptic zur Installation, werden automatisch zahlreiche weitere Pakete markiert und mit installiert. Genauso können Sie die `xfce4-goodies` aber auch über die Kommandozeile installieren:

```
sudo apt-get update
sudo apt-get install xfce4-goodies
```

Die Installation der zahlreichen kleinen Pakete dauert einige Minuten. Nach der Installation integrieren sich die einzelnen Tools an verschiedenen Stellen der Benutzeroberfläche und im Startmenü.

4.2.1 Ristretto-Bildbetrachter

Die `xfce4-goodies` liefern einen komfortablen Bildbetrachter namens *Ristretto* mit, der im Menü unter *Grafik* erscheint. Ristretto bietet komfortable Funktionen zur Diashow sowie eine Leiste mit Vorschaubildern aus dem aktuellen Verzeichnis, die sich über das Menü *Ansicht/Position der Miniaturvorschau* an beliebigen Seiten des Hauptfensters anordnen lässt.

Ristretto als Standardbetrachter verwenden
Nach der Installation von Ristretto können Sie diesen als Standardbetrachter beim Doppelklick auf ein Foto im Dateimanager verwenden. Klicken Sie dazu mit der rechten Maustaste auf ein Foto und wählen Sie im Kontextmenü *Öffnen mit*. Wählen Sie im nächsten Dialogfeld unter *Grafik* den Ristretto-Bildbetrachter aus und aktivieren Sie den Schalter *Gewählte Anwendung als Vorgabe für diesen Dateityp benutzen*. Verlassen Sie dann das Dialogfeld mit *OK*. Beim Doppelklick auf ein Bild wird jetzt immer der Ristretto-Bildbetrachter genutzt.

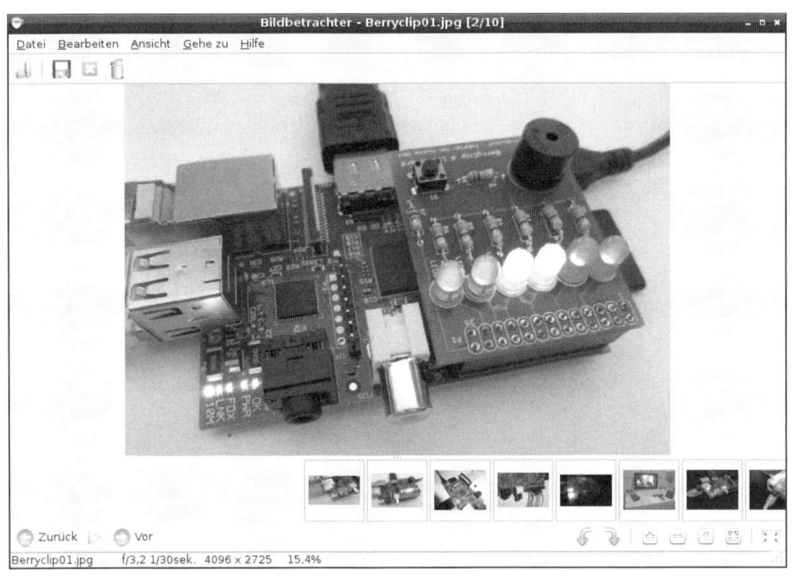

Bild 4.7: Der Bildbetrachter Ristretto.

4.2.2 Bildschirmfotos

Das Programm *Bildschirmfoto* im Menü unter *Zubehör* ist deutlich komfortabler als das einfache Kommandozeilentool `scrot`, das prinzipiell den gleichen Zweck erfüllt. Hiermit erstellen Sie bequem Screenshots einzelner Fenster, beliebiger Bereiche oder des gesamten Bildschirms und speichern diese in frei wählbaren Verzeichnissen und unter beliebigen Namen. Dank der einstellbaren Aufnahmeverzögerung können Sie das zu fotografierende Fenster frei wählen, den Mauszeiger positionieren oder auch noch Menüs aufklappen.

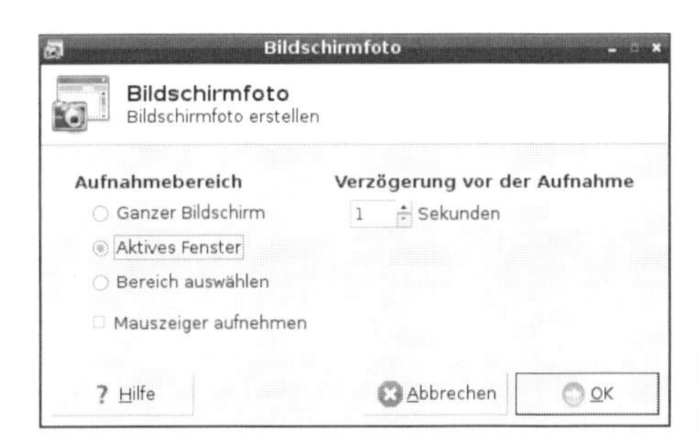

Bild 4.8: Das Bildschirmfototool aus den `xfce4-goodies`.

4.2.3 Dateimanager Thunar

Raspbian liefert bereits einen komfortablen Dateimanager mit, sodass ein weiterer nicht unbedingt nötig ist. Der bei den `xfce4-goodies` mitgelieferte Dateimanager

Thunar bietet ein paar Vorteile. So kann man zum Beispiel ganz leicht zu übergeordneten Verzeichnissen wechseln, wichtige Ordner im persönlichen Verzeichnis haben unterschiedliche Symbole, und es gibt deutlich mehr Möglichkeiten, die Anzeige und das Verhalten des Dateimanagers dem persönlichen Geschmack anzupassen.

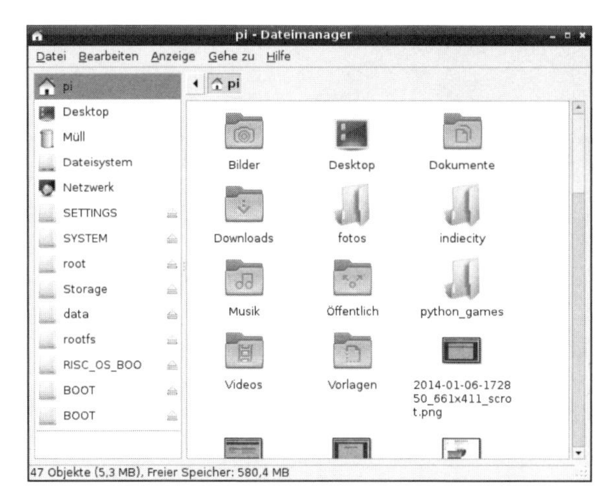

Bild 4.9: Der Dateimanager Thunar aus den `xfce4-goodies`.

Thunar bietet die Möglichkeit, eigene Aktionen zu definieren, die in den Kontextmenüs des Dateimanagers bei bestimmten Dateitypen erscheinen. Auf diese Weise lassen sich zum Beispiel spezielle Betrachter oder Dateiformatkonverter komfortabel in die Desktopoberfläche einbinden.

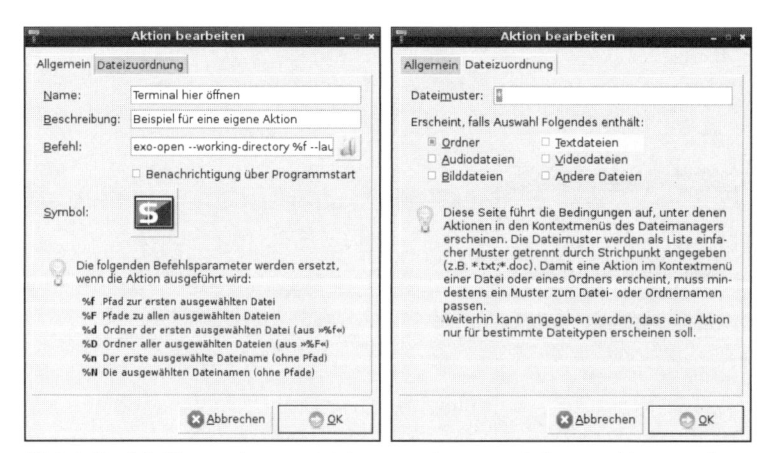

Bild 4.10: Mit Thunar lassen sich bequem benutzerdefinierte Aktionen für bestimmte Dateitypen erstellen.

Thunar liefert zusätzlich das Tool *Bulk-Rename* mit, mit dem man nach bestimmten Mustern viele Dateien auf einmal umbenennen oder nummerieren kann. Besonders bei großen Fotosammlungen mit von der Kamera automatisch vergebenen Dateinamen ist *Bulk-Rename* ausgesprochen nützlich.

4.2.4 Wörterbuch

Die `xfce4-goodies` liefern im Menü unter *Büro* ein Onlinewörterbuch mit, in dem sich englische Begriffe einfach nachschlagen lassen.

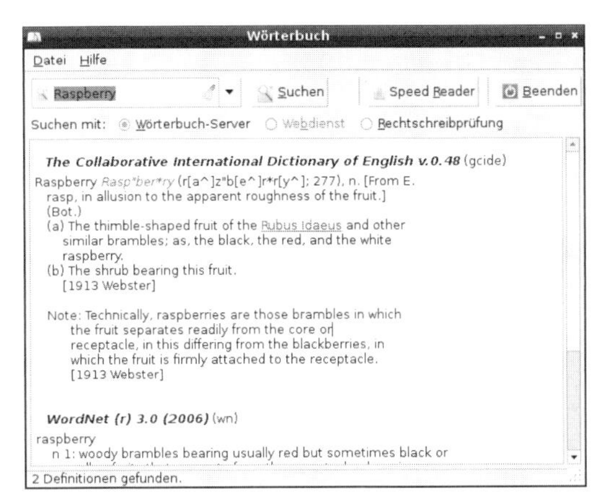

Bild 4.11: Das Wörterbuch aus den `xfce4-goodies`.

Das Wörterbuch verwendet standardmäßig den Server von *dict.org*. Dieser ist in den Einstellungen hinterlegt und kann verändert werden, um zum Beispiel einen deutschsprachigen Wörterbuchserver einzutragen.

4.3 Einfache Bildbearbeitung mit Mirage

Theoretisch könnte man auf dem Raspberry Pi die bekannte Bildbearbeitung GIMP installieren, die selbst Photoshop in den Schatten stellt. Die Pakete dafür sind verfügbar. Allerdings läuft GIMP auf den begrenzten Ressourcen des Raspberry Pi so langsam, dass es keinen Spaß mehr macht.

Für ganz einfache, aber alltägliche Bearbeitungsaufgaben - wie das Drehen eines Fotos, das Zuschneiden auf einen bestimmten Ausschnitt, die Veränderung der Bildgröße oder der Farbsättigung - braucht man kein komplexes Bildbearbeitungsprogramm. Dafür reichen die Bearbeitungsfunktionen im Betrachter *Mirage*.

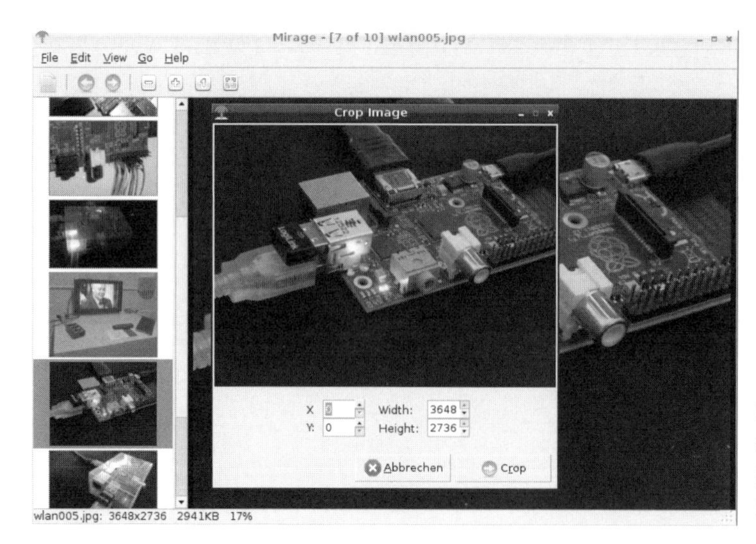

Bild 4.12: Der erweiterte Bildbetrachter Mirage.

Wem es nur um den Bildbetrachter und das Bildschirmfotowerkzeug geht, der braucht nicht die `xfce4-goodies` zu installieren. Mirage bietet den gleichen Komfort beim Betrachten von Fotos - einschließlich Diashow - und liefert ebenfalls eine Screenshot-Funktion mit. Zusätzlich ermöglicht Mirage es, Fotos zuzuschneiden, in der Größe zu verändern, zu drehen und die Farbsättigung einzustellen.

Mirage kann über die Paketverwaltung Synaptic oder über die Kommandozeile installiert werden:

```
sudo apt-get update
sudo apt-get install mirage
```

Office und Mathematik auf dem Raspberry Pi

Wer einen Brief oder einen sonstigen Text schreiben will, braucht theoretisch keine riesige Hardwareleistung. Zu Zeiten von Windows 3.11 konnte man auf einem damaligen PC mit 8 MB Arbeitsspeicher und einer Festplatte im Bereich von einigen Hundert Megabyte komfortabel alle anfallenden Textverarbeitungsaufgaben erledigen. Das geht heute noch genauso, die Arbeiten an sich haben sich nicht verändert. Nur Microsoft versucht spätestens seit MS-Office 2007, den Nutzern glaubhaft zu machen, dass ein hochgerüsteter PC mit mindestens 2 GB Speicher nötig ist, um einen Brief zu schreiben.

Streichen Sie die Wörter »Windows« und »Microsoft Office« und besinnen Sie sich auf die eigentliche Aufgabe, nämlich einen Brief oder auch ein Buch zu schreiben. Ein Raspberry Pi, der im Vergleich zu PCs aus der Zeit der ersten Windows-Versionen ein Vielfaches leistet, bietet eine angenehme, ruhige Umgebung zum kreativen Schreiben ohne das ewige Rauschen von Lüfter und Festplatte.

5.1 LibreOffice – komplettes Office-Paket für Raspberry Pi

Das freie Office-Paket LibreOffice wurde speziell für den Raspberry Pi angepasst und steht im Pi Store zum Download zur Verfügung. LibreOffice bietet alle Funktionen eines modernen Office-Pakets, Textverarbeitung, Präsentation, Grafik und eine Tabellenkalkulation, die selbst anspruchsvolle wissenschaftliche oder statistische Funktionen beherrscht. Neben dem von den Entwicklern präferierten Open Document Format kann LibreOffice auch die bekannten Office-Dateiformate lesen und schreiben.

Bild 5.1: Das Office-Paket LibreOffice gibt es auch für den Raspberry Pi.

Ist LibreOffice schlechter als Microsoft Office?
Klare Antwort: Nein! Immer wieder hört man Möchtegernprofis über die mangelhaften Funktionen freier Office-Pakete fachsimpeln. Tatsächlich fehlen gegenüber Microsoft Office einige wenige Funktionen in der Tabellenkalkulation im Bereich automatisierter Analysen, die für ingenieurwissenschaftliche Berechnungen benötigt werden – aber sicher nicht für den Alltag. Dafür liefert LibreOffice in umfangreiches Grafikprogramm auch für Vektorgrafik sowie ein Datenbanksystem mit, das Microsoft Office in der weitverbreiteten Home- und Student-Version völlig fehlt. Gerade bei komplexen Programmpaketen wie Office-Lösungen gilt die alte Administratorenweisheit: Nur 10 % der Anwender nutzen mehr als 10 % der Funktionen eines Programms.

Sie finden das komplette LibreOffice als ein einziges Programm im Pi Store und können es von dort mit einem Klick auf *Download* herunterladen und installieren. Das Paket ist über 800 MB groß, dementsprechend dauern Download und Installation einige Zeit. Stellen Sie zuvor sicher, dass auf der Speicherkarte mindestens 1 GB Speicherplatz frei ist.

Bild 5.2: Die Textverarbeitung LibreOffice Writer.

Nach der Installation können Sie LibreOffice direkt starten, werden aber feststellen, dass die Benutzeroberfläche auf Englisch ist und sich in den Optionen auch nicht umstellen lässt. Das deutsche Sprachpaket fehlt in der LibreOffice-Version aus dem Pi Store einfach.

Beenden Sie LibreOffice und geben Sie danach in einem LXTerminal-Fenster folgende Befehlsfolge ein:

```
sudo apt-get update
sudo apt-get install libreoffice-l10n-de
```

Damit installieren Sie das deutsche Sprachpaket nach. Nach Abschluss der Installation starten Sie LibreOffice neu. Sie finden es im Startmenü unter *Büro*. Benutzeroberfläche, Gebietsschema und die Standardsprache für Dokumente wurden mit der Installation des Sprachpakets automatisch umgestellt. Sie brauchen hier nichts mehr von Hand einzustellen und können direkt beginnen, an Ihren Dokumenten zu arbeiten.

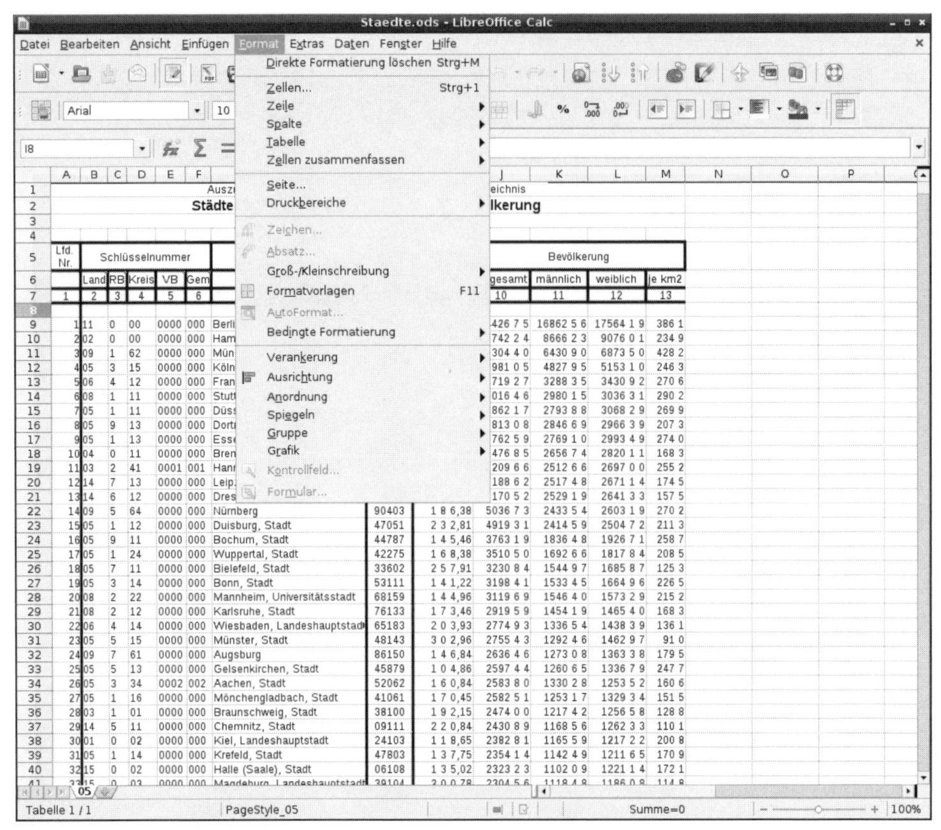

Bild 5.3: Die Tabellenkalkulation LibreOffice Calc.

Tipps zu LibreOffice

Für Umsteiger von Word mag LibreOffice auf den ersten Blick etwas fremd wirken. Sie werden aber bald bemerken, dass Sie mit LibreOffice eher mehr als weniger Möglichkeiten im Vergleich zu Word haben. Ein paar Einstellungen unter *Extras/Optionen* machen den Umstieg leichter.

Schalten Sie unter *LibreOffice/Allgemein* den Schalter *LibreOffice-Dialoge verwenden* unter *Dialoge zum Öffnen/Speichern* aus. Dann verwendet LibreOffice die gewohnten Dateidialoge der anderen Anwendungen auf dem Raspberry Pi. Den gleichen Schalter unter *Dialoge zum Drucken* sollten Sie eingeschaltet lassen. Der Druckdialog von LibreOffice bietet mehr Möglichkeiten.

Um den auf dem Raspberry Pi knappen Arbeitsspeicher zu sparen, setzen Sie unter *LibreOffice/ Arbeitsspeicher* die Anzahl der Schritte, die rückgängig gemacht werden können, herab. Niemand merkt in einer Textverarbeitung einen Fehler erst 100 Schritte später. Da Sie in Ihren Texten auf dem Raspberry Pi kaum riesige Grafiken verarbeiten werden, setzen Sie auch die Werte unter *Grafik-Cache* auf die Hälfte herab.

Deaktivieren Sie unter *LibreOffice/Zugänglichkeit* die Schalter *Animierte Grafiken zulassen* und *Animierten Text zulassen*. Diese Optionen kosten nur Performance und bremsen die Darstellung auf dem Raspberry Pi unnötig aus.

Verarbeiten Sie Ihre auf dem Raspberry Pi geschriebenen Texte oft auf dem PC mit Microsoft Office weiter, schalten Sie das Standardformat für neue Dateien unter *Laden/Speichern/Allgemein* auf Microsoft Word um und den Schalter *Immer warnen, wenn nicht im ODF-Format ...* aus. Natürlich können Sie auch ohne die Umstellung des Standardformats jederzeit Word-Dokumente öffnen und speichern.

5.2 Schlanke Alternative AbiWord

LibreOffice ist ein vollständiges Office-Paket mit einem riesigen Funktionsumfang, den viele Anwender gerade auf dem Raspberry Pi nicht brauchen. Wer einfach nur ein paar Texte schreiben möchte und weder eine Tabellenkalkulation noch eine Datenbank oder ein Grafikprogramm benötigt, für den kann die schlanke Textverarbeitung *AbiWord* eine interessante Alternative sein.

AbiWord wird als klassisches Linux-Paket und nicht über den Pi Store installiert:

```
sudo apt-get update
sudo apt-get install abiword
```

AbiWord trägt sich automatisch im Startmenü unter *Büro* ein und kann so sehr einfach gestartet werden. Die Sprache der Oberfläche wird automatisch an die Sprache des Betriebssystems angepasst. Die Textverarbeitung lässt sich also in Deutsch bedienen.

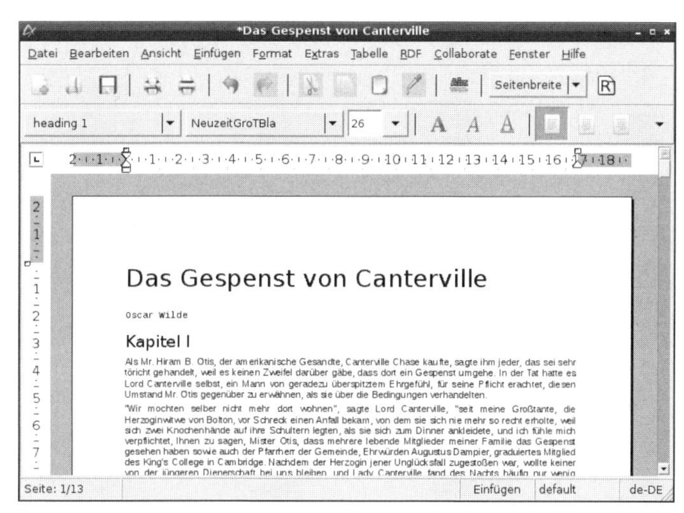

Bild 5.4: AbiWord enthält alle wichtigen Funktionen einer Textverarbeitung auf den Raspberry Pi.

AbiWord unterstützt diverse Dokumentformate. So lassen sich die Texte außer in den AbiWord-eigenen Formaten auch als DOC, DOCX, RTF für Word, ODT für LibreOffice und OpenOffice sowie als reiner Text oder HTML speichern. Außerdem sind direkte Ausgabefunktionen für PDF und das E-Book-Format EPUB integriert, die vielen professionellen Textverarbeitungen bis heute fehlen.

5.3 Drucken mit dem Raspberry Pi

Wer den Raspberry Pi als leisen, stromsparenden Alltags-PC nutzt, wird immer mal wieder auch etwas ausdrucken wollen. Einige Programme bieten die Möglichkeit, Dokumente im PDF-Format zu speichern und sie dann auf jedem Computer der Welt zu drucken - direkt aus einem beliebigen Programm vom Raspberry Pi zu drucken, wäre aber deutlich komfortabler.

Linux-Computer verwenden zum Drucken das sogenannte »Common Unix Printing System« CUPS. Die Software wandelt die Druckaufträge von Programmen für die jeweils verfügbaren Drucker um. Diese können lokal angeschlossen oder über das Netzwerk verbunden sein.

Druckaufbereitung ist speicherhungrig
CUPS benötigt zur Verarbeitung der Dokumente sehr viel Arbeitsspeicher. Auf einem Raspberry Pi-Modell A mit nur 256 MB läuft es sehr mühsam. Bei größeren oder grafikintensiven Dokumenten kann es auch mit 512 MB eng werden. Achten Sie darauf, dass bei der Druckaufbereitung möglichst wenige Programme nebenher laufen, die Ressourcen verbrauchen.

1. Installieren Sie CUPS als Linux-Paket:

```
sudo apt-get update
sudo apt-get install cups xsane
```

2. CUPS verwendet eine eigene Benutzergruppe `lpadmin`, die festlegt, welche Benutzer berechtigt sind, die Drucker zu verwalten und einzurichten. Fügen Sie den Standardbenutzer `pi` zu dieser Gruppe hinzu:

```
sudo adduser pi lpadmin
```

3. Zur Verwaltung der Drucker und Druckaufträge verwendet CUPS eine komfortable Weboberfläche anstatt eines eigenen Programms. Starten Sie den Midori-Browser und geben Sie dort diese Adresse ein:

```
http://127.0.0.1:631
```

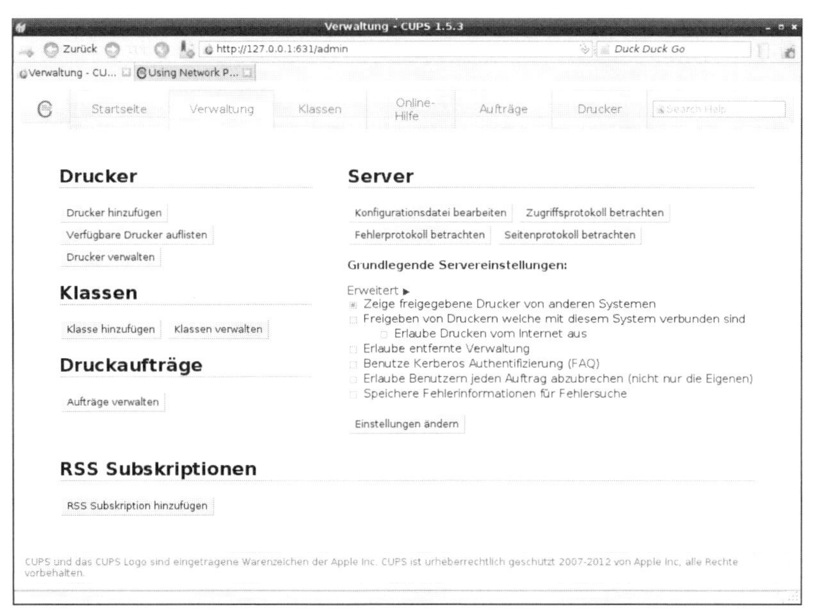

Bild 5.5: CUPS wird über eine Weboberfläche im Browser konfiguriert.

❹ Gehen Sie auf die Registerkarte *Verwaltung* und klicken Sie dort auf *Verfügbare Drucker auflisten*. Wenn eine Aufforderung zur Anmeldung erscheint, melden Sie sich mit dem Benutzernamen `pi` und dem Passwort `raspberry` an. Nach kurzer Zeit werden lokal an den USB-Anschlüssen angeschlossene Drucker sowie freigegebene Drucker im Netzwerk angezeigt, die CUPS erkennen kann. Das sind leider nicht alle unter Windows freigegebenen Drucker.

Bild 5.6: Mit einem Klick lässt sich ein gefundener Drucker hinzufügen.

❺ Auf der nächsten Seite legen Sie einen eindeutigen Namen und eine Beschreibung für den neuen Drucker fest.

Bild 5.7: Der maschinenlesbare Name darf bestimmte Zeichen nicht enthalten. Die anderen beiden Felder sind nur für Menschen wichtig und können beliebig benannt werden.

6. Nach einem Klick auf *Weiter* wählen Sie zunächst den Druckerhersteller und dann den Druckertyp aus, um den passenden Treiber zu installieren. Klicken Sie danach auf *Drucker hinzufügen*.

7. Auf der nächsten Seite legen Sie die Standardeigenschaften des Druckers fest, wie unter anderem Papierformat, Papierzufuhr und Druckauflösung. Je nach Programm, aus dem gedruckt wird, können diese Einstellungen vor jedem Druck noch geändert werden. Stellen Sie den Drucker hier so ein, wie Sie ihn wahrscheinlich am häufigsten verwenden werden.

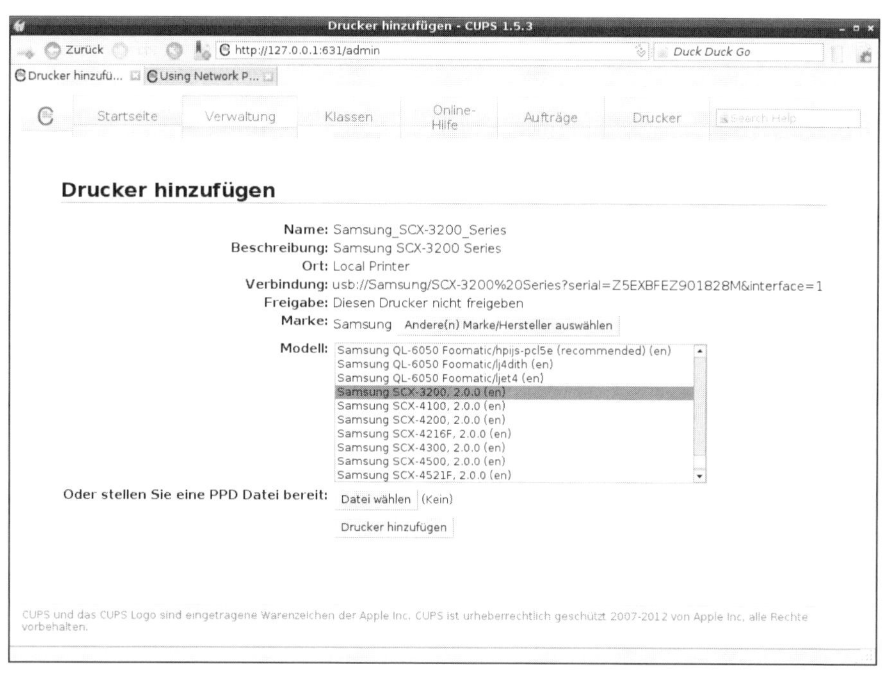

Bild 5.8: CUPS liefert Treiber für zahlreiche aktuelle und auch ältere Drucker mit.

Bild 5.9: Die Grundeinstellungen für einen Drucker in CUPS werden gespeichert und sind bei einem Neustart des Raspberry Pi ohne weiteres Zutun wieder verfügbar.

8. Nach einem Klick auf *Standardeinstellungen festlegen* wird der Drucker initialisiert und steht ab sofort in allen Programmen, die drucken können, zur Verfügung.

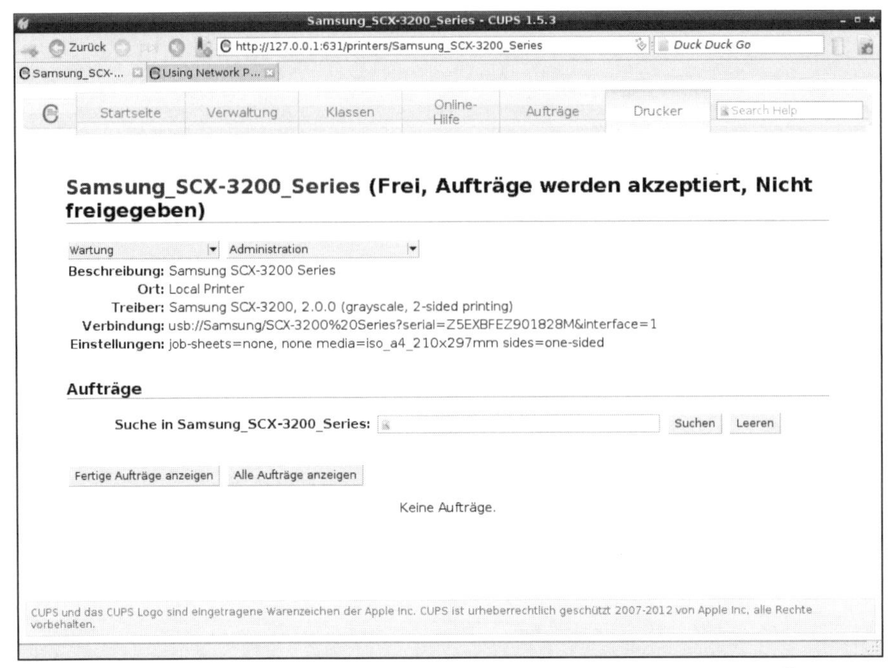

Bild 5.10: Wenn die Statusseite *Frei* und *Aufträge werden akzeptiert* anzeigt, ist alles in Ordnung.

9. Drucken Sie im Listenfeld *Wartung* auf der Druckerstatusseite in CUPS eine Druckertestseite aus, um zu prüfen, ob der Drucker funktioniert. Starten Sie jetzt ein Programm, das drucken kann – eine Textverarbeitung, einen einfachen Editor oder einen Browser –, öffnen Sie ein Dokument und wählen Sie im Menü die Option *Drucken*.

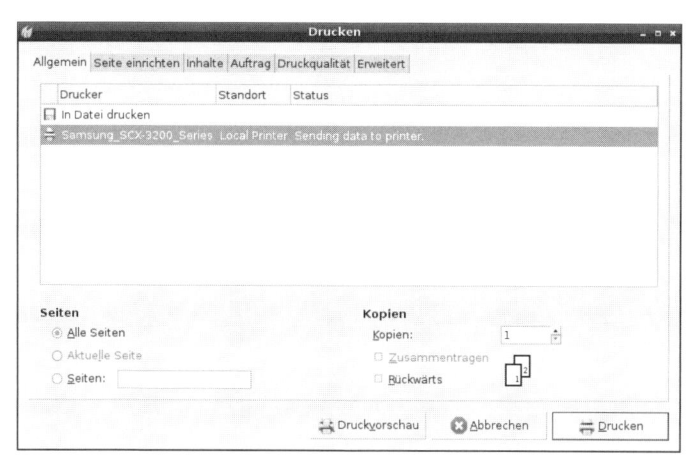

Bild 5.11: Ein typischer Druckdialog in einem Linux-Programm.

⑩ Wählen Sie hier den Drucker aus. Wie von Windows-Druckdialogen bekannt, können Sie auch hier wählen, welche Seiten gedruckt werden sollen. Je nach Programm haben Sie noch Möglichkeiten zur Einrichtung von Seitenrändern oder zur Auswahl der zu druckenden Inhalte.

5.3.1 Der Raspberry Pi als Printserver im Netzwerk

Arbeitet man mit mehreren Computern im lokalen Netzwerk, kann ein Drucker für alle Computer verwendet werden, allerdings muss der Computer, an dem der Drucker angeschlossen ist, dann immer eingeschaltet sein. Oft steht auch kein Computer an der Stelle, an der man einen gemeinsam genutzten Drucker praktischerweise aufstellen würde - USB-Kabel lassen sich schließlich nicht beliebig verlängern. Ein Raspberry Pi als Printserver ist eine komfortable Lösung, einen oder mehrere Drucker ständig im Netzwerk verfügbar zu halten. Dabei kann die Verbindung zum Netzwerk sogar über WLAN erfolgen, wenn es keine Möglichkeit gibt, ein Netzwerkkabel zu verlegen.

① Die Printserver-Funktionen sind in CUPS bereits integriert, sie müssen auf der Seite *Verwaltung* in der Konfiguration nur eingeschaltet werden. Aktivieren Sie die beiden Schalter *Zeige freigegebene Drucker von anderen Systemen* und *Freigeben von Druckern welche mit diesem System verbunden sind.* Um die Änderungen zu bestätigen, klicken Sie auf *Einstellungen ändern* ganz unten auf der Seite.

② Als Nächstes muss der am Raspberry Pi angeschlossene Drucker freigegeben werden. Wählen Sie dazu auf der Seite *Drucker* im Listenfeld *Administration* die Option *Drucker ändern.* Lassen Sie in der Konfiguration die Verbindung und den Druckernamen bestehen, schalten Sie aber *Diesen Drucker freigeben* ein.

③ In größeren Netzwerken mit mehreren Benutzern und Druckern tragen Sie eine für Menschen lesbare Beschreibung sowie einen Ort ein, damit jeder weiß, welcher Drucker gemeint ist.

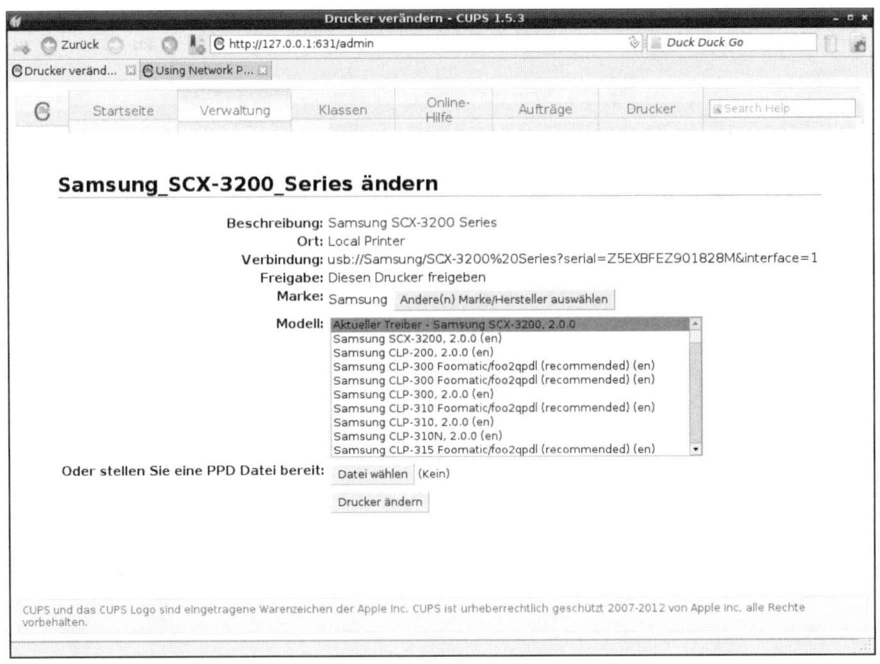

Bild 5.12: Im letzten Schritt des Konfigurationsassistenten lassen Sie den Drucker so eingestellt, wie er ist. Wenn er lokal am Raspberry Pi druckt, wird er das als freigegebener Netzwerkdrucker auch tun.

4. Klicken Sie unten auf *Drucker ändern*, um die Freigabe zu aktivieren.
5. Richten Sie jetzt den freigegebenen Drucker auf dem Windows-PC ein, um ihn über das Netzwerk nutzen zu können. Wählen Sie dazu im Startmenü *Geräte und Drucker* und klicken Sie in diesem Fenster auf *Drucker hinzufügen*. Wählen Sie im nächsten Schritt *Einen Netzwerk-, Drahtlos oder Bluetoothdrucker hinzufügen*.

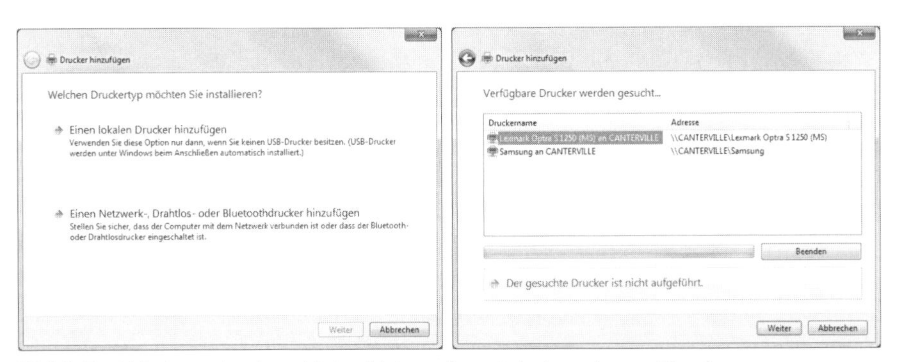

Bild 5.13: Windows durchsucht das Netzwerk nach freigegebenen Druckern.

6. Die automatische Druckersuche von Windows findet nur freigegebene Drucker an Windows-PCs. Klicken Sie deshalb hier auf *Der gesuchte Drucker ist nicht aufgeführt*.

7. Wählen Sie im nächsten Schritt die Option *Freigegebenen Drucker über den Namen auswählen* und tragen Sie den Druckernamen ein, der sich folgendermaßen zusammensetzt:

```
http:// <IP-Adresse des Raspberry Pi> :631/printers/ <Druckername aus CUPS>
```

8. Den Druckernamen haben Sie in CUPS bei der Druckereinrichtung eingetragen. Sie können ihn dort in der Druckerverwaltung auch jederzeit sehen. Klicken Sie anschließend auf *Weiter* und wählen Sie im nächsten Fenster den passenden Druckertyp aus.

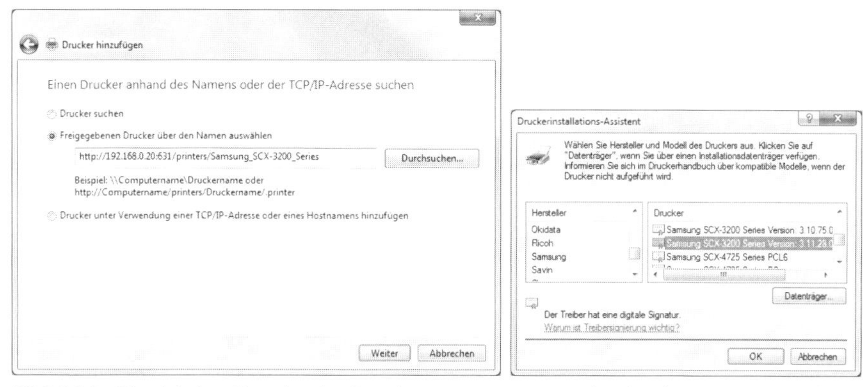

Bild 5.14: Die richtige Eingabe des Druckernamens ist entscheidend.

9. Nachdem der Treiber installiert ist, gibt eine Meldung bekannt, dass der Drucker hinzugefügt wurde. Er erscheint jetzt auch in der Liste *Geräte und Drucker* sowie in den Druckerauswahldialogen der Windows-Programme.

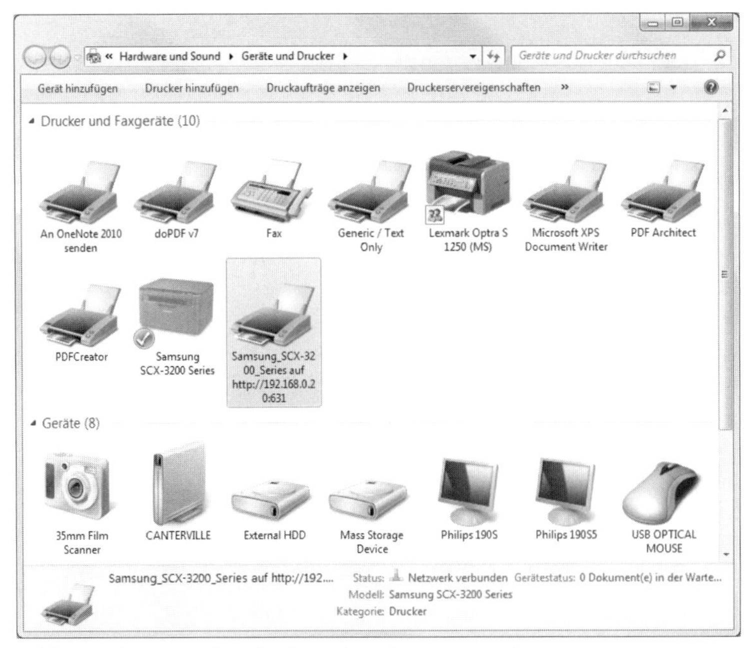

Bild 5.15: Der neue Drucker kann jetzt benutzt werden.

⑩ Drucken Sie eine Testseite oder starten Sie gleich ein Programm, um ein Dokument auszudrucken.

⑪ Am Raspberry Pi, der als Printserver läuft, brauchen Sie jetzt keinen Monitor und keine Tastatur mehr. Sie können die Verwaltung von CUPS von jedem Computer im LAN über einen Browser aufrufen. Geben Sie dazu einfach die IP-Adresse des Raspberry Pi gefolgt von der Portnummer `:631` in der Adresszeile des Browsers ein.

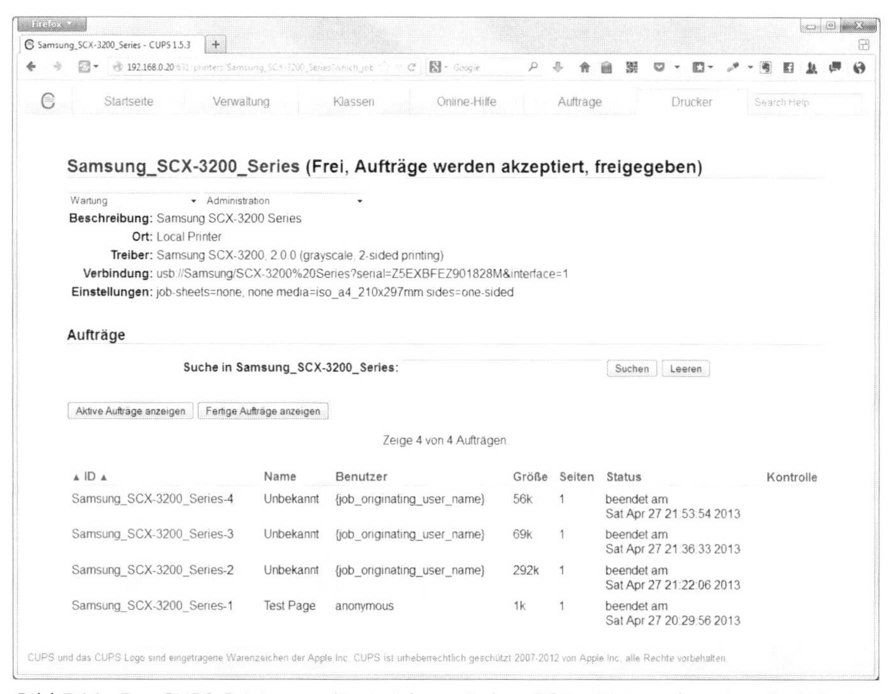

Bild 5.16: Der CUPS-Printserver lässt sich von jedem PC im Netzwerk auch unter Windows verwalten.

⑫ Die Seite *Verwaltung* ist aus Sicherheitsgründen nicht zugänglich. Auf den Seiten *Aufträge* und *Drucker* sehen Sie alle aktiven und fertigen Druckaufträge und können bei Problemen auch Aufträge abbrechen oder den Drucker stoppen.

5.4 E-Mail mit dem Raspberry Pi

Im Raspbian-Betriebssystem auf dem Raspberry Pi ist kein E-Mail-Programm vorinstalliert, was aber nicht bedeutet, dass E-Mail nicht möglich ist. Auf den ersten Blick die einfachste Lösung ist die Nutzung von Webmail im Browser, was natürlich voraussetzt, dass der verwendete E-Mail-Provider eine Webmail-Oberfläche anbietet. Dies ist bei allen großen E-Mail-Anbietern der Fall, zum Zugriff auf E-Mail-Adressen auf Firmenservern dagegen eher selten.

Ein Nachteil der bekannten Webmail-Seiten ist die Überfrachtung mit Werbung, die leistungsschwache Computer wie den Raspberry Pi in die Knie zwingt. So sind die Websites der großen E-Mail-Anbieter `gmx.de`, `web.de` und `mail.google.com` im Midori-Browser auf dem Raspberry Pi nicht in akzeptabler Geschwindigkeit nutzbar. Microsofts E-Mail-Dienst `outlook.com` funktioniert überhaupt nicht.

Einige Webmail-Anbieter bieten ihren Nutzern handyoptimierte, besonders schlanke Seiten ihres Angebots, die weitgehend werbefrei sind und dafür gedacht, E-Mails vom

Smartphone zu lesen und zu beantworten. Diese Seiten eignen sich auch hervorragend zur Verwendung im Midori-Browser auf dem Raspberry Pi. Als Nutzer von GMX oder Web.de legen Sie sich Lesezeichen im Browser an, die auf die Seiten *mm.gmx.net* bzw. *mm.web.de* verweisen.

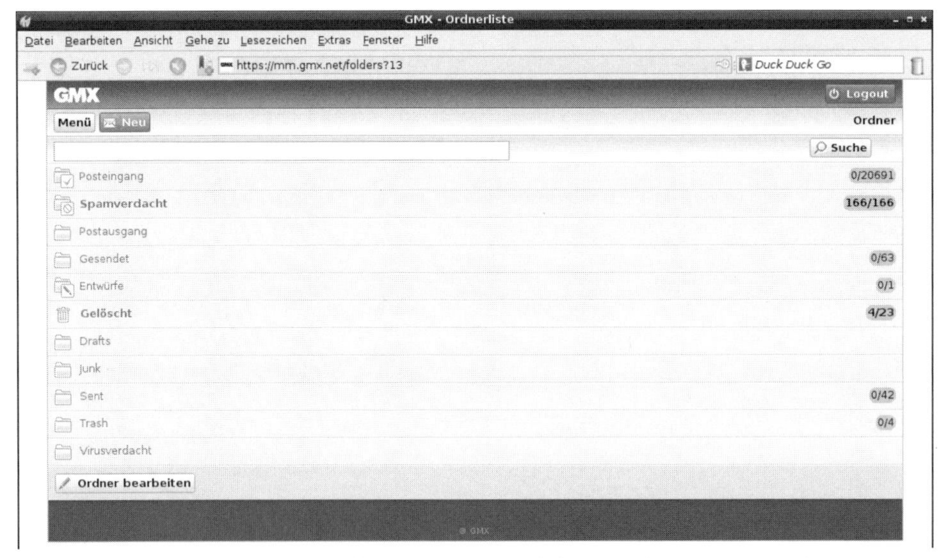

Bild 5.17: Eigentlich für Handys gedacht, aber auch auf dem Raspberry Pi gut nutzbar: die mobile Version von GMX.

Damit nicht alle Nutzer auf die schlanken, werbefreien mobilen Versionen der Webmail-Angebote umsteigen, lassen die Anbieter meist einige seltener genutzte Funktionen auf diesen Seiten weg. E-Mails lesen und schreiben funktioniert aber einwandfrei - und nicht nur auf Smartphones.

Google Mail bietet neben der normalen Ansicht eine einfache HTML-Ansicht für nicht unterstützte Browser und langsame Verbindungen. Anhand der Browserkennung wird automatisch die passende Ansicht gewählt. Nun unterstützt der Midori-Browser die volle Funktionalität von Google Mail, sodass beim Aufruf von *mail.google.com* die aufwendige Version angeboten wird, für die der Raspberry Pi aber deutlich zu langsam ist. Legen Sie sich im Browser ein Lesezeichen an, das auf *mail.google.com/mail/?ui=html* verweist. Damit kommen Sie auf die deutlich schnellere einfache HTML-Version von Google Mail, die sich auch auf dem Raspberry Pi gut nutzen lässt.

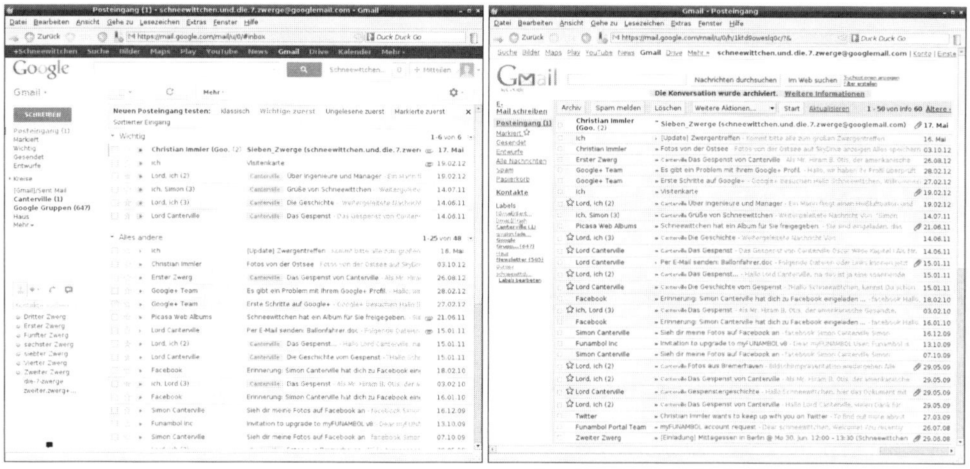

Bild 5.18: Die normale (links) und die schlanke Version (rechts) von Google Mail unterscheiden sich im Design deutlich, in den Funktionen nur geringfügig.

5.4.1 Claws Mail – ein echtes E-Mail-Programm auf dem Raspberry Pi

Webmail ist nicht immer die Ideallösung zum Bearbeiten von E-Mails. In vielen Fällen ist die Installation eines E-Mail-Programms der bessere Weg. *Claws Mail* ist ein besonders schlankes E-Mail-Programm, das mit den begrenzten Ressourcen des Raspberry Pi zurechtkommt. Installieren Sie das Paket **`claws-mail`** über die Synaptic-Paketverwaltung. Nach der Installation finden Sie Claws Mail im Startmenü unter *Internet*.

Beim ersten Start von Claws Mail richten Sie zunächst ein E-Mail-Konto ein. Dieses enthält die eigene E-Mail-Adresse, Zugangsdaten für den Mailserver und verschiedene weitere Einstellungen. Es erscheint automatisch ein Assistent zur Einrichtung eines E-Mail-Kontos. Sie können einen ähnlichen Assistenten auch später noch über den Menüpunkt *Konfiguration/Neues Konto erstellen* starten. Auf diese Weise können Sie mehrere E-Mail-Konten anlegen, die von Claws Mail verwaltet werden sollen.

1. Im ersten Schritt des Assistenten geben Sie Ihre E-Mail-Adresse und Ihren wirklichen Namen oder den Namen Ihrer Firma an, so wie er beim Empfänger der E-Mail angezeigt werden soll.

Bild 5.19: Ein Assistent hilft bei der Einrichtung des ersten E-Mail-Kontos.

2 Tragen Sie im nächsten Dialog den Namen und die Zugangsdaten für den Posteingangsserver ein. Claws Mail unterstützt sowohl POP3- wie auch IMAP-Server, bietet aber keine automatische Erkennung von Serverdaten, wie es z. B. Thunderbird oder Windows Mail tun. Aktivieren Sie das Feld *SSL*, falls Ihr Mailserver das erfordert. Jeder E-Mail-Anbieter gibt seinen Mailservern eigene Namen, und auch die Schemata, nach denen sich die Benutzernamen zusammensetzen, sind überall unterschiedlich.

Mailserver- und Benutzernamen bekannter Anbieter				
Anbieter	Posteingang (POP3)	Posteingang (IMAP)	Postausgang	Benutzername
GMX	pop.gmx.net	imap.gmx.net	mail.gmx.net	E-Mail-Adresse
Web.de	pop3.web.de	imap.web.de	smtp.web.de	Name vor dem @-Zeichen
Google Mail, GMail	pop.gmail.com	imap.gmail.com	smtp.gmail.com	E-Mail-Adresse
Arcor	pop3.arcor.de	imap.arcor.de	mail.arcor.de	Name vor dem @-Zeichen
T-Online	popmail.t-online.de	secureimap.t-online.de	securesmtp.t-online.de	Name vor dem @-Zeichen

Bild 5.20: Eine wesentlich umfangreichere Liste mit Namen von POP3-/SMTP-Mailservern finden Sie unter *windowsacht.de/e-mail-servernamen/*.

POP3 oder IMAP?
IMAP ist ein neueres Protokoll zum Zugriff auf einen Mailserver. Im Unterschied zum altbekannten POP3 verbleibt auf dem IMAP-Server eine zentrale Datenbank der E-Mails. Hier wird gespeichert, welche E-Mails bereits auf den lokalen Computer heruntergeladen wurden. So können Sie von einem anderen Computer aus leichter auf Ihre E-Mails zugreifen, auch wenn Sie diese bereits einmal heruntergeladen haben. Bei POP3 werden die E-Mails auf den lokalen Computer kopiert, und man arbeitet mit der Kopie, bei IMAP arbeitet man im Prinzip direkt auf dem Mailserver. IMAP hat deutliche Vorteile, bei langsamen Internetverbindungen sollten Sie aber lieber die POP3-Variante benutzen. Hier kann ein IMAP-Zugriff sehr lange dauern.

Bild 5.21: Einstellungen für E-Mail-Empfang und -Versand.

3. Im nächsten Schritt geben Sie die Daten des Postausgangsservers ein. Das Kontrollkästchen *Benutze Authentifizierung* muss bei den meisten Mailanbietern eingeschaltet sein. Die Felder für *SMTP-Benutzername* und *SMTP-Kennwort* können Sie üblicherweise leer lassen, da hier die gleichen Daten wie bei der Anmeldung am POP3-/IMAP-Server verwendet werden.

4. Jetzt wird das E-Mail-Konto in Claws Mail eingetragen. Bei IMAP-Servern wird automatisch eine Ordnerliste heruntergeladen und im linken Seitenfenster von Claws Mail angezeigt. Sollte eine Meldung wegen eines unbekannten SSL-Zertifikats auftauchen, nehmen Sie dieses Zertifikat an. Die Meldung erscheint nur beim ersten Zugriff auf den Mailserver.

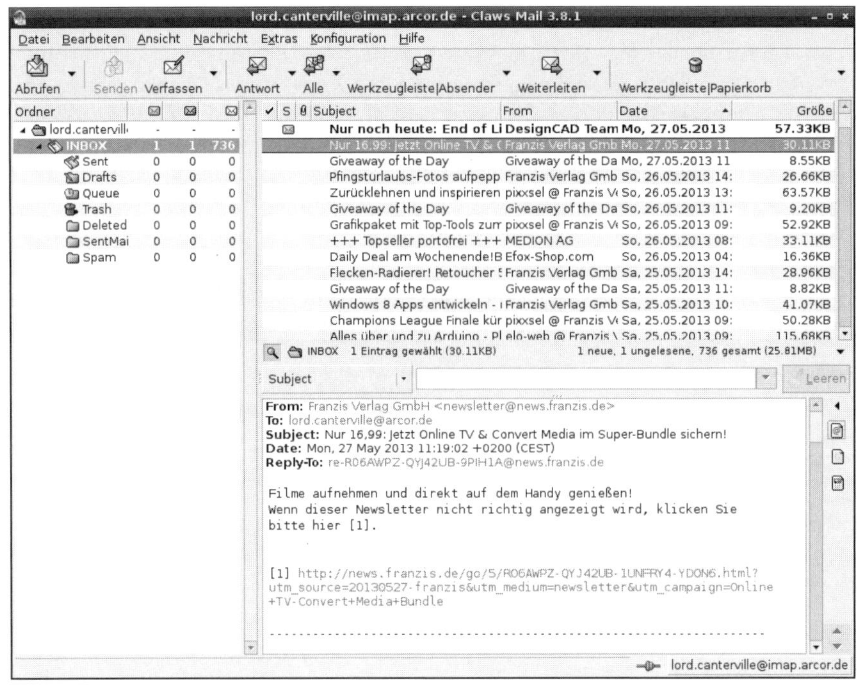

Bild 5.22: Das erste E-Mail-Konto in Claws Mail in Aktion.

5 Über den Menüpunkt *Konfiguration/Konten bearbeiten* können Sie jederzeit weitere Mailkonten hinzufügen und auch die Einstellungen vorhandener Konten bearbeiten. Ein Konto wird zum Standardkonto erklärt. Über dieses Konto werden neue E-Mails standardmäßig verschickt.

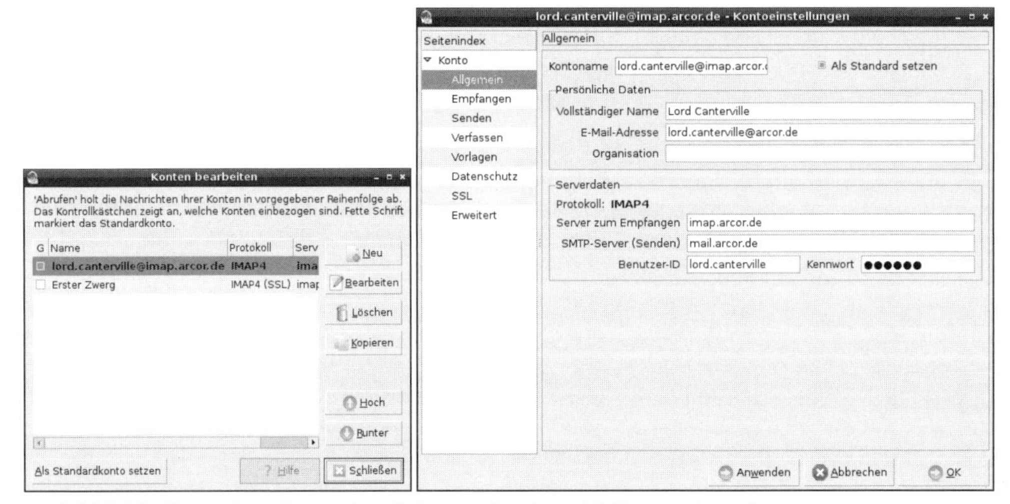

Bild 5.23: Kontoeinstellungen bearbeiten und weitere Mailkonten hinzufügen.

Google Mail in Claws Mail nutzen

Google Mail bietet unter den kostenlosen E-Mail-Diensten die meisten Funktionen und auch einen Zugriff per IMAP, den andere Anbieter oft nur ihren zahlenden Kunden zur Verfügung stellen. Die Browseroberfläche ist auf dem Raspberry Pi nur eingeschränkt nutzbar, Google Mail-Konten können aber in Claws Mail komfortabel verwendet werden.

Allerdings verhält sich Google Mail in mancher Hinsicht etwas anders als andere Mailserver, daher ist ein wenig zusätzlicher Konfigurationsaufwand nötig.

1. Der POP3-/IMAP-Zugang bei Google Mail muss erst freigeschaltet werden. Die Einstellungen finden Sie über das Zahnradsymbol oben rechts in der Browseroberfläche. Sie können sie auch auf dem PC öffnen, es muss nicht der Raspberry Pi sein. Aktivieren Sie dort IMAP und speichern Sie ganz unten die Änderungen.

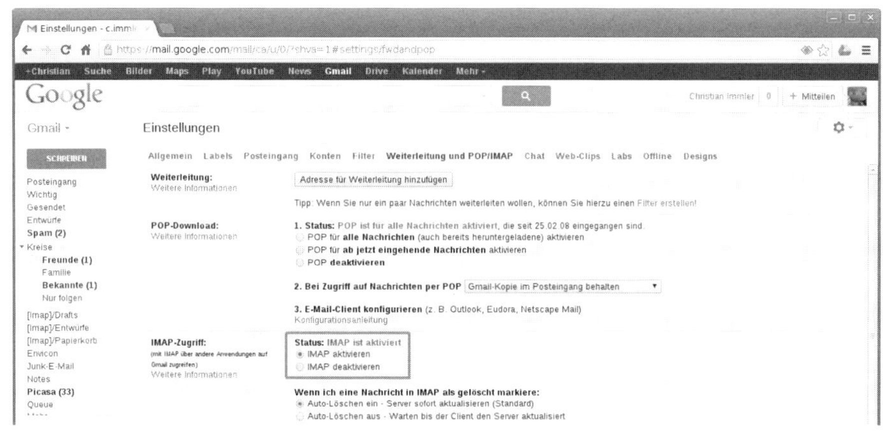

Bild 5.24: IMAP muss in Google Mail extra aktiviert werden.

2. Legen Sie jetzt in Claws Mail ein neues Mailkonto an. Tragen Sie unter *Allgemein* folgende Daten ein und bestätigen Sie alle Änderungen, bevor Sie mit einem Klick auf *Anwenden* in einen anderen Bereich des Dialogfelds wechseln.

IMAP-Daten für Google Mail	
Protokoll	IMAP4
Server zum Empfangen	imap.gmail.com
SMTP-Server (Senden)	smtp.gmail.com
Benutzer-ID	Ihre GMail-Adresse
Kennwort	Ihr GMail-Passwort

3. Wählen Sie im Bereich *Empfangen* bei *Authentifizierungsverfahren* die Option *Automatisch* und tragen Sie im Feld *IMAP Serververzeichnis* den Namen `[Google Mail]` ein. Schalten Sie unten das Kontrollkästchen *'Abrufen' überprüft dieses Konto auf neue Nachrichten* ein.

❹ Aktivieren Sie im Bereich *Senden* den Schalter *SMTP-Authentifizierung (SMTP AUTH)* und wählen Sie bei *Authentifizierungsverfahren* wieder die Option *Automatisch*. Lassen Sie die Felder *Benutzer-ID* und *Kennwort* leer.

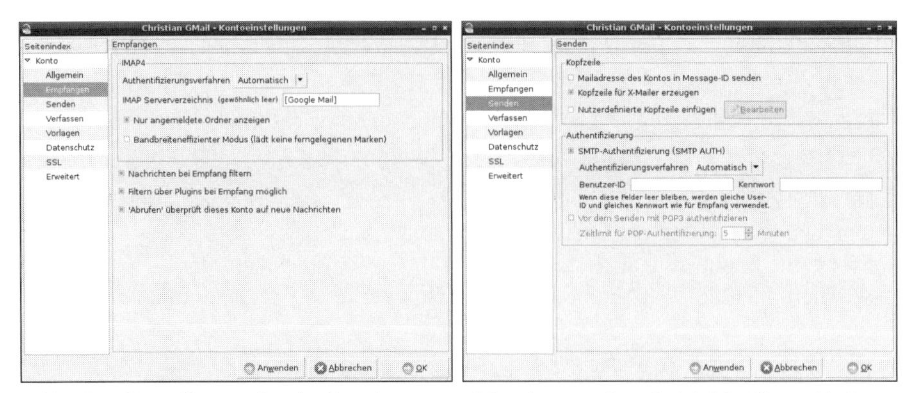

Bild 5.25: Einstellungen für das Empfangen und Senden von Google Mail in Claws Mail.

❺ Schalten Sie im Bereich *SSL* die beiden Optionen *SSL für IMAP-Verbindung verwenden* und *SSL für SMTP-Verbindung verwenden* ein. Das Kontrollkästchen *Nichtblockierendes SSL verwenden* muss ausgeschaltet werden.

❻ Prüfen Sie, ob im Bereich *Erweitert* die Ports `465` für SMTP und `993` für IMAP eingetragen sind. Ist das nicht der Fall, schalten Sie *SMTP-Port* und *IMAP-Port* ein und tragen die Ports von Hand ein.

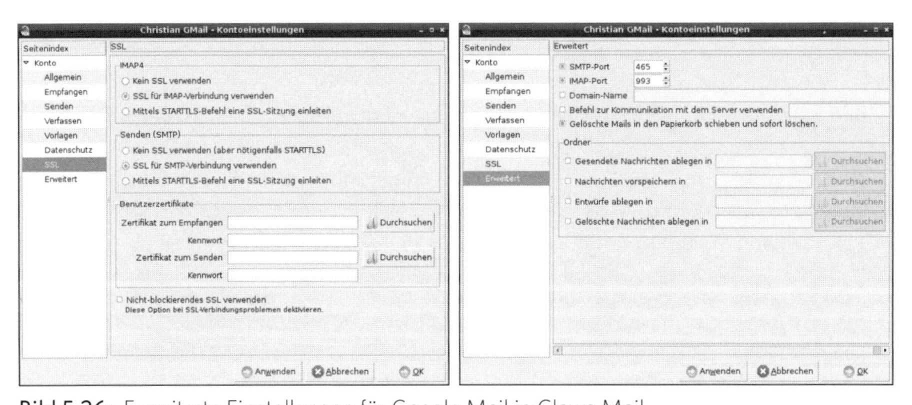

Bild 5.26: Erweiterte Einstellungen für Google Mail in Claws Mail.

❼ Klicken Sie, nachdem Sie alle diese Einstellungen vorgenommen haben, oben auf *Abrufen*, um die Ordner und die Mails vom IMAP-Server abzurufen.

❽ In der Ordnerliste erscheinen von Claws Mail standardmäßig angelegte Ordner sowie auch die Ordner, die Google Mail mitbringt. So gibt es einen Ordner *Sent* von Claws Mail und im Ordner *[Google Mail]* einen weiteren Ordner *Gesendet*. Das Gleiche gilt für *Drafts* und *Entwürfe*, *Trash* und *Papierkorb*.

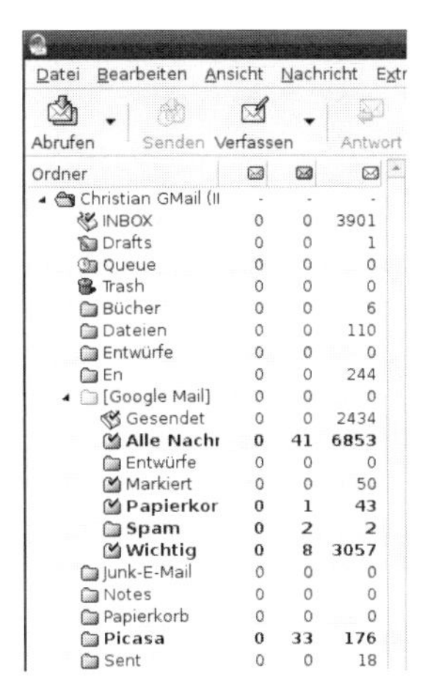

Bild 5.27: Typische Ordnerstruktur mit automatisch und selbst angelegten Mailordnern.

9. Damit die Mails in der Weboberfläche von Google Mail auch richtig eingeordnet werden, muss man die Google-Mail-Ordner den Systemordnern richtig zuordnen. Markieren Sie in der Ordnerliste unter *[Google Mail]* den Ordner *Gesendet*, klicken Sie mit der rechten Maustaste darauf und wählen Sie im Kontextmenü *Eigenschaften*. Wählen Sie im nächsten Dialogfeld unter *Ordnertyp* die Option *Gesendet* und bestätigen Sie mit *OK*. Der Ordner bekommt in der Liste das Symbol für gesendete Nachrichten.

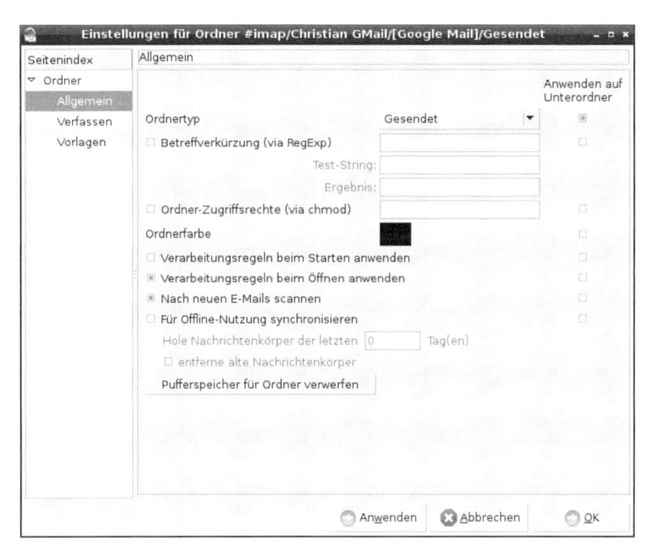

Bild 5.28: Einstellungen für den Systemordner für gesendete Mails.

10. Klicken Sie jetzt mit der rechten Maustaste auf den standardmäßig angelegten Ordner *Sent*, wird der Menüpunkt *Ordner löschen* aktiviert. Diesen Ordner können Sie jetzt löschen.

⑪ Definieren Sie auf die gleiche Weise die Ordner *Entwürfe* und *Papierkorb* unterhalb von *[Google Mail]* als die entsprechenden Systemordner. Anschließend löschen Sie die automatisch von Claws Mail angelegten Ordner *Drafts* und *Trash*. Vor dem Umdefinieren der Systemordner lassen sich diese Ordner nicht löschen.

Gesendete E-Mails, Entwürfe und gelöschte E-Mails werden jetzt automatisch in den neuen Systemordnern abgelegt und erscheinen dann auch in diesen Ordnern auf der Weboberfläche von Google Mail.

Neue E-Mails schreiben, beantworten und weiterleiten

Sobald Sie ein neues E-Mail-Konto eingerichtet haben, können Sie die erste E-Mail-Nachricht verfassen und schreiben. Beachten Sie dabei, dass einige kostenlose E-Mail-Anbieter das Verschicken von E-Mails erst dann zulassen, wenn vom selben Computer zunächst die E-Mails vom Server abgeholt wurden.

① Klicken Sie in der Symbolleiste auf *Verfassen*, um eine neue E-Mail zu schreiben. Als Absender wird automatisch das Mailkonto ausgewählt, das gerade im Hauptfenster angezeigt wird. Im Listenfeld *Von:* können Sie einen anderen Absender wählen. Um eine E-Mail zu beantworten, klicken Sie auf *Antwort*, während die betreffende Mail angezeigt wird.

② Schreiben Sie in die Zeile *To:* die E-Mail-Adresse des Empfängers. Bei Antworten ist der Empfänger bereits eingetragen. Tragen Sie dann in der Zeile *Betreff:* eine Überschrift für die neue E-Mail ein und schreiben Sie im Hauptfenster anschließend den Text der E-Mail.

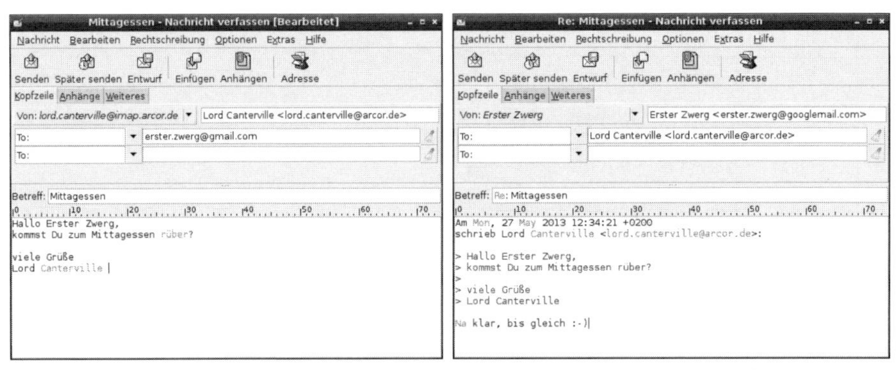

Bild 5.29: Die Fenster zum Verfassen und Beantworten von E-Mails verwenden Farbmarkierungen für Zitate und unbekannte Wörter aus der Rechtschreibprüfung.

③ Ist eine E-Mail an mehrere Empfänger gerichtet, kann man die Antwort mit der Schaltfläche *Alle* an den Absender und alle Empfänger der Originalmail schicken. Weiterleiten funktioniert ähnlich wie Antworten, jedoch mit dem Unterschied, dass die E-Mail nicht automatisch an den Absender zurückgeschickt wird, sondern an beliebige andere Adressen versendet werden kann.

Wenn Sie E-Mails an mehrere Empfänger verschicken, gibt es diverse Möglichkeiten, die Adressen anzugeben:

Adressierung	Beschreibung
An:	Diese Empfänger werden direkt adressiert, sie stehen in der Zeile *To:* im Mailtext, die Adressen sind für alle Empfänger zu lesen.
Cc:	Carbon Copy. Die in dieser Zeile aufgeführten Empfänger erhalten einen »Durchschlag« der E-Mail zur Kenntnisnahme. In diesem Fall sind die Empfänger der Carbon Copy für alle anderen Empfänger der Mail zu erkennen.
Bcc:	Blind Carbon Copy. Eine Blindkopie verhindert, dass die Empfänger dieser Kopie beim Originalempfänger oder auch bei den Empfängern regulärer Carbon Copys erkannt werden können.

Die Adressierung wählen Sie für jede E-Mail-Adresse mit einem Klick auf den kleinen Pfeil rechts neben dem Feld *To:* aus.

4 Mit der Schaltfläche *Anhängen* können Sie Dateien an die Mail anhängen. Alle angehängten Dateien sind auf der Registerkarte *Anhänge* zu sehen und können dort auch vor dem Senden wieder gelöscht werden. Um die E-Mail zu versenden, klicken Sie links auf die Schaltfläche *Senden*.

Dateigröße bei E-Mail-Anhängen

Generell sollten Sie vor dem Versand einer großen Datei mit dem Empfänger klären, ob dieser die Mail auch problemlos empfangen kann. E-Mails mit Dateianhängen, die größer sind als früher die Kapazität einer Diskette (1,4 MB), gelten heute als typische Anfängerfehler. Profis laden solche Dateien lieber bei einem Cloud-Anbieter hoch und verschicken nur noch den Downloadlink als E-Mail. Außerdem ist besonders bei kostenlosen Freemail-Adressen der maximal verfügbare Speicherplatz für E-Mails und oft auch die maximale Größe einer einzigen E-Mail begrenzt.

Das Adressbuch in Claws Mail

Jedes E-Mail-Programm bietet heute die Möglichkeit, häufig verwendete Adressen in einem Adressbuch zu speichern, um sie nicht jedes Mal neu eintippen zu müssen.

1 Der Menüpunkt *Extras/Adressbuch* öffnet das Adressbuch, in dem Sie neue Adressen anlegen können. Die Adresse des Absenders einer E-Mail übernehmen Sie direkt mit dem Menüpunkt *Extras/Absender ins Adressbuch übernehmen*.

2 Schreiben Sie eine neue Mail, brauchen Sie die Empfängeradresse jetzt nicht mehr einzutippen. Klicken Sie auf die Schaltfläche *Adresse* und wählen Sie den Empfänger aus dem Adressbuch aus.

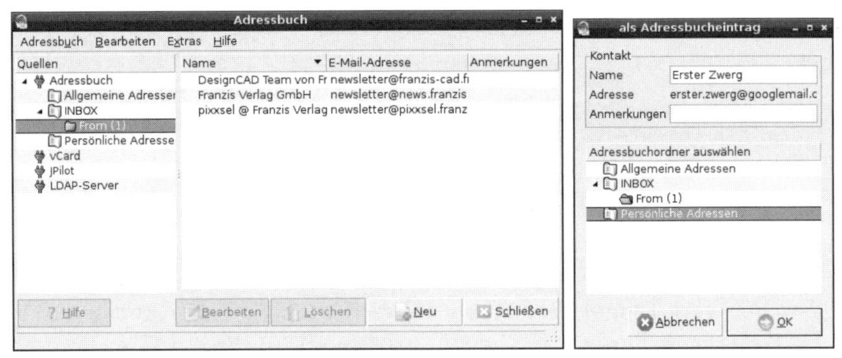

Bild 5.30: Das Adressbuch in Claws Mail.

❸ Claws Mail bietet eine besonders komfortable Funktion, um viele E-Mail-Adressen auf einmal ins Adressbuch zu übernehmen. Wählen Sie im Menü *Extras/Adressen sammeln/From current folder*, werden alle E-Mail-Adressen der Absender von E-Mails im aktuellen Ordner ins Adressbuch übernommen. In einem Zwischenschritt legen Sie noch einen Ordner im Adressbuch fest, in dem die Adressen gespeichert werden. Auf die gleiche Weise speichert der Menüpunkt *Extras/Adressen sammeln/From selected messages* die E-Mail-Adressen der Absender zuvor ausgewählter Nachrichten.

Filterregeln für eingehende E-Mails

Bekommen Sie viele Mails, können Sie diese automatisch nach Absendern oder Betreffzeile in Ordner einsortieren oder bestimmte Mails farbig markieren, damit sie in der Masse auffallen. Newsletter müssen, soweit sie erwünscht sind, nicht im Posteingang liegen, sondern sind zum späteren Lesen in einem Unterordner besser aufgehoben. Unerwünschte Newsletter, die sich nicht abmelden lassen, können per Filterregel direkt gelöscht werden.

❶ Markieren Sie eine typische E-Mail, auf die ein Filter angewendet werden soll, und wählen Sie dann im Menü *Extras/Filterregel erstellen/Nach Absender* oder *Nach Betreff*.

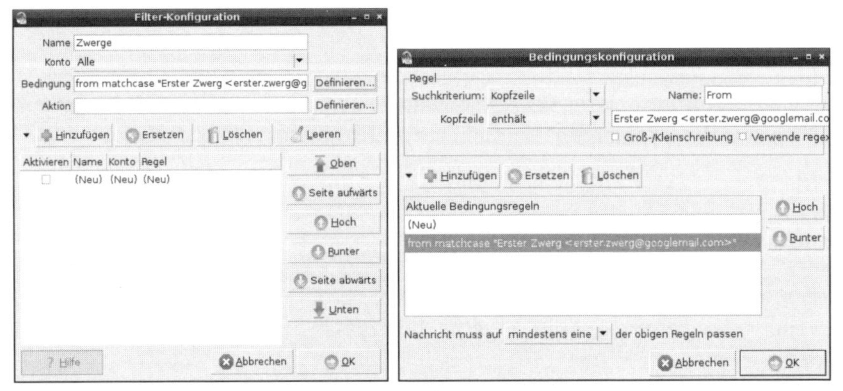

Bild 5.31: Jede Filterregel braucht einen eindeutigen Namen.

2. Nachdem Sie der neuen Regel einen Namen gegeben haben, klicken Sie auf *Definieren* neben dem Feld *Aktion*.

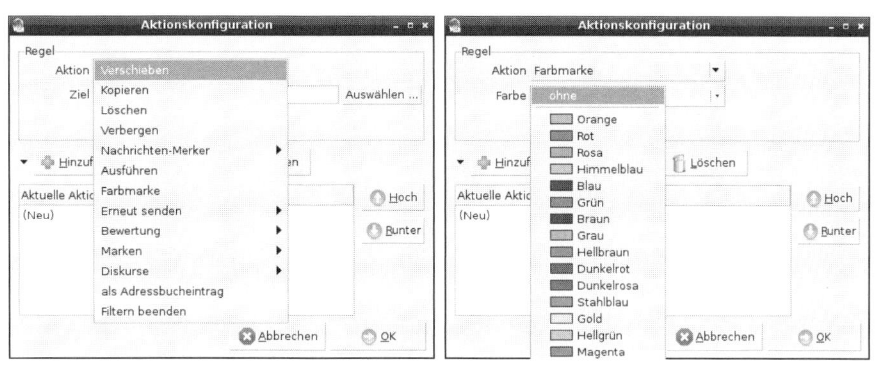

Bild 5.32: Claws Mail bietet vielfältige Möglichkeiten, E-Mails zu filtern.

3. Wählen Sie aus, was mit den E-Mails passieren soll, die der Filterregel entsprechen. Hier können Sie E-Mails in andere Ordner verschieben, löschen, bewerten oder farbig markieren. Klicken Sie anschließend auf *Hinzufügen*, um die Aktion in die Regel aufzunehmen, und bestätigen Sie mit *OK*.

Farbmarkierungen
Auch ohne Filter können Sie bestimmte Mails farbig markieren, um sie leichter wiederzufinden. Verwenden Sie dazu den Menüpunkt *Nachricht/Farbmarkierung* oder die Tastenkombinationen [Strg]+[1] bis [Strg]+[9].

4. Klicken Sie im nächsten Fenster noch mal auf *Hinzufügen*. Hier können Sie dann weitere Aktionen für die Regel definieren und auch deren Reihenfolge festlegen.

Die Filter werden automatisch auf neue E-Mails angewendet. Über die Menüpunkte *Extras/Alle Nachrichten im Ordner filtern* und *Extras/Gewählte Nachrichten filtern* wenden Sie Filter auf bereits vorhandene Nachrichten an. Der Menüpunkt *Konfiguration/Filtern* zeigt alle bereits definierten Filterregeln. Hier können Sie nachträglich die Reihenfolge verändern oder einzelne Filter wieder löschen.

Vorsicht, Phishing

Phishing ist eine kriminelle Methode, mit der Betrüger versuchen, an Passwörter und private Daten zu kommen. Dabei werden keine technischen Mittel eingesetzt, um Passwörter zu knacken, sondern man versucht, Benutzer geschickt zu überzeugen, ihre Passwörter freiwillig herauszugeben. Die Betrüger bauen eigene Webseiten, die im Design echten Banken, Onlineshops oder sozialen Netzwerken sehr nahekommen.

Die Trickbetrüger verschicken Massenmails, in denen sie sich als Vertreter einer Bank, eines Onlinediensts oder auch von eBay ausgeben. Über einen Link in der E-Mail sollen die Benutzer auf eine Webseite gehen und dort ihre Benutzerdaten, Kontoinformationen, Passwörter und TANs eingeben. Diese werden natürlich nicht an die wirklichen

Banken oder Onlineshops, sondern an den Betrüger übermittelt, der sie zu seinen Zwecken benutzt.

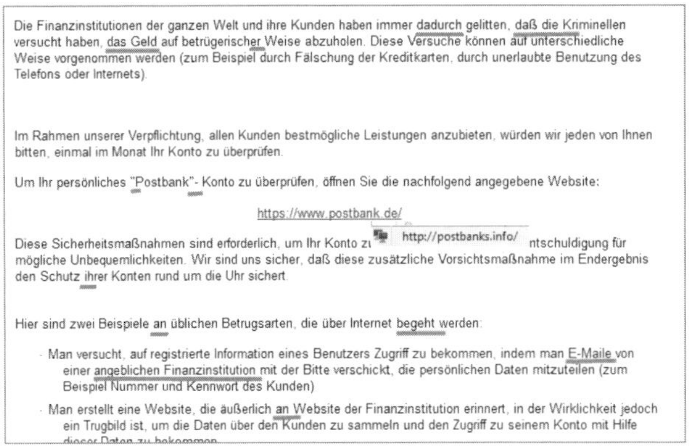

Die Finanzinstitutionen der ganzen Welt und ihre Kunden haben immer dadurch gelitten, daß die Kriminellen versucht haben, das Geld auf betrügerischer Weise abzuholen. Diese Versuche können auf unterschiedliche Weise vorgenommen werden (zum Beispiel durch Fälschung der Kreditkarten, durch unerlaubte Benutzung des Telefons oder Internets).

Im Rahmen unserer Verpflichtung, allen Kunden bestmögliche Leistungen anzubieten, würden wir jeden von Ihnen bitten, einmal im Monat Ihr Konto zu überprüfen.

Um Ihr persönliches "Postbank"- Konto zu überprüfen, öffnen Sie die nachfolgend angegebene Website:

https://www.postbank.de/

http://postbanks.info/

Diese Sicherheitsmaßnahmen sind erforderlich, um Ihr Konto zu ntschuldigung für mögliche Unbequemlichkeiten. Wir sind uns sicher, daß diese zusätzliche Vorsichtsmaßnahme im Endergebnis den Schutz ihrer Konten rund um die Uhr sichert.

Hier sind zwei Beispiele an üblichen Betrugsarten, die über Internet begeht werden:

- Man versucht, auf registrierte Information eines Benutzers Zugriff zu bekommen, indem man E-Maile von einer angeblichen Finanzinstitution mit der Bitte verschickt, die persönlichen Daten mitzuteilen (zum Beispiel Nummer und Kennwort des Kunden)
- Man erstellt eine Website, die äußerlich an Website der Finanzinstitution erinnert, in der Wirklichkeit jedoch ein Trugbild ist, um die Daten über den Kunden zu sammeln und den Zugriff zu seinem Konto mit Hilfe dieser Daten zu bekommen.

Bild 5.33: Die Abbildung zeigt eine Phishing-Mail mit typischen Merkmalen. Die betreffende Webseite wurde vom Provider längst gelöscht.

Bei etwas genauerem Hinsehen sind die Phishing-Mails und die betreffenden Webseiten leicht zu entlarven:

- Phishing-Mails sind immer in relativ schlechtem Deutsch formuliert. Kein professionelles Unternehmen würde derartige Texte verfassen.
- Üblicherweise wird eine anonyme oder gar keine Anrede verwendet. Professionelle Anbieter sprechen ihre Kunden mit Namen an.
- Weder eine Bank noch PayPal oder eBay fordern ihre Kunden auf, Zugangsdaten preiszugeben.
- Drohende Formulierungen zum Ablaufen einer zeitlichen Frist oder einer Kontensperrung werden von professionellen Anbietern nicht verwendet.
- Fährt man mit der Maus über den Link in der Mail, kommt zum Vorschein, dass sich dieser nicht auf dem Server des Anbieters befindet. Oftmals stimmt ein im Text angezeigter Link auch nicht mit dem tatsächlich hinterlegten Link überein.

Sicherheitstipp: Aufmerksam lesen schützt vor Phishing

Lesen Sie E-Mails genau. Achten Sie immer auf den tatsächlichen Absender und die verwendete Domain. E-Mails von Banken, bei denen Sie kein Konto haben, sollten sofort Verdacht erregen. Achten Sie auf die professionelle Ausdrucksweise, und Sie können einem Phishing kaum noch zum Opfer fallen. Entgegen vielen Medienschlagzeilen sind Phishing-Mails für Personen mit etwas Gespür für die deutsche Sprache sehr offensichtlich zu erkennen.

5.5 Mathematica und Wolfram Language

Mathematica und die zugehörige Programmiersprache Wolfram Language sind die beliebtesten Tools für Mathematiker und andere Wissenschaftler zur Berechnung und anschaulichen Darstellung komplexer mathematischer Berechnungsmodelle.

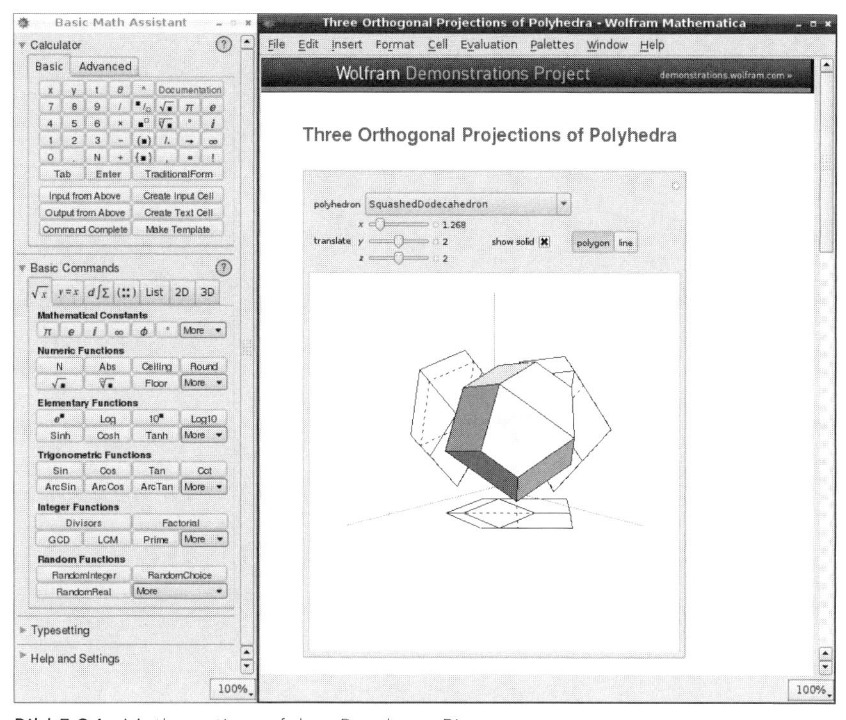

Bild 5.34: Mathematica auf dem Raspberry Pi.

In der aktuellen Raspbian-Version ist eine speziell an die geringe Hardwareleistung angepasste Version von Mathematica und Wolfram Language vorinstalliert. Diese enthält den vollen Funktionsumfang der Originalversion und zusätzlich Funktionen zur Ansteuerung der GPIO-Ports und der Raspberry-Pi-Kamera.

Coole Spiele auf dem Raspberry Pi

Der Pi Store ist auf jeden Fall einen Blick wert, wenn man auf der Suche nach Spielen für den Raspberry Pi ist. Die hier angebotenen Spiele sind nicht »irgendwelche« Linux-Spiele, deren Kompatibilität man selbst prüfen muss, sondern wurden speziell für den Raspberry Pi entwickelt oder zumindest dafür neu kompiliert und optimiert.

6.1 The little crane that could

Der beliebte, von Android und iPhone bekannte Baggersimulator wurde vom Entwickler, einem Raspberry-Pi-Fan, auch für diese Plattform umgesetzt. Im Spiel geht es darum, mit einem Bagger allerlei Aufgaben zu erledigen, was einiges an Geschicklichkeit und auch Planung erfordert. Damit das Spiel auf schlanker Hardware läuft, wurden die dynamischen Schatten weggelassen. Alle Funktionen des Krans stehen aber zur Verfügung, und dieser reagiert auch prompt ohne Verzögerung auf jeden Tastendruck oder Mausklick.

Bild 6.1: Ein fortgeschrittenes Level aus dem Kultspiel *The little crane that could* auf dem Raspberry Pi.

Mit Tastatur und Maus steuert man sowohl den Bagger selbst wie auch die Kamera, die die ganze Szene betrachtet. Machen Sie sich in der ersten, recht einfachen Aufgabe mit der Steuerung vertraut:

Maus horizontal bei gedrückter Maustaste ziehen	Kamera um einen Zielpunkt schwenken.
Maus vertikal bei gedrückter Maustaste ziehen	Kamera neigen.
Tasten ↓ und ↑ oder Gashebel	Vorwärts und rückwärts fahren.
Tasten ← und → oder Lenkrad	Nach links oder rechts lenken.
Rotate	Kran drehen.
Elevate	Kran anheben oder senken.
Bend	Kranausleger knicken.
Extend	Kranausleger ausfahren.
Grapple	Greifer öffnen und schließen.

Rund um dieses Spiel hat sich ein wahrer Kult entwickelt. Fans bauen eigene Welten für den kleinen Kran und auch größere Baufahrzeuge mit einem Leveleditor. Bis jetzt funktioniert dieser Leveleditor leider noch nicht für die Raspberry Pi-Version des Spiels. Weitere Informationen gibt's auf der Webseite des Herstellers: *stolk.org/tlctc*.

6.2 Minecraft Pi Edition

Minecraft, das beliebte Weltenbauer-Spiel, steht in einer kostenlosen Version für den Raspberry Pi zur Verfügung. In Minecraft erkundet man eine schier endlose Welt, die aus einfachen Würfeln erbaut ist. Die Blöcke bestehen aus verschiedenen Materialien und können abgebaut werden, um die Rohstoffe zu verarbeiten und daraus andere Dinge zu bauen.

Minecraft ermöglicht die Anbindung an verschiedene Programmiersprachen, um das Spiel zu erweitern, eigene Zusatzmodule zu schreiben oder einfach um spielerisch in die Programmierung einzusteigen, was auch das ursprüngliche Ziel der Entwickler des Raspberry Pi war.

6.2.1 So funktioniert die Installation

Minecraft ist zurzeit weder über den Pi Store noch über `apt-get` installierbar. Man muss also den klassischen Weg gehen: herunterladen, entpacken, installieren.

1. Gehen Sie mit dem Midori-Browser auf dem Raspberry Pi auf die Webseite *pi.minecraft.net*. Dort finden Sie einen Downloadlink auf die Datei `https://s3.amazonaws.com/assets.minecraft.net/pi/minecraft-pi-0.1.1.tar.gz`. Laden Sie diese in Ihr Home-Verzeichnis `/home/pi` herunter.

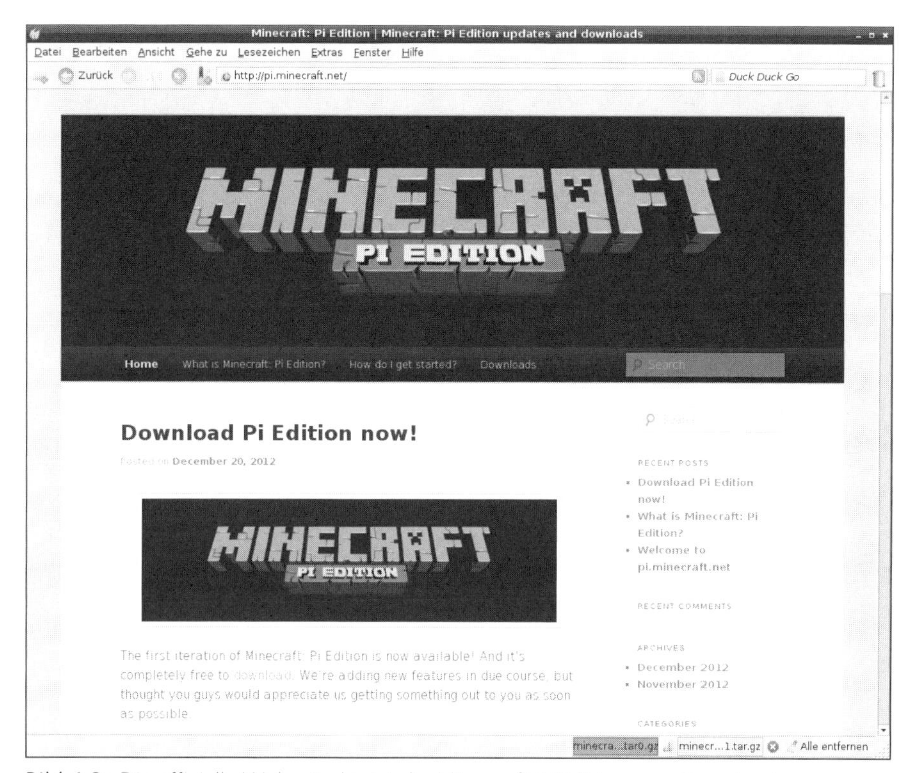

Bild 6.2: Die offizielle Webseite bietet die Minecraft Pi Edition zum Download an.

2. Klicken Sie im Dateimanager doppelt auf die heruntergeladene Datei `minecraft-pi-0.1.1.tar.gz`. Damit starten Sie das bei Raspbian vorinstallierte Entpackprogramm. Klicken Sie dort in der Symbolleiste auf das Symbol *Dateien entpacken*.

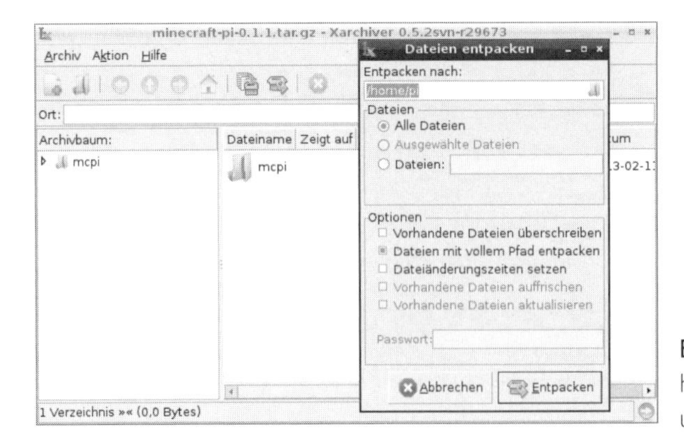

Bild 6.3: Bestätigen Sie die hier gezeigten Einstellungen und klicken Sie auf *Entpacken*.

3. Jetzt erscheint in Ihrem Home-Verzeichnis ein neues Unterverzeichnis `mcpi`. Öffnen Sie dieses per Doppelklick im Dateimanager und starten Sie dort die Datei `minecraft-pi`. Nach einem Klick auf *Ausführen* startet das Spiel. Dabei haben Sie die Möglichkeit, eine bereits vorhandene Spielwelt auszuwählen oder eine neue anzulegen.

Bild 6.4: Die Spielwelt von Minecraft ist auf dem Raspberry Pi nicht ganz so umfangreich wie auf dem PC, aber flüssig spielbar.

6.2.2 Spielablauf und Steuerung

Wer Minecraft kennt, wird sich auch in der Pi Edition schnell zurechtfinden. Die Steuerung des Spiels und die Bewegungen in der Spielwelt laufen sehr ähnlich.

- Mit der Maus dreht man sich, ohne eine Maustaste zu drücken, um die eigene Achse und neigt den Blick nach oben oder unten. Das Spiel reagiert sehr schnell, man muss also aufpassen, dass man sich beim Drehen nicht »überschlägt«.
- Mit vier auch aus anderen Spielen bekannten Buchstabentasten bewegt man sich: mit [W] nach vorne, [S] nach hinten, [A] nach links und [D] nach rechts. Bei Stufen im Gelände steigt man während der Bewegung automatisch nach oben oder unten.
- Mit der [Leertaste] kann man in die Höhe springen. Drückt man die [Leertaste] zweimal kurz hintereinander, wird auf den Flugmodus umgeschaltet. In diesem Modus schwebt man und ist nicht mehr an den Boden gebunden. Im Flugmodus steigt man durch längeres Drücken der [Leertaste] weiter nach oben.
- Umgekehrt duckt man sich mit der linken [Umschalt]-Taste etwas nach unten. Im Flugmodus verringert man mit dieser Taste die Flughöhe.
- Die Taste [E] öffnet das Inventar, wo jede Menge unterschiedliche Blöcke zum Bau zur Verfügung stehen. Acht verschiedene Blöcke oder Werkzeuge sind in der Inventarleiste am unteren Bildschirmrand jederzeit verfügbar. Hier wählt man mit den Tasten [1] bis [8] oder mit dem Mausrad das gewünschte Objekt aus.
- Ein Klick mit der linken Maustaste entfernt den angeklickten Block, ein Klick mit der rechten Maustaste platziert einen Block des gewählten Typs an der angeklickten Position.
- Die [Esc]-Taste blendet ein Menü ein, in dem man das Spiel verlassen oder auch auf die Sicht eines außen stehenden Betrachters wechseln kann.
- Die [Tab]-Taste befreit die Maus aus dem Minecraft-Fenster, wenn man zwischendurch in ein anderes Programm wechseln möchte.

Wenn die Steuerung nicht reagiert
Es kann immer wieder vorkommen, dass das Spiel auf Mausbewegungen nicht richtig oder viel zu schnell reagiert und man ständig nach unten oder oben blickt. Drücken Sie bei solchen Problemen die [Tab]-Taste, bewegen Sie die Maus kurz außerhalb des Minecraft-Fensters und schalten Sie dann mit [Tab] wieder zurück ins Spiel.

6.2.3 Minecraft-Symbol auf den Desktop

Spiele oder Programme, die auf diesem Weg installiert werden, legen häufig kein Desktopsymbol und auch keinen Menüeintrag an und sind deshalb nur mühsam über den Dateimanager oder über die Kommandozeile zu starten. Sie können aber selbst Desktopsymbole anlegen. Dazu ist nur eine kleine Konfigurationsdatei nötig, die sich mit dem Leafpad-Editor erstellen lässt.

1. Klicken Sie mit der rechten Maustaste auf den Desktop und wählen Sie im Kontextmenü *Neu/Leere Datei*. Geben Sie als Dateinamen `Minecraft.desktop` ein.

2 Klicken Sie mit der rechten Maustaste auf das neue Dateisymbol und wählen Sie im Kontextmenü *Leafpad*. Jetzt öffnet sich ein leeres Editorfenster. Tragen Sie hier folgende Zeilen ein:

```
[Desktop Entry]
Name=Minecraft
Exec=/home/pi/mcpi/minecraft-pi
Icon=/home/pi/mcpi/data/images/gui/pi_title.png
Terminal=false
Type=Application
```

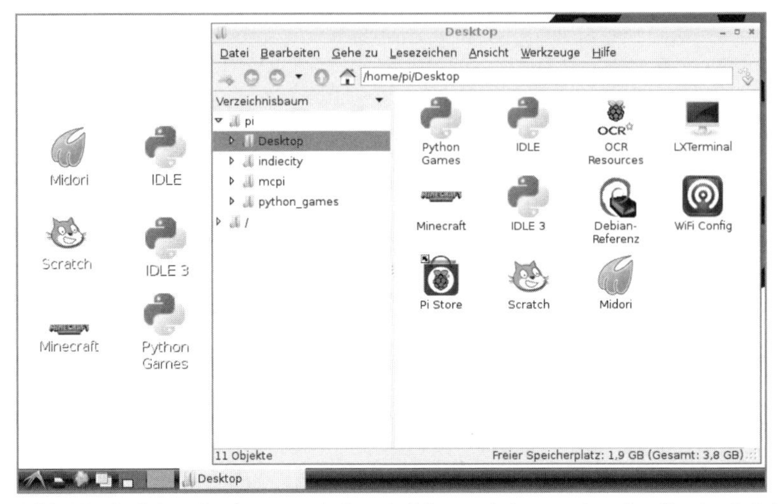

Bild 6.5: Auf dem Desktop erscheint ein Minecraft-Logo, über das Sie das Spiel starten können.

Die Tabelle erklärt die einzelnen Parameter in den *.desktop*-Dateien:

Parameter	Beschreibung
Name	Der angezeigte Name des Symbols.
Exec	Auszuführende Kommandozeile.
Icon	Anzuzeigendes Icon – Minecraft liefert bereits ein Logo mit, das sich verwenden lässt.
Terminal	False bedeutet, es wird kein Terminalfenster angezeigt, True startet das Programm im LXTerminal.
Type	Für Programme: Application, für Weblinks: Link und für Verzeichnisse im Dateimanager: Directory.

Linux kennt noch weitere Parameter in diesen Dateien, die aber nur in seltenen Fällen gebraucht und teilweise von der LXDE-Benutzeroberfläche gar nicht unterstützt werden.

Minecraft-Wiki
Ausführliche Informationen und Hilfestellungen zum Spiel Minecraft im Allgemeinen finden Sie bei *de.minecraftwiki.net*. Allerdings stehen nicht alle Funktionen der PC-Version auch auf dem Raspberry Pi zur Verfügung.

6.3 Retrospiele auf dem Raspberry Pi

Der im Raspberry Pi eingebaute ARM-Prozessor ist in der Leistung vergleichbar mit einem Pentium II mit 300 MHz, wie er Ende der 90er-Jahre in vielen PCs steckte. Dementsprechend kan man viele Spiele aus der damaligen Zeit auf dem Raspberry Pi zum Laufen bringen. Die Grafikleistung der Broadcom-VideoCore-IV-GPU ist sogar etwas höher als die Leistung der meisten PC-Grafikkarten von damals:

- 1 GPixel/s (Gigapixel/Sekunde ≈1.000.000.000 Pixel/Sekunde)
- 1,5 GTextel/s (Giga-Texturpixel/Sekunde)
- 40 Millionen gouraud-schattierte Polygone
- 24 GFLOPs Rechenleistung (24 x 10^9 Fließkommaoperationen/Sekunde)

Diese Daten entsprechen ungefähr der ersten Xbox, nur verwendet der Raspberry Pi einen ARM-Prozessor und keinen Intel-Prozessor, woran die Kompatibilität oft scheitert.

6.3.1 Alte Debian-Spiele auf dem Raspberry Pi

Das Fanprojekt *The Debian "Wheezy" Game Challenge* prüft alte Debian-Linux-Spiele auf ihre Kompatibilität mit Raspbian Wheezy auf dem Raspberry Pi. Leider sieht es aus, als ob die Betreiber dieser Seite irgendwann die Lust verloren hätten. Die Spieleliste mit den Anfangsbuchstaben A und B ist noch recht umfangreich, danach wird es dünn.

Pi-Fun :: Wheezy Game Challenge

Datei Bearbeiten Ansicht Gehe zu Lesezeichen Extras Fenster Hilfe

Zurück http://www.pi-fun.com/index.php/projects/wheezy-game-challenge/ Duck Duck Go

Status : 98 games added. 29 green, 8 orange, 20 red, 41 untested.

(Updated 12th October 2013)

0 to B | C to E

Name	Description	Works	Rating	Issues
0ad	Real time strategy game of ancient warfare	NO	N/A	ARM not supported. Could compile from source?
3dchess	Play chess across 3 boards!	YES	Rate this!	Desktop only
4digits	Guess-the-number game, aka Bulls and Cows	YES	Rate this!	Desktop only
7kaa	Seven Kingdoms Ancient Adverseries: Real Time strategy game	NO	N/A	ARM not supported. Could compile from source?
a7xpg	Chase action game	NO	N/A	Installs but doesn't seem to work.
aajm	ASCII art version of jugglemaster	YES	★★★★★	Command Line only
abe	Side-scrolling game named "Abe's Amazing Adventure"	YES	★★★★★	Desktop only
ace-of-penguins	Penguin-themed solitaire games	YES	★★★★★	Desktop only, installs 12 seperate games
acm	Multi-player classical aerial combat simulation	YES	Rate this!	Sound not working. No instructions.
adanaxisgpl	Action game in four spatial dimensions	NO	N/A	Installs but doesn't seem to work.
adonthell	2D graphical role-playing game	NO	N/A	Not built for ARM, but prime candidate to make work as it's largely if not all Python.
airstrike	2d dogfight game in the tradition of 'Biplanes' and 'BIP'	YES	★★★★★	Best from desktop. Sound not working.
aisleriot	GNOME solitaire card game collection	YES	Rate this!	Desktop. Help not working.
alex4	Alex the Alligator 4 - A retro platform game	YES	★★★★★	No issues! Gameboy stylee!p>
alien-arena	Standalone 3D first person online deathmatch shooter	NO	N/A	ARM supported but package info incomplete? Candidate to compile from source.
alienblaster	Classic 2D shoot 'em up	YES	Rate this!	Flickering from command line, slow if run from desktop.. playable, just about.
amoebax	Puyo Puyo-style puzzle game for up to two players	YES	★★★★★	No issues at all. Nice little game.
amor	Desktop companion	YES	★★★★★	Desktop "character". Odd!
amphetamine	Jump 'n run game with unique visual effects	YES	Rate this!	No issues at all!
an	Very fast anagram generator	YES	Rate this!	Command line only. Not a game!
angband	Single-player, text-based, dungeon simulation game	YES	Rate this!	No issues. Graphical text-based adventure.
angrydd	Angry Drunken Dwarves - falling blocks puzzle game	YES	Rate this!	No issues!
animals	Traditional AI animal guessing engine using a binary tree DB	YES	★★★★★	Command line only
antigravitaattori	Multiplayer flying saucer racing game	NO	N/A	Graphics failure

Bild 6.6: Die Tabelle bei *bit.ly/wheezy-game-challenge* zeigt, welche alten Linux-Spiele auf dem Raspberry Pi laufen.

Zu jedem Spiel werden Installationsinformationen mitgeliefert. Viele der Spiele tragen sich selbstständig ins Startmenü unter *Spiele* ein, sodass der Programmstart ganz einfach ist. Besonders die älteren Klassiker laufen auf dem Raspberry Pi sehr flüssig.

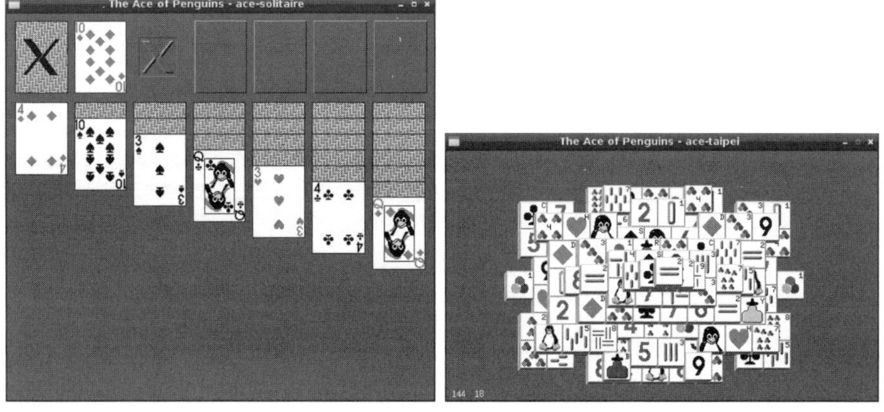

Bild 6.7: Zu den Raspberry Pi-kompatiblen Spielen gehören unter anderem die Klassiker aus der Serie Ace of Penguins.

Die beliebten Kartenspielklassiker der Serie Ace of Penguins werden alle zusammen als ein einziges Paket auf dem Raspberry Pi installiert:

```
sudo apt-get update
sudo apt-get install ace-of-penguins
```

Die meisten der Spiele werden über `apt-get install` als Debian-Pakete heruntergeladen und installiert. Um ein Spiel wieder zu entfernen, geben Sie ein:

```
sudo apt-get purge [Paketname]
```

Einige Spiele installieren zusätzlich Grafikbibliotheken oder andere Zusatzpakete, die nach der Deinstallation unter Umständen nicht mehr benötigt werden. Diese können Sie mit folgendem Befehl entfernen:

```
sudo apt-get autoremove
```

6.3.2 Textadventures - interaktive Fiktion

Textadventures waren in der ersten Zeit der Homecomputer eine beliebte Art von Spielen. Seit Jahren sind keine solchen Spiele mehr kommerziell erschienen, die Fangemeinde ist aber immer noch riesig. In einem Textadventure liest man eine Geschichte und entscheidet an wichtigen Punkten selbst, wie es weitergehen soll. Heute werden diese Textadventures meist nicht mehr als Spiele bezeichnet (da sie den grafischen Ansprüchen heutiger Gamer längst nicht mehr genügen), sondern als »Interactive Fiction« oder interaktive Romane.

Im Laufe der Zeit haben sich neben proprietären Spielsystemen verschiedene Beschreibungssprachen entwickelt, in denen Autoren ihre Geschichten auch heute noch schreiben. Die bekannteste derartige Sprache ist Z-code von *inform7.com*. Um interaktive Fiktion, die nicht an eine bestimmte Plattform gebunden ist, spielen zu können, benötigt man einen Interpreter für die jeweilige Beschreibungssprache. *Gargoyle* ist ein solcher Interpreter für den Raspberry Pi, der neben Z-Code auch noch diverse andere Beschreibungssprachen wie TADS, Blorb und agx unterstützt. Installieren Sie das Programm `gargoyle-free` mit folgenden Kommandozeilenbefehlen oder über Synaptic:

```
sudo apt-get update
sudo apt-get install gargoyle-free
```

Jetzt brauchen Sie nur noch die passenden Geschichten. Hier gibt es jede Menge Fanfiction, die in den Archiven *www.if-album.menear.de* und *wurb.com/if/index* gesammelt wird. Unsere Linksammlung *www.softwarehandbuch.de/raspberry-pi* enthält noch weitere Links zu Textadventures.

Kopieren Sie die heruntergeladenen Textadventures in das Home-Verzeichnis `/home/pi` und starten Sie *Gargoyle* aus dem Startmenü unter *Spiele*.

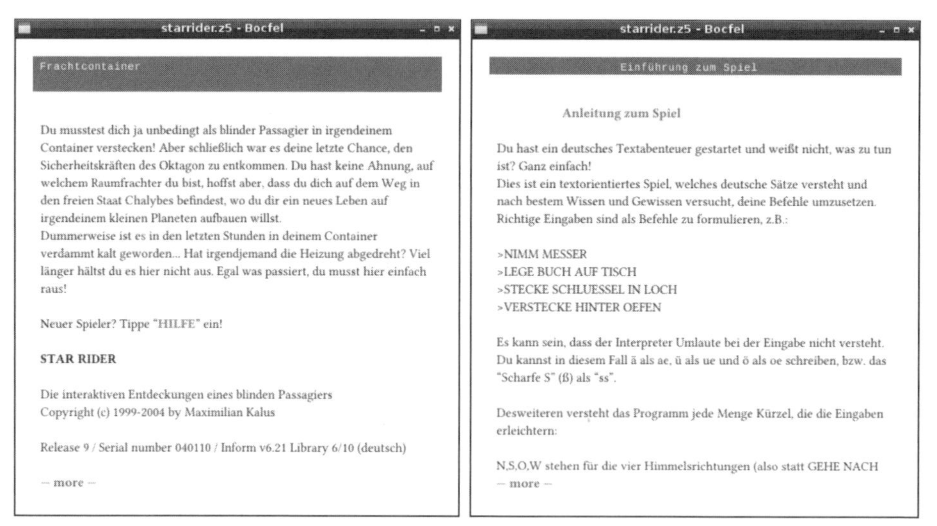

Bild 6.8: Die meisten Textadventures enthalten eine Hilfe für den Start.

Jedes Textadventure ist anders. Manchmal werden die nächsten möglichen Schritte durch einfache Zahlen in einem simplen Menü ausgewählt, in anderen Spielen muss man schreiben, was man als Nächstes tun möchte. Im Zweifelsfall hilft die eingebaute Hilfefunktion weiter.

6.3.3 Klassische Point-and-Klick-Adventures auf dem Raspberry Pi

Jeder, der in den 80er- und 90er-Jahren schon einen Computer hatte, kennt die Spieleklassiker Monkey Island, Indiana Jones oder Zak McKraken. Diese Spiele lassen sich jetzt auf dem Raspberry Pi neu erleben. Der kleine Raspberry Pi ist deutlich leistungsfähiger als die Spielcomputer der damaligen Zeit.

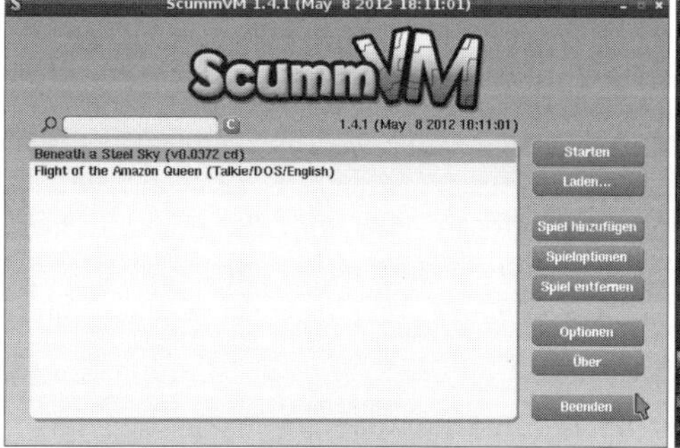

Bild 6.9: ScummVM bringt alte Spieleklassiker auf den Raspberry Pi (und auch auf andere aktuelle Plattformen).

ScummVM - die Abkürzung steht für »Script Creation Utility for Maniac Mansion Virtual Machine« - ermöglicht es, diese klassischen Point-and-Klick-Abenteuer von LucasArts und Sierra auf Computern zu spielen, für die sie nie entwickelt wurden. Dabei stellt ScummVM (*www.scummvm.org*) lediglich die Plattform zur Verfügung. Die Spiele werden von den Originaldisketten oder CDs von damals installiert.

ScummVM ist über eine Linux-Kommandozeile im LXTerminal schnell installiert:

```
sudo apt-get update
sudo apt-get install scummvm
```

ScummVM trägt sich bei der Installation automatisch im Startmenü unter *Spiele* ein. Jetzt brauchen Sie nur noch die geeigneten Spiele. Wenn Sie alte Spiele haben, kopieren Sie sie in das Verzeichnis `/home/pi/scummvm`. Zwei bekannte Klassiker werden kostenlos in einem für ScummVM vorbereiteten Format zur Installation angeboten:

```
sudo apt-get install beneath-a-steel-sky
sudo apt-get install flight-of-the-amazon-queen
```

Weitere Spiele sind auf der Webseite des ScummVM-Herstellers zu finden: *www.scummvm.org/downloads*.

Im nächsten Schritt müssen die Spiele der Oberfläche von ScummVM hinzugefügt werden. Klicken Sie auf *Spiel hinzufügen* und wählen Sie das Verzeichnis mit den Spieldateien. Die per `apt-get` installierten Spiele befinden sich in Unterverzeichnissen von `/usr/share/scummvm`.

Jetzt brauchen Sie nur noch ein Spiel auszuwählen und können mit einem Klick auf *Starten* beginnen. Die Bedienung ist die gleiche, wie man sie von damals kennt.

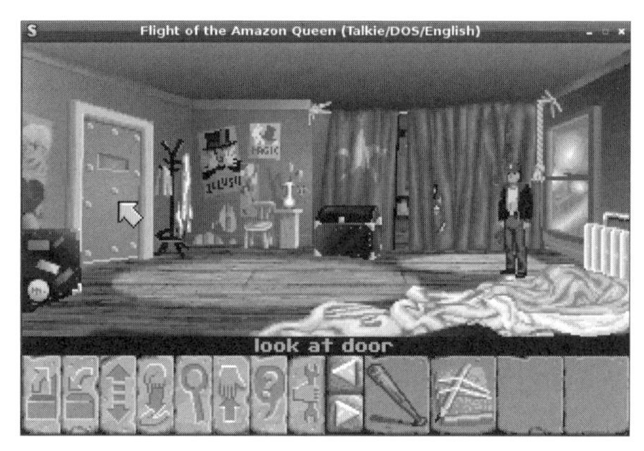

Bild 6.10: Die Oberfläche damaliger Spiele ist immer gleich aufgebaut: Man zeigt mit der Maus auf ein Objekt und kann es anschließend über einen der unteren Buttons ansehen, öffnen, nehmen.

6.3.4 Python Games

Raspbian liefert ein paar unterhaltsame Spiele für zwischendurch mit. Diese verbergen sich hinter dem Desktopsymbol *Python Games* und sind eigentlich als Programmierbeispiele gedacht, aber auch durchaus spielbar. Die Spiele werden über ein Auswahlmenü gestartet, sodass die Spieler mit der Python-Shell nichts zu tun haben.

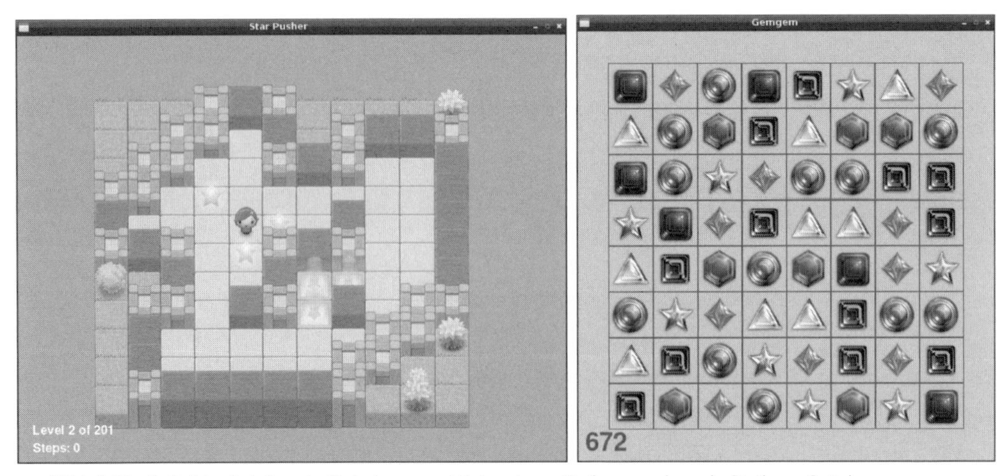

Bild 6.11: Beliebte Spiele wie Sokoban und 3-in-einer-Reihe werden als Python-Spiele mitgeliefert.

Die Spiele sind nicht nur nett zu spielen, sondern liegen auch im Quelltext vor, mit dem man erweiterte Programmiertechniken mit der PyGame-Entwicklungsbibliothek erlernen kann. Natürlich kann man so die Spiele auch selbst verbessern oder anpassen.

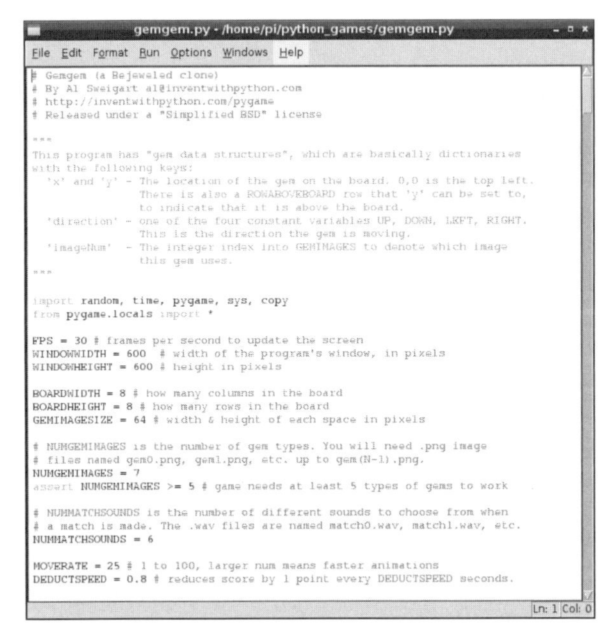

Bild 6.12: Die Quellcodes der Spiele sind ausführlich dokumentiert. Python-Grundkenntnisse sollte man aber haben.

6.4 Emulatoren für Retrocomputer

Die ersten Spielcomputer der 80er-Jahre funktionieren längst nicht mehr oder wurden irgendwann verschenkt oder verschrottet, ohne dass man sich damals bewusst war, dass damit ein Stück Kulturgeschichte verloren geht. Die Spiele von damals haben in Form von Image-Dateien oft bis heute überlebt.

Emulatoren, die einen der alten Computer komplett und möglichst exakt auf einer neuen Hardware softwaremäßig nachbilden, bieten die Lösung, alte Spiele auch heute noch zu genießen. Der Raspberry Pi ist um ein Vielfaches leistungsfähiger als ein 25 Jahre alter Spielcomputer. So lassen sich Emulatoren darauf installieren und alte Spiele spielen.

6.4.1 Atari800-Emulator

Der Atari800-Emulator aus dem Pi Store emuliert die ehemaligen Homecomputer der Serien Atari 400, 800, 600XL, 800XL, 130XE und 5200 aus den frühen 80er-Jahren. Der in diesen Computern verbaute, damals sehr bekannte Prozessor 6502 wird zyklusgenau emuliert. Nach Angaben der Entwickler werden selbst undokumentierte Befehle unterstützt.

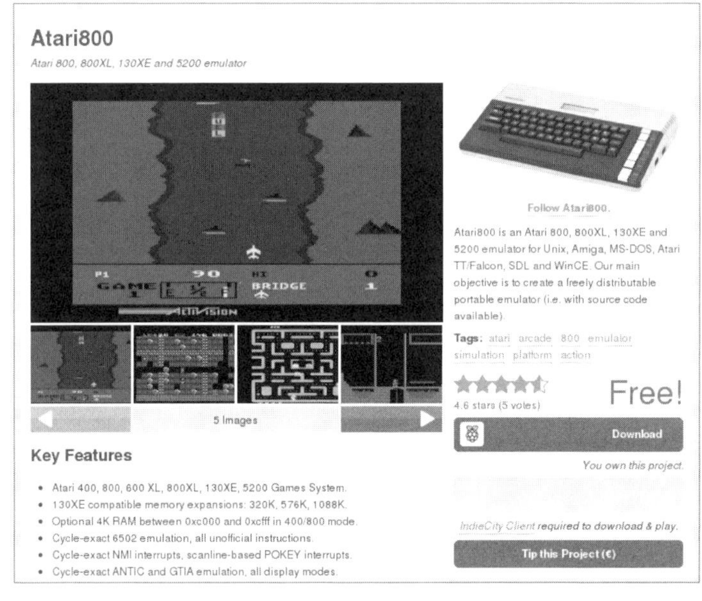

Bild 6.13: Der Atari800-Emulator im Pi Store.

Nach der Installation starten Sie den Atari800-Emulator direkt über *My Library* aus dem Pi Store. Der Emulator führt automatisch einen Neustart des Raspberry Pi durch und startet ohne grafische Oberfläche direkt in den Emulator. Auf diese Weise stehen erheblich mehr Ressourcen zur Verfügung.

Der Atari800-Emulator startet mit einem Originaltestbildschirm. Alternativ kann der Emulator im Konfigurationsmenü, das mit der Taste F1 aufgerufen wird, auch so eingestellt werden, dass er sofort in das Atari-Basic bootet. Der Emulator wird über Funktionstasten gesteuert, die die Sondertasten des Originalgeräts abbilden:

Emulator-Taste	Original-Atari-Taste
F2	Option
F3	Select
F4	Start
F5	Reset (Warmstart)
Umschalt + F5	Reboot (Kaltstart)

Spezielle Emulatorfunktionen werden über Tastenkombinationen aufrufen:

Tastenkombination	Funktion
F1	Emulator-Konfigurationsmenü
Alt + R	Atari-Programm ausführen
Alt + D	Disc-Verwaltung
Alt + C	Cartridge-Verwaltung
Alt + T	Tape-Verwaltung
Alt + Y	Systemeinstellungen
Alt + O	Soundeinstellungen
Alt + W	Soundaufzeichnung Start/Stopp
Alt + S	Status sichern
Alt + L	Status laden
F8	Emulator-Monitor aufrufen
F9	Emulator beenden
F10	Screenshot

Sie können den Emulator in Atari-Basic programmieren oder direkt mit der Tastenkombination Alt + R ein Atari-Programm starten, das im ATR-Format auf dem Raspberry Pi vorliegen muss. Der Emulator verwendet das Verzeichnis `/usr/local/bin/indiecity/InstalledApps/atari800/Full`. Kopieren Sie dort die Dateien hin.

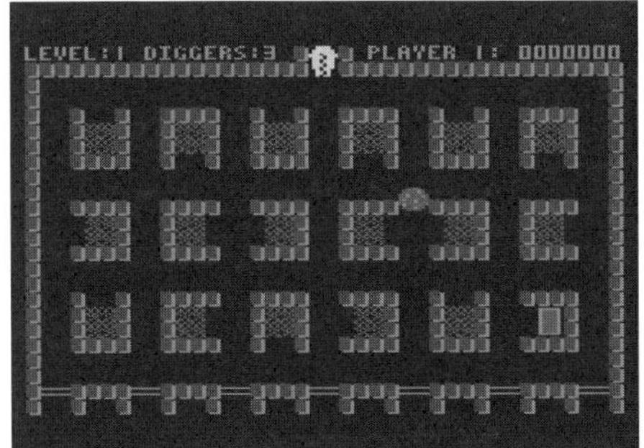

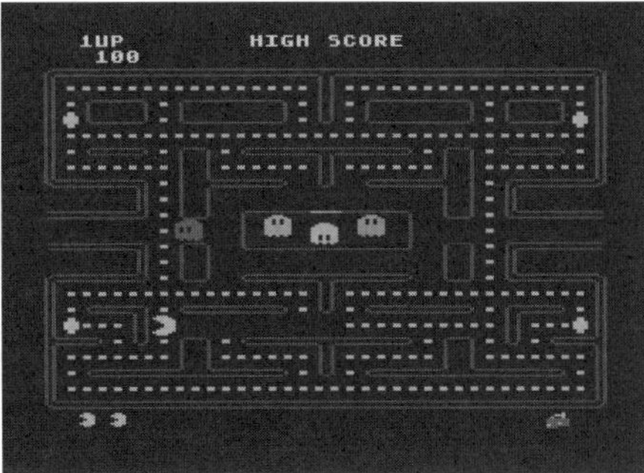

Bild 6.14: Alte Atari-Spiele lassen sich mit dem Atari800-Emulator auf dem Raspberry Pi spielen.

Verschiedene Webseiten wie z. B. *www.atari.org* oder *www.theoldcomputer.com* liefern Software und auch Betriebssystem-Images von damals für Emulatoren zum Download. In den meisten Fällen brauchen Sie nur die gepackten Archive in das Verzeichnis des Emulators zu entpacken, sie dort mit [Alt]+[R] auszuwählen und zu starten.

Urheberrecht beachten

Auch alte Spiele für längst vergangene Computergenerationen sind in Deutschland urheberrechtlich geschützt. Üblicherweise dürfen Sie ein Spiel nur dann im Emulator nutzen, wenn Sie auch den Originaldatenträger, Diskette oder Cartridge, besitzen. Einige Hersteller haben die alte Software als sogenannte Abandonware freigegeben. Damit bezeichnet man »verwaiste« Software, die vom Hersteller nicht mehr gepflegt wird und wofür es auch keinen Support mehr gibt. Diese Software wird jetzt von der Community weiter unterstützt und teilweise, wenn auch der Quellcode zur Verfügung gestellt wurde, sogar noch weiter verbessert. Spiele, die von ihren damaligen Herstellern offiziell freigegeben wurden, dürfen in Emulatoren auch genutzt werden, wenn man keine Originallizenz von damals vorweisen kann.

6.4.2 ZX Spectrum-Emulator

Der Emulator *Unreal Speccy Portable* emuliert den Sinclair ZX Spectrum von 1982. Dieser weit bekannte Home- und Spielcomputer lief mit dem Zilog-Z80-Prozessor, der zweiten großen Prozessorfamilie neben dem 6502.

Nach der Installation starten Sie den ZX Spectrum-Emulator wie den Atari800-Emulator direkt über *My Library* aus dem Pi Store. Auch dieser Emulator führt automatisch einen Neustart des Raspberry Pi durch und startet ohne grafische Oberfläche direkt in den Emulator. Größere Spiele im ZX Spectrum-Emulator laufen nur auf Raspberry Pi-Modellen mit 512 MB RAM.

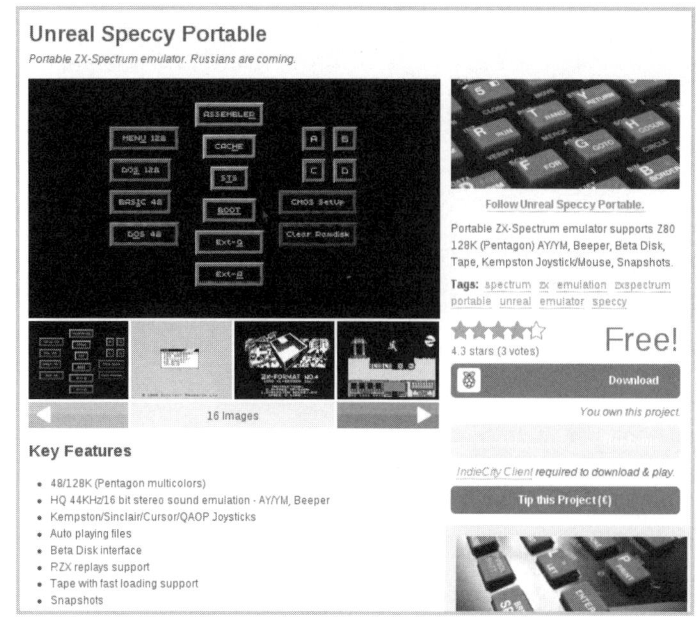

Bild 6.15: Der ZX Spectrum-Emulator im Pi Store.

Der ZX Spectrum-Emulator startet mit einem Originalmenübildschirm, der nur mit der Tastatur bedient werden kann. Der Emulator wird über Funktionstasten gesteuert, die die Sondertasten des Originalgeräts abbilden:

Emulator-Taste	Original-ZX Spectrum-Taste
Esc	Menü
F12	Reset
F7	Pause
F2	Quick Save
F3	Quick Load
F5	Start/Stop Tape (der ZX Spectrum verwendete einen Kassettenrekorder als Datenspeicher – sogar das Bildschirmblinken beim Laden von Kassette wird im Emulator simuliert)

Alte Sinclair-Programmdateien und Spiele in den Formaten `sna`, `z80`, `rzx`, `tap`, `tzx`, `csw`, `trd`, `scl`, `fdi`, `zip` können vor dem Start des Emulators ins Home-Verzeichnis kopiert und dann direkt mit dem Emulator geöffnet werden. Drücken Sie die Taste Esc, um das Menü zu öffnen, in dem man Spiele laden kann.

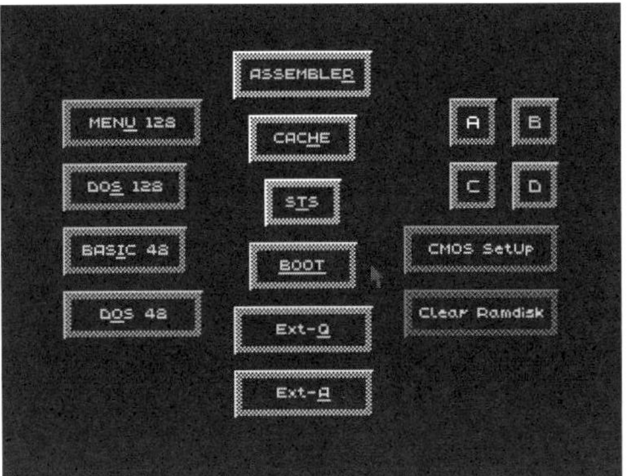

Bild 6.16: Startmenü und ein typisches Spiel auf dem ZX Spectrum-Emulator.

Der ZX Spectrum hat heute noch zahlreiche Fans. Viele Infos zu Software und Hardware finden Sie unter anderem bei *www.zock.com*, *www.zxsoftware.co.uk* und *www.worldofspectrum.org*.

6.4.3 rpix86 – alte DOS-Spiele auf dem Raspberry Pi

Mit den ersten PCs, lange vor Windows, kamen auch die ersten Spiele, die heute Kultstatus haben. Die PC-Plattform und das damalige DOS-Betriebssystem wurden schnell zu einer der wichtigsten Spielplattformen, obwohl es für die Entwickler anfangs sehr schwierig war, die Hardware zu unterstützen. Es gab kaum allgemeingültige Treiber für Grafik und Sound. Spiele mussten direkt auf die Geräte zugreifen, neuere Hardware wurde nicht unterstützt, weil sie zum Zeitpunkt, als das Spiel geschrieben wurde, noch nicht existierte.

Wären die alten, kultigen DOS-Spiele ohne solche Kompatibilitätsumwege geschrieben worden, würden sie auch heute noch im DOS-Fenster von Windows laufen. PC-Emulatoren bieten heute die Möglichkeit, die alten Spiele auf moderner Hardware zu spielen. Da der alte PC nur emuliert wird, gibt es nur wenige Kompatibilitätsprobleme.

rpix86 ist ein solcher PC-Emulator, der über den Pi Store zum Download angeboten wird. Die Software emuliert auf dem Raspberry Pi einen PC mit folgenden technischen Daten:

- 80486-Prozessor mit 20 MHz Taktfrequenz
- 640 KByte Hauptspeicher, 4 MB EMS- und 16 MB XMS-Speicher
- Super-VGA-Grafikkarte bis zu 640 x 480 Pixeln, 256 Farben
- SoundBlaster-2.0-Soundkarte, AdLib-kompatibel
- US-Tastatur
- 2-Tasten-Maus

- Joystick
- Roland MPU-401 MIDI Interface
- Serielle Schnittstelle COM1

Diese Systemeigenschaften entsprechen einem durchschnittlichen PC aus den frühen 90er-Jahren.

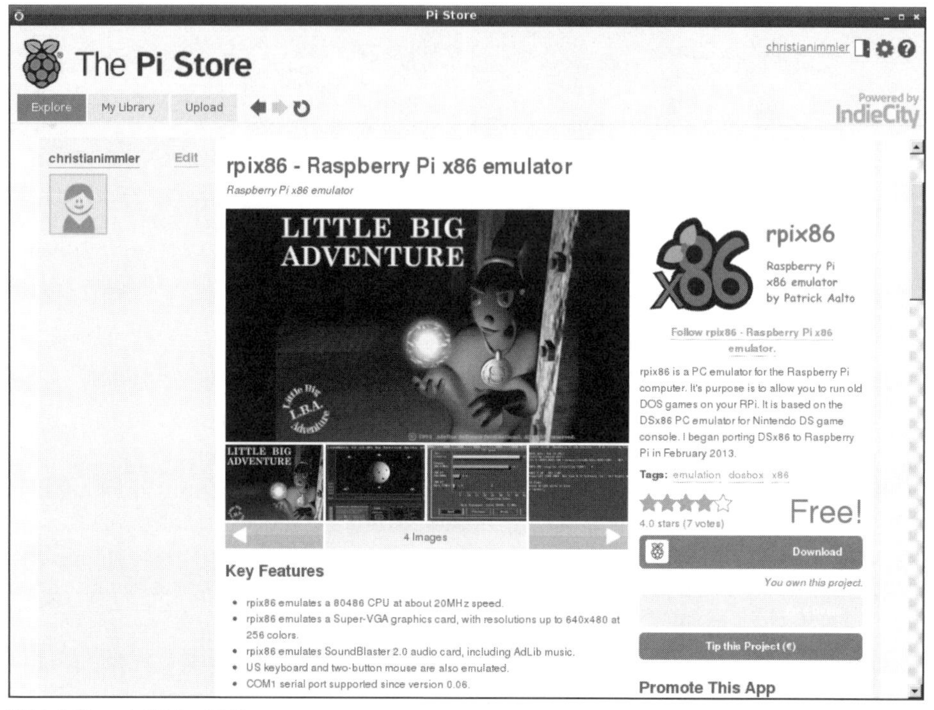

Bild 6.17: rpix86 im Pi Store.

rpix86 wird nach der Installation direkt aus dem Pi Store gestartet. Dazu wird der Raspberry Pi neu gebootet. Der Emulator läuft ohne grafische Oberfläche im Vollbildmodus. Beim ersten Start erscheint eine Aufforderung, dass der Kommandozeileninterpreter 4DOS heruntergeladen werden muss. Bestätigen Sie diese Anfrage, erfolgen Download und Installation automatisch. Danach erscheint der altbekannte DOS-Prompt:

```
c:>_
```

Hier können Sie DOS-Befehle eintippen und DOS-Programme starten. Das Hauptverzeichnis der emulierten Festplatte `C:\` entspricht dem Linux-Verzeichnis `/usr/local/bin/indiecity/InstalledApps/rpix86/Full`. Kopieren Sie DOS-Spiele in Unterverzeichnisse dieses Verzeichnisses, bevor Sie den Emulator starten, da, während dieser im Vollbildmodus läuft, keine SFTP-Verbindung mit dem Raspberry Pi möglich ist.

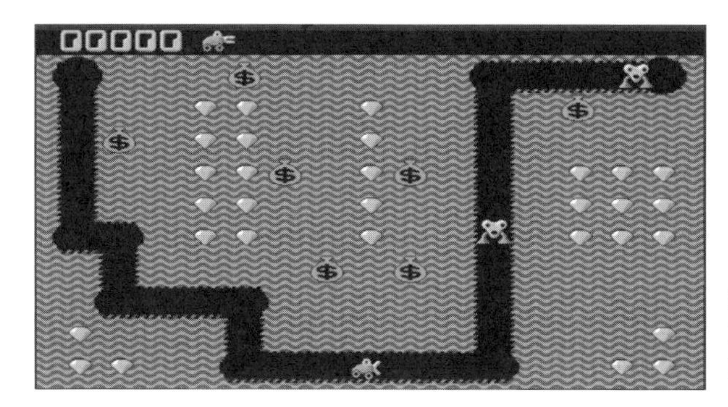

Bild 6.18: Der DOS-Klassiker Digger aus dem Jahr 1983 im Emulator auf dem Raspberry Pi.

Sollten Sie keine älteren DOS-Spiele mehr besitzen - bei *www.dosgamesarchive.com* finden Sie jede Menge Klassiker zum legalen Download. Der Emulator rpix86 basiert auf dem Emulator DSx86, mit dem sich DOS-Spiele auf der Spielkonsole Nintendo DS spielen lassen. Dieser Emulator bietet eine umfangreiche Kompatibilitätsliste für unterstützte Spiele an, die weitgehend auch für den rpix86-Emulator gilt: *goo.gl/L6ba6*.

DOS-Dateinamen

Beachten Sie beim Anlegen von Verzeichnissen und Dateien die Begrenzungen für Dateinamen unter DOS. Alle Datei- und Verzeichnisnamen dürfen höchstens acht Zeichen lang sein und keine Leerzeichen und Sonderzeichen enthalten, _ und - sind erlaubt. DOS unterscheidet im Gegensatz zu Linux nicht zwischen Groß- und Kleinschreibung. In den Anfangszeiten wurden DOS-Dateinamen immer großgeschrieben. Dateinamen haben hinter dem eigentlichen Namen üblicherweise noch eine Erweiterung aus drei Buchstaben, durch einen Punkt vom Namen getrennt, die den Dateityp angibt. Bei Verzeichnisnamen fehlt diese Erweiterung üblicherweise.

Mit dem Befehl `exit`, am DOS-Prompt eingegeben, verlassen Sie den Emulator und starten den Raspberry Pi neu.

Deutsche Tastatur im PC-Emulator

Standardmäßig unterstützt rpix86 nur die US-amerikanische Tastaturbelegung. Der verwendete Kommandozeileninterpreter 4DOS kennt auch den Befehl `keyb gr` nicht, mit dem man unter MS-DOS auf die deutsche Tastatur umstellen konnte. Mit einem Trick ist es aber dennoch möglich, an ein deutsches Tastaturlayout zu kommen.

1. Laden Sie sich auf der Seite *goo.gl/1JguW* die Datei *mkeyb027.zip* herunter. Dies ist das Downloadarchiv der DOS-Variante FreeDOS für PCs. Deren Tastaturtreiber kann auch mit rpix86 genutzt werden.
2. Entpacken Sie das ZIP-Archiv und kopieren Sie daraus die Datei *MKEYBGR.EXE* in das Hauptverzeichnis des Emulators.
3. Erstellen Sie jetzt noch eine Textdatei mit Namen *AUTOEXEC.BAT*, die nur eine Zeile mit folgendem Inhalt enthält:

```
MKEYBGR.EXE
```

4. Kopieren Sie diese Datei ebenfalls in das Hauptverzeichnis des Emulators und starten Sie diesen dann über den Pi Store. Die Tastatur hat jetzt die deutsche Belegung.

rpix86 in einem Fenster auf dem Linux-Desktop

Der Entwickler empfiehlt diese Methode zwar nicht, aber mit vielen Spielen funktioniert es, den rpix86-Emulator in einem Fenster laufen zu lassen.

1. Wechseln Sie im Dateimanager auf dem Raspberry Pi in das Verzeichnis `/usr/local/bin/indiecity/InstalledApps/rpix86/Full` und starten Sie per Doppelklick die Datei `rpix86`. Dabei müssen Sie bestätigen, dass Sie diese Datei ausführen wollen.

2. Beim ersten Start erscheint auch hier die Anfrage, den Kommandozeileninterpreter 4DOS herunterzuladen. Beantworten Sie diese Frage mit `y`.

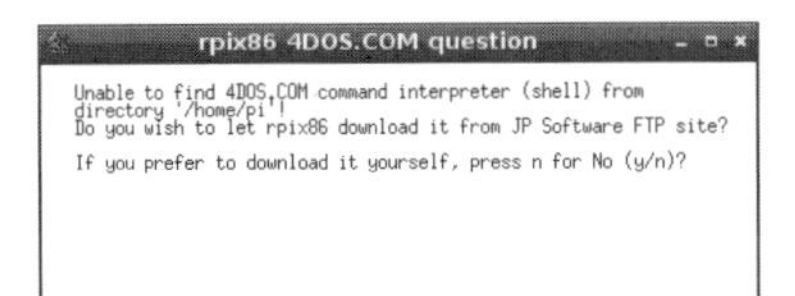

Bild 6.19: Der Kommandozeileninterpreter 4DOS muss beim ersten Start installiert werden.

3. Danach startet rpix86 in einem Fenster auf dem grafischen Desktop. Im Unterschied zum normalen Start ist das Hauptverzeichnis der emulierten Festplatte `C:\` jetzt das Home-Verzeichnis `/home/pi`.

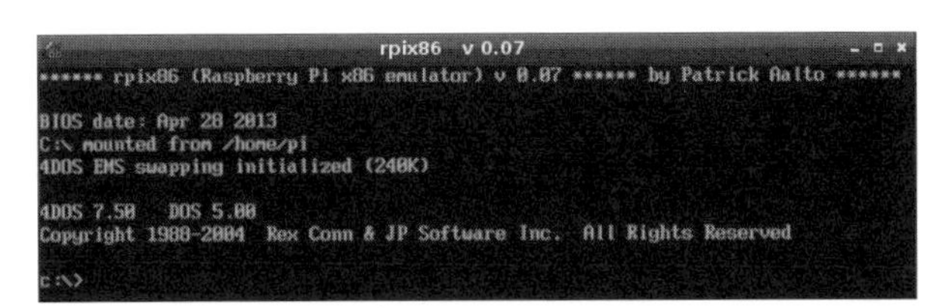

Bild 6.20: Ein simulierter »großer« PC in einem kleinen Fenster auf dem Raspberry Pi.

4. Auf diese Weise laufen zwar nicht so viele Spiele, die Methode hat aber den Vorteil, dass Sie, während der Emulator läuft, ohne Neustart neue Spiele herunterladen und installieren können.

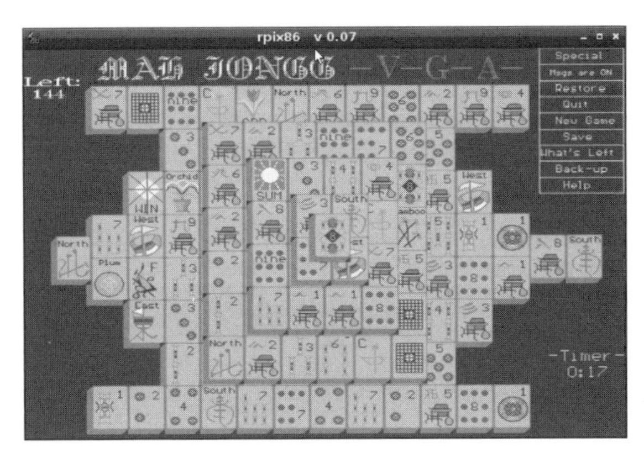

Bild 6.21: Das beliebte Mah Jongg VGA für DOS im rpix86-Emulator.

Zum einfacheren Start von rpix86 legen Sie sich ein Desktopsymbol an:

1. Klicken Sie mit der rechten Maustaste auf den Desktop und wählen Sie im Kontextmenü *Neu/Leere Datei*. Geben Sie als Dateinamen `rpix86.desktop` ein.
2. Klicken Sie mit der rechten Maustaste auf das neue Dateisymbol und wählen Sie im Kontextmenü *Leafpad*. Jetzt öffnet sich ein leeres Editorfenster. Tragen Sie hier folgende Zeilen ein:

```
[Desktop Entry]
Name=rpix86
Exec=/usr/local/bin/indiecity/InstalledApps/rpix86/Full/rpix86
Icon=lxterminal
Terminal=false
Type=Application
```

Ein Doppelklick auf das neue Desktopsymbol startet rpix86 in einem Fenster.

6.5 ChameleonPi - das Spiele-Linux

Wer mit Emulatoren ältere Computerspiele auf dem Raspberry Pi spielen möchte, der braucht keinen Linux-Desktop - das dachten sich auch die Entwickler von ChameleonPi, einer speziellen Linux-Distribution für Spieler auf dem Raspberry Pi.

Bild 6.22: ChameleonPi liefert unter einer eigenen Startoberfläche Emulatoren für klassische Computer.

Emulatoren in ChameleonPi	
Amstrad CPC 464	Zwei Emulatoren: CAPRICE, ARNOLD
Apple II	LINAPPLE
Arcade	Zwei Emulatoren: ADVMAME, Retroarch
Atari 2600	STELLA
Atari 800	Auch Atari 400, 800 XL, 130 XE
Atari ST/STE/TT/Falcon	HATARI

Emulatoren in ChameleonPi	
Commodore 128	VICE
Commodore 64	VICE
Commodore PET	
Commodore VC-20	VICE
DOS/Windows 3.x	Zwei Emulatoren: DOSBOX, rpix
Mame	
Nintendo GameBoy	Zwei Emulatoren: gnuboy, VisualBoyAdvance
Nintendo NES	RetroArch
Oric Atmos	ORICUTRON
Oric-1	ORICUTRON
ScummVM	
Sega genesis-megadrive	dgen with selector
Sinclair ZX Spectrum	Drei Emulatoren: FUSE, UNREAL SPECCY, FBZX
Sinclair ZX80/ZX81	SZ81
Sony MSX	openmsx (rom selector)
Super Nintendo	RetroArch

Mit den Pfeiltasten blättern Sie zwischen den verschiedenen emulierten Computern hin und her. Auf jeder Bildschirmseite starten Sie mit der [Enter]-Taste den entsprechenden Emulator. Weitere Tastenfunktionen sind teilweise auf den Seiten angegeben. Zur Darstellung der Webseiten und der Onlinehilfe bringt ChameleonPi einen einfachen Browser mit.

Taste	Funktion
Pfeile	Emulierten Computer wählen.
[Enter]	Emulator starten.
[1], [2], [3]	Weitere Emulatoren zu einem Computer starten.
[E]	Onlinehilfe zum Emulator aufrufen.
[C]	Onlinehilfe zum emulierten Computer aufrufen.
[W]	Offizielle Webseite des Emulators aufrufen.
[F1]	Allgemeine Hilfe zu ChameleonPi aufrufen.
[O]	Optionsmenü mit Systemfunktionen.
[T]	Linux-Kommandozeile – exit führt zurück zum Hauptmenü.

Taste	Funktion
Q	Herunterfahren.
Esc	Führt in den meisten Fällen zurück zum Startbildschirm mit der Auswahl der emulierten Computer.
F1, F10	Öffnet in den meisten Emulatoren das Emulatormenü.

6.5.1 ChameleonPi installieren

ChameleonPi wird als Image-Datei angeboten, die mit einem USB-Image-Tool auf eine Speicherkarte übertragen werden muss. Im Installer NOOBS ist ChameleonPi nicht enthalten.

1. Den Link zum Download der aktuellen Image-Datei finden Sie unter *chameleon.enging.com/?q=download*.
2. Die Image-Datei wird als bz2-komprimiertes Archiv geliefert. Dieses können Sie entweder direkt unter Linux entpacken oder auf einem Windows-PC mit dem Packer 7-Zip (*www.7-zip.de*). Installieren Sie anschließend die entpackte IMG-Datei mit dem weiter oben beschriebenen USB-Image-Tool auf eine mindestens 8 GB große Speicherkarte und booten Sie den Raspberry Pi damit.
3. Bevor Sie einen Emulator auswählen und direkt zu spielen anfangen, rufen Sie mit der Taste O das Optionsmenü auf. Wählen Sie dort mit den Pfeiltasten die Zeile *Resize roms partition*. Damit wird die Datenpartition für die Spiele auf die volle Größe der Speicherkarte ausgeweitet.
4. Starten Sie danach weiter unten im Menü *Raspbian config*. Dabei handelt es sich um das bekannte Konfigurationstool, in dem Sie die Tastatur, Sprache und Zeitzone auswählen.
5. Wenn Sie keinen HDMI-Fernseher mit HDMI-Audio angeschlossen haben, benötigen Sie externe Lautsprecher an der 3,5-mm-Klinkenbuchse. Um diese auch nutzen zu können, wählen Sie im *Audio menu* die Option *3.5mm socket*.
6. Öffnen Sie mit *Open terminal* ein Kommandozeilenfenster, um das System mit folgenden Befehlszeilen auf den aktuellen Stand zu bringen:

```
sudo apt-get update
sudo apt-get upgrade
sudo apt-get autoclean
```

7. Verlassen Sie die Kommandozeilenebene mit `exit` und starten Sie den Raspberry Pi mit dem Menüpunkt *Reboot now* neu.

6.5.2 Spiele in ChameleonPi installieren

Die Emulatoren werden alle ohne Spiele geliefert. Je nach Plattform benötigen Sie noch passende ROM-Dateien oder für den PC-DOS-Emulator einfache Programmdateien zur Installation der Spiele. Um diese in ChameleonPi zu installieren, gibt es zwei Möglichkeiten:

- Stecken Sie die Speicherkarte in den PC und kopieren Sie die Spieldateien in die jeweiligen Unterverzeichnisse unter `roms`.
- ChameleonPi enthält einen Samba-Server und legt automatisch eine Windows-Freigabe im Netzwerk an. Kopieren Sie die auf dem PC heruntergeladenen Spieldateien in die jeweiligen Unterverzeichnisse unter `RPICHAMELEON/roms`. Beim ersten Mal müssen Sie sich anmelden, der Benutzername dafür lautet `zx`, das Passwort `spectrum`.

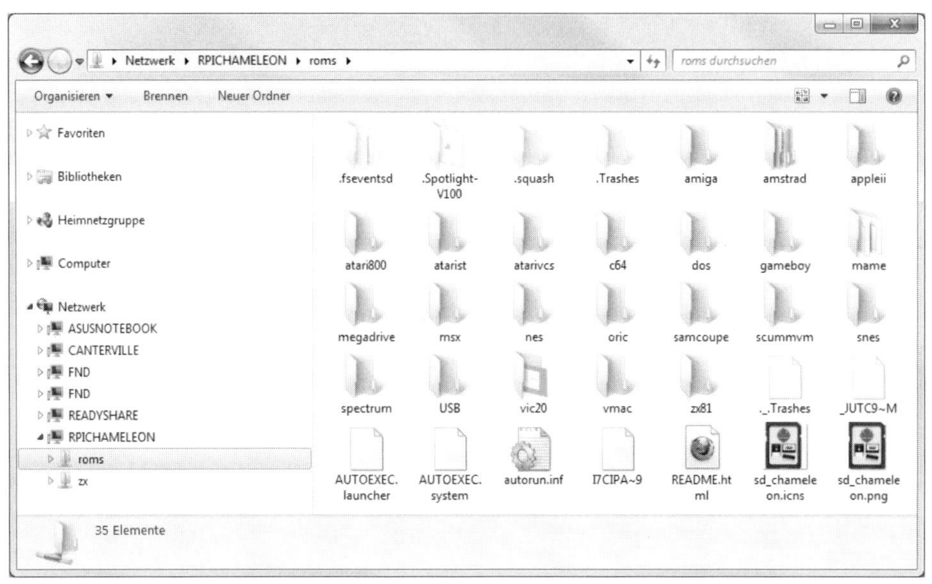

Bild 6.23: Die Netzwerkfreigabe von ChameleonPi ermöglicht einfaches Übertragen von ROM-Dateien vom PC.

6.5.3 Spielen im Emulator

Jeder Emulator funktioniert etwas anders, das Prinzip ist aber immer das gleiche. Nach dem Start des Emulators öffnet sich die Benutzeroberfläche des emulierten Computers, die damals oft nur aus einem Prompt mit *OK* oder *Ready* bestand, an dem Kommandozeilenbefehle eingegeben werden mussten.

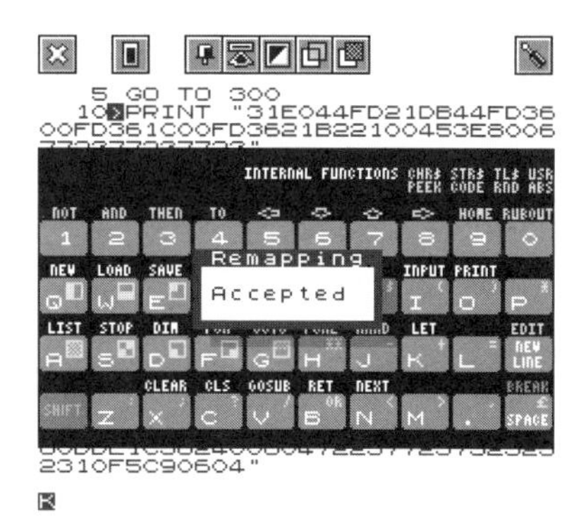

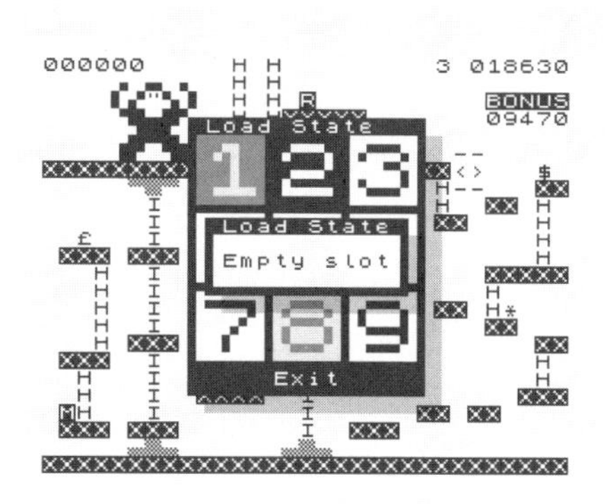

Bild 6.24: Der Emulator für Sinclair ZX80/ZX81 emuliert auch die mehrfach belegte Tastatur.

In den meisten Emulatoren öffnet die Taste [F1] oder [F10] ein Menü. Über dieses Menü lassen sich Einstellungen vornehmen sowie die entsprechenden ROM-Dateien mit den Spielen laden. Meistens führt die Taste [Esc] wieder zurück zum Hauptmenü von ChameleonPi.

RetroPie

Das RetroPie-Projekt bringt eine weitere Sammlung von Emulatoren für alte Spielkonsolen auf den Raspberry Pi. Dazu wird ein spezielles Setup-Skript verwendet, das diese Emulatoren auf Raspbian installiert. Alternativ kann man auch ein vorgefertigtes Image direkt auf einer Speicherkarte installieren. Das Besondere an RetroPie gegenüber vergleichbaren Softwaresammlungen ist die Unterstützung des RetroPie-GPIO-Adapters. Über diese kleine Platine lassen sich zwei SNES-Controller am Raspberry Pi anschließen, um so echtes Retrospielgefühl zu erzeugen. Alte Spiele spielen sich nun mal nur halb so schön mit einer Maus.

Der RetroPie-GPIO-Adapter. (Foto: Florian Müller)

Der RetroPie-GPIO-Adapter wird als Bausatz zum Zusammenlöten geliefert. Über ein kurzes Flachbandkabel werden zwei SNES-Controller-Anschlussbuchsen angeschlossen, an denen man die originalen SNES-Controller einstecken kann. Diese Anschlussbuchsen baut man entweder aus einer defekten SNES-Konsole aus, wie sie öfter auf Flohmärkten oder bei eBay angeboten werden, oder man besorgt sich SNES-Controller-Verlängerungskabel, die heute noch im Zubehörhandel erhältlich sind.

Der RetroPie-GPIO-Adapter und die Anschlüsse für die SNES-Controller. (Foto: Florian Müller)

Da die RetroPie-Distribution auf Raspbian basiert, muss auch hier nach dem ersten Booten des Raspberry Pi mit der Speicherkarte zunächst das Konfigurationstool `raspi-config` aufgerufen werden, um die volle Größe der Speicherkarte verfügbar zu machen und die deutsche Tastatur auszuwählen. Im nächsten Schritt starten Sie auf der grafischen Oberfläche die Konfiguration der Eingabegeräte. Je nachdem, welche Controller angeschlossen sind, müssen bestimmte Tasten gedrückt und den entsprechenden Tasten der emulierten Konsole zugewiesen werden.

Der RetroPie-GPIO-Adapter auf einem Raspberry Pi mit angeschlossenen SNES-Controllern. (Foto: Florian Müller)

Auf der grafischen Oberfläche *EmulationStation*, die automatisch startet, werden einige Emulatoren direkt angeboten. Zur ausführlichen Konfiguration rufen Sie das RetroPie-Setup-Skript auf. Hier wählen Sie weitere Emulatoren und können alles detailliert einstellen.

```
cd RetroPie-Setup
sudo ./retropie_setup.sh
```

Die Emulatoren werden ohne Spiele geliefert. Die Spiele-ROMs müssen in die entsprechenden Unterverzeichnisse der jeweiligen Emulatoren kopiert werden. RetroPie startet dazu automatisch einen Samba-Server und legt für jeden Emulator eine Windows-Freigabe an, über die Sie von anderen Computern im Netzwerk darauf zugreifen können. Sobald EmulationStation Spiele-ROMs für einen Emulator erkennt, wird dieser ebenfalls auf der grafischen Oberfläche angezeigt.

RetroPie ist ursprünglich ein deutsches Projekt, leider ist die Originalwebseite (*blog.petrockblock.com/retropie*) aber englischsprachig. Eine deutschsprachige Installationsanleitung finden Sie unter *seppelblog.pront0.org/2013/11/konsolenspiele-von-damals-auf-dem-raspberry-pi-mit-retropie-tutorial* (oder kurz *goo.gl/imyUEv*).

Der Raspberry Pi als Mediacenter

Ein Raspberry Pi ist leistungsfähig genug, Videos in HD-Qualität abzuspielen. Die Software *Raspbmc* macht aus dem Raspberry Pi ein komfortables Mediacenter für das Wohnzimmer. Raspbmc (*www.raspbmc.com*) ist nach Aussage der Entwickler eines der beliebtesten Softwarepakete für den Raspberry Pi und wird auf etwa 20 % aller jemals ausgelieferten Geräte eingesetzt. Das Programm basiert auf *xbmc Frodo*, einem bekannten Mediacenter für PCs.

7.1 Raspbmc = xbmc für den Raspberry Pi

Raspbmc basiert auf Raspbian, verwendet aber eine ganz eigene grafische Oberfläche, die speziell zur Benutzung auf einem Fernseher optimiert ist und sowohl per Maus und Tastatur als auch mit einer drahtlosen Fernbedienung gesteuert werden kann. Raspbmc läuft nicht auf dem normalen LXDE-Desktop von Raspbian, sondern benötigt eine eigene bootfähige Speicherkarte. Die Mediendaten können auf dieser Speicherkarte, auf USB-Sticks, angeschlossenen externen Festplatten, auf Netzwerklaufwerken oder auch bei Cloud-Diensten liegen.

Systemanforderungen
Natürlich braucht man für das Raspbmc-Mediacenter einen Raspberry Pi, und zwar ein Modell B – Modell A hat zu wenig Speicher.
Wegen der hohen Leistungsaufnahme beim Abspielen ist das Netzteil entscheidend. Die meisten Probleme – dass z. B. die Oberfläche hängen bleibt oder die Maus auf einmal nicht mehr zu nutzen ist – entstehen durch eine zu geringe Stromversorgung. Schließen Sie ein Netzteil mit mindestens 1.000 mA an, selbst wenn Ihr Raspberry Pi mit »normalen« Raspbian-Anwendungen mit einem schwächeren Netzteil zurechtkommt.
Die verwendete Speicherkarte muss mindestens 2 GB groß sein. Wenn Sie Vorschaubilder von Bildergalerien speichern möchten, selbst wenn die Originalbilder auf einem externen Speicher liegen, sollte die Speicherkarte mindestens 8 GB groß sein. Für eine brauchbare Performance ist eine Karte mit Class-6-Standard ausreichend. Die Entwickler empfehlen Class-10-Speicherkarten.
Für die Ersteinrichtung von Raspbmc ist eine Netzwerkverbindung über Kabel erforderlich. Später kann der Raspberry Pi auch per WLAN verbunden werden oder auch offline laufen, solange nur lokale Medien abgespielt werden.

Raspbmc steht als Auswahl im Betriebssystem-Installer NOOBS zur Verfügung. Nach Abschluss der Installation erscheint auf dem Raspberry Pi die xbmc-Oberfläche, auf der Sie als Erstes die Sprache auswählen müssen. Wundern Sie sich nicht, wenn die Bedienung sehr wenig flüssig läuft. Raspbmc lädt beim ersten Start automatisch noch einige Updates nach und installiert diese, was die CPU erheblich fordert. Warten Sie einfach noch eine Minute mit der Auswahl der Sprache. Danach erscheint das Hauptmenü von xbmc.

Bild 7.1: Das Menü von xbmc lässt sich mit Pfeiltasten, Maus oder Fernbedienung steuern.

Ganz rechts im Bereich *System* finden Sie den Menüpunkt *Systeminfo*. Hier sollten Sie einmal prüfen, ob die Verbindungen zum Netzwerk und zum Internet funktionieren. Im

Ruhezustand sollte die angezeigte CPU-Auslastung fast bei 0 sein. Solange sie deutlich höher ist, installiert xbmc noch Updates. In der Zeit wird es Medien auch nicht flüssig abspielen.

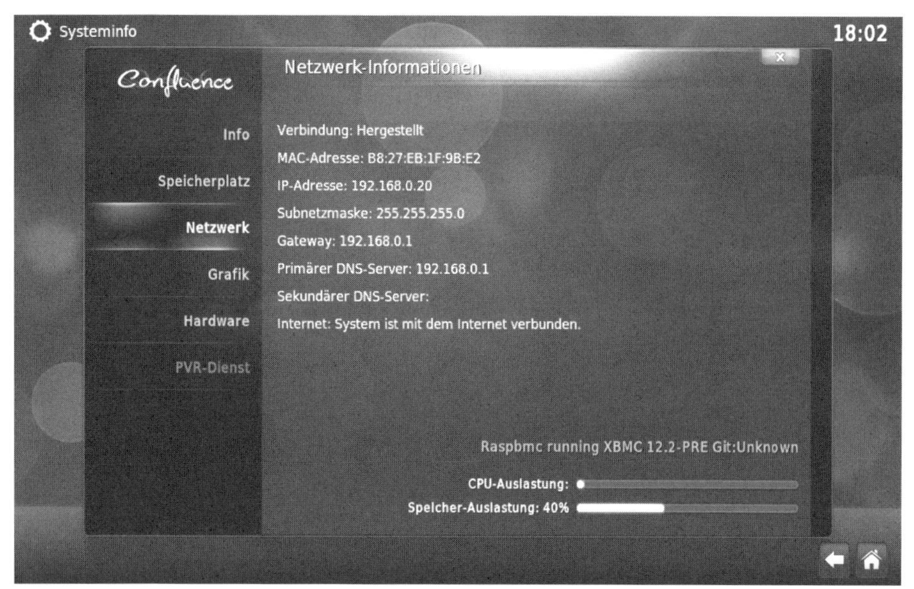

Bild 7.2: Wenn *Verbindung: Hergestellt* und *System ist mit dem Internet verbunden* angezeigt werden, funktioniert das Netzwerk.

Auf dem gleichen Bildschirm unter *Speicherplatz* sehen Sie zwei Partitionen der Speicherkarte. Die größere kann für Medien benutzt werden, die kleinere ist nur zum Booten des Betriebssystems bestimmt. Achten Sie darauf, dass auf der Medienpartition, meist als `/dev/mmcblk0p2` bezeichnet, immer mindestens 10 MB frei sind. Bei randvollen Laufwerken kommt es auch unter Linux, ähnlich wie unter Windows, zu Problemen beim Öffnen von Dateien.

Zurück zum Hauptbildschirm

In den verschachtelten Dialogen des xbmc kann man sich dennoch nicht verlieren. Auf jeder Bildschirmseite finden sich unten rechts zwei Symbole: Der Pfeil springt immer eine Ebene zurück, das Haus führt einen zum Hauptmenü. Beim Zurückspringen werden alle vorgenommenen Einstellungen automatisch gespeichert.

Die meisten Einstellungen werden von xbmc anhand der angeschlossenen Hardware automatisch vorgenommen. Die Audioeinstellungen müssen Sie unter Umständen manuell anpassen, wenn Sie einen Computermonitor mit DVI-Anschluss nutzen und beim Abspielen von Video und Musik nichts hören. Der Raspberry Pi versucht, wenn ein Monitor am HDMI-Ausgang angeschlossen ist, immer das Audiosignal auch über diesen Ausgang abzuspielen, selbst wenn das bei einem DVI-Monitor nicht möglich ist. Bei diesen Monitoren brauchen Sie externe Lautsprecher, die an der 3,5-mm-Klinkenbuchse angeschlossen werden.

Klicken Sie zur Einstellung der Audioausgabe im Hauptmenü auf *System*, wählen Sie im Einstellungsdialog ganz unten *System* und dann im nächsten Fenster *Audio-Ausgabe*.

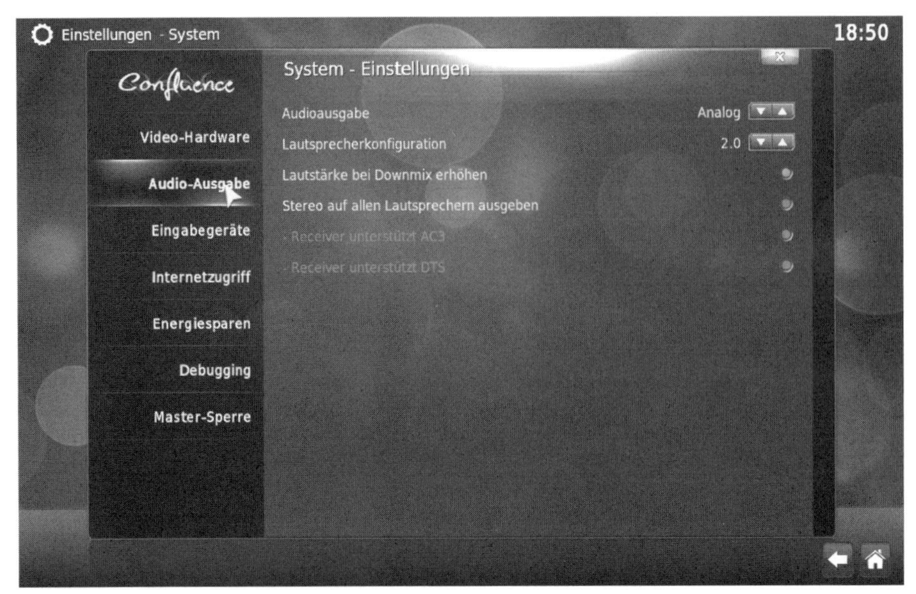

Bild 7.3: Hier wählen Sie zwischen *HDMI* und *Analog* für die *Audio-Ausgabe*.

Stellen Sie die *Audio-Ausgabe* auf *Analog*, wenn Sie externe Lautsprecher oder Kopfhörer am Raspberry Pi angeschlossen haben.

Auf dem gleichen Bildschirm können Sie weiter unten unter *Energiesparen* festlegen, ob sich das System nach einer bestimmten Inaktivitätszeit automatisch ausschalten soll. Diese Einstellung stammt von der xbmc-Version für PCs und ist auf dem Raspberry Pi etwas unpraktisch, da zum erneuten Einschalten erst einmal die Stromversorgung getrennt und wieder angeschlossen werden muss. Da der Raspberry Pi kaum Strom verbraucht, sondern im Wesentlichen der Monitor, ist die eingebaute Bildschirmschonerfunktion wesentlich komfortabler, um bei einem permanent eingeschalteten Mediacenter Energie zu sparen. Diese finden Sie im Haupteinstellungsdialog unter *Darstellung/Bildschirmschoner*.

Belassen Sie die Voreinstellung des Bildschirmschoners auf *Dim*. Er dunkelt den Bildschirm nach einer wählbaren Zeit ab. Unter *Einstellungen* legen Sie den Grad der Abdunklung fest.

xbmc bietet noch weitere Bildschirmschoner mit aufwendigen grafischen Effekten an, die aber den Prozessor zur Höchstleistung treiben und so genau das Gegenteil von Energieeinsparung bewirken. Diese stammen aus der PC-Version und laufen wegen des starken Ressourcenhungers auf dem Raspberry Pi teilweise gar nicht. Lassen Sie also die Finger davon.

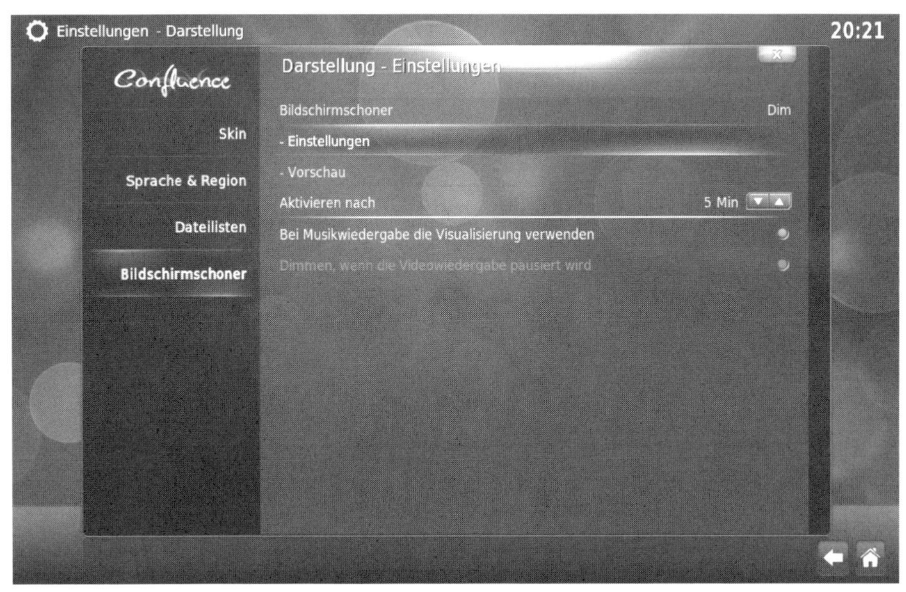

Bild 7.4: Der Bildschirmschoner aktiviert sich nach einer bestimmten Inaktivitätszeit, aber nicht, wenn ein Video läuft.

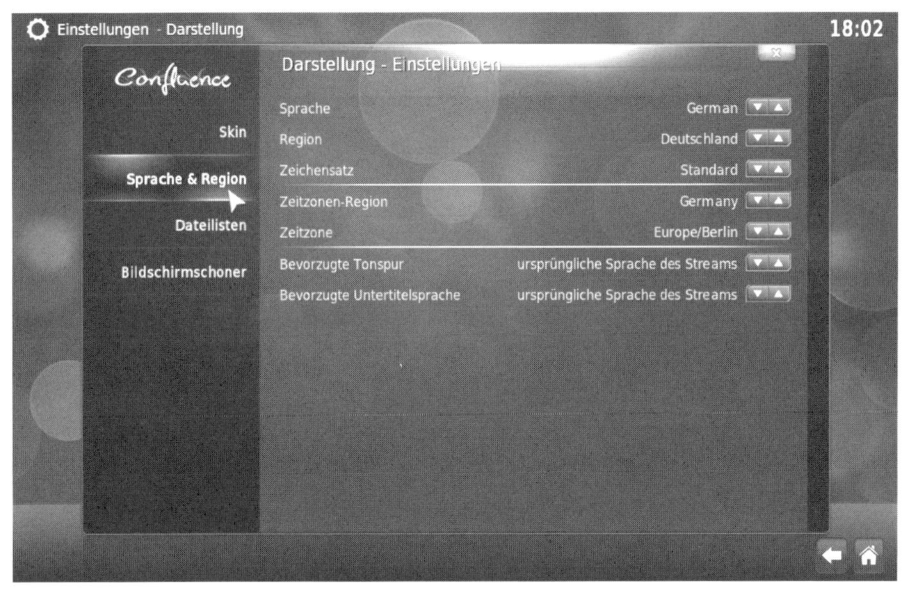

Bild 7.5: Legen Sie unter *Darstellung/Sprache und Region* in den Einstellungen noch die Region Deutschland sowie die Zeitzone fest. Die Sprache wurde bereits bei der Ersteinrichtung eingetragen.

7.1.1 Videos im xbmc-Mediacenter

Bestimmt sind Sie nach all diesen Einstellungen längst neugierig darauf, das erste Video zu sehen. Raspbmc liefert keine Beispielvideos mit, also müssen Sie ein eigenes Video auf das System bekommen. Raspbmc richtet bei der Installation automatisch einen SSH-Server ein, sodass Sie wie unter Raspbian mit einer SFTP-Verbindung vom PC aus auf den Raspberry Pi zugreifen und Videodateien in das Home-Verzeichnis auf der Speicherkarte kopieren können. Zusätzlich wird auch ein Samba-Server eingerichtet, der automatisch Netzwerkfreigaben für Windows-Netzwerke anlegt.

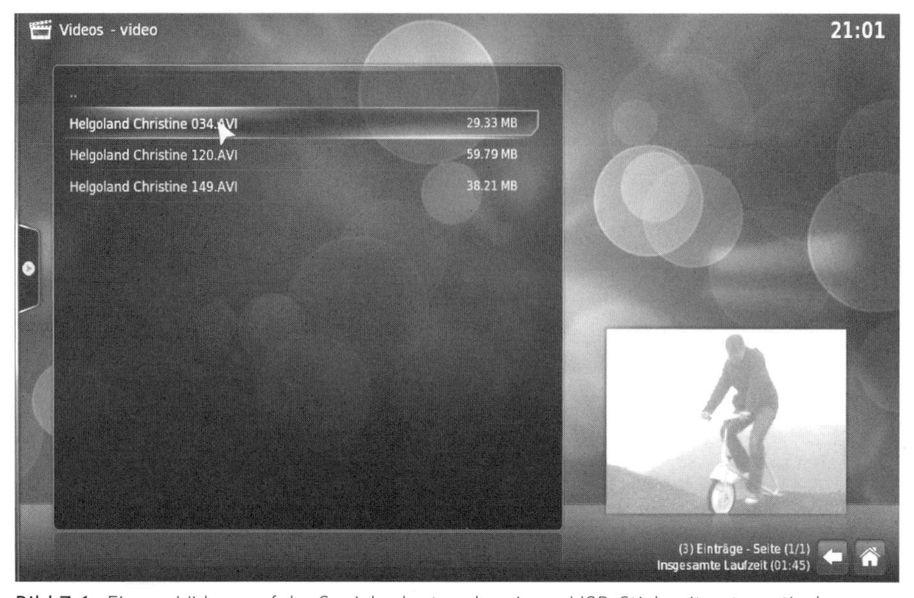

Bild 7.6: Eigene Videos auf der Speicherkarte oder einem USB-Stick mit automatisch erzeugtem Vorschaubild.

Da die Kapazität der Speicherkarte mit ein paar Videos schnell erschöpft ist, können Sie auch externe Festplatten, USB-Sticks oder Netzwerklaufwerke mit xbmc nutzen. Klicken Sie im Hauptmenü auf *Videos* und wählen Sie anschließend die Option *Dateien*. Über *Videos hinzufügen* fügen Sie Verzeichnisse hinzu, in denen sich Videos befinden. Klicken Sie im Feld *Quelle für Video hinzufügen* auf *Suchen*. An dieser Stelle startet xbmc einen eigenen Verzeichnisauswahldialog.

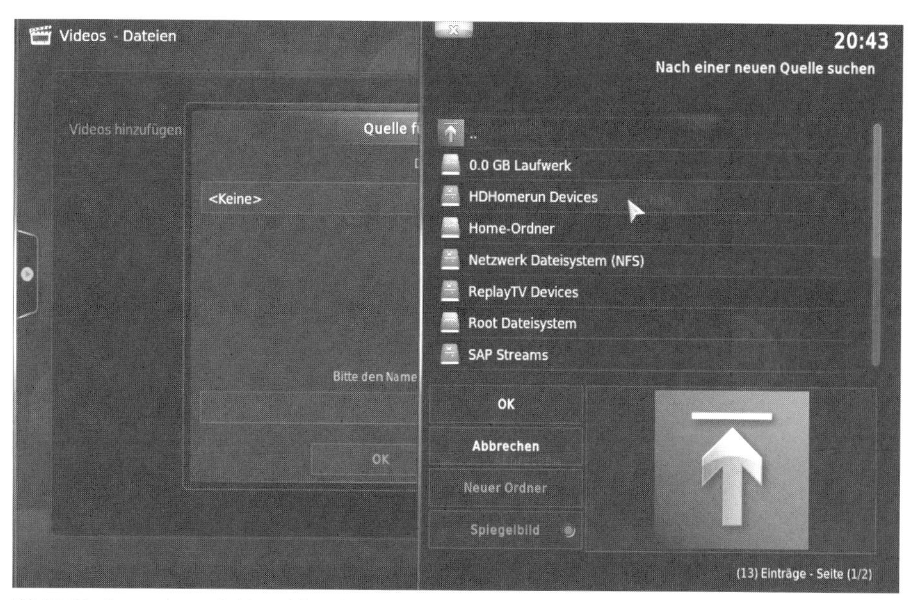

Bild 7.7: Im rechten Feld wählen Sie unter verschiedenen Quellen ein Videoverzeichnis.

Raspbmc bietet hier über den Punkt *Root Dateisystem* einen Zugriff auf die Linux-Verzeichnisstruktur, wo unter `/media/usb` automatisch externe Festplatten und USB-Sticks eingebunden werden. Weiter unten in der Liste können Sie auf Windows-Freigaben im lokalen Netzwerk zugreifen.

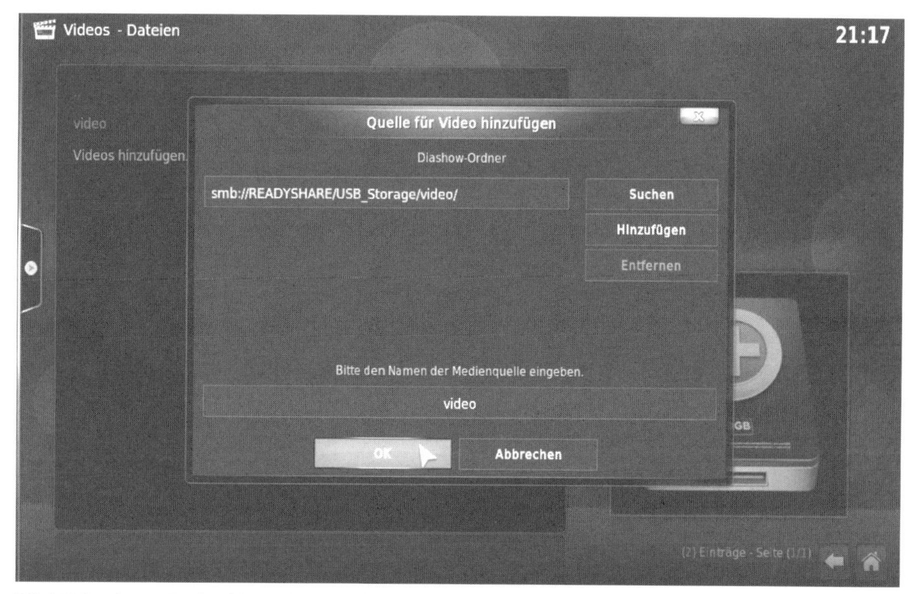

Bild 7.8: Anstelle der Linux-Verzeichnisnamen für USB-Festplatten und Netzwerklaufwerke verwendet xbmc frei wählbare Klarnamen.

Wählen Sie eine Quelle aus und bestätigen Sie diese mit *OK*. Geben Sie jetzt dieser Quelle noch einen Namen, unter dem sie in der Verzeichnisliste der Videos auftaucht. xbmc zeigt dort bewusst nicht die für viele Anwender kryptisch wirkenden Linux-Verzeichnisnamen.

Unter dem angegebenen Namen erscheint das Verzeichnis danach in der Liste der Videoquellen. Auch das Home-Verzeichnis der Speicherkarte müssen Sie auf diesem Weg zunächst anmelden, um Videos daraus abspielen zu können.

Wählen Sie jetzt die Videoquelle und daraus das gewünschte Video zum Abspielen. Am unteren Bildschirmrand erscheinen die üblichen Symbole zur Videosteuerung.

Bild 7.9: Die Steuerungssymbole werden nach kurzer Zeit ausgeblendet und erscheinen wieder, sobald man die Maus bewegt.

Nur Ton, kein Bild
Wird bei einem Video nur der Ton abgespielt, aber kein Bild, liegt das an fehlenden Codecs in Raspbmc. Die Codecs zum Abspielen von MPEG-2- und VC-1-Videos sind lizenzpflichtig und können deshalb von der Raspberry Pi-Stiftung nicht kostenlos zur Verfügung gestellt werden. Die notwendigen Lizenzschlüssel werden gegen eine geringe Gebühr bei *www.raspberrypi.com* angeboten. Die Lizenz gilt immer für einen Raspberry Pi mit jeder darauf verwendeten Software. Um den Lizenzschlüssel zu erhalten, benötigen Sie die Seriennummer Ihres Raspberry Pi. Diese erhalten Sie in einem Kommandozeilenfenster über `cat /proc/cpuinfo` oder direkt in Raspbmc über *System/Systeminfo/Hardware*. Verfügen Sie über diese Lizenzschlüssel, starten Sie im Hauptmenü das Modul *Programme/Raspbmc Settings* und scrollen auf der Seite *System Configuration* nach unten bis zu *Advanced system settings*. Dort geben Sie die Lizenzschlüssel ein.

7.1.2 YouTube und Mediatheken

Onlinemediatheken der großen Fernsehsender und natürlich YouTube werden immer wichtigere Quellen für Videos. Raspbmc bietet über spezielle Add-ons die Möglichkeit, solche Quellen mit einzubinden und zu nutzen. Unter *Add-ons* im Bereich *Videos* finden Sie eine große Auswahl solcher Add-ons. Diese müssen einmal installiert werden und bieten dann Zugriff auf die jeweils aktuellen online verfügbaren Videos und Streams der jeweiligen Mediathek.

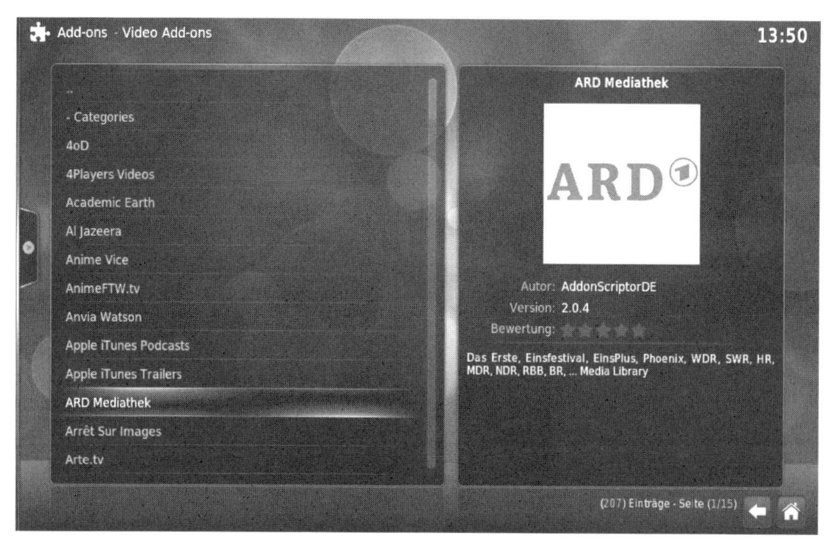

Bild 7.10: Das Add-on der ARD-Mediathek zeigt Sendungen und Nachrichten des Senders in xbmc.

Auch für YouTube gibt es ein Add-on. Im Gegensatz zu den anderen Mediatheken lässt es sich personalisieren. Nach Eingabe des YouTube-Benutzernamens finden Sie hier Ihre Abonnements, hochgeladenen Videos und eigenen Wiedergabelisten sowie Vorschläge anhand der Videos, die Sie angesehen und mit »Gefällt mir« markiert haben.

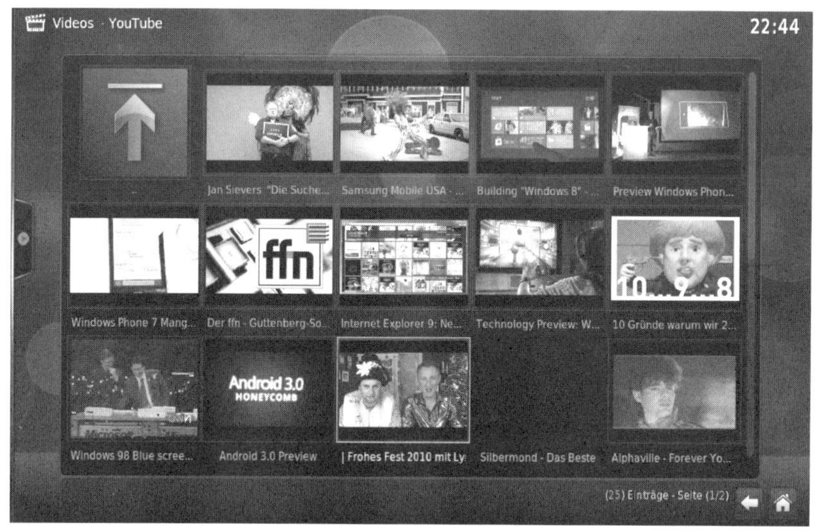

Bild 7.11: YouTube in xbmc.

7.1.3 Musik im xbmc-Mediacenter

Raspbmc kann auch dazu verwendet werden, Musik auf dem Fernseher oder über eine Stereoanlage zu hören, wenn diese am Audioausgang des Raspberry Pi angeschlossen ist. Auch im Modul *Musik* müssen Sie zunächst Datenquellen hinzufügen, Verzeichnisse, in denen die Musik gespeichert ist. Die unter *Videos* angegebenen Datenquellen werden nicht übernommen, da man üblicherweise Musik anders sortiert. Der Windows Media Player und andere Musikverwaltungsprogramme legen Musik in Verzeichnissen nach Interpreten und darin in Unterverzeichnissen nach Alben ab. xbmc kann ebenfalls eine solche Albenstruktur verwenden oder aber einfach die Verzeichnisstrukturen auf den eingebundenen Laufwerken übernehmen. Auf diese Weise können Sie sehr einfach eine ganze Musikbibliothek von einem Netzwerklaufwerk in xbmc nutzen. Fügen Sie Ihre Lieblingsalben per Rechtsklick der Datenbank hinzu, dann haben Sie, direkt aus dem Hauptmenü, einen schnellen Zugriff darauf.

Bild 7.12: Komplette Alben aus einer Medienbibliothek werden in xbmc auch als solche dargestellt.

xbmc spielt nach dem laufenden Titel automatisch den ab, der in der gerade angezeigten Darstellung als Nächstes kommt. Klicken Sie doppelt auf einen anderen Titel, wird sofort dieser abgespielt.

Fahren Sie mit der Maus an den linken Bildschirmrand, öffnet sich ein Panel mit Symbolen zur Wiedergabesteuerung sowie zu verschiedenen Sortier- und Ansichtsoptionen.

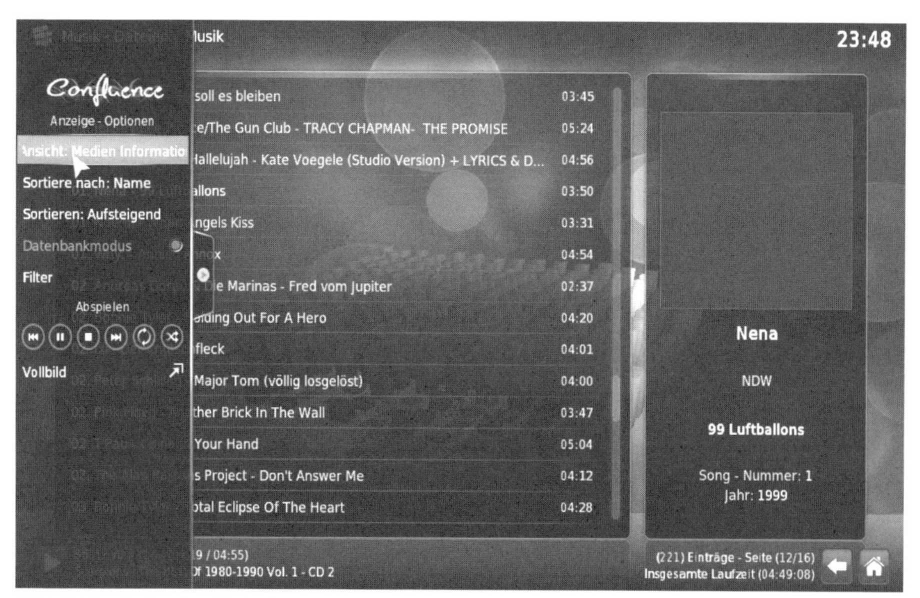

Bild 7.13: Auf jeder Bildschirmseite, die links am Rand das Menüsymbol zeigt, lässt sich ein solches Panel einblenden.

Das Abspielsymbol unten links blendet ebenfalls Steuerelemente ein, mit denen Sie das Abspielen anhalten oder zum nächsten oder vorherigen Titel wechseln können. Die Musik läuft weiter, auch wenn Sie auf andere Seiten der xbmc-Oberfläche wechseln.

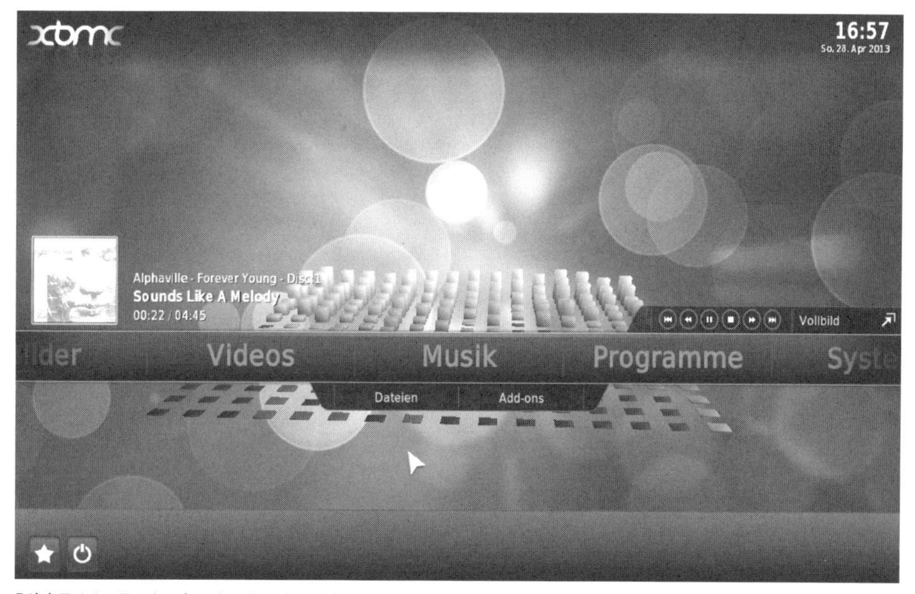

Bild 7.14: Ein laufender Titel wird im Hauptbildschirm angezeigt – mit Symbolen zur Wiedergabesteuerung.

Die wichtigsten Funktionen zu einzelnen Musiktiteln können auch über ein spezielles Kontextmenü aufgerufen werden. Es erscheint, wenn man mit der rechten Maustaste auf einen Titel klickt. An dieser Stelle können Sie beliebige Titel in eine Abspielliste einreihen, die dann in der gewählten Reihenfolge abgespielt wird.

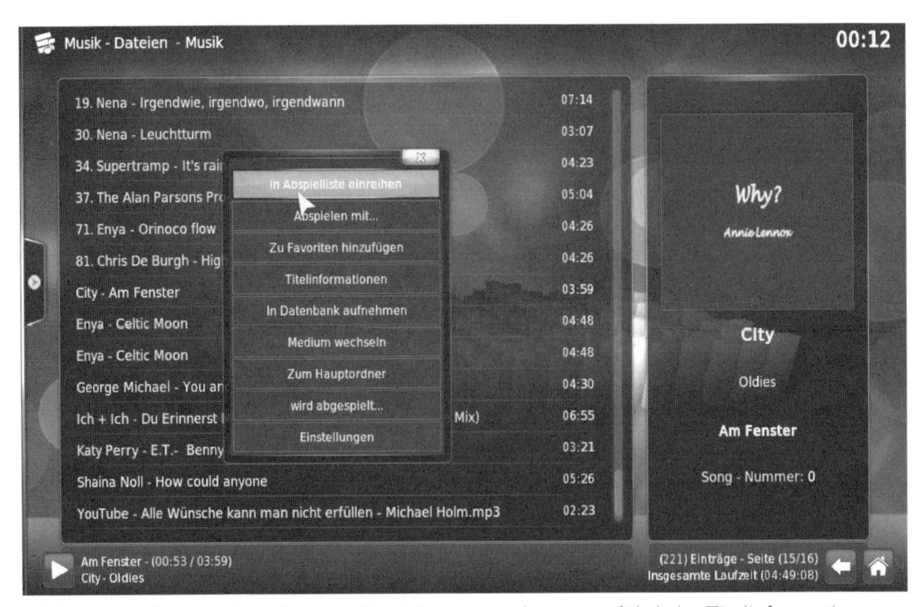

Bild 7.15: In diesem Menü können Sie sich unter anderem ausführliche Titelinformationen anzeigen lassen oder besonders gute Lieder als Favoriten markieren.

Nehmen Sie in diesem Menü Ihre beliebtesten Alben in die Datenbank auf, haben Sie direkt aus dem Hauptmenü heraus unter *Musik* Zugriff darauf.

Auch im Bereich *Musik* bietet xbmc interessante Add-ons. Mit *CU Lyrics* können Sie sich, während ein Lied abgespielt wird, synchron den Text anzeigen lassen. Er wird von einem Lyrics-Server heruntergeladen, wenn Sie in der Abspielansicht eines Lieds auf das Songtextsymbol klicken.

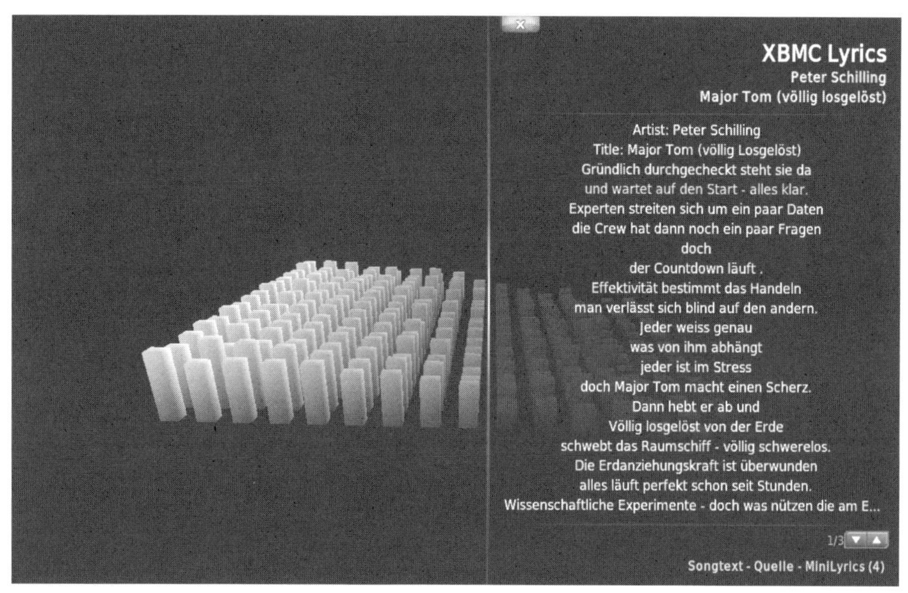

Bild 7.16: Zu den meisten bekannten Liedern findet das xbmc-Lyrics-Add-on den Text.

7.1.4 Fotos im xbmc-Mediacenter

Raspbmc eignet sich nicht nur für Musik und Videos, sondern auch sehr gut zum Betrachten von Fotos. Hier gilt das Gleiche wie bei Musik und Videos, als Erstes müssen die Verzeichnisse oder Laufwerke angemeldet werden, in denen die Bilder zu finden sind. Anschließend können Sie diese Verzeichnisse durchblättern.

Gerade bei Bilderverzeichnissen lohnt sich die Thumbnail-Ansicht der Verzeichnisse, da die Dateinamen oft wenig aussagekräftig sind. Fahren Sie mit der Maus an den linken Bildschirmrand und schalten Sie im Seitenpanel die Ansicht von *Liste* auf *Thumbnail* um. Hier werden auch verschiedene Sortieroptionen angeboten, die Sie mit einfachen Klicks einstellen können.

Bild 7.17: Die Thumbnail-Ansicht eines Fotoalbums ist deutlich informativer als die Liste der Dateinamen.

In diesem Panel starten Sie eine Diashow aller Bilder im gewählten Verzeichnis. Der Schalter *Zufallsauswahl* legt fest, ob die Bilder in zufälliger Reihenfolge oder gemäß der gewählten Sortierreihenfolge gezeigt werden sollen. Der Schalter *Rekursive Diashow* zeigt neben den Bildern im Verzeichnis auch die Bilder alle Unterverzeichnisse an. Hat ein Verzeichnis keine Unterverzeichnisse, ist diese Option automatisch deaktiviert.

Ein einfacher Mausklick während der Diashow legt eine Pause ein, ein Rechtsklick beendet die Show und springt zurück zur Bilderübersicht.

Raspbmc zeigt nicht nur Bilder auf lokalen Speichermedien, sondern bietet auch die Möglichkeit, direkt auf Onlinefotoalben bei Picasa oder Flickr zuzugreifen. Dazu werden im Bereich *Bilder* zusätzliche Add-ons angeboten, die optional installiert werden können.

Geben Sie bei der Installation eines solchen Add-ons Ihre Benutzerdaten für Picasa bzw. Flickr ein. Die Add-ons stellen dann Ihre persönlichen Alben sowie aktuelle Fotos der Freunde dar.

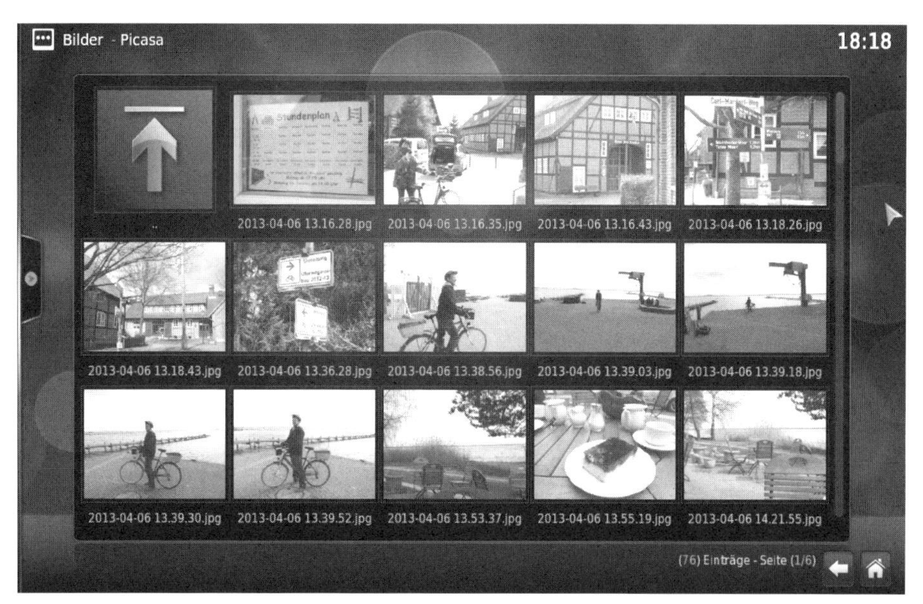

Bild 7.18: Onlinealben bei Picasa und Flickr lassen sich als Galerie oder auch als Diashow in Raspbmc betrachten.

Autorisierung bei Flickr

Flickr verlangt von jeder Anwendung, die auf Ihre Fotos zugreifen möchte, eine spezielle Autorisierung. Dazu zeigt xbmc beim ersten Start des Add-ons einen Link an. Gehen Sie auf einem PC oder Smartphone auf die angegebene Webseite, da xbmc selbst keinen Browser hat. Tragen Sie den dort angezeigten Zahlencode anschließend in xbmc ein, um das Add-on für Flickr zu autorisieren.

7.1.5 Wetter im xbmc-Mediacenter

Über kaum ein Thema wird im Alltag so viel geredet wie über das Wetter. xbmc bietet eine eigene Seite für das Wetter mit Vorhersage für die nächsten Stunden oder auch Tage.

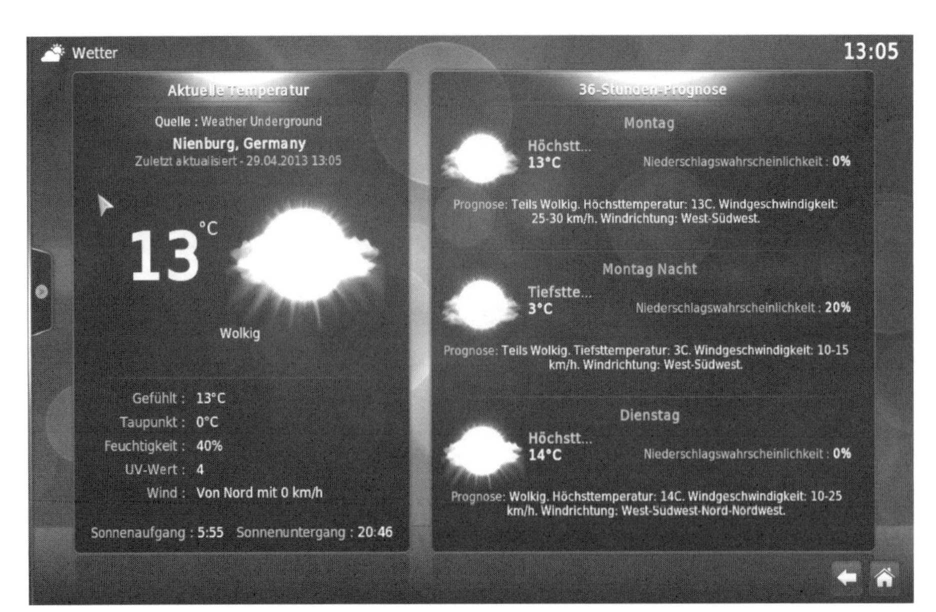

Bild 7.19: Wetterbericht und Vorhersage in Raspbmc.

Die Wetterseite versucht anhand der IP-Adresse, den aktuellen Standort zu erkennen. Da dies je nach Internetprovider mehr oder weniger ungenau sein kann, können Sie im Seitenpanel unter *Einstellungen* Ihren wirklichen Standort und auch noch zwei weitere Orte, für die Sie das Wetter sehen möchten, eintragen.

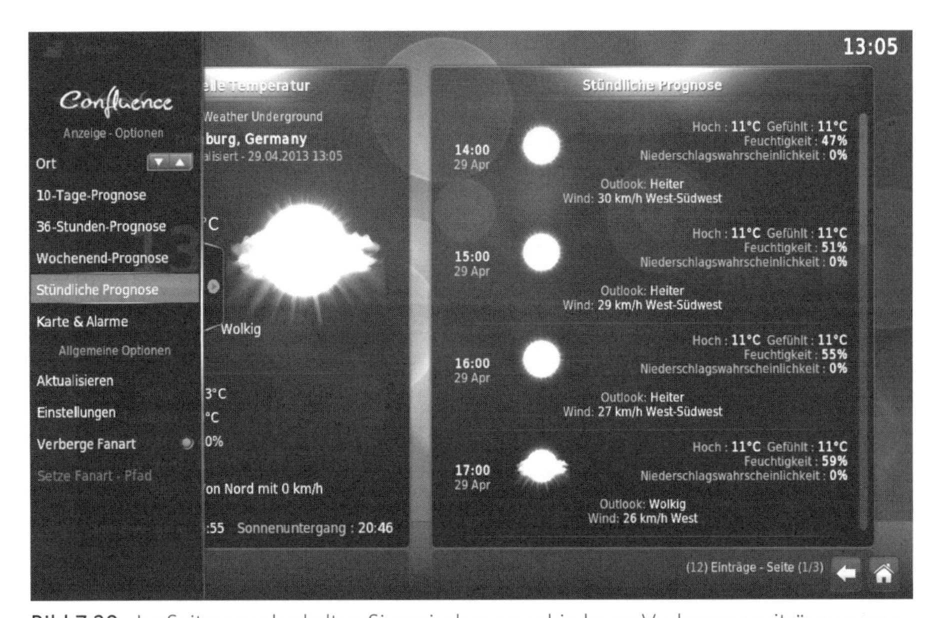

Bild 7.20: Im Seitenpanel schalten Sie zwischen verschiedenen Vorhersagezeiträumen um.

7.1.6 Smartphones als Fernbedienung für xbmc

Die Bedienung des Raspbmc-Mediacenters mit Tastatur und Maus auf dem Sofa vor dem Fernseher ist nicht wirklich komfortabel. Zwar unterstützt das System auch drahtlose Fernbedienungen, aber nur wenige Typen. Eine Liste unterstützter Fernbedienungen finden Sie hier: *bit.ly/ZXwl2m*. Viel bequemer ist es, das Mediacenter mit dem Smartphone per WLAN zu steuern. Die Hersteller liefern dazu die offizielle App *Official XBMC Remote* für Android und iOS.

Damit die App den Raspberry Pi im WLAN findet und auch Zugriff darauf bekommt, muss in den Einstellungen unter *Dienste/Webserver* die *Steuerung über HTTP* zugelassen sein. Weiter unten unter *Fernsteuerung* muss die Option *Steuerung über externe Programme zulassen* eingeschaltet sein.

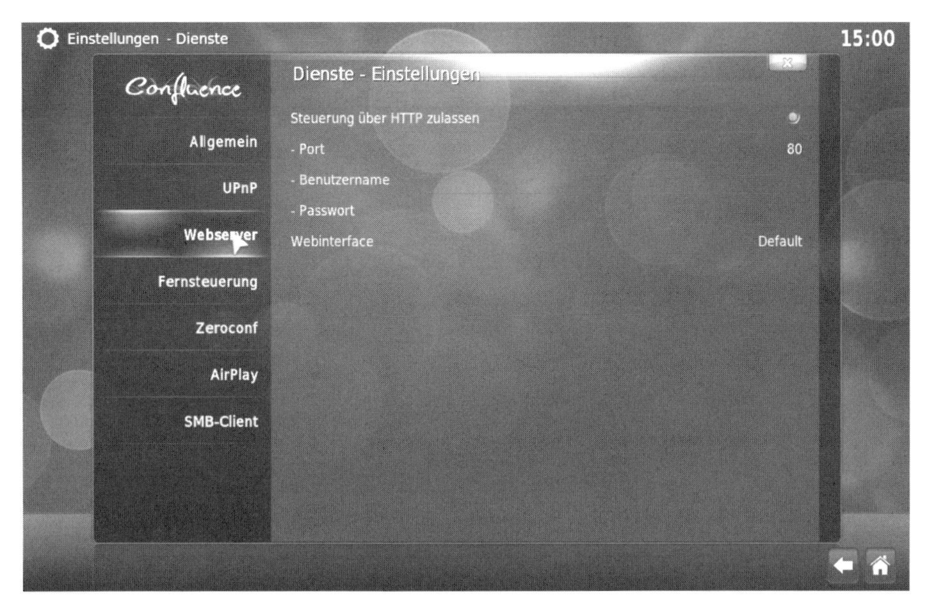

Bild 7.21: Mit ein paar Einstellungen muss der App Zugriff gewährt werden.

Die App bietet zwei verschiedene Methoden zur Steuerung des xbmc-Mediacenter:

- Der *Listenmodus* zeigt sämtliche Musik sowie alle Filme und Bilder in übersichtlichen Listen an. Hier wählen Sie auf dem Smartphone die gewünschten Titel aus, die dann auf dem Raspberry Pi abgespielt werden. In diesem Modus brauchen Sie den Bildschirm des xbmc nicht zu sehen. Haben Sie im xbmc-Alben in Ihrer Datenbank abgelegt, können Sie in diesem Modus direkt darauf zugreifen, ohne durch die Musikverzeichnisse blättern zu müssen.

- Der *Fernsteuerungsmodus* simuliert eine typische Mediacenter-Fernbedienung, mit der Sie interaktiv die Bildschirmoberfläche des xbmc steuern.

Bild 7.22: Listenmodus und Fernbedienungsmodus der App *Official XBMC Remote.*

Bevor Sie die App erstmalig nutzen können, tragen Sie über das Menü *Settings/ Manage XBMC Hosts* den Raspberry Pi als Medienserver ein. Der Name ist frei wählbar, die IP-Adresse finden Sie direkt auf dem Raspbmc unter *System/Systeminfo.*

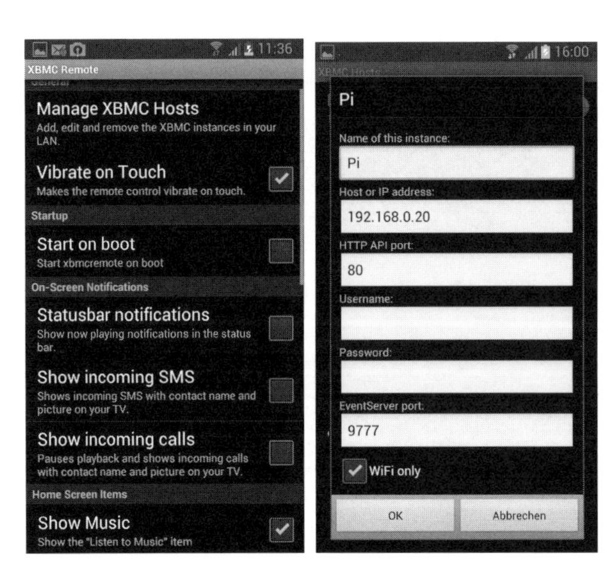

Bild 7.23: Übernehmen Sie in den Einstellungen die Ports wie abgebildet. *Username* und *Password* brauchen Sie nicht.

Die App bietet einige interessante Funktionen, die auf den ersten Blick nicht auffallen:

- Die Lautstärke des xbmc lässt sich mit den Lautstärketasten auf dem Smartphone regeln.

- In der Listenansicht kann mit der Bildschirmtastatur des Smartphones schnell zu einem gewünschten Eintrag gesprungen werden. Ein langer Druck auf die Menütaste blendet die Bildschirmtastatur ein.
- In den Einstellungen wählbar: Ein Symbol in der Statusleiste zeigt Infos zum gerade laufenden Titel an, wenn zwischendurch auf dem Smartphone eine andere App läuft.
- In den Einstellungen wählbar: Eingehende SMS auf dem xbmc-Bildschirm anzeigen.
- In den Einstellungen wählbar: Eingehende Anrufe auf dem xbmc-Bildschirm anzei gen und das laufende Video pausieren.
- In den Einstellungen wählbar: Bildschirmsperre im Fernbedienungsmodus oder auch immer abschalten.

7.1.7 xbmc im Browser fernsteuern

Haben Sie am Raspbmc-Mediacenter keinen Bildschirm angeschlossen oder steht dieser nur gerade nicht in Blickweite, können Sie das Mediacenter über den Webbrowser auf einem beliebigen Computer im lokalen Netzwerk nutzen. In Hörweite sollte der Raspberry Pi jedoch sein, denn auch bei dieser Art der Steuerung werden die Medien auf dem Raspberry Pi abgespielt.

xbmc installiert zu diesem Zweck einen eigenen Webserver auf dem Raspberry Pi. Geben Sie im Browser des PCs die IP-Adresse ein, die Sie auf dem Raspbmc unter *System/Systeminfo* finden. Achten Sie dabei darauf, das `http`-Protokoll zu verwenden und nicht `https`. Manche Webbrowser schalten bei der Eingabe von IP-Adressen standardmäßig auf `https` um.

Da Raspbmc keine X11-Oberfläche verwendet, ist eine Fernsteuerung über VNC nicht möglich.

Auch für Tablets und Smartphones
Die browserbasierte Fernsteuerung ist auch nützlich für Smartphones ohne Android-Betriebssystem, wie z. B. Windows Phone, iPhone oder BlackBerry.

Bild 7.24: xbmc-Fernsteuerung per Webbrowser im LAN.

7.1.8 Raspbmc per WLAN nutzen

Die Installation von Raspbmc läuft nur über ein Netzwerkkabel. Hier hat man als Benutzer keine Möglichkeit, die Daten eines WLAN einzugeben. Später kann eine WLAN-Verbindung zur Datenübertragung genutzt werden. Wer den Raspberry Pi im Wohnzimmer am Fernseher betreibt, braucht also kein Netzwerkkabel dorthin zu verlegen.

Im Hauptmenü unter *Programme* können externe Programme in Raspbmc eingebunden werden. Ein erweitertes Konfigurationstool *Raspbmc Settings*, das speziell für den Raspberry Pi optimiert ist und über die Grundeinstellungen von xbmc hinausgeht, ist bereits an dieser Stelle vorinstalliert. Um WLAN zu verwenden, schalten Sie hier im Bereich *Network Configuration* von *Wired Network* auf *Wireless (WIFI) Network* um. Ganz unten auf der Seite geben Sie dann die Zugangsdaten für den verwendeten WLAN-Router ein.

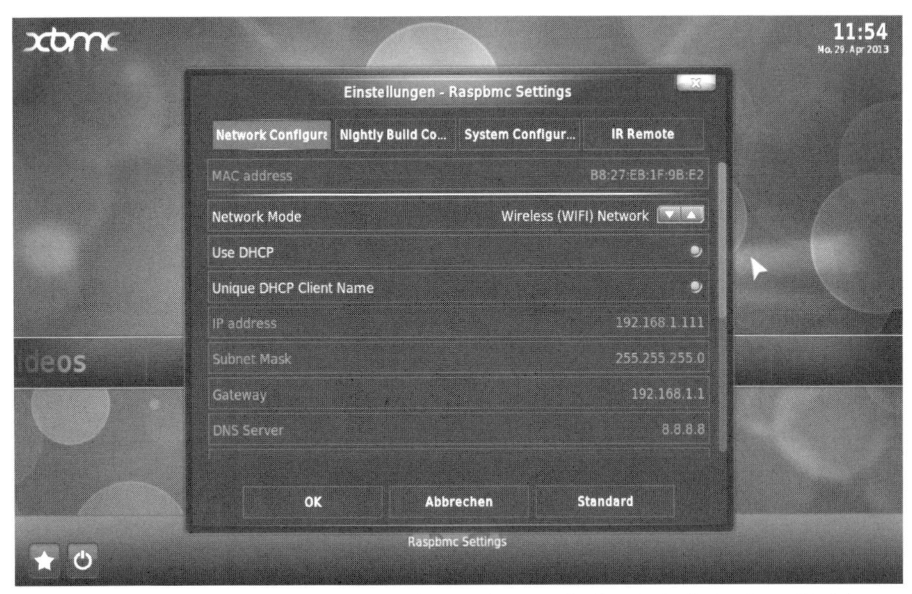

Bild 7.25: Wenn Sie hier *Use DHCP* ausschalten, können Sie bei Bedarf eine feste IP-Adresse für den Raspberry Pi einrichten.

7.1.9 Raspbmc automatisch updaten

Raspbmc ist so eingestellt, dass automatisch nach Updates gesucht wird und diese installiert werden. Möchten Sie das nicht, schalten Sie im Bereich *System Configuration* des Konfigurationstools die Option *Keep Raspbmc updated* aus. Wer umgekehrt ständig auf dem neuesten Stand sein möchte, kann sogenannte Nightly Builds installieren. Dabei handelt es sich um die neuesten Weiterentwicklungen, die noch nicht offiziell als Update veröffentlicht wurden. Die Entwickler von Raspbmc sind sehr aktiv. Alle paar Tage kommt ein neuer Nightly Build.

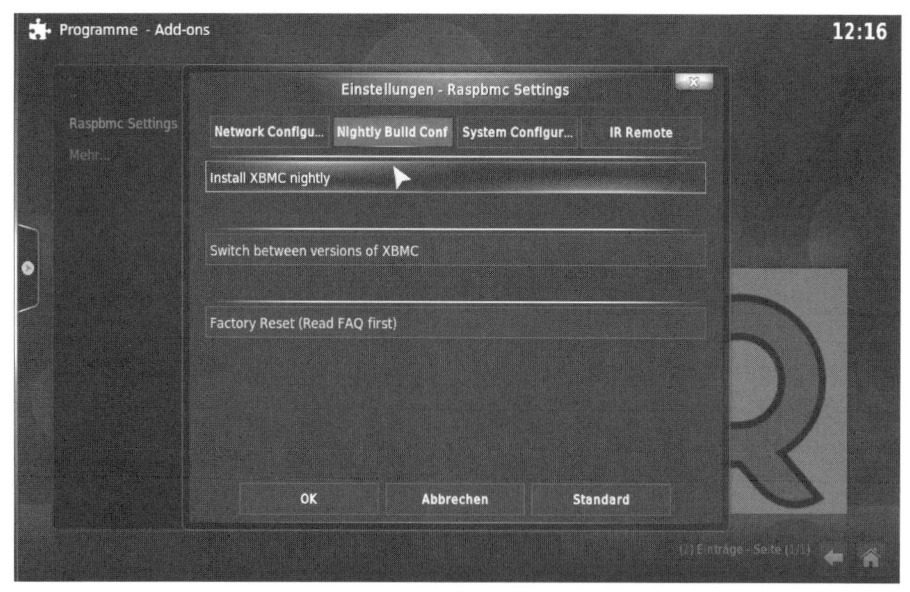

Bild 7.26: Im Bereich *Nightly Build Configuration* installieren Sie tagesaktuelle Updates.

Verwenden Sie nur die mit *xbmc-rbp* gekennzeichneten Updates, die *xbmc-13*-Pakete sind für die PC-Version bestimmt. Nach der Installation eines solchen Updates muss xbmc neu gestartet werden. Alle persönlichen Einstellungen bleiben erhalten.

Sollte ein Nightly Build nicht wie gewünscht funktionieren, können Sie jederzeit über die Liste *Switch between versions of XBMC* auf eine andere Version umschalten.

Pi-Point – Raspberry Pi als WLAN-Zugangspunkt

Mit einem unterstützten WLAN-Stick kann man aus dem Raspberry Pi einen WLAN-Access-Point machen, um mit Mobilgeräten auf das eigene Netzwerk oder das Internet zugreifen zu können, auch an Orten im Haus, an denen keine WLAN-Verbindung zum Router besteht. Dieser Access Point funktioniert natürlich auch in Netzwerken, in denen es (bis jetzt) gar keinen WLAN-Router gibt. Diese Lösung wurde mit freundlicher Genehmigung der Entwickler von *www.pi-point.co.uk* in dieses Buch übernommen.

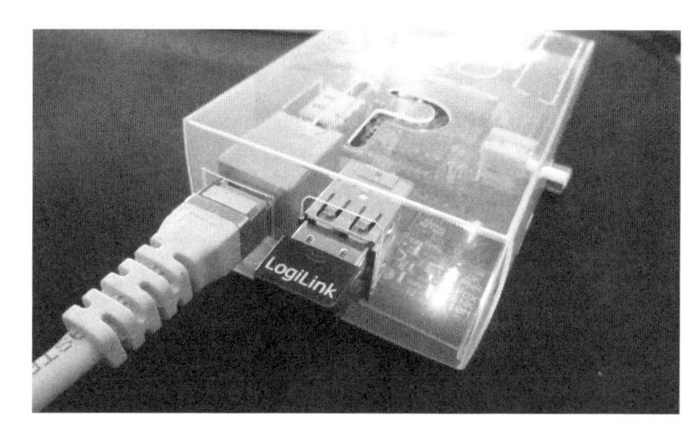

Bild 8.1: Der Raspberry Pi als WLAN Access Point mit Netzwerkanschluss und WLAN-Stick (LogiLink WL0084B) sowie dem Faltgehäuse von IP Adelt – ohne Tastatur, Maus und Monitor.

Was braucht man?
Für den Bau eines eigenen WLAN-Access-Points benötigt man einen Raspberry Pi Modell B, der über ein Netzwerkkabel mit dem Netzwerk verbunden ist. Modell A funktioniert nicht, da es keinen Netzwerkanschluss hat. Außerdem wird ein WLAN-USB-Stick benötigt, der auf dem Raspberry Pi läuft. Nähere Informationen dazu finden Sie im Abschnitt »WLAN mit dem Raspberry Pi« weiter oben in diesem Buch.

Zur Installation der Software und Einrichtung des Pi-Point benötigen Sie Root-Rechte. Starten Sie dazu im Startmenü unter *Zubehör* ein Root-Terminal. Alle in diesem Kommandozeilenfenster ausgeführten Linux-Befehle und Programme laufen mit Root-Rechten.

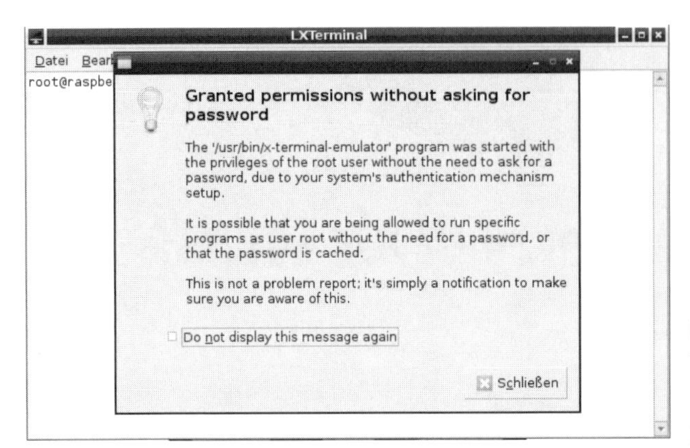

Bild 8.2: Beim Start des Root-Terminals erscheint eine Meldung über die möglichen Sicherheitsrisiken.

Um, bevor Sie alles umsonst einrichten, sicherzustellen, dass der WLAN-Stick den Modus *AP* für den Access Point unterstützt, installieren Sie eine Standardsoftware für WLAN-Hardware, `zd1211-firmware`, sowie das WLAN-Konfigurationstool `iw` mit folgendem Kommandozeilenbefehl:

```
apt-get update
apt-get install zd1211-firmware iw
```

Nach der Installation lassen Sie sich mit `iw list` die unterstützten Modi des WLAN-Sticks anzeigen. In der langen Liste müssen im Bereich `Supported interface modes` die Modi `AP`, `managed` und `monitor` auftauchen. Sollten sie nicht vorhanden sein, kann der WLAN-Stick nicht als Access Point genutzt werden.

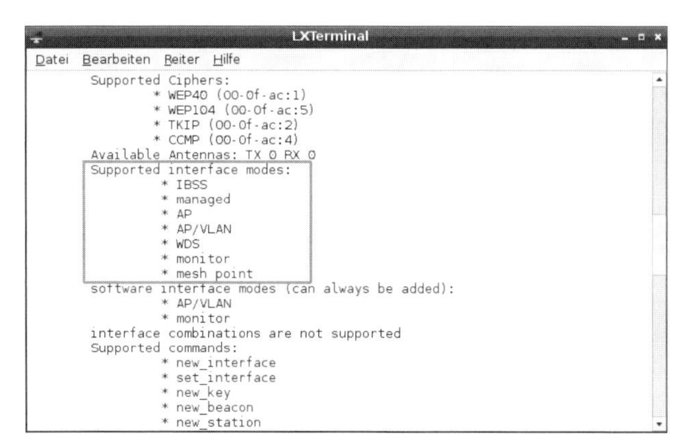

Bild 8.3: `iw list` zeigt, ob ein WLAN-Stick als Access Point zu nutzen ist.

Wenn der WLAN-Stick verwendbar ist, installieren Sie noch weitere Pakete, um den Pi-Point einrichten zu können.

```
apt-get install rfkill hostapd hostap-utils dnsmasq
```

Als Nächstes bearbeiten Sie die Konfigurationsdatei `/etc/network/interfaces`. Dazu können Sie den gewohnten Leafpad-Editor benutzen. Allerdings müssen Sie diesen aus dem Root-Terminal-Fenster heraus starten und nicht über das Startmenü, da Sie sonst keine Berechtigung haben, die Konfigurationsdatei zu speichern.

```
leafpad /etc/network/interfaces
```

Verändern Sie die vorgegebene Datei, sodass sie folgendermaßen aussieht:

```
auto lo
iface lo inet loopback
iface eth0 inet dhcp
iface wlan0 inet static
address 192.168.1.1
netmask 255.255.255.0
```

Die unter `address` eingetragene IP-Adresse muss in einem anderen logischen Netzwerk liegen als die Adresse, die der Raspberry Pi über die Netzwerkkabelverbindung vom Router bekommt. In den meisten Heimnetzwerken liegen diese Adressen im Adressbereich `192.168.0.xxx` oder `192.168.2.xxx`. In dem Fall können Sie als Access Point die Adresse `192.168.1.1` verwenden, die in einem anderen Subnetz liegt. Sollte Ihr Router automatisch IP-Adressen im Bereich `192.168.1.xxx` vergeben, tragen Sie unter `address` die Adresse `192.168.2.1` ein.

Starten Sie jetzt das WLAN auf dem Raspberry Pi neu:

```
ifdown wlan0
ifup wlan0
```

Hier darf es zu keinen Fehlermeldungen kommen. Andernfalls überprüfen Sie die IP-Adressen Ihres lokalen Netzwerks.

Bearbeiten Sie jetzt die Datei `/etc/hostapd/hostapd.conf`. In vielen Fällen wird sie noch nicht vorhanden sein. Leafpad legt sie dann automatisch an:

```
leafpad /etc/hostapd/hostapd.conf
```

Tragen Sie folgende Zeilen ein:

```
interface=wlan0
driver=nl80211
ssid=raspberry
channel=1
```

Die SSID können Sie nach Belieben ändern. Wählen Sie bei `channel` einen freien WLAN-Kanal aus. Dies darf nicht der Kanal sein, den Ihr WLAN-Router verwendet. Auch sollte in der Nähe kein anderes WLAN, z. B. bei einem Nachbarn, diesen Kanal verwenden.

Starten Sie jetzt den Dienst `hostapd`:

```
hostapd -B /etc/hostapd/hostapd.conf
```

Als nächsten Schritt konfigurieren Sie den Pi-Point so, dass ein Benutzer bei der Anmeldung per DHCP eine IP-Adresse zugewiesen bekommt. Bearbeiten Sie dazu die Datei `/etc/dnsmasq.conf`:

```
leafpad /etc/dnsmasq.conf
```

Diese Datei enthält standardmäßig nur auskommentierte Zeilen - und davon sehr viele. Sie können alle löschen und durch folgende Zeilen ersetzen oder diese neuen Zeilen einfach unten anhängen:

```
domain-needed
interface=wlan0
dhcp-range=192.168.1.5,192.168.1.254,255.255.255.0,12h
dhcp-option=252,"\n"
```

Der angegebene DHCP-Bereich muss zur in der Datei `/etc/network/interfaces` eingetragenen IP-Adresse passen. Sollten Sie dort nicht die `192.168.1.1` verwenden, passen Sie den Eintrag `dhcp-range` hier entsprechend an.

Starten Sie jetzt den Dienst `dnsmasq` neu:

```
service dnsmasq restart
```

Nun brauchen Sie nur noch NAT (Network Address Translation) zwischen Ihrem vorhandenen Netzwerk und dem neuen einzurichten, damit die Nutzer, die sich per WLAN über den Raspberry Pi anmelden, über das vorhandene Netzwerk ins Internet kommen. Bearbeiten Sie dazu die Datei `/etc/sysctl.conf`:

```
leafpad /etc/sysctl.conf
```

Entfernen Sie in dieser Datei das Kommentarzeichen vor `net.ipv4.ip_forward=1`.

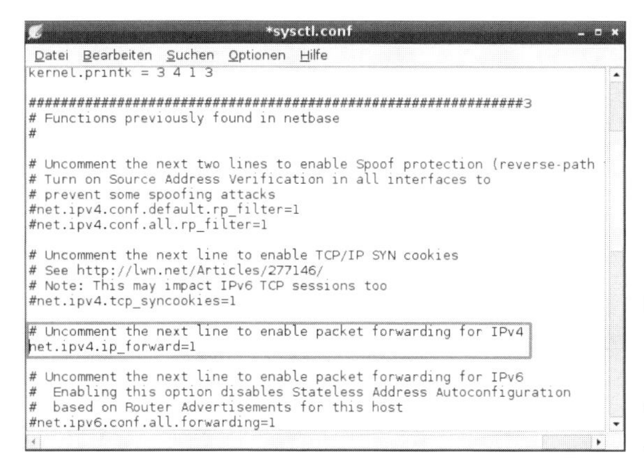

Bild 8.4: In der Datei `/etc/sysctl.conf` muss ein Kommentarzeichen entfernt werden, um IP forwarding zu aktivieren.

Schalten Sie jetzt noch mit folgender Zeile NAT ein:

```
iptables -t nat -A POSTROUTING -j MASQUERADE
```

Damit ist der Pi-Point als Access Point installiert und kann von Notebooks, Smartphones, Tablets und anderen WLAN-fähigen Geräten genutzt werden.

Raspbian Minimal für Pi-Point

Wer einen Raspberry Pi ausschließlich als WLAN Access Point betreibt, braucht kein komplettes Raspbian-Betriebssystem mit grafischer Oberfläche. Der Entwickler von Pi-Point bietet bei *www.pi-point.co.uk/download-sd-card-image* ein angepasstes Raspbian-Image an, das auf einer 1 GB großen Speicherkarte Platz findet. Dieses Raspbian Minimal wird wie das klassische Raspbian auf einer SD-Karte installiert, bietet aber keine grafische Oberfläche. Es ist dafür konfiguriert, dass man auf den Raspberry Pi über eine SSH-Verbindung im Netzwerk zugreift. Ein WLAN Access Point braucht schließlich weder Tastatur noch Monitor. Leider enthält das hier zum Download angebotene Image nicht die neueste Raspbian-Version.

8.1 Notebook mit Pi-Point verbinden

Um sich mit einem Windows-Notebook über den neuen Pi-Point anzumelden, klicken Sie dort auf das WLAN-Symbol unten rechts in der Taskleiste. In der Liste aller Drahtlosnetzwerke in Reichweite finden Sie auch eines mit Namen *raspberry* oder einer anderen SSID, die Sie bei der Konfiguration angegeben haben.

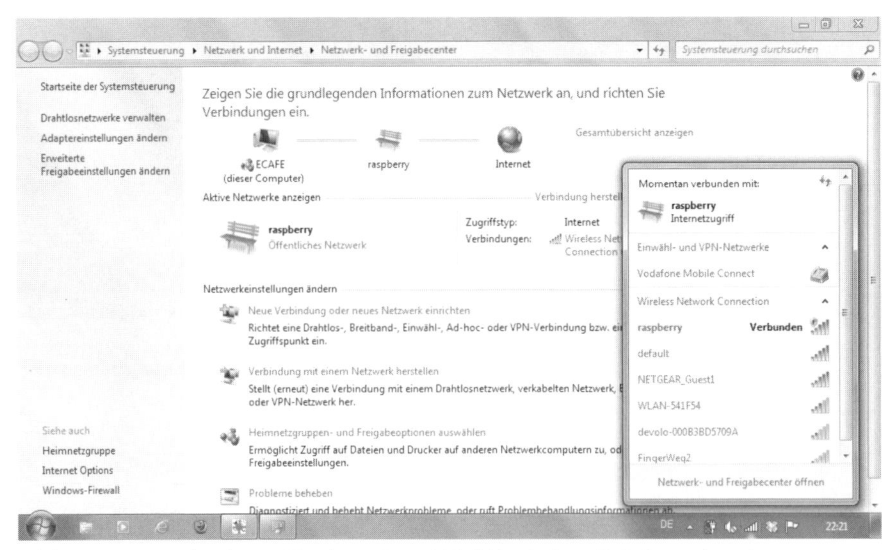

Bild 8.5: Ein Notebook mit Windows 7 per WLAN mit dem Pi-Point verbunden.

Sollte dieser Zugangspunkt nicht aufgelistet sein, aktualisieren Sie die Liste mit einem Klick auf das Doppelpfeilsymbol oben rechts.

Klicken Sie jetzt auf den Eintrag *raspberry* und anschließend auf den Button *Verbinden*. Sollte bereits vorher eine WLAN-Verbindung aktiv gewesen sein, wird diese automatisch getrennt. Der Pi-Point ist standardmäßig unverschlüsselt. Sie brauchen also keinen Netzwerkschlüssel einzugeben.

Im Netzwerk- und Freigabecenter können Sie überprüfen, ob die Verbindung funktioniert. Windows trägt sie zunächst als *Öffentliches Netzwerk* ein. Möchten Sie auf freigegebene Verzeichnisse oder Netzwerklaufwerke im lokalen Netzwerk zugreifen, klicken Sie im Netzwerk- und Freigabecenter auf das Parkbanksymbol *Öffentliches Netzwerk* und ändern dieses Netzwerk auf *privat*.

8.2 Pi-Point automatisch starten

Der Pi-Point läuft nur, solange der Raspberry Pi eingeschaltet bleibt. Beim nächsten Neustart wird er bisher nicht wieder automatisch gestartet. Um den Pi-Point beim Start des Raspberry Pi automatisch mit zu starten, legen Sie eine Datei `/etc/init.d/pipoint` mit diesem Inhalt an:

```
#!/bin/sh
# Configure Wifi Access Point.
#
### BEGIN INIT INFO
# Provides: WifiAP
# Required-Start: $remote_fs $syslog $time
```

```
# Required-Stop: $remote_fs $syslog $time
# Should-Start: $network $named slapd autofs ypbind nscd nslcd
# Should-Stop: $network $named slapd autofs ypbind nscd nslcd
# Default-Start: 2
# Default-Stop:
# Short-Description: Wifi Access Point configuration
# Description: Sets forwarding, starts hostap, enables NAT in iptables
### END INIT INFO

iptables -t nat -A POSTROUTING -j MASQUERADE
hostapd -B /etc/hostapd/hostapd.conf
```

Die Kommentarzeilen müssen genau so vorhanden sein, da sie für den Startprozess benötigt werden. Machen Sie jetzt dieses Skript ausführbar

```
chmod +x /etc/init.d/pipoint
```

und tragen Sie es in die Startsequenz ein:

```
update-rc.d pipoint start 99 2
```

Beim Neustart des Raspberry Pi wird jetzt der Pi-Point automatisch mit gestartet.

Automatischen Start abschalten
Möchten Sie später den Raspberry Pi wieder für andere Aufgaben verwenden, die Pi-Point-Software aber noch nicht komplett deinstallieren, schalten Sie einfach den automatischen Start wieder ab: `update-rc.d pipoint remove`.

8.3 WPA2-Verschlüsselung einrichten

Möchten Sie den Pi-Point nicht nur für einen kurzen Test, sondern für längere Zeit betreiben, sollten Sie ihn verschlüsseln. Dazu verwenden Sie am besten das Verschlüsselungsverfahren WPA2, das heute in fast allen WLANs genutzt wird.

Bearbeiten Sie die Datei `/etc/hostapd/hostapd.conf`:

```
leafpad /etc/hostapd/hostapd.conf
```

Tragen Sie dort folgende Zeilen ein:

```
interface=wlan0
driver=nl80211
ssid=raspberry
channel=1
auth_algs=1
wpa=2
wpa_passphrase=raspberrypi
wpa_key_mgmt=WPA-PSK
wpa_pairwise=TKIP CCMP
rsn_pairwise=TKIP CCMP
```

In der Zeile `wpa-passphrase` tragen Sie das Schlüsselwort ein, das Benutzer, die sich über diesen Pi-Point anmelden wollen, eingeben müssen. Starten Sie danach den `hostapd`-Dienst neu:

```
service hostapd restart
```

Wenn Sie sich jetzt mit einem Notebook oder Smartphone am Pi-Point anmelden, werden Sie nach einem Schlüssel gefragt. In unserem Beispiel lautet dieser `raspberrypi`.

Programmieren mit Python

Python hat nichts mit der gleichnamigen Schlange zu tun, sondern ist der Name einer Programmiersprache, die auf dem Raspberry Pi vorinstalliert ist. Die britische Komikertruppe Monty Python sei nach Aussagen auf der Herstellerwebseite *www.python.org* die Inspiration für den Namen gewesen.

Python überzeugt durch seine klare Struktur, die einen einfachen Einstieg in das Programmieren erlaubt, ist aber auch eine ideale Sprache, um »mal schnell« etwas zu automatisieren, was man sonst von Hand erledigen würde. Da keine Variablendeklarationen, Typen, Klassen oder komplizierten Regeln zu beachten sind, macht das Programmieren wirklich Spaß. Kindern und Jugendlichen einen Einstieg in die Programmierung zu geben, war das ursprüngliche Ziel der Raspberry-Pi-Erfinder – und deshalb haben sie Python im Raspbian-Betriebssystem vorinstalliert. Außer für Raspberry Pi steht Python auch für Windows, Mac OS und diverse Linux-Distributionen zur Verfügung – und (fast) alle Python-Programme funktionieren auf jeder unterstützten Plattform.

Python 2.7.3 oder 3.3.0?

Auf dem Raspberry Pi sind gleich zwei Versionen von Python vorinstalliert. Leider verwendet die neueste Python-Version 3.x teilweise eine andere Syntax als die bewährte Version 2.x, sodass Programme aus der einen Version nicht mit der anderen laufen. Einige wichtige Bibliotheken, wie z. B. das bekannte PyGame zur Programmierung von Spielen und grafischen Bildschirmausgaben im Allgemeinen, sind noch nicht für Python 3.x verfügbar. Deshalb und weil auch die meisten im Internet verfügbaren Programme für Python 2.x geschrieben wurden, verwenden wir in diesem Buch die bewährte Python-Version 2.7.3.

Python 2.7.3 wird mit dem Symbol *IDLE* auf dem Desktop gestartet. Hier erscheint ein auf den ersten Blick simples Eingabefenster mit einem Befehlsprompt.

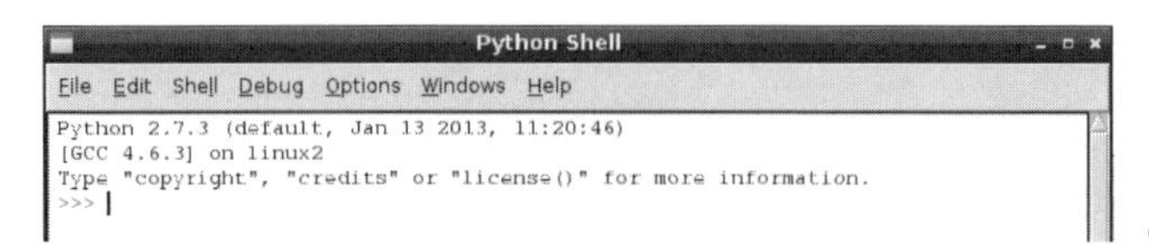

Bild 9.1: Das Eingabefenster der Python-Shell.

In diesem Fenster öffnen Sie vorhandene Python-Programme, schreiben neue oder können auch direkt Python-Kommandos interaktiv abarbeiten, ohne ein eigentliches Programm schreiben zu müssen. Geben Sie z. B. am Prompt Folgendes ein:

```
>>> 1+2
```

erscheint sofort die richtige Antwort:

```
3
```

Auf diese Weise lässt sich Python als komfortabler Taschenrechner verwenden, was aber noch nichts mit Programmierung zu tun hat.

Üblicherweise fangen Programmierkurse mit einem *Hallo Welt*-Programm an, das auf den Bildschirm den Satz »Hallo Welt« schreibt. Dies ist in Python derart einfach, dass es sich nicht einmal lohnt, dafür eine eigene Überschrift einzufügen. Tippen Sie im Python-Shell-Fenster einfach folgende Zeile ein:

```
>>> print "Hallo Welt"
```

Diese erste »Programm« schreibt dann *Hallo Welt* in die nächste Zeile auf dem Bildschirm.

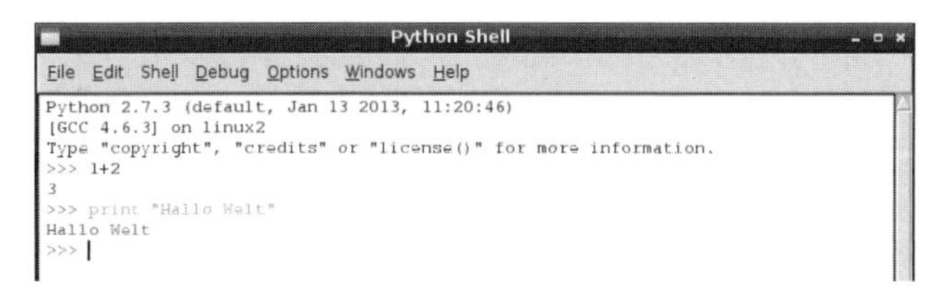

Bild 9.2: Hallo Welt in Python (oberhalb ist noch die Ausgabe der Berechnung zu sehen).

Hier sehen Sie auch gleich, dass die Python-Shell zur Verdeutlichung automatisch verschiedene Textfarben verwendet. Python-Kommandos sind orange, Zeichenketten grün und Ergebnisse blau. Später werden Sie noch weitere Farben entdecken.

Python-Flashcards

Die wichtigsten Syntaxelemente der Sprache Python werden in Form kleiner »Spickzettel« kurz beschrieben. Diese basieren auf den Python-Flashcards von David Whale. Was es damit genau auf sich hat, sehen Sie bei *bit.ly/pythonflashcards*. Diese Flashcards erklären nicht die technischen Hintergründe, sondern beschreiben nur anhand ganz kurzer Beispiele die Syntax, also wie etwas gemacht wird. Ausführliche Programmierbeispiele mit Hintergrundwissen folgen im nächsten Kapitel.

Ausgabe auf dem Bildschirm

Um Texte oder Inhalte von Variablen im Konsolenfenster auszugeben, verwendet Python den Befehl `print`.

```
print "Hallo Welt"

name = "Fred"
print name

print "Hallo " + name + " wie geht es Dir?"
```

Variablen vom Typ String

String-Variablen enthalten beliebige Zeichenketten und können mit dem `+`-Operator miteinander verknüpft werden.

```
vorname = "Fred"
nachname = "Schmidt"
name = vorname + " " + nachname
gruss = "Hallo "
gruss += name
print gruss
```

Variablen vom Typ Number

Number-Variablen enthalten Zahlenwerte, mit denen das Programm rechnen kann.

```
sekInMin = 60
minInStd = 60
stdInTag = 24
sekInTag = sekInMin * minInStd * stdInTag
print sekInTag
```

Eingabe durch den Benutzer

Die Eingabefunktion `raw_input()` ermöglicht Benutzereingaben. Diese werden in String-Variablen gespeichert. Um Zahlen einzugeben, müssen die String-Variablen in Zahlenwerte umgewandelt werden.

```
name = raw_input("Wie ist dein Name?")
print "Hallo " + name
```

```
alter = int(raw_input("Wie alt bist du?"))
print "Nächstes Jahr bist du " + str(alter+1)
```

Bedingungen mit if

Das Wort `if` (wenn) steht für eine Bedingung. Ist diese erfüllt, wird der folgende eingerückte Programmteil ausgeführt.

```
alter=10
if alter > 16:
   print "Du bist fertig mit der Schule"
a=1
if a==1:
   print "gleich"
if a!=1:
   print "nicht gleich"
if a<1:
   print "kleiner"
if a>1:
   print "größer"
if a<=1:
   print "kleiner oder gleich"
if a>=1:
   print "größer oder gleich"
```

Bedingungen mit if – else

Hinter dem Programmteil, der ausgeführt wird, wenn die Bedingung erfüllt ist, kann ein weiterer Block mit dem Schlüsselwort `else` stehen. Der darauffolgende Programmteil wird ausgeführt, wenn die Bedingung nicht erfüllt ist.

```
alter=10
if alter>17:
   print "Du darfst Auto fahren"
else:
   print "Du bist nicht alt genug"
```

Bedingungen mit if – elif – else

Gibt es mehr Alternativen als nur richtig und falsch, lassen sich mit dem Wort `elif` weitere Bedingungen einfügen. Diese werden nur abgefragt, wenn keine der vorherigen Bedingungen wahr ist. Ist keine der Bedingungen wahr, wird der letzte Programmblock hinter `else` ausgeführt.

```
alter=10
if alter<4:
   print "Du bist in der Kinderkrippe"
elif alter<6:
   print "Du bist im Kindergarten"
elif alter<10:
   print "Du bist in der Grundschule"
elif alter<19:
```

```
   print "Du bist im Gymnasium"
else:
   print "Du hast die Schule verlassen"
```

Bedingungen mit and und or verknüpfen

Mehrere Bedingungen lassen sich miteinander verknüpfen. Bei einer Verknüpfung mit `and` müssen alle einzelnen Bedingungen erfüllt sein, bei einer Verknüpfung mit `or` mindestens eine.

```
a=1
b=2
if a>0 and b>0:
   print "Beide sind nicht null"

if a>0 or b>0:
   print "Mindestens eine ist nicht null"
```

Schleifen mit for

Schleifen mit `for` laufen eine bestimmte Anzahl von Durchläufen. Dabei kann auch ein Wertebereich oder eine Zeichenfolge angegeben werden. Die Schleife wird dann für jedes Zeichen der Zeichenfolge einmal ausgeführt.

```
total=20
for n in range(total):
   print n

for n in range(1,20):
   print n

name="Fred"
for ch in name:
   print ch
```

Schleifen mit while

Schleifen mit `while` werden so lange ausgeführt, wie die Bedingung erfüllt ist.

```
# Bohnen auf einem Schachbrett
# lege 1 Bohne auf das erste Feld
# lege 2 Bohnen auf das zweite Feld
# lege 4 Bohnen auf das dritte Feld
# wie lange, bis es 1000 Bohnen sind?
felder=0
bohnen=1
total=0
while total<1000:
   total += bohnen
   bohnen *= 2
   felder += 1
print "es dauert " + str(felder)
```

Die Zeilen, die mit einem # beginnen, sind Kommentare zur Verständlichkeit des Programms. Diese Zeilen werden vom Python-Interpreter nicht beachtet.

Funktionen ohne Parameter

Soll ein bestimmter Programmteil mehrfach und von verschiedenen Stellen im Programm aufgerufen werden, definieren Sie eine Funktion, anstatt den Programmtext immer wieder zu kopieren.

```
def meinname():
   print "Mein Name ist Fred"

meinname()
meinname()
meinname()
```

Funktionen mit Parametern

Definiert man mit einer Funktion einen oder mehrere Parameter, liefert die Funktion verschiedene Ergebnisse je nach den übergebenen Parametern.

```
def zeigename(name):
   print "Mein Name ist " + name

def info(name, alter):
   print "Mein Name ist " + name
   print "Mein Alter ist " + str(alter)

zeigename("Fred")
zeigename("Harry")

info("Fred", 10)
info("Harry", 20)
```

Funktionen mit Rückgabewert

Eine Funktion kann einen Wert zurückgeben, der mit `return` definiert ist. Der aufrufende Programmteil kann anschließend mit dem Rückgabewert der Funktion weiterrechnen.

```
def quadrat(n):
   return n*n

print quadrat(5)
print quadrat(10)

a=100
print quadrat(a)
print quadrat(a+10)

b=quadrat(a)
print b
```

9.1 Zahlenraten

Anstatt uns mit Programmiertheorie, Algorithmen und Datentypen aufzuhalten, schreiben wir gleich das erste kleine Spiel in Python, ein einfaches Ratespiel, in dem eine vom Computer zufällig gewählte Zahl vom Spieler in möglichst wenigen Schritten erraten werden soll.

1. Wählen Sie im Menü der Python-Shell *File/New Window*. Hier öffnet sich ein neues Fenster, in das Sie den abgebildeten Programmcode eintippen können.
2. Speichern Sie die Datei über *File/Save As* als `zahl1.py` ab. Oder Sie laden sich die fertige Programmdatei bei *www.buch.cd* herunter und öffnen sie in der Python-Shell mit *File/Open*. Die Farbcodierung im Quelltext erscheint automatisch und hilft dabei, Tippfehler zu finden.

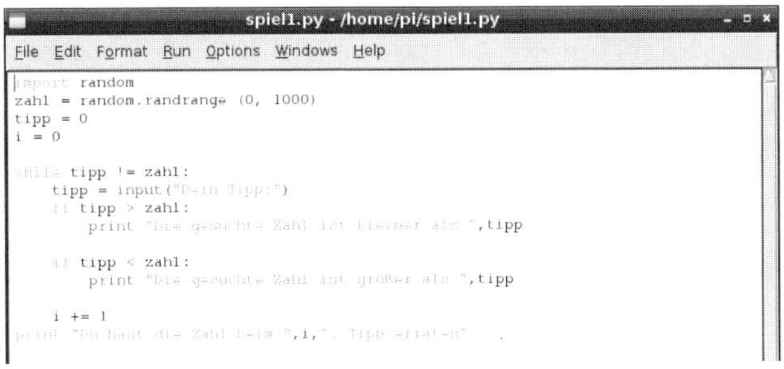

```
spiel1.py - /home/pi/spiel1.py
File Edit Format Run Options Windows Help

import random
zahl = random.randrange (0, 1000)
tipp = 0
i = 0

while tipp != zahl:
    tipp = input("Dein Tipp:")
    if tipp > zahl:
        print "Die gesuchte Zahl ist kleiner als ",tipp

    if tipp < zahl:
        print "Die gesuchte Zahl ist größer als ",tipp

    i += 1
print "Du hast die Zahl beim ",i,". Tipp erraten"
```

Bild 9.3: Programmcode für das erste Spiel in Python.

3. Bevor Sie das Spiel starten, müssen Sie noch eine Besonderheit der deutschen Sprache berücksichtigen, nämlich die Umlaute. Python läuft auf verschiedensten Computerplattformen, die Umlaute unterschiedlich codieren. Damit sie richtig dargestellt werden, wählen Sie im Menü *Options/Configure IDLE* und schalten auf der Registerkarte *General* die Option *Locale-defined* im Bereich *Default Source Encoding* ein.

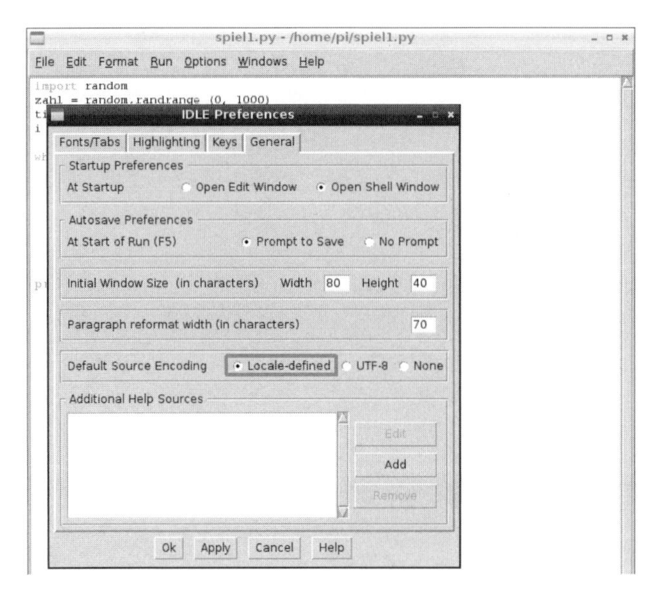

Bild 9.4: Die richtige Einstellung zur Darstellung von Umlauten in Python.

4 Starten Sie jetzt das Spiel mit der Taste F5 oder dem Menüpunkt *Run/Run Module*.

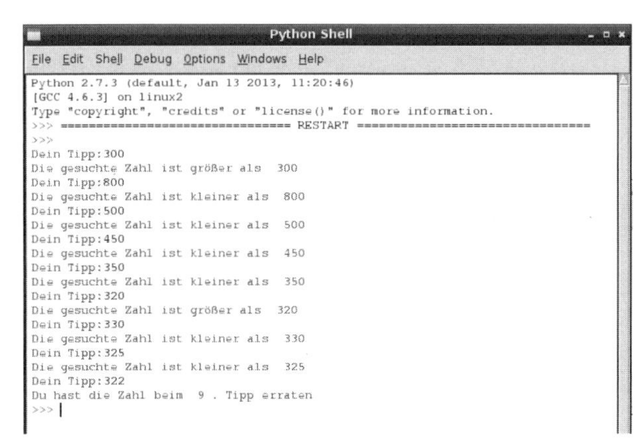

Bild 9.5: Zahlenraten in Python.

5 Das Spiel verzichtet der Einfachheit halber auf jede grafische Oberfläche sowie auf erklärende Texte oder Plausibilitätsabfragen der Eingabe. Im Hintergrund generiert der Computer eine Zufallszahl zwischen 0 und 1.000. Geben Sie einfach einen Tipp ab, und Sie erfahren, ob die gesuchte Zahl größer oder kleiner ist. Mit weiteren Tipps tasten Sie sich an die richtige Zahl heran.

9.1.1 So funktioniert es

Dass das Spiel funktioniert, lässt sich einfach ausprobieren. Jetzt stellen sich natürlich einige Fragen: Was passiert im Hintergrund? Was bedeuten die einzelnen Programmzeilen?

```
import random
```

Um die zufällige Zahl zu generieren, wird ein externes Python-Modul namens `random` importiert, das diverse Funktionen für Zufallsgeneratoren enthält.

```
zahl = random.randrange (0, 1000)
```

Die Funktion `randrange` aus dem Modul `random` generiert eine Zufallszahl in dem durch die Parameter begrenzten Zahlenbereich, hier zwischen `0` und `1000`. Diese Zufallszahl wird in der Variablen `zahl` gespeichert. Variablen sind in Python Speicherplätze, die einen beliebigen Namen haben und Zahlen, Zeichenfolgen, Listen oder andere Datenarten speichern können. Anders als in einigen anderen Programmiersprachen müssen sie nicht vorher deklariert werden.

Wie entstehen Zufallszahlen?
Gemeinhin denkt man, in einem Programm könne nichts zufällig geschehen. - wie also kann ein Programm in der Lage sein, zufällige Zahlen zu generieren? Teilt man eine große Primzahl durch irgendeinen Wert, ergeben sich ab der x-ten Nachkommastelle Zahlen, die kaum noch vorhersehbar sind. Diese ändern sich auch ohne jede Regelmäßigkeit, wenn man den Divisor regelmäßig erhöht. Dieses Ergebnis ist zwar scheinbar zufällig, lässt sich aber durch ein identisches Programm oder den mehrfachen Aufruf des gleichen Programms jederzeit reproduzieren. Nimmt man jetzt aber eine aus einigen dieser Ziffern zusammengebaute Zahl und teilt sie wiederum durch eine Zahl, die sich aus der aktuellen Uhrzeitsekunde oder dem Inhalt einer beliebigen Speicherstelle des Rechners ergibt, kommt ein Ergebnis heraus, das sich nicht reproduzieren lässt und daher als Zufallszahl bezeichnet wird.

```
tipp = 0
```

Die Variable `tipp` enthält später die Zahl, die der Benutzer tippt. Am Anfang ist sie `0`.

```
i = 0
```

Die Variable `i` hat sich unter Programmierern als Zähler für Programmschleifendurchläufe eingebürgert. Hier wird sie verwendet, um die Anzahl der Tipps zu zählen, die Benutzer brauchte, um die geheime Zahl zu erraten. Auch diese Variable steht am Anfang auf `0`.

```
while tipp != zahl:
```

Das Wort `while` (englisch für »so lange wie«) leitet eine Programmschleife ein, die in diesem Fall so lange wiederholt wird, wie `tipp`, die Zahl, die der Benutzer tippt, ungleich der geheimen Zahl `zahl` ist. Python verwendet die Zeichenkombination `!=` für ungleich. Hinter dem Doppelpunkt folgt die eigentliche Programmschleife.

```
    tipp = input("Dein Tipp:")
```

Die Funktion `input` schreibt den Text `Dein Tipp:` und erwartet danach eine Eingabe, die in der Variablen `tipp` gespeichert wird.

Einrückungen sind in Python wichtig
In den meisten Programmiersprachen werden Programmschleifen oder Entscheidungen eingerückt, um den Programmcode übersichtlicher zu machen. In Python dienen diese Einrückungen nicht nur der Übersichtlichkeit, sondern sind auch für die Programmlogik zwingend nötig. Dafür braucht man hier keine speziellen Satzzeichen, um Schleifen oder Entscheidungen zu beenden.

```
    if tipp > zahl:
```

Wenn die vom Benutzer getippte Zahl `tipp` größer als die geheime Zahl `zahl` ist, dann ...

```
        print "Die gesuchte Zahl ist kleiner als ",tipp
```

... wird dieser Text ausgegeben. Am Ende steht hier die Variable `tipp`, damit die getippte Zahl im Text angezeigt wird. Trifft diese Bedingung nicht zu, wird die eingerückte Zeile einfach übergangen.

```
    if tipp < zahl:
```

Wenn die vom Benutzer getippte Zahl `tipp` kleiner als die geheime Zahl `zahl` ist, dann ...

```
        print "Die gesuchte Zahl ist größer als ",tipp
```

... wird ein anderer Text ausgegeben.

```
    i += 1
```

In jedem Fall - deshalb nicht mehr eingerückt - wird der Zähler `i`, der die Versuche zählt, um 1 erhöht. Diese Zeile mit dem Operator `+=` bedeutet das Gleiche wie `i = i + 1`.

```
print "Du hast die Zahl beim ",i,". Tipp erraten"
```

Diese Zeile ist nicht mehr eingerückt, was bedeutet, dass hier auch die `while`-Schleife zu Ende ist. Trifft deren Bedingung nicht mehr zu, ist also die vom Benutzer getippte Zahl `tipp` nicht mehr ungleich (sondern gleich) der geheimen Zahl `zahl`, wird dieser Text ausgegeben, der sich aus zwei Satzteilen und der Variablen `i` zusammensetzt und so angibt, wie viele Versuche der Benutzer benötigte.

9.1.2 Text in Farbe

Schwarzer Text auf weißem Grund, und davon ein ganzes Fenster voll, ist nicht gerade spannend. Wichtige Informationen sollten farbig hevorgehoben werden, damit sie auch wirklich auffallen. Das nächste Programmbeispiel zeigt, wie Sie mithilfe sogenannter Escape-Sequenzen bestimmte Textpassagen hervorheben können.

Diese Escape-Sequenzen sind spezielle Zeichenkombinationen, die die Textausgabe in einem Shell-Fenster verändern. Dabei stehen acht verschiedene Grundfarben aus den

Anfängen der Computertechnik sowie ein paar Textstile, wie fett, blinkend etc., zur Verfügung.

Escape-Sequenzen beginnen immer mit dem Escape-Zeichen, das über die Zeichenfolge `\033[` bezeichnet wird. Sie enden stets mit dem Buchstaben `m`. Dazwischen können mehrere Zahlen stehen, die die Textauszeichnungen festlegen.

Farbe	Escape-Sequenz für die Textfarbe	Escape-Sequenz für die Hintergrundfarbe
Schwarz	30	40
Rot	31	41
Grün	32	42
Gelb	33	43
Blau	34	44
Magenta	35	45
Cyan	36	46
Weiß	37	47

Bild 9.6: Escape-Sequenzen für Textfarben.

Textstil	Escape-Sequenz
normal	0
fett	1
schwach	2
kursiv	3
unterstrichen	4
blinkend	5
invers	7

Bild 9.7: Escape-Sequenzen für Textstile (nicht alle werden vom Raspberry Pi unterstützt).

Diese Escape-Sequenzen müssen in den Text eingebaut werden. Zur besseren Übersicht definiert man Variablen am Programmanfang, die dann wie im folgenden Programm gezeigt verwendet werden.

Sie finden das Programm `zahl2.py` bei *www.buch.cd* zum Download.

```
#!/usr/bin/python
# -*- coding: utf-8 -*-
import random

zahl = random.randrange (0, 1000)
tipp = 0
i = 0
```

```
normal = "\033[0m"
blau   = "\033[1;34m"
rot    = "\033[1;31m"

print "Errate eine Zahl zwischen 0 und 1000"

while tipp != zahl:
    tipp = input("Dein Tipp:")
    if tipp > zahl:
        print "Die gesuchte Zahl ist "+blau+"kleiner als "+normal,tipp

    if tipp < zahl:
        print "Die gesuchte Zahl ist "+blau+"größer als "+normal,tipp

    i += 1

print rot,"Du hast die Zahl ",zahl,"beim ",i,". Tipp erraten",normal
```

Am Anfang des Spiels werden drei zusätzliche Variablen definiert, die die Textfarben angeben. Die `0` in `normal` setzt die Anzeige auf die Standardwerte zurück. Die beiden anderen Variablen enthalten eine `1` für fett sowie eine zweistellige Zahl für die Textfarbe.

```
normal = "\033[0m"
blau   = "\033[1;34m"
rot    = "\033[1;31m"
```

In späteren Programmzeilen werden diese Variablen wie auch die Zahlenvariablen zusammen mit den Zeichenfolgen ausgegeben:

```
print rot,"Du hast die Zahl ",zahl,"beim ",i,". Tipp erraten",normal
```

Die Python-Oberfläche IDLE verwendet ein eigenes Farbschema und unterstützt die Escape-Sequenzen nicht. Starten Sie deshalb das Programm direkt aus einem Shell-Fenster.

```
python zahl2.py
```

Hier werden die Farben angezeigt.

```
pi@raspberrypi: ~
Datei Bearbeiten Reiter Hilfe
~ $ python zahl2.py
Errate eine Zahl zwischen 0 und 1000
Dein Tipp:123
Die gesuchte Zahl ist größer als 123
Dein Tipp:567
Die gesuchte Zahl ist kleiner als 567
Dein Tipp:345
Die gesuchte Zahl ist größer als 345
Dein Tipp:456
Die gesuchte Zahl ist kleiner als 456
Dein Tipp:432
Die gesuchte Zahl ist kleiner als 432
Dein Tipp:399
Die gesuchte Zahl ist größer als 399
Dein Tipp:404
Die gesuchte Zahl ist größer als 404
Dein Tipp:424
Die gesuchte Zahl ist kleiner als 424
Dein Tipp:411
Die gesuchte Zahl ist größer als 411
Dein Tipp:419
Die gesuchte Zahl ist größer als 419
Dein Tipp:422
Die gesuchte Zahl ist größer als 422
Dein Tipp:423
 Du hast die Zahl 423 beim 12 . Tipp erraten
~ $
```

Bild 9.8: Python-Programm direkt im LXTerminal starten.

9.2 Würfeln mit PyGame

Ein cooles Spiel braucht Grafik und nicht nur eine Textausgabe wie in Zeiten der allerersten DOS-Computer. Die Bibliothek PyGame liefert vordefinierte Funktionen und Objekte zur Grafikdarstellung und Spieleprogrammierung. Damit braucht man nicht mehr alles von Grund auf neu zu erfinden.

Für viele Spiele braucht man einen Würfel, aber oft ist gerade keiner griffbereit. Das nächste Programmbeispiel zeigt, wie einfach es ist, den Raspberry Pi mithilfe von Python und PyGame als Würfel zu benutzen:

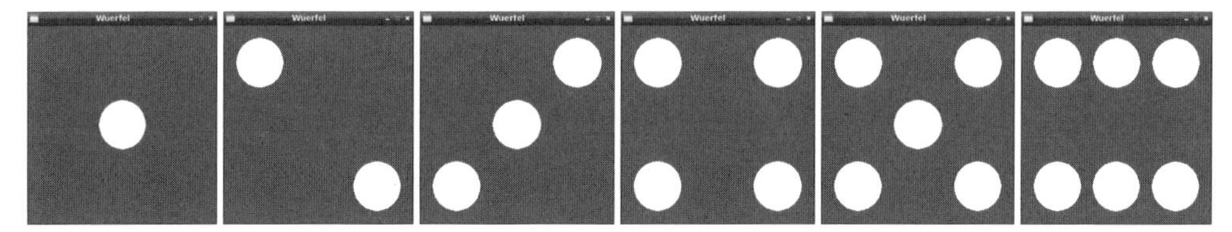

Bild 9.9: Der Raspberry Pi als Würfel.

Der Würfel soll möglichst einfach und mit nur einer Taste zu bedienen sein, und das zufällig gewürfelte Ergebnis soll grafisch wie ein »echter« Würfel angezeigt werden. Das folgende Programm simuliert einen solchen Würfel.

Sie finden das Programm `wuerfel.py` bei *www.buch.cd* zum Download.

```
# -*- coding: utf-8 -*-
import pygame, sys, random
from pygame.locals import *
pygame.init()
```

```
FELD = pygame.display.set_mode((320, 320))
pygame.display.set_caption("Wuerfel")
BLAU = (0, 0, 255)
WEISS = (255, 255, 255)
P1 = ((160, 160))
P2 = ((60, 60))
P3 = ((160, 60))
P4 = ((260, 60))
P5 = ((60, 260))
P6 = ((160, 260))
P7 = ((260, 260))
mainloop = True

print "Beliebige Taste drücken, um zu würfeln"

while mainloop:
    for event in pygame.event.get():
        if event.type == QUIT or (event.type == KEYUP and event.key ==
K_ESCAPE):
            mainloop = False
        if event.type == KEYDOWN:
            FELD.fill(BLAU)
            ZAHL = random.randrange (1, 7)
            print ZAHL
            if ZAHL == 1:
                pygame.draw.circle(FELD, WEISS, P1, 40)
            if ZAHL == 2:
                pygame.draw.circle(FELD, WEISS, P2, 40)
                pygame.draw.circle(FELD, WEISS, P7, 40)
            if ZAHL == 3:
                pygame.draw.circle(FELD, WEISS, P1, 40)
                pygame.draw.circle(FELD, WEISS, P4, 40)
                pygame.draw.circle(FELD, WEISS, P5, 40)
            if ZAHL == 4:
                pygame.draw.circle(FELD, WEISS, P2, 40)
                pygame.draw.circle(FELD, WEISS, P4, 40)
                pygame.draw.circle(FELD, WEISS, P5, 40)
                pygame.draw.circle(FELD, WEISS, P7, 40)
            if ZAHL == 5:
                pygame.draw.circle(FELD, WEISS, P1, 40)
                pygame.draw.circle(FELD, WEISS, P2, 40)
                pygame.draw.circle(FELD, WEISS, P4, 40)
                pygame.draw.circle(FELD, WEISS, P5, 40)
                pygame.draw.circle(FELD, WEISS, P7, 40)
            if ZAHL == 6:
                pygame.draw.circle(FELD, WEISS, P2, 40)
                pygame.draw.circle(FELD, WEISS, P3, 40)
```

```
                pygame.draw.circle(FELD, WEISS, P4, 40)
                pygame.draw.circle(FELD, WEISS, P5, 40)
                pygame.draw.circle(FELD, WEISS, P6, 40)
                pygame.draw.circle(FELD, WEISS, P7, 40)
    pygame.display.update()
pygame.quit()
```

9.2.1 So funktioniert es

Wenn Sie bereits etwas mit Python herumgespielt haben, wird sich beim Betrachten des Programmcodes vieles von allein erschließen. Das Beispiel zeigt die grundsätzliche Arbeit mit dem PyGame-Modul.

```
import pygame, sys, random
from pygame.locals import *
pygame.init()
```

Diese drei Programmzeilen stehen am Anfang fast jedes Programms, das PyGame verwendet. Neben dem bereits erwähnten Modul `random` zur Erzeugung von Zufallszahlen werden das Modul `pygame` selbst sowie das Modul `sys` geladen, das wichtige, von PyGame benötigte Systemfunktionen enthält, wie z. B. das Öffnen und Schließen von Fenstern.

```
FELD = pygame.display.set_mode((320, 320))
```

Diese wichtige Funktion in jedem Programm, das eine grafische Ausgabe nutzt, definiert eine Zeichenfläche, ein sogenanntes Surface, die in unserem Beispiel die Größe von 320 x 320 Pixeln hat und den Namen `FELD` bekommt. Ein solches Surface wird in einem neuen Fenster auf dem Bildschirm dargestellt.

```
pygame.display.set_caption("Wuerfel")
```

Diese Zeile trägt den Fensternamen ein.

```
BLAU = (0, 0, 255)
WEISS = (255, 255, 255)
```

Diese Zeilen definieren die beiden verwendeten Farben Blau und Weiß. Man könnte auch jedes Mal im Programm die Farbwerte direkt angeben, was aber nicht gerade zur Übersicht beiträgt.

Darstellung von Farben auf dem Bildschirm

Farben werden in Python, wie auch in den meisten anderen Programmiersprachen, durch drei Zahlen zwischen 0 und 255 definiert, die die drei Farbanteile Rot, Grün und Blau festlegen. Bildschirme verwenden eine additive Farbmischung, bei der die drei Farbanteile alle in voller Sättigung zusammen Weiß ergeben.

```
P1 = ((160, 160))
P2 = ((60, 60))
P3 = ((160, 60))
P4 = ((260, 60))
```

```
P5 = ((60, 260))
P6 = ((160, 260))
P7 = ((260, 260))
```

Diese sieben Zeilen legen die Mittelpunkte der Würfelaugen fest. Auf dem 320 x 320 Pixel großen Zeichenfeld liegen die drei Achsen der Würfelaugen jeweils auf den Koordinaten `60`, `160` und `260`.

Das Koordinatensystem für Computergrafik
Jeder Punkt in einem Fenster bzw. auf einem Surface-Objekt wird durch eine x- und eine y-Koordinate bezeichnet. Der Nullpunkt des Koordinatensystems ist nicht, wie man in der Schule lernt, links unten, sondern links oben. Genau so, wie man einen Text von links oben nach rechts unten liest, erstreckt sich die x-Achse von links nach rechts, die y-Achse von oben nach unten.

Die sieben Punkte `P1` bis `P7` bezeichnen die in der Grafik angegebenen Mittelpunkte der Würfelaugen. Jedes Würfelauge hat einen Radius von 40 Pixeln. Bei 80 Pixeln Achsabstand bleiben demnach 20 Pixel zwischen den Würfelaugen und 20 Pixel zu den Fensterrändern.

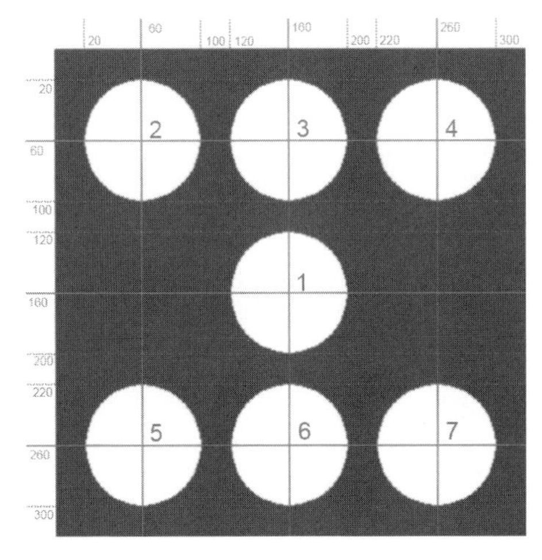

Bild 9.10: Die Würfelaugen und ihre Koordinaten.

An dieser Stelle wird mit den anderen Variablen auch noch eine Variable `mainloop` auf `True` gesetzt, die später für die Hauptschleife des Spiels benötigt wird.

```
mainloop = True
```

Damit sind die Grundlagen geschaffen, und das eigentliche Spiel kann beginnen.

```
print "Beliebige Taste drücken, um zu würfeln"
```

Diese Zeile erklärt dem Benutzer kurz, was zu tun ist. Bei jedem Druck auf eine beliebige Taste der Tastatur wird neu gewürfelt. `print` schreibt immer in das Python-Shell-Fenster, nicht in das neue grafische Fenster.

```
while mainloop:
```

Jetzt beginnt die Hauptschleife des Spiels. In vielen Spielen wird eine Endlosschleife verwendet, die sich immer wiederholt und ständig irgendwelche Benutzeraktivitäten abfragt. Irgendwo in der Schleife muss eine Abbruchbedingung definiert sein, die dafür sorgt, dass das Spiel beendet werden kann. Dafür wird hier eine Variable `mainloop` verwendet, die nur die beiden booleschen Werte `True` oder `False` (wahr oder falsch, ein oder aus) annimmt. Am Anfang steht sie auf `True` und wird bei jedem Schleifendurchlauf abgefragt. Hat sie während der Schleife den Wert `False` angenommen, wird die Schleife vor dem nächsten Durchlauf beendet.

```
    for event in pygame.event.get():
```

Ohne jetzt tiefer in das Eventmanagement von Python einsteigen zu wollen - diese Zeile liest die letzte Benutzeraktivität und speichert sie als `event`. Im Spiel gibt es nur zwei Arten spielrelevanter Benutzeraktivitäten: Der Benutzer drückt eine Taste und würfelt damit, oder der Benutzer möchte das Spiel beenden.

```
        if event.type == QUIT or (event.type == KEYUP and event.key == 
K_ESCAPE):
            mainloop = False
```

Um das Spiel zu beenden, gibt es zwei Möglichkeiten: Man kann auf das X-Symbol in der oberen rechten Fensterecke klicken oder die Taste [Esc] drücken. Wenn man auf das X-Symbol klickt, ist der `event.type == QUIT`. Wenn man eine Taste drückt und wieder loslässt, ist der `event.type == KEYUP`. Zusätzlich wird in diesem Fall die gedrückte Taste in `event.key` gespeichert.

Die beschriebene `if`-Abfrage prüft, ob der Benutzer das Fenster schließen will oder (`or`) eine Taste gedrückt und losgelassen hat und (`and`) dies die Taste mit der internen Bezeichnung `K_ESCAPE` ist. Ist dies der Fall, wird die Variable `mainloop` auf `False` gesetzt, was die Hauptschleife des Spiels vor dem nächsten Durchlauf beendet.

```
        if event.type == KEYDOWN:
```

Die zweite Art von Benutzeraktivität, die während des Spiels immer wieder und nicht nur einmal vorkommt, ist, dass der Benutzer eine Taste drückt. Dabei spielt es keine Rolle, welche außer der [Esc]-Taste das ist. Sowie eine Taste gedrückt wurde (`KEYDOWN`), wird ein wichtiger Programmteil in Gang gesetzt, der das Würfelergebnis erzeugt und auch darstellt.

```
            FELD.fill(BLAU)
```

Als Erstes wird das als `FELD` bezeichnete Surface-Objekt, das eigentliche Programmfenster, mit der am Anfang als `BLAU` definierten Farbe gefüllt, um das vorherige Würfelergebnis zu übermalen.

```
            ZAHL = random.randrange (1, 7)
```

Jetzt generiert die bereits im ersten Beispiel verwendete Zufallsfunktion `random` eine Zufallszahl zwischen `1` und `6` und speichert sie in der Variablen `ZAHL`. Der zweite Parameter bezeichnet immer den ersten Wert, der nicht erreicht wird, bei dem also die Schleife beendet wird, ohne die Anweisungen innerhalb der Schleife noch auszuführen.

```
        print ZAHL
```

Diese Zeile schreibt nur zur Kontrolle das Würfelergebnis in das Python-Shell-Fenster. Sie können diese Zeile auch weglassen, wenn Sie auf die textbasierte Ausgabe verzichten wollen.

```
        if ZAHL == 1:
            pygame.draw.circle(FELD, WEISS, P1, 40)
```

Jetzt folgen, alle nach dem gleichen Schema, sechs Abfragen. Wenn die zufällig gewürfelte Zahl einen bestimmten Wert hat, werden entsprechend ein bis sechs Würfelaugen gezeichnet. Die dazu verwendete Funktion `pygame.draw.circle()` benötigt vier oder fünf Parameter:

- *Surface* gibt die Zeichenfläche an, auf der gezeichnet wird, im Beispiel das `FELD`.
- *Farbe* gibt die Farbe des Kreises an, im Beispiel die zuvor definierte Farbe `WEISS`.
- *Mittelpunkt* gibt den Mittelpunkt des Kreises an.
- *Radius* gibt den Radius des Kreises an.
- *Dicke* gibt die Linienstärke der Kreislinie an. Wird dieser Parameter weggelassen oder auf `0` gesetzt, wird der Kreis gefüllt.

Ist eine der `if`-Bedingungen erfüllt, sind die Würfelaugen zunächst nur auf einer virtuellen Zeichenfläche gespeichert.

```
    pygame.display.update()
```

Erst diese Zeile am Schleifenende aktualisiert die Grafik auf dem Bildschirm. Nun sind die Würfelaugen wirklich zu sehen. Anschließend startet die Schleife von Neuem und wartet wieder auf einen Tastendruck des Benutzers. Falls während der Schleife `mainloop` auf `False` gesetzt wurde, weil der Benutzer das Spiel beenden will, wird die Schleife kein weiteres Mal durchlaufen, sondern die folgende Zeile ausgeführt:

```
pygame.quit()
```

Diese beendet zunächst das PyGame-Modul `pygame.quit()`, was auch das grafische Fenster schließt und danach das ganze Programm. Python-Programme benötigen keine eigene Anweisung zum Beenden. Sie enden einfach nach dem letzten Befehl bzw. nach einer Schleife, die nicht mehr ausgeführt wird und der keine weiteren Befehle folgen.

9.3 Labyrinth

Seit Jahrtausenden faszinieren Labyrinthe und Irrgärten unterschiedlichster Formen die Menschen. Besonderes Interesse löst diese Sonderform der Grafik bei Künstlern, aber auch Mathematikern und Logikern aus. Im Computerzeitalter stellen sowohl das Gestalten wie auch das Lösen solcher Labyrinthe immer wieder interessante Herausforderungen an Programmierer.

Labyrinthe in der Wissenschaft

Labyrinthe unterschiedlicher Topologie dienen in Forschungsprojekten immer wieder als Testobjekte für Verfahren der künstlichen Intelligenz (»KI« oder »AI« = Artificial Intelligence) und Robotik. Ein geübter menschlicher Betrachter wird beim Betrachten eines Labyrinths nach kurzer Zeit einen Lösungsweg sehen, ohne ihn direkt nachzufahren. Ein Mensch in einem gebauten Labyrinth wird systematisch einen Weg durch Ausprobieren finden, da er keine Möglichkeit hat, das Labyrinth in seiner Gesamtheit zu überblicken. KI-Systeme müssen sich Lösungswege suchen, die der menschlichen »Intuition« möglichst nahekommen. Dazu müssen sie versuchen, Informationen über die Topologie in einem Schema zu erfassen und auszuwerten, was dem Menschen durch seine begrenzte Merk- und Rechenfähigkeit bewusst kaum möglich ist, durch reine Intuition aber trotzdem sehr schnell gelingen kann. Ein reines Ausprobieren geht mit dem Computer zwar deutlich schneller als beim Menschen, ist aber bei einem theoretisch unendlich großen Labyrinth auch kein passabler Weg. Auf diese Weise werden Lösungsansätze für Probleme unterschiedlicher Art entwickelt, die sich nur nicht so einfach wie ein Labyrinth grafisch darstellen lassen.

Das nächste Programmbeispiel generiert zufällig ein Labyrinth, durch das es genau einen Weg gibt. Das Programm zeigt logische Strukturen zur Umsetzung solcher Aufgaben wie auch Möglichkeiten für zufallsgesteuerte Abläufe.

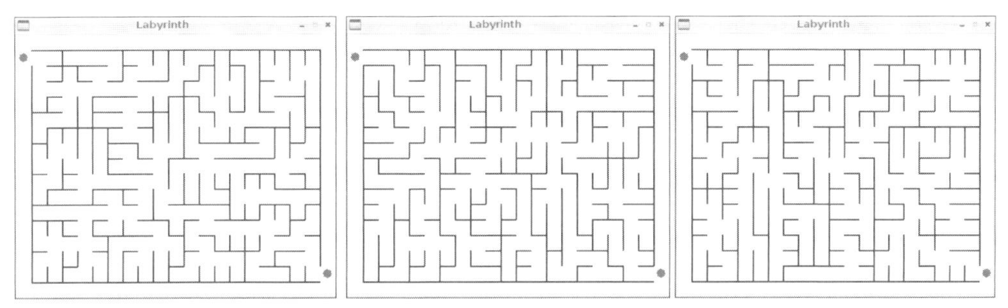

Bild 9.11: Drei verschiedene Labyrinthe, alle mit dem gleichen Algorithmus erzeugt.

Jedes Labyrinth sieht anders aus, und durch jedes gibt es genau einen Weg von links oben nach rechts unten - probieren Sie es aus.

Das Prinzip

Dieser garantierte Weg basiert auf einem einfachen Prinzip. Beim Generieren des Labyrinths wird an den Rändern angefangen. Von einem zufälligen Punkt auf einer Wand wird ein neues Wandsegment in den freien Raum gezogen. Dieses darf nichts an einer bestehenden Wand ändern. So wird nacheinander immer zufällig ein Wandpunkt (im Raster des Labyrinths) ausgewählt, und von dort wird eine Wand auf einen freien Rasterpunkt gezogen. Das Ganze geschieht so lange, bis alle Rasterpunkte belegt sind. Da nie eine Wand zwischen zwei Wänden gezogen wird, kann es keine durchgehende Sperre geben, die einen Lösungsweg verhindert. Umgekehrt fängt keine Wand an einem freien Punkt im Raum an, sodass es auch keine Inseln geben kann, woraus sich zwei alternative Wege ergeben würden.

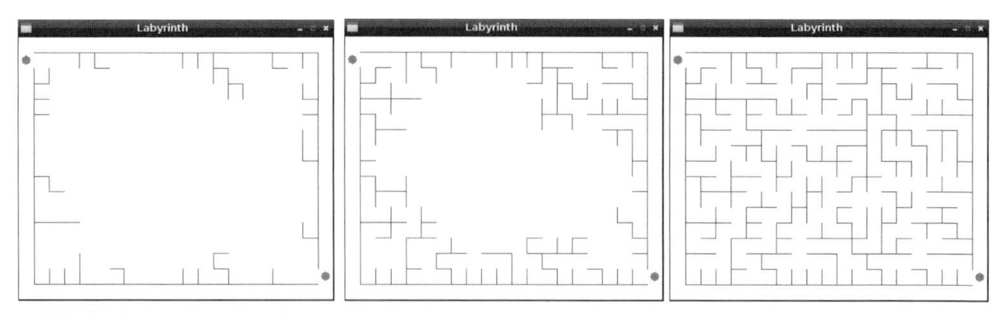

Bild 9.12: Das Prinzip erkennen Sie am besten, wenn Sie das Generieren eines Labyrinths mitverfolgen.

Das folgende Programm generiert solche zufälligen Labyrinthe. Sie finden das Programm `labyrinth1.py` bei *www.buch.cd* zum Download.

```
import pygame, sys, random
from pygame.locals import *
pygame.init()

b = 20
h = 16
f = 20
BLAU  = (0, 0, 255)
ROT   = (255, 0, 0)
WEISS = (255, 255, 255)
matrix = [[0 for col in range(b+2)] for row in range(h+2)]
FELD = pygame.display.set_mode(((b+1)*f, (h+1)*f))
FELD.fill(WEISS)
pygame.display.set_caption("Labyrinth")

for x in range(b+2):
    matrix[0][x] = 4
    matrix[h+1][x] = 4

for y in range(h+2):
    matrix[y][0] = 4
    matrix[y][b+1] = 4

for x in range(2,b):
    matrix[1][x] = 3
    matrix[h][x] = 3

for y in range(2,h):
    matrix[y][1] = 3
    matrix[y][b] = 3

matrix [1][1] = 4
matrix [1][b] = 4
matrix [h][1] = 4
matrix [h][b] = 4

z = 2*(b+h)-4
```

```
pygame.draw.line(FELD, BLAU, (f, f), (b*f, f), 2)
pygame.draw.line(FELD, BLAU, (f, h*f), (b*f, h*f), 2)
pygame.draw.line(FELD, BLAU, (f, 2*f), (f, h*f), 2)
pygame.draw.line(FELD, BLAU, (b*f, f), (b*f, (h-1)*f), 2)
pygame.draw.circle(FELD, ROT, (int(0.5*f), int(1.5*f)), int(0.3*f), 0)
pygame.draw.circle(FELD, ROT, (int((b+0.5)*f), int((h-0.5)*f)),
int(0.3*f), 0)
pygame.display.update()

while z < b*h:
    x = random.randrange(1, b+1)
    y = random.randrange(1, h+1)
    if matrix [y][x] > 0 and matrix [y][x] < 4:
        r = random.randrange(0, 4)
        if r == 0:
            x2 = x-1
            y2 = y
        if r == 1:
            x2 = x
            y2 = y+1
        if r == 2:
            x2 = x+1
            y2 = y
        if r == 3:
            x2 = x
            y2 = y-1
        if matrix[y2][x2] == 0:
            pygame.draw.line(FELD, BLAU, (x*f, y*f), (x2*f, y2*f), 2)
            matrix[y2][x2] = 1
            matrix[y][x] += 1
            z += 1
            pygame.display.update()

mainloop = True
while mainloop:
    for event in pygame.event.get():
        if event.type == QUIT or (event.type == KEYUP and event.key ==
K_ESCAPE):
            mainloop = False
pygame.quit()
```

9.3.1 So funktioniert es

Die ersten Zeilen initialisieren wie im letzten Beispiel die PyGame-Bibliothek. Danach werden ein paar Variablen festgelegt, die für das Spiel benötigt werden.

```
b = 20
h = 16
f = 20
```

Die Variablen `b` und `h` geben Breite und Höhe des Labyrinths in Rastereinheiten an. Ändert man sie vor dem Programmstart, ergibt sich ein größeres oder kleineres Labyrinth. Die Variable `f` ist ein Größenfaktor, der die Rastereinheiten des Labyrinths in Pixel umrechnet. In der Grundeinstellung sind die Wege des Labyrinths 20 Pixel breit.

```
BLAU  = (0, 0, 255)
ROT   = (255, 0, 0)
WEISS = (255, 255, 255)
```

Diese Zeilen definieren wie im letzten Beispiel die im Spiel verwendeten Farben.

```
matrix = [[0 for col in range(b+2)] for row in range(h+2)]
```

Die Variable `matrix` definiert ein zweidimensionales Feld für die Rasterpunkte des Labyrinths. Das Feld ist rundherum um eine Einheit größer, als Breite und Höhe ergeben. Zwei ineinandergeschachtelte `for`-Schleifen füllen die Matrix komplett mit Nullen.

```
FELD = pygame.display.set_mode(((b+1)*f, (h+1)*f))
FELD.fill(WEISS)
pygame.display.set_caption("Labyrinth")
```

Diese Zeilen legen wieder das Surface-Objekt und damit das Spielfenster fest. Die Größe hängt von Breite und Höhe des Labyrinths sowie dem Größenfaktor ab. Das Fenster wird komplett mit Weiß gefüllt und erhält den Titel `Labyrinth`.

Danach folgen mehrere Schleifen, die dieses Variablenfeld gemäß der folgenden Tabelle mit Werten füllen:

```
 4    4    4   ...   4    4    4
 4    4    3   ...   3    4    4
 4    3    0   ...   0    3    4
...  ...  ...  ...  ...  ...  ...
 4    3    0   ...   0    3    4
 4    4    3   ...   3    4    4
 4    4    4   ...   4    4    4
```

Die Zahlen geben an, wie viele Mauern mit dem jeweiligen Rasterpunkt verbunden sind. Die äußerste Reihe dient nur programminternen Zwecken. Hier steht überall eine 4, weil hier keine weiteren Mauern angebaut werden können. Die Begrenzungsmauern des Labyrinths werden im Variablenfeld durch die zweite Reihe von außen dargestellt. Hier steht außer in den Eckfeldern eine 3. Daraus folgt für das Programm: Es kann noch eine weitere Mauer angebaut werden.

```
for x in range(b+2):
    matrix[0][x] = 4
    matrix[h+1][x] = 4

for y in range(h+2):
```

```
    matrix[y][0] = 4
    matrix[y][b+1] = 4

for x in range(2,b):
    matrix[1][x] = 3
    matrix[h][x] = 3

for y in range(2,h):
    matrix[y][1] = 3
    matrix[y][b] = 3
```

Die folgenden Zeilen setzen die Ecken des Labyrinths alle auf 4, da auch hier keine weiteren Mauern angebaut werden können.

```
matrix [1][1] = 4
matrix [1][b] = 4
matrix [h][1] = 4
matrix [h][b] = 4
```

Nachdem das Variablenfeld gefüllt ist, wird noch eine wichtige Variable `z` gesetzt. Diese gibt die Gesamtzahl der Rasterpunkte an, an denen mindestens eine Mauer steht. Diese wird später dazu verwendet, festzustellen, wann das Labyrinth fertig ist, nämlich dann, wenn alle Rasterpunkte mit mindestens einer Mauer verbunden sind.

```
z = 2*(b+h)-4
```

Die Variable enthält am Anfang die Summe alle Randpunkte des Labyrinths, die sich aus der doppelten Höhe und Breite ergibt, wobei einmal die vier Eckpunkte abgezogen werden, die andernfalls doppelt berechnet würden.

```
pygame.draw.line(FELD, BLAU, (f, f), (b*f, f), 2)
pygame.draw.line(FELD, BLAU, (f, h*f), (b*f, h*f), 2)
pygame.draw.line(FELD, BLAU, (f, 2*f), (f, h*f), 2)
pygame.draw.line(FELD, BLAU, (b*f, f), (b*f, (h-1)*f), 2)
```

Diese vier Zeilen zeichnen nacheinander die vier Randlinien des Labyrinths. Die dazu verwendete Funktion `pygame.draw.line()` benötigt vier oder fünf Parameter:

- *Surface* gibt die Zeichenfläche an, auf der gezeichnet wird, im Beispiel das `FELD`.
- *Farbe* gibt die Farbe der Linie an, im Beispiel die zuvor definierte Farbe `BLAU`.
- *Anfangspunkt* gibt den Anfangspunkt der Linie an.
- *Endpunkt* gibt den Endpunkt der Linie an.
- *Dicke* gibt die Linienstärke an. Wird dieser Parameter weggelassen, ist die Linie nur einen Pixel breit.

Die auf den ersten Blick ungewöhnlichen y-Koordinaten `2+f` und `(h-1)+f` sorgen dafür, dass die linke senkrechte Linie eine Einheit unterhalb der Ecke beginnt und die rechte eine Einheit oberhalb der Ecke endet, wodurch Ein- und Ausgang des Labyrinths entstehen.

```
pygame.draw.circle(FELD, ROT, (int(0.5*f), int(1.5*f)), int(0.3*f), 0)
pygame.draw.circle(FELD, ROT, (int((b+0.5)*f), int((h-0.5)*f)), int(0.3*f),
0)
```

Diese beiden Zeilen zeichnen die roten Kreise, die Ein- und Ausgang des Labyrinths kennzeichnen. Die Kreise sind jeweils eine halbe Einheit nach außen verschoben und haben einen Radius von 0,3 Einheiten. Da alle Zeichenfunktionen nur mit ganzen Zahlen arbeiten, ist eine Umrechnung in `int` erforderlich.

```
pygame.display.update()
```

Erst diese Zeile aktualisiert die Grafik auf dem Bildschirm. Danach beginnt die eigentliche Programmschleife, die das Labyrinth generiert.

```
while z < b*h:
```

Diese Schleife wird so lange ausgeführt, wie die Gesamtzahl der an Mauern angeschlossenen Rasterpunkte kleiner als die Anzahl aller Punkte im Raster (Breite * Höhe) ist.

```
    x = random.randrange(1, b+1)
    y = random.randrange(1, h+1)
```

Zwei Zufallsfunktionen ermitteln zunächst die x,y-Koordinaten eines beliebigen Rasterpunkts im Labyrinth.

```
    if matrix [y][x] > 0 and matrix [y][x] < 4:
```

Auf diesem zufällig ausgewählten Rasterpunkt wird überprüft, ob dort mindestens eine Mauer steht. Nur dann kann dieser Punkt als Anfangspunkt einer neuen Mauer verwendet werden. Stehen dort schon vier Mauern, kann ebenfalls keine neue gezeichnet werden.

```
        r = random.randrange(0, 4)
```

Wenn der Punkt als Anfangspunkt einer neuen Mauer infrage kommt, wird eine weitere Zufallszahl zwischen 0 und 3 errechnet, die die Richtung der neuen Mauer festlegt.

```
        if r == 0:
            x2 = x-1
            y2 = y
        if r == 1:
            x2 = x
            y2 = y+1
        if r == 2:
            x2 = x+1
            y2 = y
        if r == 3:
            x2 = x
            y2 = y-1
```

Abhängig von der zufällig gewählten Richtung werden Koordinaten `x2` und `y2` für den Endpunkt der neu zu zeichnenden Mauer errechnet. Dafür gibt es vier Alternativen.

```
        if matrix[y2][x2] == 0:
```

Jetzt wird zunächst überprüft, ob auf dem geplanten Endpunkt eine Mauer steht. Nur wenn keine dort steht, kann eine neue Mauer gezeichnet werden, da es andernfalls zu einer Sperre kommen kann, die das Gebiet in zwei Teile teilt und so eine Lösung verhindert.

```
            pygame.draw.line(FELD, BLAU, (x*f, y*f), (x2*f, y2*f), 2)
            matrix[y2][x2] = 1
            matrix[y][x] += 1
            z += 1
            pygame.display.update()
```

Kann der Punkt verwendet werden, wird die Linie gezeichnet und der Mauernzähler des neuen Punkts auf 1 gesetzt. Der Mauernzähler des Anfangspunkts wird um 1 erhöht, wie auch die Gesamtzahl der Punkte mit Mauern.

Auf diese Weise wird eine Mauer nach der anderen zufällig gebaut, bis das ganze Feld voll ist.

```
mainloop = True
while mainloop:
    for event in pygame.event.get():
        if event.type == QUIT or (event.type == KEYUP and event.key ==
K_ESCAPE):
            mainloop = False
```

Jetzt erst startet die Hauptschleife des Programms, die nur darauf wartet, dass der Benutzer das Spiel beenden möchte. Wird diese Schleife durch die Taste [Esc] oder das Schließen des Fensters beendet, wird die folgende Zeile ausgeführt:

```
pygame.quit()
```

Diese beendet zunächst das PyGame-Modul `pygame.quit()`, was auch das grafische Fenster schließt und danach das ganze Programm.

9.4 Weg durch das Labyrinth

Richtig interessant ist ein Labyrinth erst, wenn man auch einen Weg hindurchfindet. Der klassische Weg durch so ein Labyrinth führt »immer mit einer Hand an der Wand entlang«. Dabei ist entscheidend, dass man die Hand nicht wechselt. Würde jemand am Eingang links oben mit der linken Hand die Wand anfassen, käme er nach vielen Umwegen garantiert unten rechts am Ausgang an. Er berührt dann alle Wände, die mit einem Randpunkt oben oder rechts verbunden sind. Nach dem hier verwendeten Konstruktionsprinzip teilt sich das Labyrinth immer in zwei Teile: Wände, die mit dem oberen oder rechten Rand verbunden sind, und Wände, die mit dem unteren oder linken Rand verbunden sind.

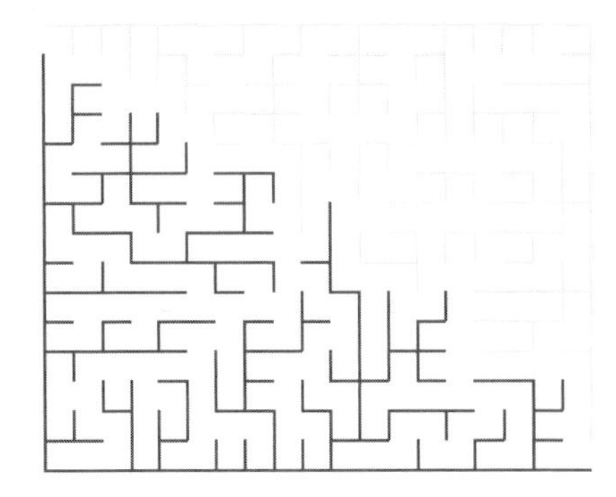

Bild 9.13: Ein Labyrinth, logisch in zwei Teile geteilt.

Kennt man dieses Prinzip, ist es deutlich leichter, einen Weg zu finden, als durch einfaches Ausprobieren. Das Programm speichert aber bisher nicht die einzelnen Wände, sondern nur die Anzahl der Wände an jedem Rasterpunkt. Damit lässt sich das Labyrinth für einen Suchalgorithmus also nicht eindeutig rekonstruieren.

Ein Lösungsweg wäre, den Bildschirminhalt bzw. Inhalt des Surface-Objekts auszulesen und damit die Mauern zu erkennen. Unser nächstes Programm wird aber eine Methode verwenden, die nicht einmal Umwege braucht, sondern direkt den optimalen Weg findet. Dazu geben wir dem Programm beim Generieren des Labyrinths eine zusätzliche Information mit auf den Weg.

Wenn Sie sich das Beispiellabyrinth aus der letzten Abbildung genau ansehen, werden Sie feststellen, dass der optimale Weg genau zwischen dem hell und dem dunkel dargestellten Teil verläuft. Beim Suchen eines Wegs muss man also immer so gehen, dass auf einer Seite eine helle, auf der anderen Seite eine dunkle Mauer steht.

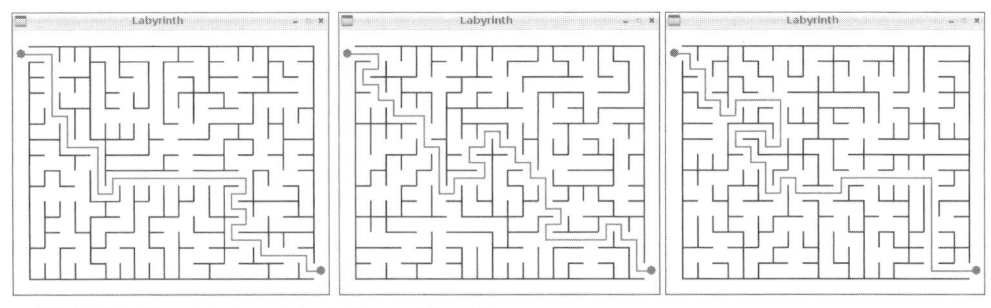

Bild 9.14: Verschiedene Labyrinthe und ihre Lösungswege.

Die neue Zusatzinformation besteht also darin, bei jedem Punkt anzugeben, ob er mit dem oberen rechten Teil oder dem unteren linken Teil verbunden ist. Danach wird das Programm seinen Weg finden. Sie finden das Programm `labyrinth2.py` bei *www.buch.cd* zum Download.

```
# -*- coding: utf-8 -*-
import pygame, sys, random
from pygame.locals import *
pygame.init()

b = 20
h = 16
f = 20
BLAU  = (0, 0, 255)
ROT   = (255, 0, 0)
WEISS = (255, 255, 255)
matrix = [[0 for col in range(b+2)] for row in range(h+2)]
matrix2 = [[0 for col in range(b+2)] for row in range(h+2)]
FELD = pygame.display.set_mode(((b+1)*f, (h+1)*f))
FELD.fill(WEISS)
pygame.display.set_caption("Labyrinth")

for x in range(b+2):
    matrix[0][x] = 4
    matrix[h+1][x] = 4

for y in range(h+2):
    matrix[y][0] = 4
    matrix[y][b+1] = 4

for x in range(2,b):
    matrix[1][x] = 3
    matrix[h][x] = 3
    matrix2[1][x] = 1
    matrix2[h][x] = 2

for y in range(2,h):
    matrix[y][1] = 3
    matrix[y][b] = 3
    matrix2[y][1] = 2
    matrix2[y][b] = 1

matrix [1][1] = 4
matrix [1][b] = 4
matrix [h][1] = 4
matrix [h][b] = 4

z = 2*(b+h)-4
pygame.draw.line(FELD, BLAU, (f, f), (b*f, f), 2)
pygame.draw.line(FELD, BLAU, (f, h*f), (b*f, h*f), 2)
pygame.draw.line(FELD, BLAU, (f, 2*f), (f, h*f), 2)
pygame.draw.line(FELD, BLAU, (b*f, f), (b*f, (h-1)*f), 2)
pygame.draw.circle(FELD, ROT, (int(0.5*f), int(1.5*f)), int(0.3*f), 0)
pygame.draw.circle(FELD, ROT, (int((b+0.5)*f), int((h-0.5)*f)),
int(0.3*f), 0)
pygame.display.update()

while z < b*h:
```

```
    x = random.randrange(1, b+1)
    y = random.randrange(1, h+1)
    if matrix [y][x] > 0 and matrix [y][x] < 4:
        r = random.randrange(0, 4)
        if r == 0:
            x2 = x-1
            y2 = y
        if r == 1:
            x2 = x
            y2 = y+1
        if r == 2:
            x2 = x+1
            y2 = y
        if r == 3:
            x2 = x
            y2 = y-1
        if matrix[y2][x2] == 0:
            pygame.draw.line(FELD, BLAU, (x*f, y*f), (x2*f, y2*f), 2)
            matrix[y2][x2] = 1
            matrix[y][x] += 1
            z += 1
            matrix2[y2][x2] = matrix2[y][x]
            pygame.display.update()

print "Beliebige Taste drücken, um Weg durch das Labyrinth zu finden"
mainloop = True
while mainloop:
    for event in pygame.event.get():
        if event.type == QUIT or (event.type == KEYUP and event.key ==
K_ESCAPE):
            mainloop = False
        if event.type == KEYDOWN:
            x = 0
            y = 1
            r = 2
            while x < b:
                if matrix2[y][x+1] != matrix2[y+1][x+1] and r != 0:
                    x2 = x+1
                    y2 = y
                    r = 2
                elif matrix2[y+1][x] != matrix2[y+1][x+1] and r != 3:
                    x2 = x
                    y2 = y+1
                    r = 1
                elif matrix2[y][x+1] != matrix2[y][x] and r != 1:
                    x2 = x
                    y2 = y-1
                    r = 3
                elif matrix2[y+1][x] != matrix2[y][x] and r != 2:
```

```
                x2 = x-1
                y2 = y
                r = 0
            pygame.draw.line(FELD, ROT, (int((x+0.5)*f),
int((y+0.5)*f)), (int((x2+0.5)*f), int((y2+0.5)*f)), 2)
            pygame.display.update()
            x = x2
            y = y2
pygame.quit()
```

9.4.1 So funktioniert es

Das neue Programm basiert auf dem vorhergehenden, deshalb werden im Folgenden nur die neuen Programmzeilen beschrieben.

```
matrix2 = [[0 for col in range(b+2)] for row in range(h+2)]
```

Am Anfang wird zusätzlich zum Variablenfeld `matrix`, in dem für jeden Punkt die Anzahl der angeschlossenen Mauern gespeichert wird, ein zweites Variablenfeld `matrix2` angelegt. Hier steht eine `1`, wenn der Punkt mit dem oberen oder rechten Rand verbunden ist, und eine `2`, wenn er mit dem unteren oder linken Rand verbunden ist.

```
for x in range(2,b):
    matrix[1][x] = 3
    matrix[h][x] = 3
    matrix2[1][x] = 1
    matrix2[h][x] = 2

for y in range(2,h):
    matrix[y][1] = 3
    matrix[y][b] = 3
    matrix2[y][1] = 2
    matrix2[y][b] = 1
```

In den folgenden Schleifen, in denen die Werte `matrix` für die Randpunkte eingetragen werden, werden zusätzlich für alle Randpunkte auch die Werte `matrix2` definiert. Danach läuft das Erstellen des Labyrinths wie im vorangegangenen Beispiel mit einer kleinen Ergänzung:

```
            matrix2[y2][x2] = matrix2[y][x]
```

Jedes Mal, wenn eine neue Mauer von einem Punkt `x,y` zu einem neuen Punkt `x2,y2` gezogen wird, wird auch `matrix2` für den Endpunkt auf den gleichen Wert wie der des Anfangspunkts gesetzt. Der neu angeschlossene Punkt gehört zu der gleichen Seite wie der Punkt, bei dem die neue Mauer beginnt. Mauern, die mit keinem Rand verbunden sind, kann es nach dem hier verwendeten Aufbauschema nicht geben.

```
        if event.type == KEYDOWN:
```

Nachdem der Benutzer eine Taste gedrückt hat, geht das neue Programm jetzt weiter und findet den Lösungsweg. Dazu wurde die Hauptschleife erweitert.

```
x = 0
y = 1
```

Am Anfang steht man auf den Koordinaten `0,1` links oben vor dem Eingang. Der Weg beginnt von links durch den Eingang.

Beim Suchen des Wegs müssen zweierlei Koordinaten unterschieden werden: die Koordinaten des Wegfelds und die Koordinaten der vier Rasterpunkte rund um das Wegfeld. Dazu kommen vier mögliche Richtungen, die mit `r` bezeichnet werden. Die Abbildung veranschaulicht die einzelnen Richtungen, Punkte und Koordinaten.

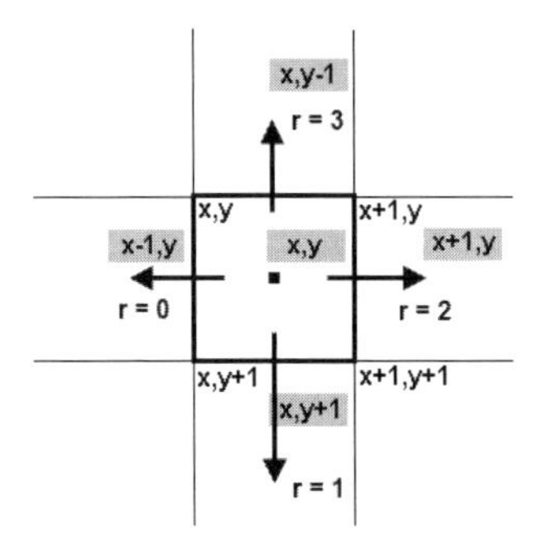

Bild 9.15: Berechnung von Koordinaten für Wegfelder (grau hinterlegt) und Rasterpunkte.

Die Richtung wird am Anfang auf 2 gesetzt, da das erste Wegstück immer nach rechts führt.

```
r = 2
```

Die folgende Programmschleife zeichnet Schritt für Schritt den Lösungsweg.

```
while x < b:
```

Diese Schleife läuft so lange, bis die x-Koordinate eines Wegpunkts die Breite des Labyrinths erreicht hat. In diesem Moment muss der Weg dann durch den einzigen Ausgang den Rand rechts neben dem Labyrinth erreicht haben.

```
if matrix2[y][x+1] != matrix2[y+1][x+1] and r != 0:
    x2 = x+1
    y2 = y
    r = 2
```

Nacheinander werden in vier Richtungen die beiden Eckpunkte überprüft, zwischen denen der Weg in das nächste Feld führt. Der Weg ist dann richtig, wenn einer der beiden Eckpunkte zum oberen Teil und einer zum unteren Teil des Labyrinths gehört. Außerdem darf der neue Weg nicht genau die entgegengesetzte Richtung des letzten Wegsegments haben, sonst würde man wieder zurückgehen. Das Symbol `!=` steht in Python für ungleich.

```
elif matrix2[y+1][x] != matrix2[y+1][x+1] and r != 3:
    x2 = x
    y2 = y+1
    r = 1
```

Die weiteren Abfragen nach der ersten verwenden die Abfrage `elif`, was bedeutet, sie werden nur dann ausgeführt, wenn die vorhergehende Abfrage als Ergebnis »falsch« zurückgab. Jede der Abfragen führt zwei Abfragen durch, die beide gleichzeitig (logisch `and`) erfüllt sein müssen:

- Die beiden Rasterpunkte in Richtung des neuen Wegs müssen unterschiedliche `matrix2`-Werte haben.
- Das letzte Wegsegment darf nicht aus der Richtung kommen, in die der neue Weg führen soll.

Sind diese beiden Kriterien erfüllt, wurde die richtige Richtung gefunden, und es werden drei Variablen zugewiesen:

- `x2` - x-Koordinate des neuen Wegfelds
- `y2` - y-Koordinate des neuen Wegfelds
- `r` - neue Richtung

Nach allen Abfragen wird das neue Wegsegment gezeichnet:

```
pygame.draw.line(FELD, ROT, (int((x+0.5)*f), int((y+0.5)*f)),
(int((x2+0.5)*f), int((y2+0.5)*f)), 2)
pygame.display.update()
```

Da der Weg nicht auf den Rasterpunkten, sondern mitten in den Feldern verläuft, wird zu allen Koordinaten eine halbe Einheit hinzuaddiert.

```
        x = x2
        y = y2
```

Zum Schluss wird der Endpunkt des neuen Wegsegments als Anfangspunkt für das nächste definiert, und die Schleife beginnt von Neuem. Auf diese Weise wird ein Wegsegment nach dem anderen gezeichnet, bis der Weg das Ziel rechts unten erreicht hat.

Der Trick dahinter

Dieses Programm käme mit einem völlig unbekannten Labyrinth nicht zurecht, es sucht einen Weg anhand einer Zusatzinformation, die beim Erstellen der Grafik in Form eines weiteren Variablenfelds mitgeführt wird. Dieses enthält Daten darüber, ob ein Mauerpunkt mit dem oberen oder unteren Rand verbunden ist. Daraus zeichnet das Programm die Trennlinie zwischen den beiden Teilen der Grafik, die dann auch den Lösungsweg darstellt. Mit ein wenig Übung kann man als menschlicher Betrachter in den auf diese Weise generierten Labyrinthen nach demselben Prinzip innerhalb von Sekunden den Lösungsweg sehen.

Andere Programmiersprachen für den Raspberry Pi

Neben Python sind mittlerweile diverse weitere Programmiersprachen für den Raspberry Pi verfügbar.

Scratch

Scratch ist eine sehr einfache Programmiersprache, mit der schon Kinder, die noch nicht schreiben können, Programme aus vorgefertigten Bausteinen zusammenklicken können. Auf einer eigenen grafischen Oberfläche werden die Programme per Drag-and-drop erstellt und laufen dann auch direkt auf der sogenannten Bühne ab. Man braucht sich keine Gedanken über den Aufbau einer grafischen Oberfläche zu machen. Die für viele Programmiersprachen typische Kommandozeile gibt es nicht. Scratch ist in Raspbian vorinstalliert. Der NOOBS-Installer bietet die Möglichkeit, direkt zu Scratch zu booten und den Desktop zu umgehen.

Info: *scratch.mit.edu*

Wolfram Language

Eine weitere Programmiersprache, die bei aktuellen Raspbian-Versionen mitgeliefert wird. Wolfram Language arbeitet eng mit der Software Mathematica zusammen, bietet aber auch die Möglichkeit, eigenständige Programme zu erstellen, besonders für mathematische Aufgaben, aber auch zur Ansteuerung der GPIO-Ports des Raspberry Pi. Info: *wolfram.com/raspi*

Java

Java gehört zu den am weitesten verbreiteten Programmiersprachen zum Schreiben von plattformunabhängigen, objektorientierten Programmen. Lange Zeit lieferte Raspbian das OpenJDK mit, eine Open-Source-Version von Java. Aktuell ist kein Java in Raspbian vorinstalliert, das gegenüber OpenJDK deutlich schnellere Oracle Java lässt sich einfach nachinstallieren:

```
sudo apt-get update
sudo apt-get install oracle-java7-
jdk
```

Zum Programmieren direkt auf dem Raspberry Pi empfiehlt sich die Entwicklungsumgebung Geany. Das beliebte Eclipse läuft extrem träge. Info: *www.geany.org*

C/C++

C und die moderne Variante C++ sind die wichtigsten Programmiersprachen in der modernen Softwareentwicklung. Der Kommandozeilencompiler `gcc` ist, wie auch in fast allen Linux-Distributionen, bei Raspbian vorinstalliert. Zur Programmierung verwendet man am besten den Qt Creator mit den zugehörigen Qt-Bibliotheken zur Programmierung grafischer Benutzeroberflächen. Info: *qt-project.org/wiki/Qt-RaspberryPi*

Algoid

Algoid ist eine einfache Programmiersprache speziell für Grafikanwendungen und Spiele. Algoid basiert auf der Idee der Turtle-Grafik, wie sie bereits vor vielen Jahren in der Programmiersprache Logo verwendet wurde. Algoid wird über den Pi Store zum Download angeboten und ist außer für den Raspberry Pi auch für Android verfügbar. Info: *www.algoid.net*

Basic

Basic wurde auf den ersten Homecomputern der 80er-Jahre als Standardsprache eingesetzt und kann natürlich auch heute noch in den Emulatoren dieser Computer auf dem Raspberry Pi verwendet werden. Bei Linux-Anwendern erfreut sich die Basic-Entwicklungsumgebung Gambas großer Beliebtheit. Gambas und zahlreiche Tools dafür sind über die Synaptic-Paketverwaltung für den Raspberry Pi verfügbar. Info: *gambas.sourceforge.net/de/main.html*

Forth

Forth ist eine Programmiersprache speziell für leistungsschwache Plattformen. Damit ist es ideal für den Raspberry Pi geeignet und wird dort sehr schnell verarbeitet. Forth war auf frühen Homecomputern sehr verbreitet. Die Syntax dieser Sprache ist etwas gewöhnungsbedürftig, was ihr bis heute einen Kultstatus gibt. GNU Forth und zahlreiche Tools dafür sind über die Synaptic-Paketverwaltung für den Raspberry Pi verfügbar. Info: *www.forth-ev.de*

Lua

Lua ist eine einfache Skriptsprache zur Automatisierung von Aufgaben, die auch für Webanwendungen genutzt werden kann. Zur schnelleren Verarbeitung können Lua-Skripte in ausführbare Programme kompiliert werden. Lua wird unter anderem vom Cloud-Server BarracudaDrive verwendet, der auch auf dem Raspberry Pi lauffähig ist. Lua und zahlreiche Tools dafür sind über die Synaptic-Paketverwaltung für den Raspberry Pi verfügbar. Info: *lua.coders-online.net*

Cobol

Cobol ist eine der allerältesten Programmiersprachen, wird aber auch heute noch für Spezialanwendungen im Bereich der Finanzmathematik verwendet. In der Version Open-Cobol ist es für diverse Plattformen wie auch den Raspberry Pi erhältlich. Info: *opencobol.org*

Fortran

Fortran gilt als die erste höhere Programmiersprache. Sie wurde bereits in den 50er-Jahren veröffentlicht und wird bis heute entwickelt. In der Retroszene hat Fortran absoluten Kultstatus. Fortran kann mit allen bekannten Entwicklungsumgebungen wie Geany oder Eclipse genutzt werden. Es existieren Bibliotheken für alle denkbaren Aufgaben sowie diverse Compiler, die bestehende Fortran-Programme in moderne Programmiersprachen übersetzen. Die offene Version GNU Fortran 95 ist über die Synaptic-Paketverwaltung für den Raspberry Pi verfügbar. Info: *www.fortran.de*

Assembler

Alle Programmiersprachen basieren auf menschlicher Logik und setzen diese in Maschinenbefehle für den Prozessor um. Assembler geht den umgekehrten Weg und definiert zu jedem Maschinenbefehl eine annähernd menschenlesbare Version. Echte Hardcore-Programmierer, die aus dem Prozessor das Letzte herausholen wollen, schreiben mit Assembler Programme, die der Prozessor direkt umsetzen kann. Raspbian enthält wie alle Linux-Distributionen das Kommandozeilen-Assembler `as`.

Hardware über GPIO ansteuern

Der Raspberry Pi kann nicht nur wie jeder andere Computer über Tastatur und Maus gesteuert werden und seine Ausgaben auf dem Bildschirm zeigen - die 26-polige Stiftleiste bietet auch die Möglichkeit, direkt Hardware anzuschließen, um z. B. über Taster Eingaben zu machen oder programmgesteuert LEDs leuchten zu lassen. Diese Stiftleiste wird als GPIO bezeichnet. Die englische Abkürzung für »General Purpose Input Output« bedeutet auf Deutsch einfach »Allgemeine Ein- und Ausgabe«.

Von diesen 26 Pins lassen sich 17 wahlweise als Eingang oder Ausgang programmieren und so für vielfältige Hardwareerweiterungen nutzen. Die übrigen sind für die Stromversorgung und andere Zwecke fest eingerichtet.

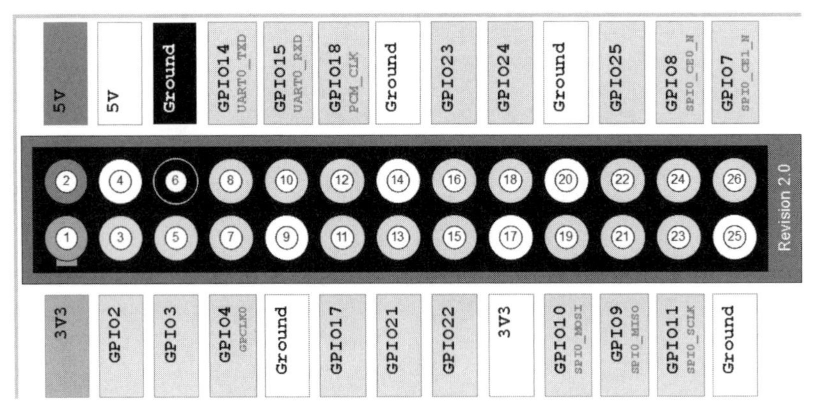

Bild 10.1: Belegung der GPIO-Schnittstelle. Die graue Linie oben und links bezeichnet den Rand der Platine. GPIO-Pin 2 liegt also ganz in der Ecke des Raspberry Pi.

Verbinden Sie auf keinen Fall irgendwelche GPIO-Pins miteinander und warten ab, was passiert, sondern beachten Sie unbedingt folgende Hinweise:

- Einige GPIO-Pins sind direkt mit Anschlüssen des Prozessors verbunden, ein Kurzschluss kann den Raspberry Pi komplett zerstören. Verbindet man über einen Schalter oder eine LED zwei Pins miteinander, muss immer ein Schutzwiderstand dazwischengeschaltet werden.
- Verwenden Sie für Logiksignale immer Pin 1, der +3,3 V liefert und bis 50 mA belastet werden kann. Pin 6 ist die Masseleitung für Logiksignale.
- Pin 2 liefert +5 V zur Stromversorgung externer Hardware. Hier kann so viel Strom entnommen werden, wie das USB-Netzteil des Raspberry Pi liefert. Dieser Pin darf aber nicht mit einem GPIO-Eingang verbunden werden.

Zusatzplatinen zum Basteln mit externer Hardware schließen Sie am besten über ein 26-poliges Flachbandkabel mit einem sogenannten Pfostenverbinder an. Derartige Kabel finden Sie für wenig Geld im Elektronikhandel oder sogar ganz kostenlos bei vielen Computerbastlern, denn mit den meisten Motherboards werden heute noch Anschlusskabel für einen Parallelport mitgeliefert, der meist auf dem Motherboard noch vorhanden ist, aber nicht mehr über die Gehäuserückseite herausgeführt wird. Diese Kabel haben einen 26-poligen Anschluss, der genau auf den GPIO-Port passt.

Bild 10.2: Flachbandkabel am GPIO-Port. Die rote Ader ganz außen markiert Pin 1.

Benötigen Sie nur einzelne Pins, können Sie den Kabelstrang für die Front-LEDs und Reset-Taster aus einem ausgedienten Computergehäuse verwenden. Die Kontakte, mit denen diese Kabel am Motherboard angeschlossen sind, passen auf den GPIO-Port. Hier haben Sie auch gleich LEDs zur Verfügung. Nur die Schutzwiderstände von 330 Ohm sollten Sie noch einlöten.

Bild 10.3: Einzelne Kabel aus einem ausgedienten PC am GPIO-Port.

Löten – einfach und richtig

Wer sich mit Hardwarebasteleien rund um den Raspberry Pi beschäftigt, wird ab und an auch mal etwas löten müssen. Für den Profi ist das kein Problem, für einen Anfänger eigentlich auch nicht, wenn er ein paar wichtige Tipps beachtet. *Löten ist einfach* ist ein unterhaltsamer Comic mit Basiswissen für Hobbylöter: *bit.ly/178qobA*.

10.1 Stecken statt Löten

Für den schnellen Aufbau elektronischer Schaltungen, ohne dass man löten muss, eignen sich Steckplatinen, sogenannte Breadboards, besonders gut. Hier können elektronische Bauteile direkt in ein Lochraster mit Standardabständen gesteckt werden. Bei diesen Platinen sind die äußeren Längsreihen mit Kontakten alle miteinander verbunden. Diese Kontaktreihen werden als Plus- und Minuspol zur Stromversorgung der Schaltung genutzt. Die anderen Kontaktreihen sind jeweils quer miteinander verbunden, wobei in der Mitte der Platine eine Lücke ist. So können hier in der Mitte ICs oder andere Bauelemente eingesteckt und nach außen hin verdrahtet werden.

Zum Anschluss des GPIO-Ports an einem Breadboard liefert Hobbytronics (*www.hobbytronics.co.uk*) ein spezielles »Breakout Board Kit«, eine kleine Verbindungsplatine, die auf das Breadboard gesteckt wird und einen Anschluss für das Flachbandkabel hat. Auf der Platine sind zur besseren Übersicht die Kurzbezeichnungen der GPIO-Anschlüsse mit aufgedruckt. Das Breakout Board Kit wird in Einzelteilen geliefert. Um etwas Lötarbeit kommen Sie also nicht herum, da die Steckerleisten auf die Platine gelötet werden müssen.

Bild 10.4: Breakout Board Kit auf einem Breadboard mit angeschlossener LED am GPIO-Port 25.

10.1.1 LED anschließen

An die GPIO-Ports können für Lichtsignale und Lichteffekte LEDs angeschlossen werden. Dabei muss zwischen dem verwendeten GPIO-Pin und der Anode der LED ein 330-Ohm-Vorwiderstand eingebaut werden. Die Kathode der LED verbindet man mit der Masseleitung auf Pin 6.

LED in welcher Richtung anschließen?
Die beiden Anschlussdrähte einer LED sind unterschiedlich lang. Der längere von beiden ist der Pluspol, die Anode, der kürzere die Kathode. Einfach zu merken: Das Pluszeichen hat einen Strich mehr als das Minuszeichen und macht damit den Draht etwas länger. Außerdem sind die meisten LEDs auf der Minusseite abgeflacht, wie eben ein Minuszeichen.

10.1.2 LED ein-/ausschalten

Schließen Sie wie auf den Abbildungen auf einer Steckplatine oder auch mit fliegender Verdrahtung eine LED über einen 330-Ohm-Vorwiderstand am GPIO-Port 25 (Pin 22) an und verbinden Sie den Minuspol der LED mit der Masseleitung (Pin 6).

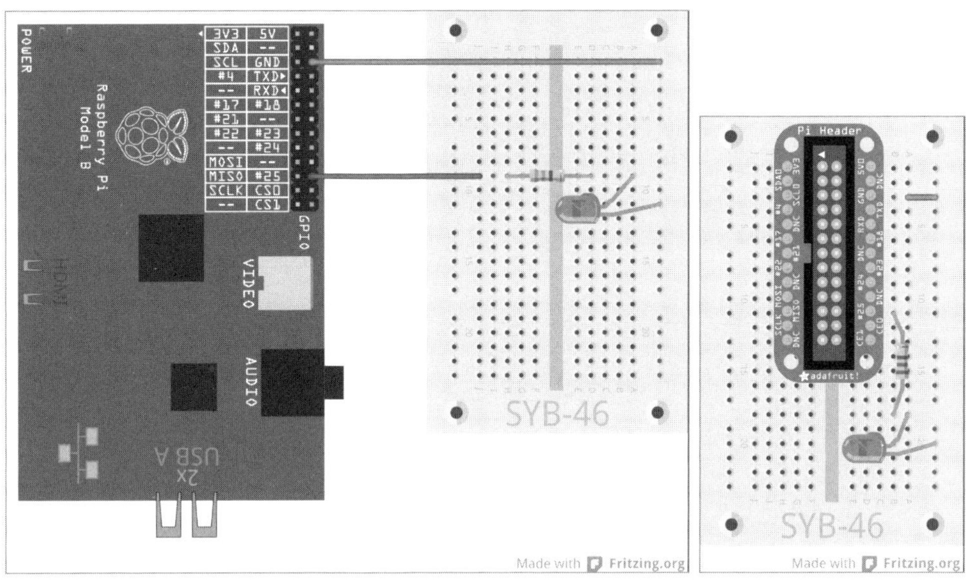

Bild 10.5: LED, direkt auf einer Steckplatine oder mit Breakout Board angeschlossen.

Die GPIO-Ports sind, wie unter Linux üblich, wie Dateien in die Verzeichnisstruktur eingebunden. Zum Zugriff braucht man Root-Rechte. Starten Sie also über das Startmenü *Zubehör* das Root-Terminal und geben Sie die folgende Kommandozeile ein:

```
echo "25" > /sys/class/gpio/export
```

Damit wird GPIO-Port 25 aktiviert und automatisch ein Verzeichnis `gpio25` angelegt. Um den Port jetzt als Ausgang zu definieren, verwenden Sie die folgende Kommandozeile:

```
echo "out" > /sys/class/gpio/gpio25/direction
```

Nachdem er als Ausgang festgelegt ist, geben Sie das logische Signal `1` auf diesem Ausgang aus:

```
echo "1" > /sys/class/gpio/gpio25/value
```

Die LED leuchtet. Umgekehrt schalten Sie sie mit einer `0` wieder aus:

```
echo "0" > /sys/class/gpio/gpio25/value
```

Wenn man einen GPIO-Pin vorläufig nicht mehr verwenden möchte, sollte man ihn wieder deaktivieren, da es zu Fehlermeldungen kommt, wenn ein bereits aktiver Pin z. B. durch ein Skript nochmals aktiviert wird:

```
echo "25" > /sys/class/gpio/unexport
```

Natürlich lassen sich die GPIO-Pins auch in jeder Programmiersprache ansteuern, die die entsprechenden Dateien schreibt oder ausliest. Solche Programme benötigen ebenfalls immer Root-Rechte.

10.1.3 LED per Shell blinken lassen

Am einfachsten steuert man die GPIO-Ports über ein Shell-Skript an. Hier lassen sich die Kommandozeilenbefehle unverändert nutzen. Das folgende Skript lässt die LED am GPIO-Port 25 genau fünfmal blinken.

```
#!/bin/bash
echo "25" > /sys/class/gpio/export
echo "out" > /sys/class/gpio/gpio25/direction
for i in {1..5};do
 echo "1" > /sys/class/gpio/gpio25/value
 sleep 0.5
 echo "0" > /sys/class/gpio/gpio25/value
 sleep 0.5
done
echo "25" > /sys/class/gpio/unexport
```

Schreiben Sie diese Datei mit dem Leafpad-Editor als `blinken.sh` ins Home-Verzeichnis oder laden Sie die Datei bei *www.buch.cd* herunter. Starten Sie das Skript mit:

```
bash blinken.sh
```

Wie erwartet, blinkt die LED fünfmal. Und so funktioniert das Skript:

```
#!/bin/bash
```

Die erste Zeile jedes Skripts legt fest, welche Shell verwendet werden soll. Die Linux-Shells unterscheiden sich alle etwas in ihrem Befehlsumfang und der Syntax.

```
echo "25" > /sys/class/gpio/export
echo "out" > /sys/class/gpio/gpio25/direction
```

Diese beiden Zeilen initialisieren, wie weiter oben beschrieben, den GPIO-Port 25.

```
for i in {1..5};do
```

Die folgende Schleife läuft fünfmal durch.

```
echo "1" > /sys/class/gpio/gpio25/value
sleep 0.5
```

Die LED wird eingeschaltet. Danach wartet das Skript eine halbe Sekunde.

```
echo "0" > /sys/class/gpio/gpio25/value
sleep 0.5
```

Die LED wird ausgeschaltet. Danach wartet das Skript wieder eine halbe Sekunde.

```
done
```

Diese Zeile bezeichnet das Schleifenende.

```
echo "25" > /sys/class/gpio/unexport
```

Nach dem letzten Schleifendurchlauf wird der GPIO-Port wieder deaktiviert.

10.2 Die BerryClip-Erweiterungsplatine

Die BerryClip-Erweiterungsplatine ist eine elegante Lösung für LED-Experimente am GPIO-Port. Da sie klein genug ist, um in die meisten transparenten Gehäuse mit hineinzupassen, eignet sich die Platine auch zur Ausgabe von Programmstatusmeldungen per LED direkt am Raspberry Pi ohne Monitor. Zusätzlich zu den LEDs sind noch ein Taster und ein Buzzer, ein elektrischer Summer, auf der Platine.

Bild 10.6: Das BerryClip-Modul steckt direkt auf dem GPIO-Port.

Das BerryClip ist über verschiedene Raspberry-Pi-Shops und über eBay-Händler erhältlich. Das Modul wird als Bausatz geliefert und muss zusammengelötet werden, was kein Problem darstellt. Um an alle Lötstellen jederzeit gut heranzukommen, sollte folgende Reihenfolge bei der Bestückung beachtet werden: 1. Widerstände, 2. LEDs, 3. Taster, 4. Buzzer, 5. Platinenstecker auf der Rückseite. Bei den LEDs und dem Buzzer muss auf die richtige Polung geachtet werden. Wie bei den LEDs ist auch beim Buzzer der Pluspol der längere Draht. Als Letztes ziehen Sie die Schutzfolie vom Buzzer ab und kleben den mitgelieferten Gummipuffer auf die vorgesehene Fläche auf der Platinenrückseite. Das BerryClip stützt sich damit auf dem silbernen Kondensator des Raspberry Pi ab.

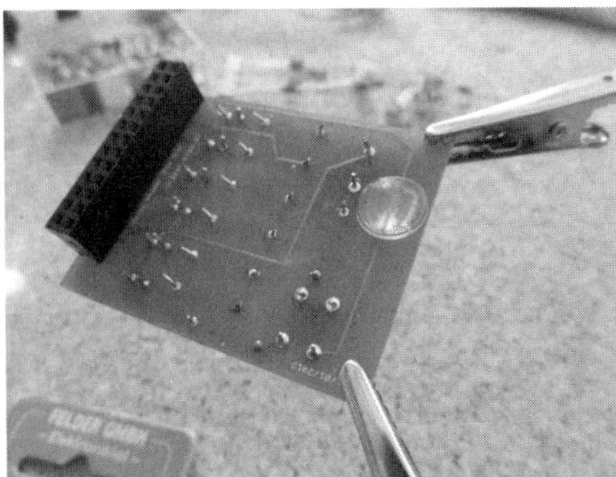

Bild 10.7: Ober- und Unterseite des BerryClip beim Zusammenlöten. Rechts ist der Gummipuffer zu sehen.

Die folgende Tabelle zeigt die Belegung der GPIO-Ports auf dem BerryClip-Modul:

Gerät	Pin	GPIO
LED 1	Pin 7	GPIO4
LED 2	Pin 11	GPIO17
LED 3	Pin 15	GPIO22
LED 4	Pin 19	GPIO10
LED 5	Pin 21	GPIO9
LED 6	Pin 23	GPIO11
Buzzer	Pin 24	GPIO8
Schalter	Pin 26	GPIO7

10.2.1 BerryClip-Testprogramme

Natürlich wollen Sie nach dem Zusammenlöten wissen, ob das BerryClip funktioniert. Folgendes einfaches Shell-Skript (Download unter *www.buch.cd*) schaltet alle sechs LEDs für fünf Sekunden ein und danach wieder aus:

```
#!/bin/bash
echo "4"  > /sys/class/gpio/export
echo "17" > /sys/class/gpio/export
echo "22" > /sys/class/gpio/export
echo "10" > /sys/class/gpio/export
echo "9"  > /sys/class/gpio/export
echo "11" > /sys/class/gpio/export
echo "out" > /sys/class/gpio/gpio4/direction
```

```
echo "out" > /sys/class/gpio/gpio17/direction
echo "out" > /sys/class/gpio/gpio22/direction
echo "out" > /sys/class/gpio/gpio10/direction
echo "out" > /sys/class/gpio/gpio9/direction
echo "out" > /sys/class/gpio/gpio11/direction
echo "1" > /sys/class/gpio/gpio4/value
echo "1" > /sys/class/gpio/gpio17/value
echo "1" > /sys/class/gpio/gpio22/value
echo "1" > /sys/class/gpio/gpio10/value
echo "1" > /sys/class/gpio/gpio9/value
echo "1" > /sys/class/gpio/gpio11/value
sleep 5.0
echo "0" > /sys/class/gpio/gpio4/value
echo "0" > /sys/class/gpio/gpio17/value
echo "0" > /sys/class/gpio/gpio22/value
echo "0" > /sys/class/gpio/gpio10/value
echo "0" > /sys/class/gpio/gpio9/value
echo "0" > /sys/class/gpio/gpio11/value
echo "4"  > /sys/class/gpio/unexport
echo "17" > /sys/class/gpio/unexport
echo "22" > /sys/class/gpio/unexport
echo "10" > /sys/class/gpio/unexport
echo "9"  > /sys/class/gpio/unexport
echo "11" > /sys/class/gpio/unexport
```

Die Funktionsweise ist die gleiche wie für eine einzelne LED. Zuerst werden nacheinander alle sechs Ports als Ausgänge initialisiert, und der Wert 1 wird ausgegeben. Nach einer Wartezeit von fünf Sekunden wird auf allen Ports der Wert 0 ausgegeben, und die Ports werden wieder geschlossen.

Der Hersteller des BerryClip liefert ein komfortables grafisches Testprogramm auf der Basis von Python und PyGame zum Download: *bit.ly/15ijtAd*. Der Downloadmechanismus dieser Seite ist sehr unübersichtlich, man kann nicht einfach auf einen Link klicken. Laden Sie am besten das Programm über diesen direkten Link in Ihr Home-Verzeichnis herunter: *bit.ly/XIDD1R*. Legen Sie in Ihrem Home-Verzeichnis noch ein Unterverzeichnis `data` an und speichern Sie dort das Hintergrundbild für dieses Testprogramm: *bit.ly/115sze7*.

Starten Sie jetzt das Programm aus einem Kommandozeilenfenster mit diesem Befehl:

```
sudo python testclip.py
```

Das Programm zeigt ein Foto des BerryClip mit interaktiven Schaltflächen. Klicken Sie auf eine LED, schaltet sich diese ein. Ein zweiter Klick schaltet sie wieder aus. Anstatt zu klicken, können Sie auch eine der Zifferntasten [1] bis [6] drücken, um die entsprechende LED einzuschalten.

Bild 10.8: Ein Klick auf eine LED bringt diese zum Leuchten.

Auf die gleiche Weise können Sie auch den Buzzer testen. Drücken Sie auf den Taster auf dem BerryClip, wird dieser auf dem Foto hervorgehoben.

10.2.2 BerryClip-Schaltschema zum Selberbauen

Die folgenden Beispiele zur Steuerung von LEDs und Tastern an GPIO-Ports sind auf die BerryClip-Platine ausgerichtet. Mit dem abgebildeten Schaltschema können Sie diese auf einer Steckplatine nachbauen und so die Programme in der Form ebenfalls nutzen. Die verwendeten GPIO-Ports sind die gleichen.

Pull-down-Widerstände für den Taster

Theoretisch könnte man den Taster auch einfach zwischen GPIO7 und 3,3 V anschließen. Allerdings hätte der Port GPIO7 bei offenem Taster keinen eindeutig definierten Zustand. Wenn ein Programm diesen Port abfragt, kann es zu zufälligen Ergebnissen kommen. Der Pull-down-Widerstand gegen Masse verhindert das. Eine ausführliche Erklärung zu Logic Levels und Pull-down-/Pull-up-Widerständen finden Sie unter *elinux.org/RPi_Tutorial_EGHS:Switch_Input*.

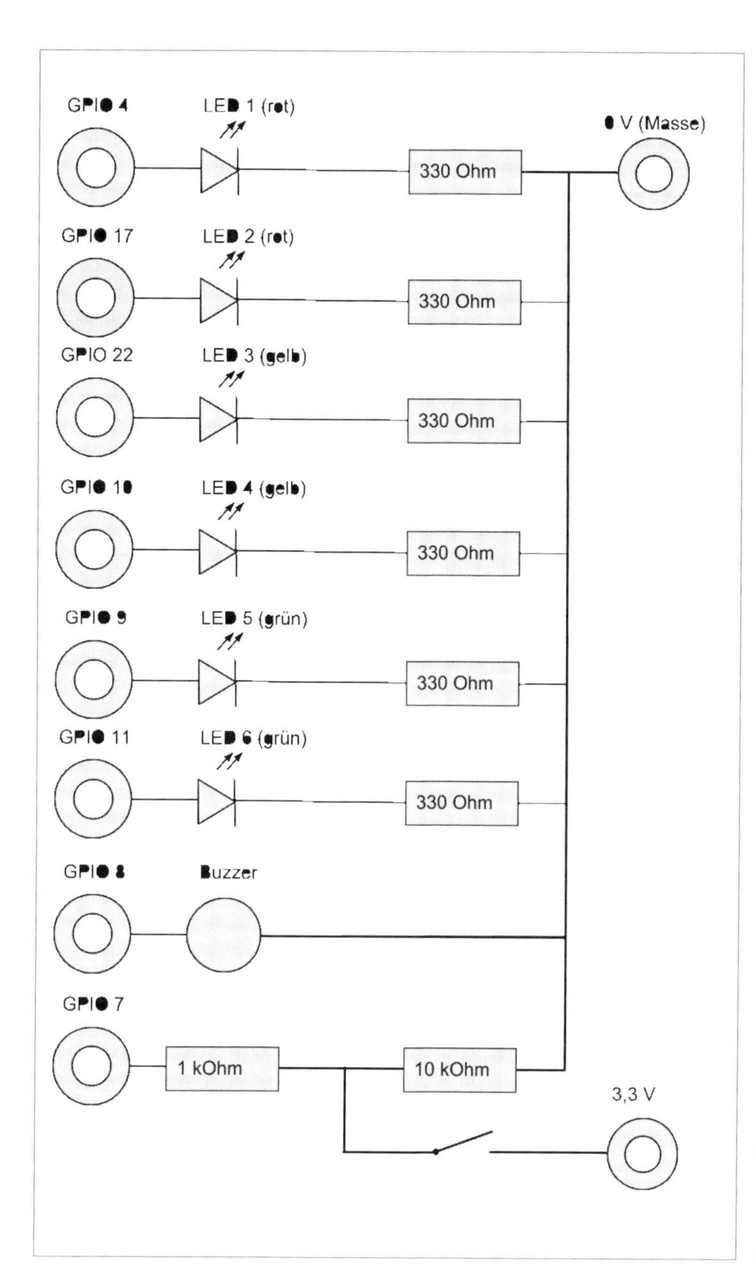

Bild 10.9: Aus sechs LEDs, einem Taster und einem Summer (Buzzer) mit entsprechenden Schutzwiderständen lässt sich eine Schaltung aufbauen, um die im Buch für das BerryClip beschriebenen Programme auszuprobieren.

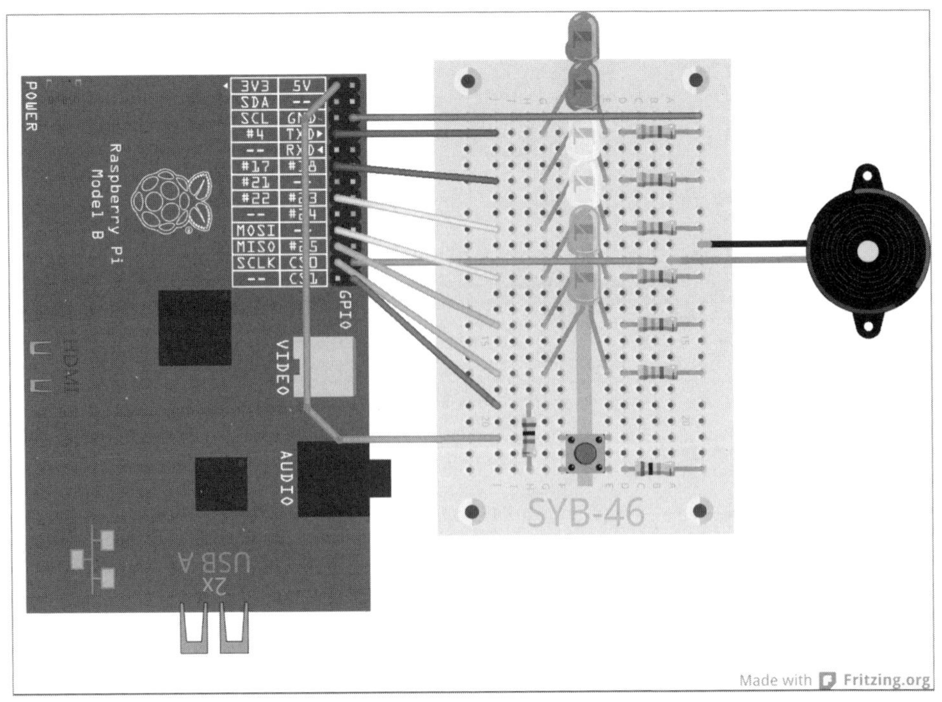

Bild 10.10: BerryClip, auf einer Steckplatine nachgebaut.

10.3 GPIO und Python

Wie im BerryClip-Testprogramm zu sehen, lassen sich LEDs am GPIO-Port über Python-Programme zum Leuchten bringen. Damit dies funktioniert, muss die Python-GPIO-Bibliothek installiert sein. Sind Sie sich nicht sicher, ob alle notwendigen Bibliotheken installiert sind, installieren Sie einmal die aktuellen Versionen:

```
sudo apt-get update
sudo apt-get install python-dev
sudo apt-get install python-rpi.gpio
```

Die GPIO-Bibliothek enthält alle Funktionen zur Ansteuerung des GPIO-Ports unter Python. Da zum Zugriff auf den GPIO-Port generell Root-Rechte benötigt werden, müssen die Python-Programme mit Root-Rechten gestartet werden:

```
sudo python programmname.py
```

Die Python-Shell ist deutlich komfortabler als ein Kommandozeilenfenster bei der Entwicklung eigener Programme. Starten Sie diese anstatt über das Desktopsymbol über folgende Kommandozeile, haben Sie auch hier Root-Berechtigung und können auf den GPIO-Port zugreifen:

```
sudo idle
```

Nicht nur für BerryClip
Die Funktionen der Python-GPIO-Bibliothek funktionieren gleichermaßen mit dem BerryClip wie mit selbst gebastelten LED-Schaltungen. Das BerryClip verhält sich nicht anders als direkt angeschlossene LEDs, da es keinerlei weitere elektronische Komponenten enthält. Das BerryClip verwendet nur insgesamt acht der verfügbaren GPIO-Ports, davon sechs für LEDs. Die GPIO-Bibliothek funktioniert mit allen GPIO-Ports.

10.3.1 Python mit GPIO-Unterstützung ohne Terminal starten

Wer viel mit Python und GPIO bastelt, möchte nicht jedes Mal ein LXTerminal aufrufen, um IDLE zu starten. Es geht auch einfacher. Legen Sie sich dafür ein Symbol auf den Desktop, das die Python-IDE mit Superuser-Rechten aufruft:

Legen Sie eine Kopie des vorinstallierten Desktopsymbols *IDLE* an. Gehen Sie dazu folgendermaßen vor:
Klicken Sie mit der rechten Maustaste auf das Symbol *IDLE* auf dem Desktop und wählen Sie im Kontextmenü *Kopieren*.

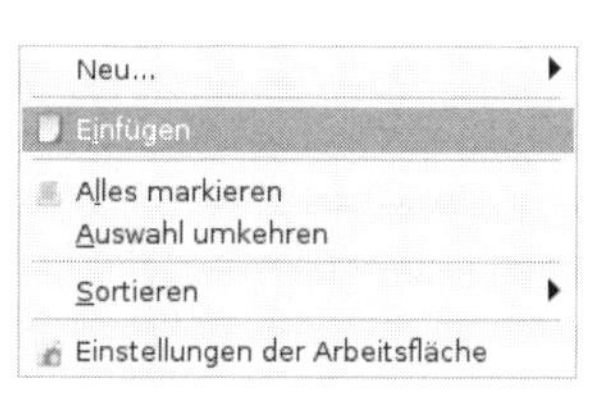

Bild 10.11: IDLE-Desktopsymbol kopieren.

Klicken Sie danach mit der rechten Maustaste auf den Desktop und wählen Sie im Kontextmenü *Einfügen*. Da bereits eine gleichnamige Desktopverknüpfung existiert, erscheint beim Versuch, eine Kopie anzulegen, eine Meldung:

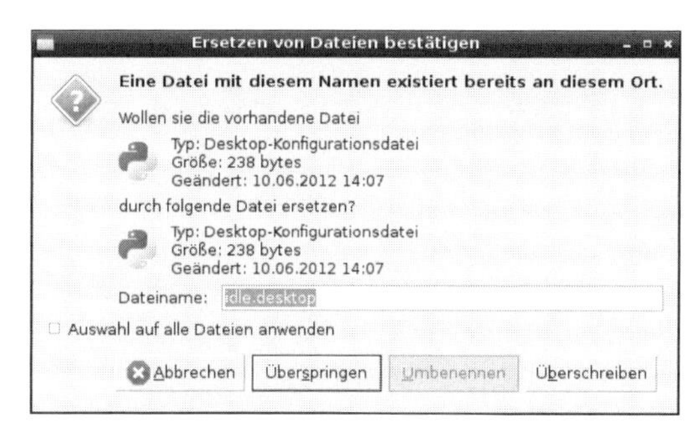

Bild 10.12: Meldung beim Duplizieren einer Desktopverknüpfung.

Ändern Sie hier den Namen der Kopie von *idle.desktop* in *idle_gpio.desktop* um. Am Symbol auf dem Desktop ändert sich zunächst nichts. Der angezeigte Name bleibt bei *IDLE*.

Klicken Sie jetzt mit der rechten Maustaste auf die Kopie des Desktopsymbols und wählen Sie im Kontextmenü *Leafpad*. Desktopverknüpfungen sind in Linux reine Textdateien, die sich mit einem Texteditor bearbeiten lassen.

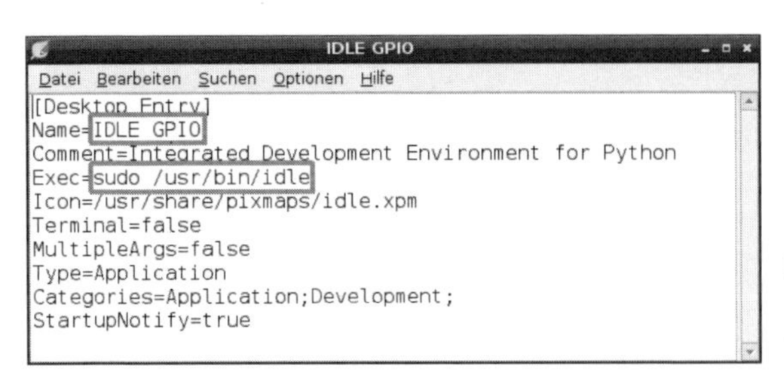

Bild 10.13: Die Desktopverknüpfung im Leafpad-Editor.

Nehmen Sie hier die beiden abgebildeten Änderungen vor:

- Ändern Sie das Feld `Name` auf `IDLE GPIO` um. Dies ist der auf dem Bildschirm angezeigte Name.
- Setzen Sie im Feld `Exec` vor den eigentlichen Befehlsaufruf das Wort `sudo`.

Schließen Sie den Editor und speichern Sie die Datei. Mit einem Doppelklick auf das neue Desktopsymbol starten Sie die Python-IDE *IDLE* mit Superuser-Rechten. Jetzt können Sie die GPIO-Funktionen nutzen, ohne Python über ein LXTerminal aufrufen zu müssen.

10.4 LEDs per Python-Programm leuchten lassen

Das erste Programm schaltet nacheinander alle sechs LEDs auf dem BerryClip (oder sechs einzelne LEDs, die an den entsprechenden GPIO-Ports angeschlossen sind) ein und schaltet sie nach einem Druck auf die [Enter]-Taste alle auf einmal aus. Sie finden das Programm `myberryclip1.py` bei *www.buch.cd* zum Download.

```
import RPi.GPIO as GPIO
import time

GPIO.setmode(GPIO.BCM)
LED = [4,17,22,10,9,11]

for x in range(6):
    GPIO.setup(LED[x], GPIO.OUT)
    GPIO.output(LED[x], 1)
    time.sleep(0.5)

raw_input('Alle 6 LEDs sollten leuchten. Enter, um Programm zu beenden')

GPIO.cleanup()
```

10.4.1 So funktioniert es

Das Beispiel zeigt die wichtigsten grundlegenden Funktionen der RPi.GPIO-Bibiothek.

```
import RPi.GPIO as GPIO
```

Die Bibliothek muss in jedem Python-Programm importiert werden, in dem sie genutzt werden soll. Durch diese Schreibweise können alle Funktionen der Bibliothek über das Präfix `GPIO` angesprochen werden.

```
import time
```

Die Bibliothek `time` hat nichts mit GPIO-Programmierung zu tun. Diese sehr bekannte Python-Bibliothek enthält Funktionen zur Zeit- und Datumsberechnung, unter anderem auch eine Funktion `time.sleep`, mit der sich auf einfache Weise Wartezeiten in einem Programm realisieren lassen.

```
GPIO.setmode(GPIO.BCM)
```

Am Anfang jedes Programms muss definiert werden, wie die GPIO-Ports bezeichnet sind. In diesem Beispiel verwenden wir die Standardnummerierung.

Nummerierung der GPIO-Ports
Die Bibliothek RPi.GPIO unterstützt zwei verschiedene Methoden zur Bezeichnung der Ports. Im Modus `BCM` werden die bekannten GPIO-Portnummern verwendet, die auch auf Kommandozeilenebene oder in Shell-Skripten verwendet werden. Im alternativen Modus `BOARD` entsprechen die Bezeichnungen den Pin-Nummern von 1 bis 26 auf der Raspberry-Pi-Platine.

```
LED = [4,17,22,10,9,11]
```

Zur Ansteuerung der sechs LEDs wird ein Array eingerichtet, das die GPIO-Nummern in der Reihenfolge enthält, in der die LEDs auf dem BerryClip verbaut sind. Mit dieser Methode brauchen Sie sich die Portnummern nicht zu merken, sondern können die LEDs mit Nummern von 0 bis 5 ansprechen. Bei eigenen LED-Konstruktionen tragen Sie die verwendeten GPIO-Portnummern entsprechend in das Array ein.

```
for x in range(6):
```

Jetzt startet eine Schleife, die genau sechsmal durchläuft und eine LED nach der anderen ansteuert.

```
    GPIO.setup(LED[x], GPIO.OUT)
```

Die Funktion `GPIO.setup` initialisiert einen GPIO-Port als Ausgang oder als Eingang. Der erste Parameter bezeichnet den Port je nach vorgegebenem Modus `BCM` oder `BOARD` mit seiner GPIO-Nummer oder Pin-Nummer. Der zweite Parameter kann entweder `GPIO.OUT` für einen Ausgang oder `GPIO.IN` für einen Eingang sein. Im Programm wird in jedem Schleifendurchlauf der Port einer anderen LED aus dem Array initialisiert.

```
    GPIO.output(LED[x], 1)
```

Auf dem soeben initialisierten Port wird eine `1` ausgegeben. Die dort angeschlossene LED leuchtet. Statt der `1` können auch die vordefinierten Werte `True` oder `GPIO.HIGH` ausgegeben werden. Umgekehrt gibt man zum Ausschalten der LED den Wert `0` bzw. `False` oder `GPIO.LOW` aus.

```
    time.sleep(0.5)
```

Diese Funktion aus der am Anfang des Programms importierten `time`-Bibliothek bewirkt eine Wartezeit von 0,5 Sekunden, bevor die Schleife den nächsten Durchlauf startet. Auf diese Weise leuchten die LEDs sichtbar nacheinander auf und nicht alle scheinbar gleichzeitig.

```
raw_input('Alle 6 LEDs sollten leuchten. Enter, um Programm zu beenden')
```

Nach dem letzten Schleifendurchlauf wartet das Programm, bis der Benutzer die [Enter]-Taste drückt. Dafür eignet sich die Funktion `raw_input` gut, da hier die Eingabe als Zeichenfolge und nicht als Python-Code wie bei `input` ausgewertet wird. Das Programm läuft erst weiter, nachdem der Benutzer eine beliebige Eingabe mit einem Druck auf die [Enter]-Taste abgeschlossen hat.

```
GPIO.cleanup()
```

Am Ende eines Programms müssen alle GPIO-Ports wieder zurückgesetzt werden. Diese Zeile erledigt das für alle vom Programm initialisierten GPIO-Ports auf einmal. Ports, die von anderen Programmen initialisiert wurden, bleiben unberührt. So wird der Ablauf dieser anderen, möglicherweise parallel laufenden Programme nicht gestört.

GPIO-Warnungen abfangen

Soll ein GPIO-Port konfiguriert werden, der nicht sauber zurückgesetzt wurde, sondern möglicherweise von einem anderen oder einem abgebrochenen Programm noch geöffnet ist, kommt es zu Warnmeldungen, die jedoch den Programmfluss nicht unterbrechen. Während der Programmentwicklung können diese Warnungen sehr nützlich sein, um Fehler zu entdecken. In einem fertigen Programm können sie einen unbedarften Anwender aber verwirren. Deshalb bietet die RPi.GPIO-Bibliothek mit `GPIO.setwarnings(False)` die Möglichkeit, diese Warnungen zu unterdrücken.

10.5 LED-Würfel auf dem BerryClip

Das nächste Beispiel verwendet die sechs LEDs des BerryClip oder auch sechs andere angeschlossene LEDs als Spielwürfel. Zum Würfeln drückt man auf die Taste des BerryClip oder auf eine andere am GPIO-Port 7 angeschlossene Taste. Sie finden das Programm `myberryclip2.py` bei *www.buch.cd* zum Download.

```
import RPi.GPIO as GPIO
import time
import random

GPIO.setmode(GPIO.BCM)
LED = [4,17,22,10,9,11]
```

```
for x in range(6):
    GPIO.setup(LED[x], GPIO.OUT, initial=0)

GPIO.setup(7, GPIO.IN)

print "Knopf drücken, um zu würfeln. Strg+C beendet das Programm"

try:
  while True :
    if GPIO.input(7)==1:
      for x in range(6):
        GPIO.output(LED[x], 0)

      time.sleep(0.5)
      w = random.randint(1,6)
      print "Gewürfelte Zahl:" + str(w)

      for x in range(w):
        GPIO.output(LED[x], 1)

except KeyboardInterrupt:
  GPIO.cleanup()
```

10.5.1 So funktioniert es

Das Beispiel zeigt weitere Funktionen der RPi.GPIO-Bibliothek.

```
import RPi.GPIO as GPIO
import time
import random
```

Die ersten Zeilen sind bereits bekannt, sie importieren die GPIO-Bibliothek, die Bibliothek `time` für Zeitverzögerungen sowie die Bibliothek `random` für Zufallszahlen.

```
GPIO.setmode(GPIO.BCM)
LED = [4,17,22,10,9,11]
```

Auch diese Zeilen sind identisch mit dem vorherigen Programm. Sie definieren die Nummern für die sechs LEDs.

```
for x in range(6):
    GPIO.setup(LED[x], GPIO.OUT, initial=0)
```

Diese Schleife initialisiert die sechs GPIO-Ports als Ausgänge. Der Parameter `initial` setzt sie gleich bei der Initialisierung auf `0` - ausgeschaltet.

```
GPIO.setup(7, GPIO.IN)
```

Der GPIO-Port 7 wird als Eingang initialisiert. An diesem Port ist der Taster auf dem BerryClip angeschlossen.

```
print "Knopf drücken, um zu würfeln. Strg+C beendet das Programm"
```

Diese Zeile gibt eine Meldung auf dem Bildschirm aus, damit der Benutzer weiß, was er tun muss, nämlich den Taster drücken.

```
try:
```

Um abzufragen, ob der Benutzer mit [Strg]+[C] das Programm beendet, verwenden wir hier eine `try/except`-Abfrage. Dabei wird der unter `try:` eingetragene Programmcode normal ausgeführt. Wenn währenddessen eine Systemausnahme auftritt - das kann ein Fehler sein oder auch die Tastenkombination [Strg]+[C] -, wird abgebrochen und die `except`-Anweisung ausgeführt.

```
  while True :
```

Jetzt startet eine Endlosschleife, die nur durch die Tastenkombination [Strg]+[C] abgebrochen werden kann, da sie selbst keine Abbruchbedingung enthält.

```
    if GPIO.input(7)==1:
```

Die folgenden Anweisungen werden erst ausgeführt, wenn der GPIO-Port 7 den Wert 1 annimmt, der Benutzer also den Taster drückt.

```
      for x in range(6):
        GPIO.output(LED[x], 0)
```

Eine Schleife setzt alle sechs LEDs auf 0 und schaltet sie damit aus.

```
      time.sleep(0.5)
```

Das Programm wartet eine halbe Sekunde, damit der Benutzer sieht, dass die LEDs ausgeschaltet sind, und damit für das Würfeln scheinbar etwas Zeit vergeht.

```
      w = random.randint(1,6)
      print "Gewürfelte Zahl:" + str(w)
```

Jetzt wird eine Zufallszahl zwischen 1 und 6 erzeugt, und diese wird auf dem Bildschirm im Konsolenfenster angezeigt.

```
      for x in range(w):
        GPIO.output(LED[x], 1)
```

Diese Schleife läuft von 1 bis zur gewürfelten Zahl und lässt genau so viele LEDs aufleuchten. An dieser Stelle beginnt die `while True`-Schleife von Neuem und wartet darauf, dass der Benutzer den Taster drückt. Erst dann werden die LEDs wieder ausgeschaltet.

Sollte der Benutzer zwischenzeitlich die Tastenkombination [Strg]+[C] gedrückt haben, wird ein `KeyboardInterrupt` ausgelöst und die Schleife verlassen.

```
except KeyboardInterrupt:
  GPIO.cleanup()
```

Diese Zeilen schließen die verwendeten GPIO-Ports und beenden das Programm. Durch diese Methode tauchen keine Systemwarnungen oder Abbruchmeldungen auf, die den Benutzer verwirren könnten.

10.5.2 Spielwürfel unterwegs

Mit diesem Programm lässt sich der Raspberry Pi mit BerryClip-Modul in einem transparenten Gehäuse als Spielwürfel ohne Tastatur und Monitor verwenden. Es ist lediglich ein Handynetzteil zur Stromversorgung nötig.

Raspberry Pi mit Batterien betreiben
Der Raspberry Pi benötigt eine Versorgungsspannung von 5 V. Am besten eignen sich zur autarken Versorgung sogenannte Powerpacks, mit denen sich unterwegs Handys aufladen lassen. Diese handlichen Akkupakete verfügen über einen USB-Anschluss. Achten Sie bei den Geräten darauf, dass sie 5 V bei 700 mA liefern. Solange außer Tastatur und Maus keine weiteren Verbraucher angeschlossen sind, reichen auch die 4,8 V aus vier AA-Akkus aus, um den Raspberry Pi eine Zeit lang ohne Steckdose zu betreiben.

Bild 10.14: Mit einem akkugepufferten Solarpanel lässt sich ein Raspberry Pi (für kurze Zeit) völlig autark betreiben.

Ohne Tastatur und Monitor muss das Programm automatisch gestartet werden, da der Benutzer keine Python-Shell oder Kommandozeile aufrufen kann.

Legen Sie im Dateimanager das Verzeichnis `/home/pi/.config/lxsession/LXDE` an. Das Verzeichnis `.config` ist bereits vorhanden. Es ist aber wie alle Linux-Verzeichnisse, deren Name mit einem Punkt beginnt, nur sichtbar, wenn im Menü des Dateimanagers unter *Ansicht* der Schalter *Verborgene Dateien anzeigen* eingeschaltet ist.

Erstellen Sie in diesem Ordner eine Textdatei mit Namen `autostart`, die die Kommandozeile zum Start des Programms enthält:

```
sudo python myberryclip2.py
```

Damit der Benutzer weiß, wann das System fertig gebootet und das Python-Skript gestartet hat, wann er also mit dem Würfeln beginnen kann, fügen Sie hinter dieser Zeile, die ohne Bildschirm ohnehin wirkungslos ist:

```
print "Knopf drücken, um zu würfeln. Strg+C beendet das Programm"
```

folgende Zeile ein:

```
GPIO.output(LED[5], 1)
```

Damit wird die - auf dem BerryClip grüne und letzte - LED 5 eingeschaltet. Sie ist nicht mit einer gewürfelten 1 zu verwechseln, da diese mit der roten LED 1 angezeigt wird.

10.5.3 Ein Würfel mit sieben Augen und Taste

Ein Würfel, der eine bis sechs LEDs in einer Reihe aufleuchten lässt, erfüllt zwar seinen Zweck, sieht aber nicht wie ein wirklicher Spielwürfel aus. Diese haben Augen in der typischen quadratischen Anordnung. Unter der Überschrift »Würfeln mit PyGame« weiter oben im vorhergehenden Kapitel finden Sie bereits ein Python-Programm, das einen solchen Würfel grafisch auf dem Bildschirm darstellt. Das nächste Programm verwendet eine selbst gebaute LED-Schaltung auf einer Steckplatine zur Anzeige der Würfelaugen.

Bild 10.15: LED-Würfel am Raspberry Pi, auf einer Steckplatine mit Breakout Board aufgebaut.

Für die Ansteuerung der LEDs werden nur vier statt sieben GPIO-Pins benötigt, da ein Würfel zur Darstellung gerader Zahlen die Augen paarweise nutzt. Die Schaltung verwendet zum Aufbau die GPIO-Ports 25, 24, 23, 18.

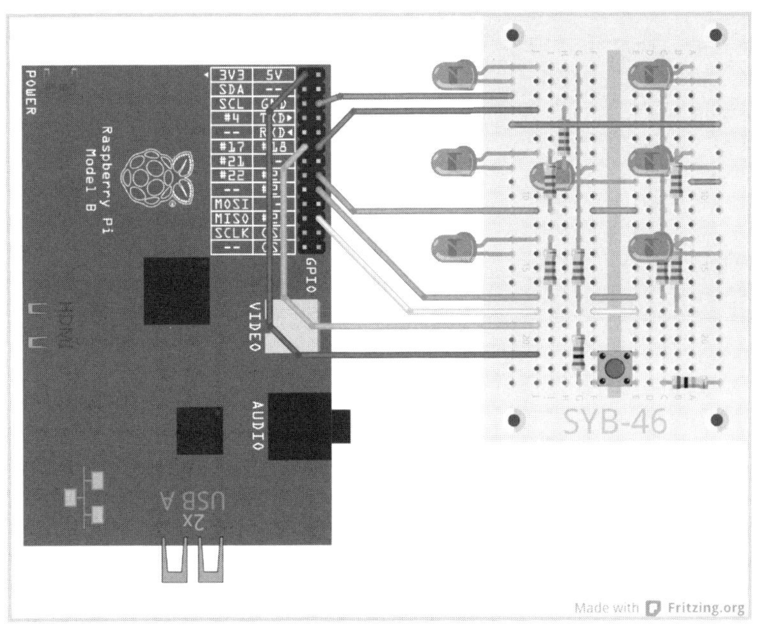

Bild 10.16: LED-Würfel mit Taste auf einer Steckplatine.

Das Programm basiert auf dem vorherigen Programm, die GPIO-Ausgabe wurde an die neue Schaltung angepasst und die Logik zur Darstellung der Würfelaugen aus dem im vorhergehenden Kapitel beschriebenen grafischen Würfel übernommen. Sie finden das Programm `ledwuerfel2.py` bei *www.buch.cd* zum Download.

```
# -*- coding: utf-8 -*-
import RPi.GPIO as GPIO
import time
import random

GPIO.setmode(GPIO.BCM)
LED = [18,25,24,23]

for x in range(4):
    GPIO.setup(LED[x], GPIO.OUT)

GPIO.setup(17, GPIO.IN)
print ("Knopf drücken, um zu würfeln. Strg+C beendet das Programm")

try:
  while True :
    if GPIO.input(17)==1:
      for x in range(4):
        GPIO.output(LED[x], 0)
      time.sleep(0.5)
      w = random.randrange(1,7)
      print "Gewürfelte Zahl:" + str(w)
```

```
      if w == 1:
        GPIO.output(LED[0], 1)
      if w == 2:
        GPIO.output(LED[1], 1)
      if w == 3:
        GPIO.output(LED[0], 1)
        GPIO.output(LED[2], 1)
      if w == 4:
        GPIO.output(LED[1], 1)
        GPIO.output(LED[2], 1)
      if w == 5:
        GPIO.output(LED[0], 1)
        GPIO.output(LED[1], 1)
        GPIO.output(LED[2], 1)
      if w == 6:
        GPIO.output(LED[1], 1)
        GPIO.output(LED[2], 1)
        GPIO.output(LED[3], 1)
      print ("Knopf drücken, um zu würfeln. Strg+C beendet das Programm")

except KeyboardInterrupt:
  GPIO.cleanup()
```

10.5.4 So funktioniert es

Die ersten Zeilen sind bereits bekannt, sie importieren die GPIO-Bibliothek, die Bibliothek `time` für Zeitverzögerungen sowie die Bibliothek `random` für Zufallszahlen.

```
GPIO.setmode(GPIO.BCM)
LED = [18,25,24,23]
```

Die Nummerierung der GPIO-Ports wird wie in den vorherigen Beispielen auf BCM gesetzt, und Nummern für die mittlere LED sowie die drei LED-Paare werden definiert.

```
for x in range(4):
    GPIO.setup(LED[x], GPIO.OUT)
```

Die vier verwendeten GPIO-Ports werden als Ausgänge definiert.

```
GPIO.setup(17, GPIO.IN)
```

Der GPIO-Port 17 wird für den Taster als Eingang definiert.

```
print ("Knopf drücken, um zu würfeln. Strg+C beendet das Programm")
```

Wenn ein Bildschirm angeschlossen ist, bekommt der Benutzer eine Anzeige, dass der Taster zum Würfeln gedrückt werden muss.

```
try:
  while True :
    if GPIO.input(17)==1:
```

Jetzt startet die Endlosschleife, die darauf wartet, dass der Benutzer den Taster drückt.

```
    for x in range(4):
      GPIO.output(LED[x], 0)
    time.sleep(0.5)
```

Hat er dies getan, werden alle LEDs ausgeschaltet, und es wird 0,5 Sekunden gewartet.

```
    w = random.randrange(1,7)
    print "Gewürfelte Zahl:" + str(w)
```

Danach wird eine zufällige Zahl zwischen 1 und 6 erzeugt und auf dem Bildschirm angezeigt. Diese Anzeige kann auch weggelassen werden.

```
    if w == 1:
      GPIO.output(LED[0], 1)
    if w == 2:
      GPIO.output(LED[1], 1)
    if w == 3:
      GPIO.output(LED[0], 1)
      GPIO.output(LED[2], 1)
...
```

Abhängig von der gewürfelten Zahl werden bestimmte LED-Gruppen eingeschaltet.

```
print ("Knopf drücken, um zu würfeln. Strg+C beendet das Programm")
```

Der Benutzer wird wieder aufgefordert, den Taster zu drücken. Danach springt das Programm zurück zum Schleifenanfang. Die LEDs bleiben eingeschaltet, bis der Benutzer den Taster drückt.

```
except KeyboardInterrupt:
  GPIO.cleanup()
```

Bei einem Abbruch mit [Strg]+[C] werden die GPIO-Ports geschlossen, die LEDs ausgeschaltet, und das Programm wird beendet.

10.6 Speicherkarten-Füllstandsanzeige mit LEDs

Speicherkarten sind wie Festplatten immer viel zu schnell voll. Da wünscht man sich eine einfache optische Füllstandsanzeige, um immer auf einen Blick zu erkennen, wann der Speicherplatz zu Neige geht. Mit ein paar LEDs oder der BerryClip-Platine lässt sich das auf dem Raspberry Pi sehr komfortabel realisieren.

Bild 10.17: Natürlich lässt sich der freie Speicherplatz auch direkt im Dateimanager auf dem Raspberry Pi anzeigen.

Das nächste Programm soll abhängig vom freien Speicherplatz auf der Speicherkarte unterschiedliche LED-Anzeigen liefern:

Freier Speicherplatz	LED-Anzeige
< 1 MB	Rot - Rot
1 MB bis 10 MB	Rot - Gelb
10 MB bis 100 MB	Gelb - Gelb
100 MB bis 500 MB	Gelb - Grün
> 500 MB	Grün - Grün

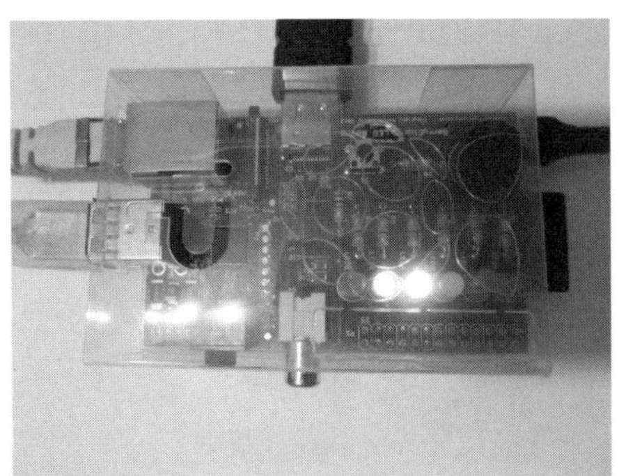
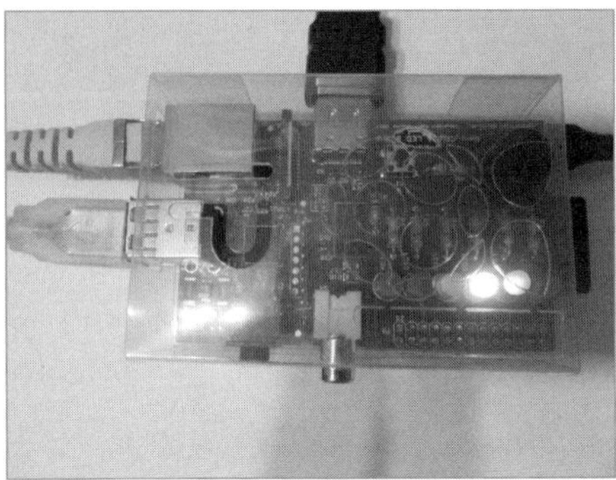

Bild 10.18: Das Programm läuft im Hintergrund und zeigt den aktuell freien Speicherplatz optisch an.

Sie finden das Programm `speicheranzeige.py` bei *www.buch.cd* zum Download.

```
import RPi.GPIO as GPIO
import time
import os

GPIO.setmode(GPIO.BCM)
LED = [4,17,22,10,9,11]

g1 = 1
g2 = 10
g3 = 100
g4 = 500

for i in range(6):
    GPIO.setup(LED[i], GPIO.OUT, initial=0)

try:
  while True :
    s = os.statvfs('/')
    f = s.f_bsize * s.f_bavail / 1048576

    if f < g1:
```

```
      x = "110000"
    elif f < g2:
      x = "011000"
    elif f < g3:
      x = "001100"
    elif f < g4:
      x = "000110"
    else:
      x = "000011"
    for i in range(6):
      GPIO.output(LED[i], int(x[i]))
    time.sleep(1.0)
except KeyboardInterrupt:
  GPIO.cleanup()
```

Lassen Sie das Programm laufen, zeigen die LEDs ständig den freien Speicherplatz auf der Speicherkarte an. Probieren Sie es aus, indem Sie große Dateien über das Netzwerk auf die Speicherkarte kopieren und wieder löschen. Die Anzeige aktualisiert sich automatisch.

10.6.1 So funktioniert es

Das Programm verwendet das Python-Modul `os` zur Berechnung des freien Speicherplatzes, das grundlegende Betriebssystemfunktionen zur Verfügung stellt.

```
import RPi.GPIO as GPIO
import time
import os
```

Das Modul `os` muss, wie andere Module auch, am Anfang des Programms importiert werden.

```
GPIO.setmode(GPIO.BCM)
LED = [4,17,22,10,9,11]
```

Diese Zeilen sind identisch mit dem vorherigen Programm. Sie definieren die Nummern für die sechs LEDs.

```
g1 = 1
g2 = 10
g3 = 100
g4 = 500
```

Diese Zeilen definieren die Grenzen der Bereiche für freien Speicherplatz, an denen die Anzeige umschalten soll. Der Einfachheit halber verwendet das Programm Megabyte und nicht Byte, da man sich diese Zahlen besser vorstellen kann. Sie können die Grenzen jederzeit anders festlegen. Die vier Werte müssen nur in aufsteigender Größe geordnet sein.

```
for i in range(6):
    GPIO.setup(LED[i], GPIO.OUT, initial=0)
```

Diese Schleife ist aus dem vorherigen Programm bekannt. Sie initialisiert die sechs GPIO-Ports als Ausgänge und setzt alle LEDs auf ausgeschaltet.

```
try:
  while True :
```

Auch hier verwenden wir eine `try/except`-Konstruktion und eine Endlosschleife, um das Programm automatisch immer wieder laufen zu lassen, bis es der Benutzer mit [Strg]+[C] abbricht.

```
    s = os.statvfs('/')
```

Das Statistikmodul `os.statvfs()` liefert diverse statistische Informationen zum Dateisystem, die hier innerhalb der Endlosschleife bei jedem Schleifendurchlauf erneut in die Variable `s` geschrieben werden.

```
    f = s.f_bsize * s.f_bavail / 1048576
```

Jetzt liefert `s.f_bsize` die Größe eines Speicherblocks in Byte. `s.f_bavail` gibt die Anzahl freier Blöcke an. Das Produkt aus beiden Werten gibt demnach die Anzahl freier Bytes an, die hier durch 1.048.576 geteilt wird, um die Anzahl freier Megabytes zu erhalten. Das Ergebnis wird in der Variablen `f` gespeichert.

```
    if f < g1:
      x = "110000"
```

Ist der freie Speicherplatz kleiner als der erste Grenzwert (1 MB), wird die Zeichenfolge `x`, die das Muster der eingeschalteten LEDs angibt, auf `"110000"` gesetzt. Die ersten beiden, auf dem BerryClip roten, LEDs sollten leuchten.

```
    elif f < g2:
      x = "011000"
    elif f < g3:
      x = "001100"
    elif f < g4:
      x = "000110"
```

Mithilfe von `elif`-Abfragen werden die weiteren Grenzwerte abgefragt und die LED-Muster entsprechend gesetzt, wenn die erste Frage nicht zutrifft, also mehr als 1 MB freier Speicherplatz vorhanden ist.

```
    else:
      x = "000011"
```

Sollte keine der Abfragen zutreffen, also mehr freier Speicherplatz vorhanden sein, als der höchste Grenzwert angibt, wird das LED-Muster auf `"000011"` gesetzt. Die beiden letzten, auf dem BerryClip grünen, LEDs sollten leuchten.

```
    for i in range(6):
      GPIO.output(LED[i], int(x[i]))
```

Eine Schleife legt die GPIO-Ausgabewerte für die sechs LEDs fest. Nacheinander bekommen alle LEDs den Zahlenwert der jeweiligen Ziffer aus der Zeichenfolge, 0 oder 1, zugewiesen.

```
    time.sleep(1.0)
```

Das Programm wartet eine Sekunde bis zum nächsten Schleifendurchlauf. Um Performance zu sparen, können Sie auch längere Wartezeiten festlegen, bis die Berechnung des freien Speicherplatzes wiederholt werden soll.

An dieser Stelle beginnt die `while True`-Schleife von Neuem. Sollte der Benutzer zwischenzeitlich die Tastenkombination [Strg]+[C] gedrückt haben, wird ein `KeyboardInterrupt` ausgelöst und die Schleife verlassen.

```
except KeyboardInterrupt:
  GPIO.cleanup()
```

Diese Zeilen am Ende schließen die verwendeten GPIO-Ports, schalten damit die LEDs aus und beenden das Programm.

10.7 7-Segment-Anzeige am GPIO-Anschluss

Noch besser als mit LEDs lassen sich Zahlen oder andere Systemstatusmeldungen des Raspberry Pi mit einer 7-Segment-Anzeige darstellen. Solche 7-Segment-Anzeigen werden häufig in Digitaluhren genutzt, früher auch in Taschenrechnern. Tankstellen verwenden diese Anzeigetechnologie im großen Format. Allerdings sind hier oft statt LEDs mechanische Anzeigeelemente im Einsatz. Nicht alle Buchstaben des Alphabets lassen sich auf diesen Anzeigen eindeutig darstellen, die Buchstaben A bis F, die zur Darstellung von Hexadezimalzahlen notwendig sind, funktionieren aber. Die meisten 7-Segment-Anzeigen verfügen noch über eine achte LED für den Dezimalpunkt.

Bei einer einstelligen 7-Segment-Anzeige ist jede LED einzeln über ihre Kathode ansteuerbar und alle LEDs verwenden eine gemeinsame Anode, oder umgekehrt. Dementsprechend werden die Anzeigemodule als »Common Anode« oder »Common Cathode« bezeichnet.

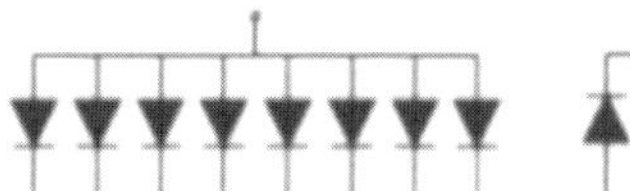

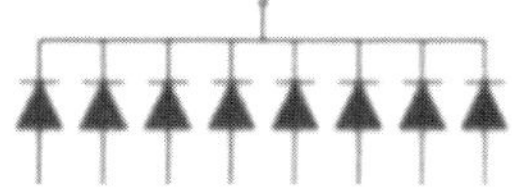

Bild 10.19: Schaltbilder von 7-Segment-Anzeigen: links: Common Anode - rechts: Common Cathode.

Für das folgende Beispiel verwenden wir eine handelsübliche 7-Segment-Anzeige mit Common-Anode-Schaltschema. Die acht darin verbauten LEDs sind mit den Buchstaben a bis g bezeichnet. Die LED mit der Bezeichnung `DP` stellt den Dezimalpunkt dar.

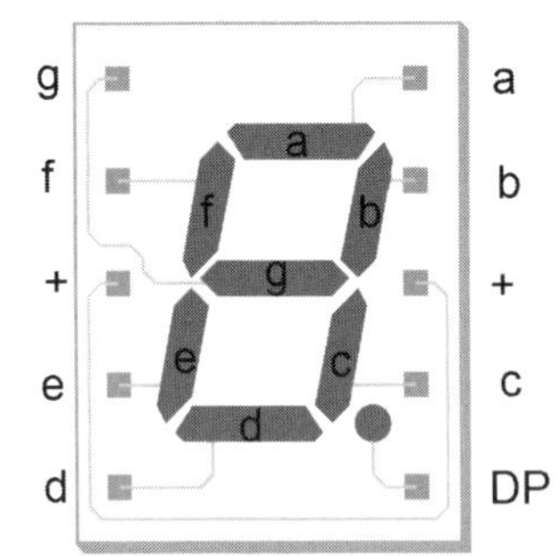

Bild 10.20: Eine typische 7-Segment-Anzeige und ihre Anschlüsse.

Um eine einzelne LED auf der Anzeige leuchten zu lassen, muss die Kathode des entsprechenden Segments mit der Masseleitung verbunden sein und die gemeinsame Anode mit einem +3,3-V-Signal.

Vorwiderstände an der Kathode

Üblicherweise schließt man Vorwiderstände »vor« einer LED an der Anode an. Prinzipiell spielt es aber keine Rolle, auf welcher Seite der Vorwiderstand liegt, da dieser nur die durch die LED fließende Stromstärke reduzieren soll, um einen Kurzschluss oder eine Überlastung der GPIO-Ports zu verhindern. Bei einer 7-Segment-Anzeige mit gemeinsamer Anode schließt man die Vorwiderstände besser an den acht Kathoden an, damit nicht mehrere LEDs an einem Vorwiderstand hängen. Wenn alle LEDs leuchten, wäre sonst die Belastung eines GPIO-Ports zu hoch.

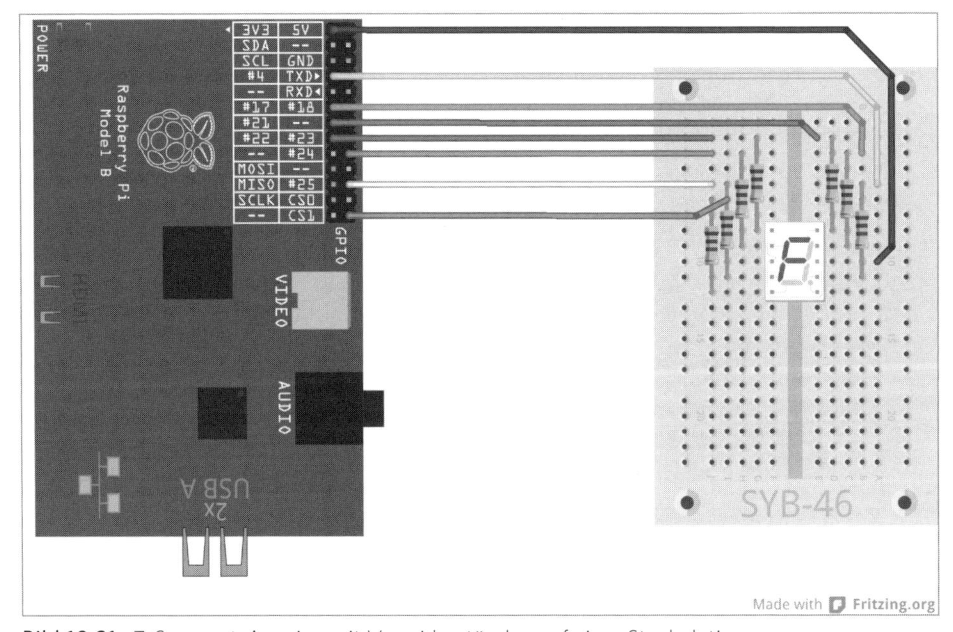

Bild 10.21: 7-Segment-Anzeige mit Vorwiderständen auf einer Steckplatine.

Der eigentliche Sinn und Zweck einer 7-Segment-Anzeige ist in den meisten Fällen keine grafische Spielerei, sondern die Darstellung von Zahlen. Das folgende Programm zeigt, wie das prinzipiell funktioniert.

Das Programm `7seg01.py` (Download unter *www.buch.cd*) zählt auf einer 7-Segment-Anzeige fortlaufend von 0 bis 9.

```
import RPi.GPIO as GPIO
import time

GPIO.setmode(GPIO.BCM)

seg={'a':21, 'b':17, 'c':4, 'd':7, 'e':25, 'f':24, 'g':22}
for s in "abcdefg":
  GPIO.setup(seg[s], GPIO.OUT, initial=True)

zahl=[
  "abcdef",  #0
  "bc",      #1
  "abdeg",   #2
  "abcdg",   #3
  "bcfg",    #4
  "acdfg",   #5
  "acdefg",  #6
  "abc",     #7
  "abcdefg", #8
  "abcdfg",  #9
    ]

print ("Strg+C beendet das Programm")
try:
  while True:
    for i in range(10):
      for s in zahl[i]:
        GPIO.output(seg[s], False)
      time.sleep(0.5)
      for s in "abcdefg":
        GPIO.output(seg[s], True)

except KeyboardInterrupt:
  GPIO.cleanup()
```

10.7.1 So funktioniert es

Am Anfang werden wie üblich notwendige Bibliotheken importiert, und die GPIO-Schnittstelle wird initialisiert.

```
seg={'a':21, 'b':17, 'c':4, 'd':7, 'e':25, 'f':24, 'g':22}
```

Für die sieben Segmente der Anzeige wird eine Variable vom Typ `dictionary`, eine besondere Form der Liste, verwendet. In einem `dictionary` werden die einzelnen Elemente nicht über ihre Nummer ausgewählt, sondern über ein beliebiges Wort, den sogenannten Schlüssel, der auch aus einem einzigen Buchstaben bestehen kann. Im Gegensatz zu einer einfachen Liste steht ein `dictionary` in geschweiften Klammern. Ein `dictionary` kann beliebig viele Paare aus Schlüssel und Wert enthalten.

In unserem Fall ist der Schlüssel der jeweilige Kennbuchstabe für das Segment, der Wert dahinter der verwendete GPIO-Port.

```
for s in "abcdefg":
  GPIO.setup(seg[s], GPIO.OUT, initial=True)
```

Die GPIO-Ports aller sieben Segmente werden als Ausgänge definiert und auf `True` gesetzt, was bei einer Kathode ausgeschaltet bedeutet. Die Schleife arbeitet nacheinander alle Buchstaben der angegebenen Zeichenkette ab, anstatt wie sonst üblich innerhalb eines bestimmten Zahlenbereichs hochzuzählen.

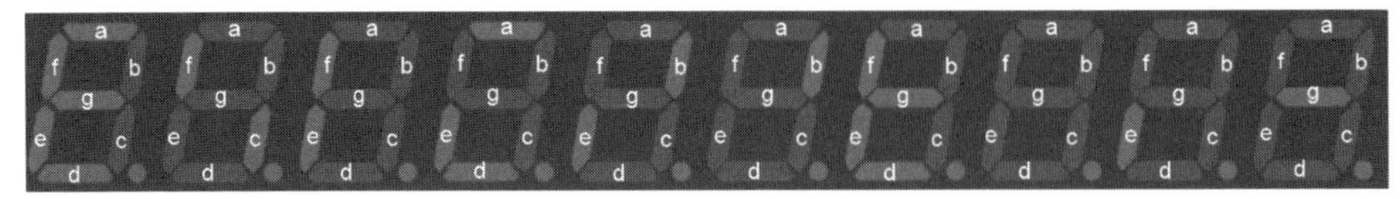

Bild 10.22: Die zehn Ziffernbilder einer 7-Segment-Anzeige.

```
zahl=[
  "abcdef",  #0
  "bc",      #1
  "abdeg",   #2
  "abcdg",   #3
  "bcfg",    #4
  "acdfg",   #5
  "acdefg",  #6
  "abc",     #7
  "abcdefg", #8
  "abcdfg",  #9
    ]
```

Die Liste `zahl` legt die einzuschaltenden Segmente für die einzelnen Ziffern von 0 bis 9 fest. Hier handelt es sich um eine normale Liste, deren Elemente nur der Übersichtlichkeit halber untereinander geschrieben sind. Die Ziffern selbst sind kein Bestandteil der Liste. Sie werden wie alles, was hinter einem `#` in einer Zeile steht, von Python als Kommentar betrachtet und bei der Programmausführung ignoriert.

```
print ("Strg+C beendet das Programm")
try:
  while True:
```

Das Programm läuft in einer Endlosschleife, die vom Benutzer jederzeit mit der Tastenkombination [Strg]+[C] beendet werden kann.

```
    for i in range(10):
```

Eine Schleife zählt fortlaufend von 0 bis 9 durch, um nacheinander die Ziffern anzuzeigen.

```
      for s in zahl[i]:
        GPIO.output(seg[s], False)
```

Bei jedem Schleifendurchlauf der äußeren Schleife arbeitet eine innere Schleife die in der Liste `zahl` für diese Ziffer eingetragene Zeichenkette ab, setzt die entsprechenden Segmente der Anzeige auf `False` und schaltet sie damit ein.

```
      time.sleep(0.5)
      for s in "abcdefg":
        GPIO.output(seg[s], True)
```

Nachdem die Schleife für eine Ziffer durchgelaufen ist, bleibt diese 0,5 Sekunden lang angezeigt, danach werden alle sieben Segmente unabhängig von ihrem aktuellen Status auf `True` gesetzt und damit ausgeschaltet. Danach startet die Darstellung der nächsten Zahl.

```
except KeyboardInterrupt:
  GPIO.cleanup()
```

Drückt der Benutzer die Tastenkombination [Strg]+[C], wird die Endlosschleife beendet, die GPIO-Ports werden geschlossen, und das Programm wird beendet.

10.8 GPIO-Erweiterungsplatinen

Verschiedene Hersteller bieten Erweiterungsplatinen für den GPIO-Port an, mit denen eigene Hardwareexperimente einfacher durchzuführen sind und die Gefahr von Kurzschlüssen oder Überspannungen verringert wird. Eine derartige Platine, das BerryClip, wurde bereits in diesem Kapitel verwendet. Im Folgenden stellen wir ein paar weitere interessante Zusatzplatinen vor.

10.8.1 PiFace Digital

PiFace Digital ist eine Erweiterungsplatine, die den Raspberry Pi auf einfache Weise mit der Außenwelt verbindet. Die Platine wird direkt auf den GPIO-Port gesteckt und bietet je acht digitale Ein- und Ausgänge, acht LEDs, vier Taster sowie zwei Relais zum Schalten stärkerer Stromverbraucher. Alle Anschlüsse verwenden Schraubklemmen, sodass kein Löten nötig ist.

Bild 10.23: PiFace Digital. (Foto: element14)

Das PiFace Digital nutzt die GPIO-Ports nicht direkt, sondern über einen MCP23S17-Port-Expander-Chip, der über eine standardisierte serielle I^2C-Schnittstelle mit dem Raspberry Pi kommuniziert. Auf diese Weise werden nur die beiden Pins GPIO0 und GPIO1 benötigt. Der Hersteller liefert bei *pifacedigital.wordpress.com* Funktionsbibliotheken zur einfachen Ansteuerung der Platine in Python, C und Scratch zum Download. Bei *github.com/thomasmacpherson/piface* wird ein Emulator für das PiFace Digital angeboten.

10.8.2 Slice of Pi/O

Slice of Pi/O erweitert den GPIO-Port auf acht Eingänge und acht Ausgänge. Zur Steuerung wird der MCP23017-I/O-Expander-Chip verwendet, ähnlich wie auf dem PiFace-Board. Die Platine kann mit 3,3 V oder 5 V vom Raspberry Pi oder mit einer externen Stromversorgung betrieben werden

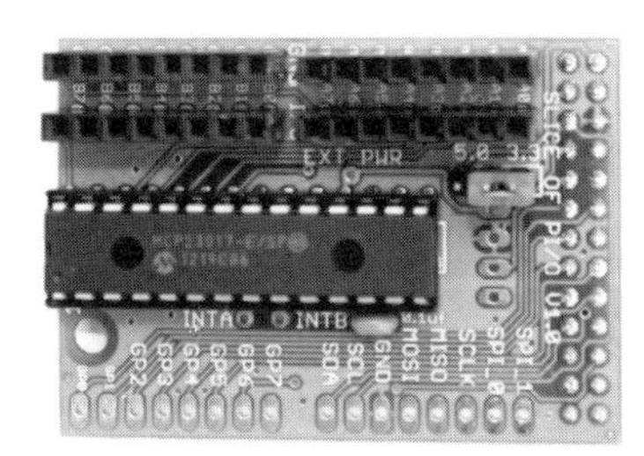

Bild 10.24: Slice of Pi/O. (Foto: Ciseco)

10.8.3 Pi-Lite

Pi-Lite ist eine großflächige Matrix aus 9 x 14 LEDs, die als SMD-Module direkt auf der Platine aufgelötet sind. Die Matrix wird von einem Arduino-ATmega-328p-Prozessor gesteuert, der seriell mit dem Raspberry Pi über den GPIO-Port kommuniziert. Die notwendige Software ist bereits vorinstalliert. Damit lassen sich Laufschriften, Statusanzeigen und allerlei weitere Effekte programmieren.

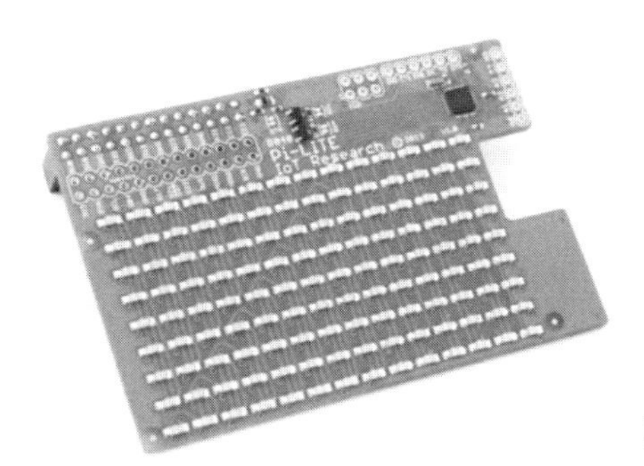

Bild 10.25: Pi-Lite. (Foto: Ciseco)

Die Pi-Lite-Platine basiert auf dem beliebten Arduino-Shield Lots of LEDs von *jimmieprodgers.com*.

10.8.4 Gertboard

Das Gertboard ist eine der umfangreichsten Erweiterungsplatinen und größer als der Raspberry Pi selbst - mit zwölf gepufferten Ausgängen, LEDs und drei Tastern. Dazu sind ein Digital-Analog-Wandler, ein Analog-Digital-Wandler sowie ein Motorcontroller auf der Platine verbaut. Zur Steuerung gibt es einen ATmega-Mikrocontroller, wie auf dem bekannten Arduino, der auch über die Arduino-IDE gesteuert wird.

Was ist ein Arduino?
Arduino ist eine aus Software und Hardware bestehende offene Plattform für elektronische Experimente. Die Hardware basiert auf einem Atmel-ATmega-Mikrocontroller, der diverse Anschlussmöglichkeiten für LEDs, Sensoren und andere Hardware bietet. Die Schaltpläne sind nach dem Open-Source-Prinzip offengelegt. Jeder kann sich seine eigene Arduino-kompatible Platine selbst bauen. Weitere Informationen bei *www.franzis-mikrocontroller.de* und *www.arduino.cc*.

Bild 10.26: Gertboard. (Foto: element14)

10.8.5 Gertduino

Gert van Loo, der Erfinder des Gertboards, entwickelte Ende des Jahres 2013 eine neuartige Platine. Der Gertduino bringt die beiden Welten von Raspberry Pi und Arduino zusammen. Gertduino ist eine Arduino-Uno-kompatible Platine mit ATmega-328-Chip, zwei Tasten und sechs LEDs, die auf den GPIO-Port des Raspberry Pi gesteckt wird. Beide Geräte arbeiten eigenständig und kommunizieren nur über den GPIO-Port miteinander.

Bild 10.27: Gertduino. (Foto: element14)

Das Gertduino-Board verfügt über Arduino-kompatible Steckanschlüsse, auf denen die zahlreichen verfügbaren Shields genutzt werden können. Die Kombination ermöglicht es, Sensordaten mit dem Arduino zu erfassen und auf dem Raspberry Pi mit entsprechender Software auszuwerten. Weiterhin lässt sich der Arduino direkt vom Raspberry Pi programmieren, ohne dass ein PC benötigt wird.

Die Raspberry-Pi-Kamera

Die Raspberry Pi Foundation hat eine kleine Kamera mit 5 Megapixeln für den Raspberry Pi entwickelt, die zwar von Anfang an geplant war, aber erst seit Sommer 2013 lieferbar ist. Die Kamera ist auf einer ca. 2,5 x 2,5 cm großen Platine verbaut, an der ein dünnes Flachkabel fest angeschlossen ist. Dieses Kabel wird auf dem Raspberry Pi in einen speziell dafür vorgesehenen Steckplatz zwischen den Anschlüssen für Netzwerk und HDMI eingesteckt. Dazu müssen Sie zunächst die Schutzfolie über diesem Steckplatz entfernen und die Verriegelung leicht nach oben ziehen, um sie zu lösen. Stecken Sie das Kabel der Kamera mit der blauen Seite zum Netzwerkanschluss in den Steckplatz und drücken Sie die Verriegelung wieder nach unten.

Bild 11.1: Anschluss der Kamera am Raspberry Pi.

Auf der Kamera selbst befindet sich ebenfalls eine Schutzfolie, die abgezogen werden muss. Die Kamera hat ein Fixfocus-Objektiv, kann also das Bild nicht scharf stellen. Daher ist es umso wichtiger, dass sie während der Aufnahme ruhig gelagert ist. Fotos aus der Hand sind fast unmöglich. In den Ecken der Kameraplatine sind Löcher, um die Kamera festzuschrauben. Eine sogenannte »dritte Hand«, wie man sie beim Löten zum Festhalten von Platinen und Kleinteilen benutzt, eignet sich sehr gut als Kamerastativ. Achten Sie dabei darauf, die Platine nur in den äußersten Ecken zu greifen, um keinen Kurzschluss zu verursachen. Sicherheitshalber schützen Sie die jeweilige Platinenecke mit etwas Klebeband vor Berührung mit Metallteilen.

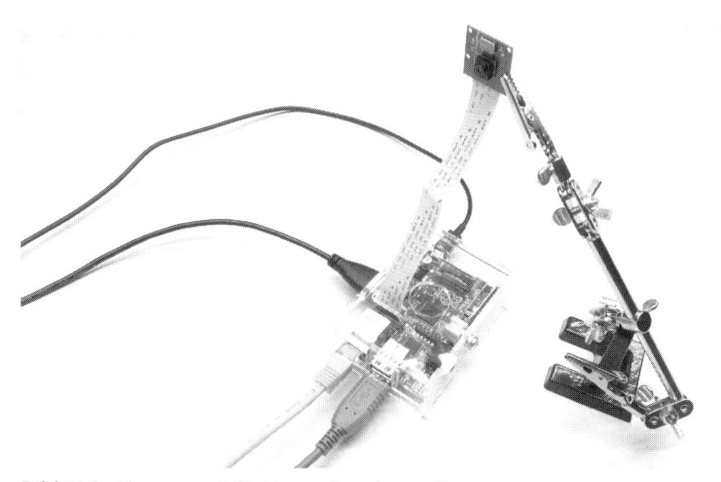

Bild 11.2: Kamera mit Stativ am Raspberry Pi.

Der englische Onlineshop *modmypi.com* bietet eine Kamerahalterung an, die in die 3,5-mm-Audiobuchse des Raspberry Pi gesteckt wird, die die meisten Anwender nicht benötigen.

Bild 11.3: Kamerahalterung für Audiobuchse und Stativgewinde für die Raspberry-Pi-Kamera. (Fotos: modmypi.com)

Infrarotkamera

Die Raspberry-Pi-Kamera ist auch in einer speziellen Version als Infrarotkamera erhältlich. Die Kamera ist äußerlich baugleich und verwendet auch die gleiche Software wie die normale Raspberry-Pi-Kamera.

11.1 Kamera aktivieren

Die grundlegenden Funktionen zur Steuerung der Kamera werden bei Raspbian bereits mitgeliefert, müssen aber zunächst aktiviert werden. Starten Sie dazu in einem LXTerminal-Fenster das Konfigurationstool:

```
sudo raspi-config
```

Schalten Sie hier im Menüpunkt *Enable Camera* die Kamerafunktionen ein. Danach muss der Raspberry Pi neu gebootet werden.

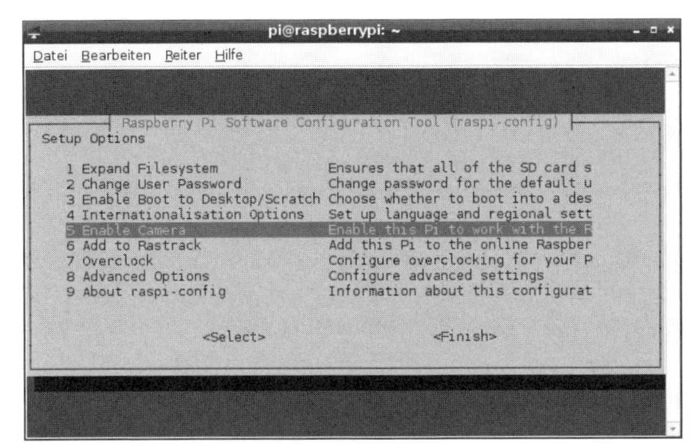

Bild 11.4: Kamerafunktionen aktivieren.

Wenn diese Einstellung fehlt ...
Diese Einstellung ist erst in neueren Raspbian-Versionen hinzugekommen. Sollte Ihr Konfigurationstool diesen Menüpunkt nicht bieten, brauchen Sie deshalb nicht gleich ein komplett neues Raspbian-Image zu installieren. Aktualisieren Sie Ihr Betriebssystem einfach mit `sudo apt-get upgrade`.

11.2 Das erste Foto

Raspbian liefert ein Kommandozeilentool mit, mit dem Sie direkt das erste Foto aufnehmen können:

```
raspistill -v -o foto.jpg
```

Der Parameter `-o` gibt den Dateinamen an, unter dem das Foto gespeichert wird. Ohne Verzeichnisangabe landet das Bild im Home-Verzeichnis `/home/pi`. Außer im JPG-Format lassen sich Fotos auch in den Formaten PNG und BMP speichern, was aber deutlich länger dauert, da der Grafikchip des Raspberry Pi nur JPG-Dateien mit Hardwarebeschleunigung komprimieren kann.

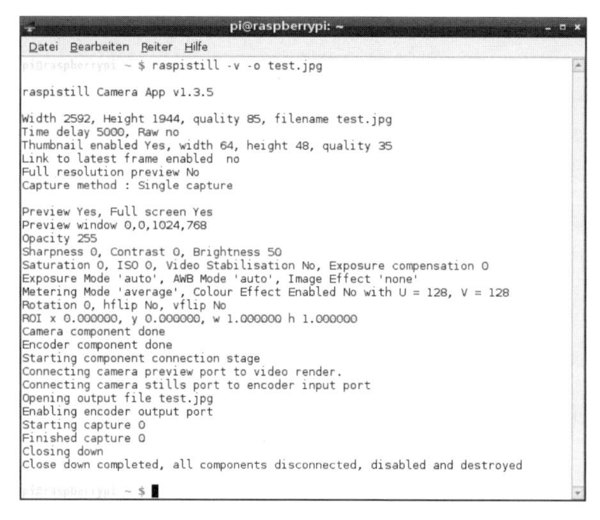

Bild 11.5: Der Parameter `-v` liefert ausführliche Informationen zu den verwendeten Kameraeinstellungen.

Vor dem eigentlichen Auslösen wird fünf Sekunden lang ein Vorschaubild auf dem Bildschirm angezeigt, damit Sie den Bildausschnitt wählen können. Ohne spezielle Angabe liefert die Kamera ein Bild in voller 5-Megapixel-Auflösung mit 2.592 x 1.944 Pixeln.

Wundern Sie sich nicht über die Zeile am Ende:

```
Close down completed, all components disconnected, disabled and destroyed
```

Natürlich wird die Kamera nicht nach dem ersten Foto zerstört. Diese Zeile bedeutet nur, dass alle Kamerafunktionen aus dem Speicher entfernt und die verwendeten Ports freigegeben werden, damit die Kamera von einer anderen Anwendung genutzt werden kann.

`raspistill` bietet diverse Parameter, um verschiedene Kameraeinstellungen vorzunehmen. Eine Auflistung und Erläuterungen zu diesen Parametern finden Sie, wenn Sie `raspistill` ohne Parameter aufrufen. In diesem Fall wird auch kein Bild fotografiert.

```
pi@raspberrypi: ~
Datei  Bearbeiten  Reiter  Hilfe
 ~ $ raspistill
raspistill Camera App v1.3.6

Runs camera for specific time, and take JPG capture at end if requested

usage: raspistill [options]

Image parameter commands

-?, --help      : This help information
-w, --width     : Set image width <size>
-h, --height    : Set image height <size>
-q, --quality   : Set jpeg quality <0 to 100>
-r, --raw       : Add raw bayer data to jpeg metadata
-o, --output    : Output filename <filename> (to write to stdout, use '-o -'). I
f not specified, no file is saved
-l, --latest    : Link latest complete image to filename <filename>
-v, --verbose   : Output verbose information during run
-t, --timeout   : Time (in ms) before takes picture and shuts down (if not speci
fied, set to 5s)
-th, --thumb    : Set thumbnail parameters (x:y:quality) or none
-d, --demo      : Run a demo mode (cycle through range of camera options, no cap
ture)
-e, --encoding  : Encoding to use for output file (jpg, bmp, gif, png)
-x, --exif      : EXIF tag to apply to captures (format as 'key=value') or none
-tl, --timelapse        : Timelapse mode. Takes a picture every <t>ms
-fp, --fullpreview      : Run the preview using the still capture resolution (ma
y reduce preview fps)
-k, --keypress  : Wait between captures for a ENTER, X then ENTER to exit
-s, --signal    : Wait between captures for a SIGUSR1 from another process
-g, --gl        : Draw preview to texture instead of using video render componen
t
-gc, --glcapture        : Capture the GL frame-buffer instead of the camera imag
e

Preview parameter commands

-p, --preview   : Preview window settings <'x,y,w,h'>
-f, --fullscreen        : Fullscreen preview mode
-op, --opacity  : Preview window opacity (0-255)
-n, --nopreview : Do not display a preview window

Image parameter commands

-sh, --sharpness        : Set image sharpness (-100 to 100)
-co, --contrast : Set image contrast (-100 to 100)
-br, --brightness       : Set image brightness (0 to 100)
-sa, --saturation       : Set image saturation (-100 to 100)
-ISO, --ISO     : Set capture ISO
-vs, --vstab    : Turn on video stabilisation
-ev, --ev       : Set EV compensation
-ex, --exposure : Set exposure mode (see Notes)
-awb, --awb     : Set AWB mode (see Notes)
-ifx, --imxfx   : Set image effect (see Notes)
-cfx, --colfx   : Set colour effect (U:V)
-mm, --metering : Set metering mode (see Notes)
-rot, --rotation        : Set image rotation (0-359)
-hf, --hflip    : Set horizontal flip
-vf, --vflip    : Set vertical flip
-roi, --roi     : Set region of interest (x,y,w,d as normalised coordinates [0.0
-1.0])
-ss, --shutter  : Set shutter speed in microseconds
```

Bild 11.6: Erläuterungen der Parameter des Kommandozeilentools `raspistill`.

11.3 Video mit der Raspberry-Pi-Kamera

Die Raspberry-Pi-Kamera kann außer Fotos auch Videos aufnehmen, allerdings ohne Ton, da kein Mikrofon eingebaut ist. Videos haben standardmäßig Full-HD-Auflösung, 1.920 x 1.080 Pixel, aber auch hier können kleinere Auflösungen angegeben werden, um die Dateigröße zu verringern.

```
raspivid -t 5000 -o video.h264
```

Das Kommandozeilentool `raspivid` zeichnet Videos im Format H.264 auf. In Full-HD-Auflösung hat ein Video von 5 Sekunden Dauer etwa 10 MB Dateigröße. Der Parameter `-t` legt die Aufnahmedauer in Millisekunden fest. `raspivid` ohne Parameter listet ähnlich wie `raspistill` alle verfügbaren Parameter auf.

Zum Abspielen der Videos kann das mitgelieferte Kommandozeilentool `omxplayer` verwendet werden:

```
omxplayer video.h264
```

11.3.1 TBOPlayer - grafische Oberfläche für den OMXPlayer

Kommandozeilentools sind nicht jedermanns Sache. Der TBOPlayer ist eine in Python programmierte grafische Oberfläche, die den OMXPlayer zu einem Mediaplayer macht, wie man ihn von anderen Computerplattformen kennt.

Bild 11.7: TBOPlayer und Video im Vollbildmodus.

Der TBOPlayer ist nicht über das Raspbian-Repository verfügbar, sondern muss manuell installiert werden. Stellen Sie dazu zunächst sicher, dass Sie die aktuelle Version des OMXPlayer und der verwendeten Python-Bibliotheken haben.

```
sudo apt-get update
sudo apt-get upgrade
```

Weiterhin wird die Bibliothek `pexpect` benötigt, mit der sich Automatisierungsaufgaben in Python einfach erledigen lassen. Diese liegt nicht als fertiges Installationspaket vor, sondern muss heruntergeladen, entpackt und dann per Skript installiert werden.

Stellen Sie sicher, dass Sie sich im LXTerminal-Fenster im Home-Verzeichnis des angemeldeten Benutzers `pi` befinden. Wenn nicht, springen Sie dorthin:

```
cd
```

Holen Sie sich das nur 150 kB große Archiv aus dem Sourceforge-Projekt des Entwicklers:

```
wget http://pexpect.sourceforge.net/pexpect-2.3.tar.gz
```

Entpacken Sie dieses Archiv:

```
tar xzf pexpect-2.3.tar.gz
```

Dabei wird automatisch ein Verzeichnis `pexpect-2.3` angelegt. Wechseln Sie in dieses Verzeichnis:

```
cd pexpect-2.3
```

Starten Sie dort mit Root-Rechten das Installationsskript:

```
sudo python ./setup.py install
```

Holen Sie sich jetzt das eigentliche Python-Programm TBOPlayer. Ich habe auf der Grundlage des Originalprogramms von KenT2 eine deutschsprachige Version erstellt, bei der die Buttons in einer Spalte links außen anstatt in einer Zeile am oberen Fensterrand liegen. Das hat den Vorteil, dass sie sichtbar und benutzbar bleiben, wenn ein Video der Raspberry-Pi-Kamera (Seitenverhältnis 4:3) im Vollbildmodus auf einem HDMI-Monitor mit Seitenverhältnis 16:9 läuft.

Laden Sie das Python-Skript bei *www.softwarehandbuch.de/2014/01/videos-von-der-raspberry-pi-kamera-abspielen* (oder kurz *wp.me/p1mbVt-bn*) herunter und speichern Sie es in diesem Verzeichnis:

```
/home/pi/tboplayer
```

Zusätzlich gibt es auf der gleichen Webseite noch ein Desktopsymbol, um den TBOPlayer ohne Kommandozeile direkt per Mausklick zu starten. Die Datei `tboplayer.desktop` muss in dieses Verzeichnis:

```
/home/pi/Desktop
```

Beide Dateien sind auch im Download zum Buch bei *www.buch.cd* enthalten.

Der TBOPlayer öffnet ein Fenster am linken Bildschirmrand, in dem man eine Wiedergabeliste mit H.264-Videos anlegen kann. Diese werden dann im Vollbildmodus über den OMXPlayer abgespielt.

11.3.2 Audioeinstellungen im TBOPlayer

Über den Menüpunkt *Optionen/Einstellungen* lässt sich unter anderem die Audioausgabe festlegen. Der Raspberry Pi verfügt über zwei Audioausgabekanäle, HDMI und 3,5-mm-Klinkenstecker. PC-Monitore mit DVI-Eingang, an dem sich über einen Adapter ein HDMI-Kabel anschließen lässt, verarbeiten meist nur das Videosignal, nicht aber das Audiosignal. In diesem Fall müssen externe Lautsprecher angeschlossen und die Audioausgabe muss manuell auf analog umgeschaltet werden. Andernfalls würde die Automatik das Audiosignal über den HDMI-Anschluss ausgeben, und über den Monitor wäre in den meisten Fällen nichts zu hören.

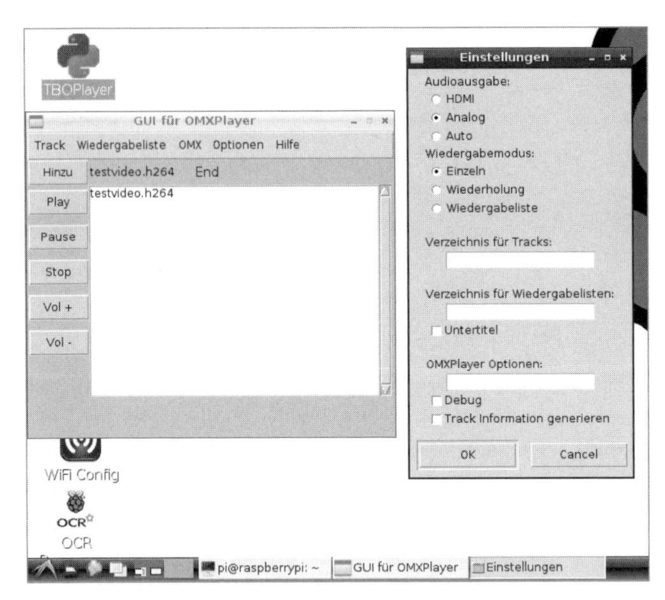

Bild 11.8: Audioeinstellungen im TBOPlayer.

11.4 Kamera mit Selbstauslöser über Python und GPIO-Taste

Die Raspberry-Pi-Kamera kann über eine spezielle Python-Bibliothek direkt aus Python-Programmen heraus deutlich komfortabler als über die Kommandozeile gesteuert werden.

Vor der ersten Verwendung muss diese Bibliothek installiert werden:

```
sudo apt-get update
sudo apt-get install python-picamera
```

Mit einem Python-Programm und der 7-Segment-Anzeige aus dem letzten Projekt werden wir einen Selbstauslöser für die Kamera bauen. Nach Druck auf eine Taste zählt die 7-Segment-Anzeige einen Countdown, an dessen Ende das Bild aufgenommen wird. Während des Countdowns erscheint auf dem Bildschirm das Bild, sodass man das Motiv entsprechend ausrichten kann.

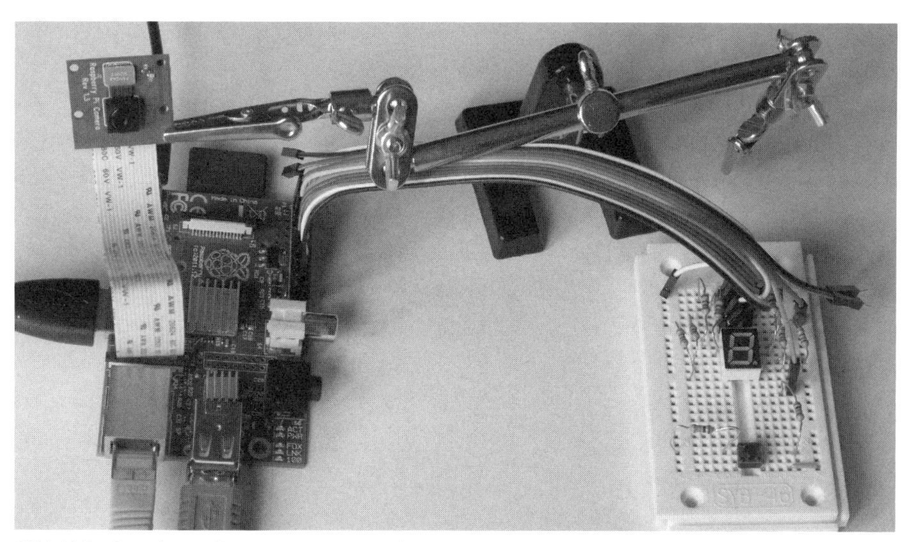

Bild 11.9: Raspberry Pi mit Kamera, Auslösetaste und 7-Segment-Anzeige für den Countdown.

Für das Projekt erweitern Sie die Schaltung mit der 7-Segment-Anzeige um eine Taste mit zugehörigen Pull-up- und Pull-down-Widerständen. Die Taste verwendet den GPIO-Port 14. Am Pull-down-Widerstand wird noch eine Masseleitung angeschlossen, die bisher in der Schaltung nicht benötigt wurde.

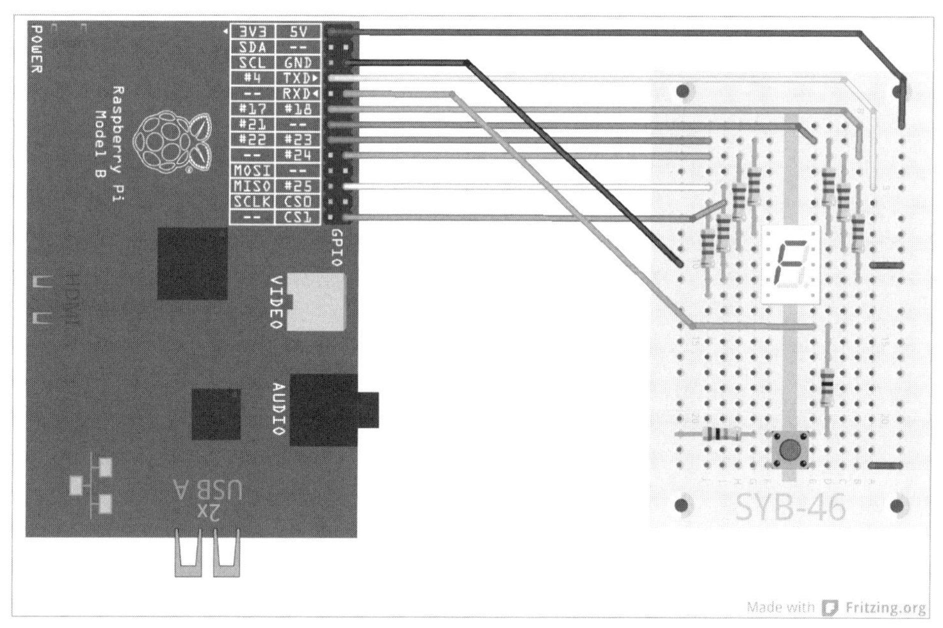

Bild 11.10: Die bereits bekannte Schaltung mit der 7-Segment-Anzeige, um eine Taste erweitert.

`kamera02.py` (Download: *www.buch.cd*) basiert auf dem im vorherigen Projekt erläuterten Programm und enthält zusätzlich Funktionen zur Steuerung der Kamera und zum Auslesen der Taste.

```
# -*- coding: utf-8 -*-
import RPi.GPIO as GPIO
import time
import picamera

kamera = picamera.PiCamera()
GPIO.setmode(GPIO.BCM)

seg={'a':21, 'b':17, 'c':4, 'd':7, 'e':25, 'f':24, 'g':22}
for s in "abcdefg":
  GPIO.setup(seg[s], GPIO.OUT, initial=True)

taste=15
GPIO.setup(taste, GPIO.IN)

zahl=[
  "abcdef",  #0
  "bc",      #1
  "abdeg",   #2
  "abcdg",   #3
  "bcfg",    #4
  "acdfg",   #5
  "acdefg",  #6
  "abc",     #7
  "abcdefg", #8
  "abcdfg",  #9
    ]

print ("Knopf drücken zum Start. Strg+C beendet das Programm")
try:
  while True:
    if GPIO.input(taste)==True:
      kamera.resolution = (800, 600)
      kamera.start_preview()
      for i in range(9,-1,-1):
        for s in zahl[i]:
          GPIO.output(seg[s], False)
        time.sleep(0.5)
        for s in "abcdefg":
          GPIO.output(seg[s], True)
      kamera.stop_preview()
      kamera.capture(time.asctime()+".jpg")
      print ("Knopf drücken zum Start. Strg+C beendet das Programm")

except KeyboardInterrupt:
  GPIO.cleanup()
  kamera.close()
```

11.4.1 So funktioniert es

Da das Programm auf einem bereits bekannten Programmcode basiert, werden hier nur die neuen Elemente erklärt, die zur Steuerung der Kamera benötigt werden.

```
import RPi.GPIO as GPIO
import time
import picamera
```

Das Programm braucht neben der GPIO-Bibliothek zur Steuerung der 7-Segment-Anzeige und des Tasters noch die Bibliothek `time` sowie die Bibliothek `picamera` mit den Kamerafunktionen.

```
kamera = picamera.PiCamera()
```

Die Kamera wird über ein Objekt gesteuert, das aus einer Klasse der Bibliothek generiert wird. Dieses Kamera-Objekt bietet diverse Methoden, über die Python die verschiedenen Kamerafunktionen aufruft.

```
taste=15
GPIO.setup(taste, GPIO.IN)
```

Nachdem die GPIO-Ausgänge für die 7-Segment-Anzeige definiert wurden, wird noch der GPIO-Port 15 als Eingang für den Taster eingerichtet.

```
  while True:
    if GPIO.input(taste)==True:
```

Die Hauptschleife des Programms wartet, bis der Benutzer den Taster drückt und der GPIO-Port damit den Zustand `True` annimmt.

```
      kamera.resolution = (800, 600)
```

Jetzt wird die Fotoauflösung der Kamera auf 800 x 600 Pixel gesetzt. Natürlich können Sie auch jede andere Auflösung wählen.

```
      kamera.start_preview()
```

Ein Vorschaubild der Kamera wird auf dem Bildschirm angezeigt.

```
      for i in range(9,-1,-1):
        for s in zahl[i]:
          GPIO.output(seg[s], False)
```

Die Schleife, die nacheinander die Zahlen auf der 7-Segment-Anzeige aufleuchten lässt, zählt jetzt rückwärts von `9` in Schritten zu `-1`.

```
      kamera.stop_preview()
```

Am Ende des Countdowns wird das Vorschaufenster wieder geschlossen.

```
      kamera.capture(time.asctime()+".jpg")
```

Die Kamera fotografiert ein Bild. Der Bildname setzt sich aus dem aktuellen Zeitstring und der Endung `.jpg` zusammen. Damit wird verhindert, dass ein älteres Bild versehentlich überschrieben wird, da jedes Bild einen eindeutigen Namen erhält.

Die Funktion `time.asctime()` liefert das aktuelle Datum und die Uhrzeit in einem für Menschen lesbaren Format, ähnlich wie Windows Fotos beim Import von einer Digitalkamera benennt.

```
      print ("Knopf drücken zum Start. Strg+C beendet das Programm")
```

Ist das Foto gespeichert, startet die Schleife von Neuem und wartet, dass der Benutzer den Taster drückt, um das nächste Foto aufzunehmen.

```
except KeyboardInterrupt:
  GPIO.cleanup()
  kamera.close()
```

Drückt der Benutzer die Tastenkombination [Strg]+[C], werden die GPIO-Ports geschlossen und auch die Kamera. Dies ist unbedingt nötig, da die Kamera sonst nach Programmende nicht von anderen Anwendungen genutzt werden kann.

Wenn es nicht funktioniert ...

Auf manchen Raspberry-Pi-Platinen kann es zu Konflikten der verwendeten GPIO-Ports kommen, wenn die Kamera angeschlossen ist. Nutzen Sie bei Fehlermeldungen den GPIO-Port 18 statt 21 für die LED A und den GPIO-Port 14 statt 15 für den Taster.

Der Raspberry Pi als persönlicher Server

Zusammen mit einer externen USB-Festplatte kann der Raspberry Pi als geräuschloser und sehr stromsparender Server laufen. Im Alltagsbetrieb braucht man dafür nicht einmal Monitor und Tastatur anzuschließen. Die Bedienung des Servers kann von jedem anderen PC im Netz oder von einem Tablet per WLAN erfolgen.

12.1 Externe Festplatte am Raspberry Pi verwenden

Die Kapazität der Speicherkarte ist begrenzt. Sinnvoller ist es daher, eine externe USB-Festplatte an den Raspberry Pi anzuschließen und diese für Serverdaten zu nutzen.

Festplatte anschließen

Der Raspberry Pi hat nur zwei USB-Anschlüsse, die häufig von Tastatur und Maus belegt sind. Wenn Sie eine Tastatur mit eigenem USB-Port für die Maus verwenden, haben Sie noch einen Anschluss für die Festplatte frei. Andernfalls benötigen Sie einen USB-Hub. Nutzen Sie den Raspberry Pi als reines NAS-Laufwerk, benötigen Sie weder Tastatur noch Maus, sodass der Anschluss der Festplatte kein Problem darstellt. Die Stromversorgung des Raspberry Pi reicht für die Versorgung einer Festplatte nicht aus. Nutzen Sie daher entweder USB-Festplatten mit eigenem Netzteil oder schließen Sie einen USB-Hub mit Stromversorgung dazwischen.

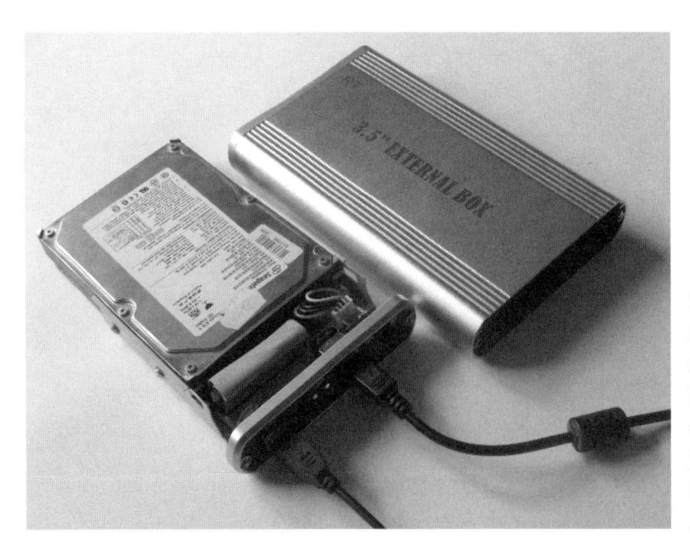

Bild 12.1: Interne Festplatten aus ausgedienten Computern können über spezielle Gehäuse mit eigener Stromversorgung am USB-Port des Raspberry Pi angeschlossen werden.

Das Raspbian-Betriebssystem erkennt eine angeschlossene USB-Festplatte automatisch und meldet sie direkt unter `/media` im Dateisystem an. Sie kann dann lokal auf dem Linux-Desktop sofort genutzt werden.

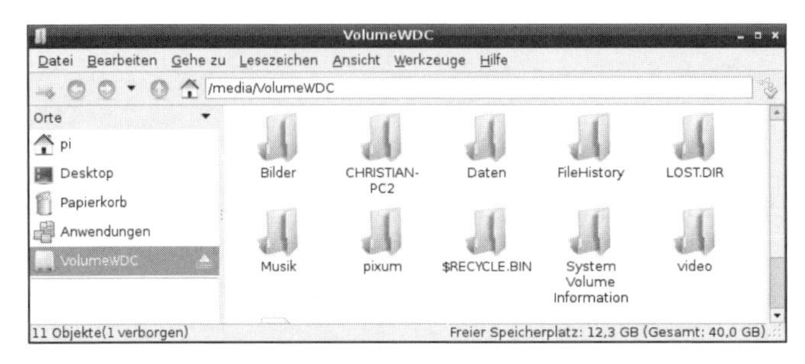

Bild 12.2: Der Mountpunkt einer externen Festplatte ist im Dateimanager auf dem Raspberry Pi zu erkennen.

12.1.1 Komfortable Festplatteneinrichtung mit GParted

Möchten Sie eine Festplatte aus einem ausgedienten Computer an den Raspberry Pi anschließen, geht der klassische Linux-Weg über das Kommandozeilenprogramm `fdisk`, um die alten Partitionen zu beseitigen und die Festplatte mit dem Linux-ext3-Dateisystem neu zu formatieren. Es geht aber auch wesentlich komfortabler.

GParted ist ein Partitionsmanager mit grafischer Oberfläche für Linux. Damit lassen sich auf dem Raspberry Pi Festplatten komfortabel verwalten.

Installieren Sie GParted und zusätzliche Tools für die Erkennung von Windows-formatierten Festplatten:

```
sudo apt-get update
sudo apt-get install gparted dosfstools mtools
```

GParted trägt sich nach der Installation automatisch im Startmenü unter *Einstellungen* ein.

1. Schließen Sie die Festplatte an und warten Sie, bis die Meldung erscheint, dass sie erkannt wurde.

Bild 12.3: Auch externe Festplatten werden von Raspbian als Wechseldatenträger erkannt.

2. Viele Festplatten aus ausgedienten Computern haben mehrere Partitionen. Jede davon wird einzeln gemountet. Bestätigen Sie alle diese Meldungen. In den Dateimanagerfenstern sehen Sie noch einmal die Daten auf der Festplatte. Dies ist die letzte Gelegenheit, eventuell wichtige Daten zu retten, danach werden sie durch die Neupartitionierung unwiderruflich gelöscht.

3. Schließen Sie jetzt alle offenen Dateimanagerfenster und starten Sie GParted über das Startmenü. Aus Sicherheitsgründen müssen Sie hier noch einmal das Passwort `raspberry` eingeben.

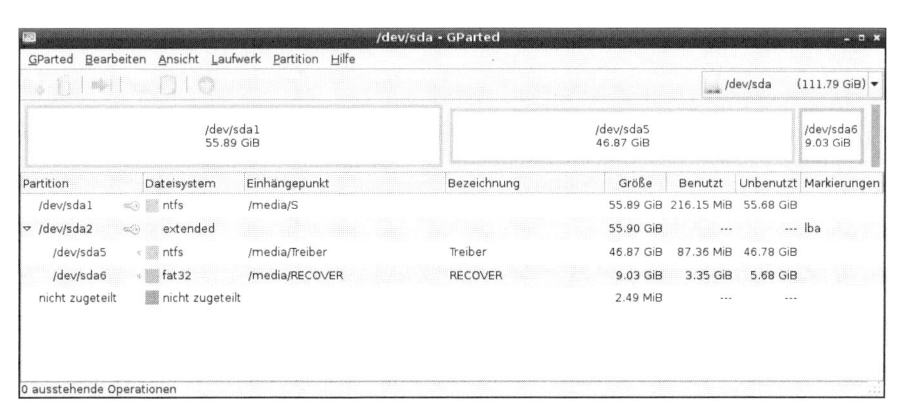

Bild 12.4: GParted zeigt alle Partitionen auf einem Laufwerk übersichtlich an.

4. Schalten Sie oben rechts von der Anzeige der Speicherkarte, meist als `/dev/mmcblk0` bezeichnet, auf die Festplatte, meist als `/dev/sda1` bezeichnet, um. Jetzt sehen Sie alle auf der Festplatte vorhandenen Partitionen.

Physikalische und logische Partitionen
Da die Anzahl der Partitionen auf einer Festplatte auf vier begrenzt ist, haben die meisten vorinstallierten Festplatten eine physikalische Partition und dahinter eine erweiterte Partition, die mehr als vier logische Partitionen enthalten kann. Für den Dateisystemzugriff auf die Laufwerke macht es keinen Unterschied, ob es sich um eine physikalische oder eine logische Partition handelt.

5. Um die Festplatte komplett zu löschen, markieren Sie nacheinander alle Partitionen, bei denen ein Einhängepunkt (*mountpoint*) angegeben ist, und wählen bei jeder einzeln im Menü *Partition/Aushängen*. Nach der letzten Partition verschwindet die Spalte *Einhängepunkt*. Die erweiterte Partition ist selbst nicht eingehängt, nur die darin enthaltenen logischen Partitionen.

6. Markieren Sie jetzt wieder nacheinander alle Partitionen und klicken Sie bei jeder auf das *Löschen*-Symbol in der Symbolleiste. Die erweiterte Partition kann erst zum Löschen markiert werden, nachdem alle darin enthaltenen logischen Partitionen gelöscht wurden.

Bild 12.5: Nachdem alle Partitionen zum Löschen markiert sind, wird der komplette Festplattenplatz als nicht zugeteilt angezeigt.

7. Die Löschvorgänge werden zunächst geplant, aber noch nicht wirklich ausgeführt. Sie haben jetzt eine letzte Gelegenheit, alles wieder zurückzunehmen.

8. Nachdem Sie genau geprüft haben, dass Sie die richtige Festplatte löschen und nicht versehentlich die Speicherkarte oder ein anderes Laufwerk mit wichtigen Daten, klicken Sie auf den grünen Pfeil in der Symbolleiste.

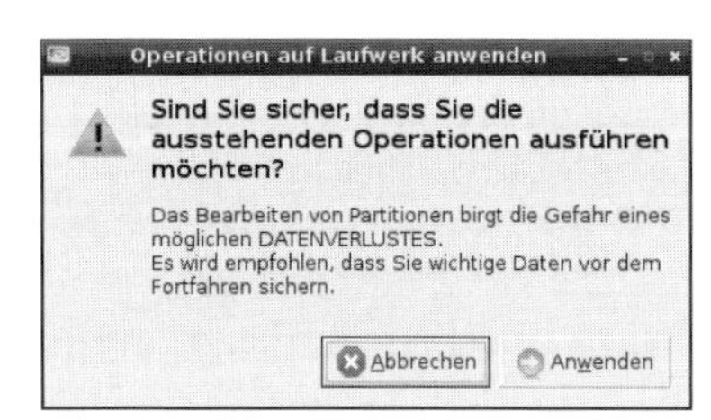

Bild 12.6: Die letzte Warnung vor dem endgültigen Löschen der Festplatte.

9. Nach dem Löschen der Partitionen, was nur wenige Sekunden dauert, wird noch ein Statusbericht angezeigt. Die Festplatte ist jetzt komplett leer.

10. Klicken Sie auf den grauen, nicht zugeteilten Bereich und dann ganz links auf das Symbol *Eine neue Partition erstellen.*

11. Im nächsten Fenster legen Sie die Größe der neuen Partition fest. Als Vorgabe ist die gesamte Festplatte ausgewählt. Anhand deren Größe wird ein Dateisystem vorgeschlagen, das Sie in den meisten Fällen so bestätigen können.

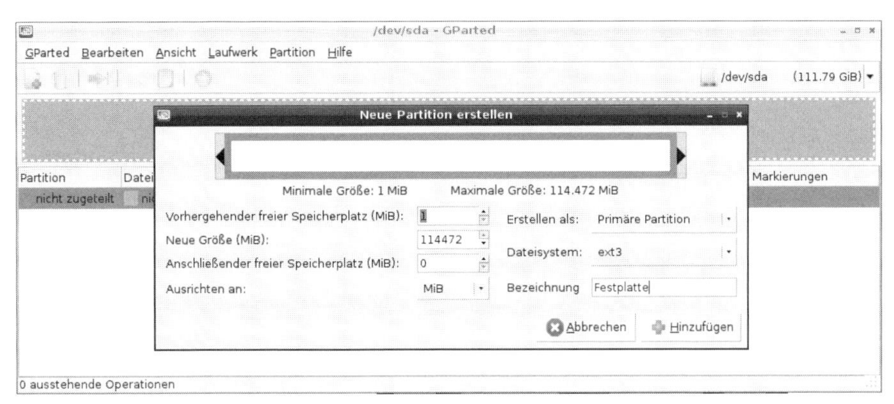

Bild 12.7: Geben Sie im Feld *Bezeichnung* noch einen Namen an, unter dem Sie Ihre Festplatte später finden.

Die Linux-Dateisysteme
Linux bietet zwar Unterstützung für die Windows-Dateisysteme, kann aber seine vollen Funktionen, unter anderem die Benutzerrechte, nur auf den eigenen Dateisystemen `ext3` und `ext4` nutzen. Diese beiden Varianten unterscheiden sich im Wesentlichen in der Maximalgröße unterstützter Festplatten. Ein `ext3`-Dateisystem kann maximal 32 TB groß sein, ein `ext4`-Dateisystem kann bis zu 1 EB (Exabyte = 1.000.000 TB) groß sein. An diese Größe werden Sie mit handelsüblichen Festplatten noch lange nicht herankommen. Allerdings geht bei `ext4` durch die größere Blockgröße mehr Speicherplatz für die Dateisystemverwaltung verloren, was sich bei kleineren Festplatten als Nachteil gegenüber `ext3` auswirkt. Dem älteren `ext2`-Dateisystem fehlen die Journaling-Funktionen. Daher können Metadaten bei einem Computerabsturz oder auch bei zu schnellem Abstecken eines USB-Laufwerks beschädigt werden, weshalb häufige Integritätsprüfungen notwendig sind.

12. In den meisten Fällen ist also `ext3` das am besten geeignete Dateisystem, um eine Festplatte für den Raspberry Pi zu formatieren. Klicken Sie im Dialogfeld *Neue Partition erstellen* auf *Hinzufügen*, um die Partition anzulegen. Auch das Anlegen einer Partition wird erst mit einem Klick auf den grünen Pfeil endgültig ausgeführt.

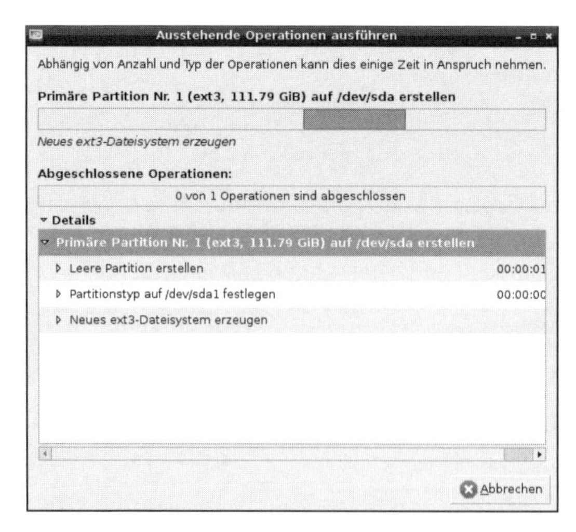

Bild 12.8: Eine Partition anzulegen, dauert deutlich länger, als sie zu löschen.

⑬ Nachdem das Dateisystem angelegt ist, wird es in der Liste angezeigt. Ein paar MB sind für das Dateisystem selbst bereits belegt, ohne dass sich Dateien darauf befinden.

⑭ Starten Sie jetzt den Raspberry Pi neu. Dies ist die einfachste Möglichkeit, die Festplatte automatisch einzuhängen (zu *mounten*). Außerdem sehen Sie dann gleich, ob das Mounten bei zukünftigen Neustarts funktioniert.

⑮ Öffnen Sie den Dateimanager. Im linken Seitenfenster wird die Festplatte unter dem Namen, den Sie als Bezeichnung in GParted vergeben haben, angezeigt. Sie enthält ein standardmäßig angelegtes Verzeichnis `lost+found`. Hier werden Dateien abgelegt, die bei einem Programmabsturz oder Hardwarefehler entstehen und keinem anderen Verzeichnis mehr zugeordnet werden können.

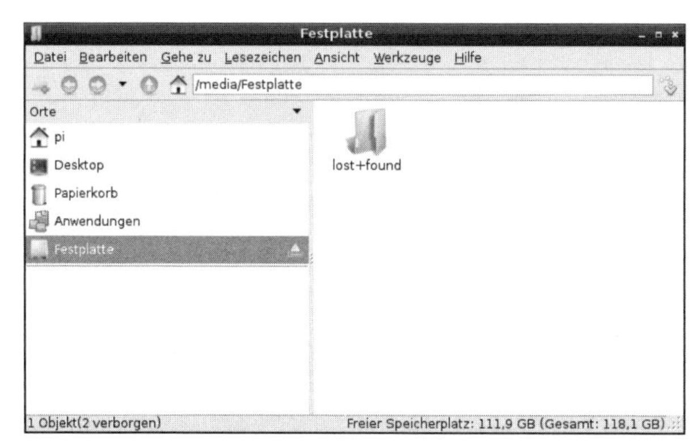

Bild 12.9: In unserem Beispiel hat die Festplatte den Namen *Festplatte*.

⑯ Wenn Sie jetzt versuchen, Dateien auf die Festplatte zu kopieren oder dort Verzeichnisse anlegen, wird dies wegen fehlender Berechtigungen nicht erlaubt. Der Grund ist einfach: GParted arbeitet mit Root-Berechtigung, um seine Systemaufgaben erfüllen zu können. Daher ist der Benutzer `root` auch Besitzer der Verzeichnisstruktur unterhalb von `/media/Festplatte` und hat als einziger Schreibrechte.

⑰ Da Sie im Alltag nicht immer als `root` arbeiten wollen, sondern als normaler Benutzer `pi` Zugriff auf die Festplatte brauchen, ist es am einfachsten, man überträgt den Besitz. `root` »verschenkt« die Festplatte an `pi`. Das funktioniert direkt im Dateimanager, ohne dass Linux-Konsolenbefehle gebraucht werden. Markieren Sie im linken Seitenfenster des Dateimanagers die Festplatte und wählen Sie dann im Menü *Werkzeuge/Aktuellen Ordner als root öffnen.*

⑱ Es öffnet sich ein neues Dateimanagerfenster, da das Dateisystem aus der Sicht des Benutzers `root` zeigt. Hier sehen Sie unter anderem auch die beiden Partitionen der Speicherkarte. Markieren Sie im linken Seitenfenster wieder die *Festplatte* und klicken Sie mit der rechten Maustaste in das rechte große Fenster. Wählen Sie dort im Kontextmenü *Eigenschaften.*

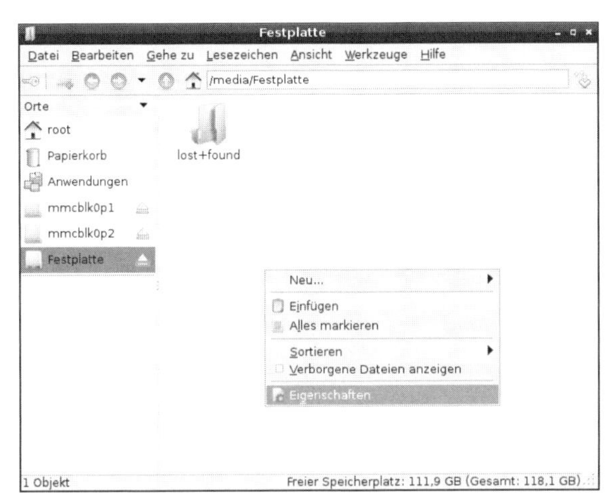

Bild 12.10: Das Dateisystem aus der Sicht von `root`.

⑲ Es öffnet sich ein Fenster mit allgemeinen Informationen über die Festplatte. Gehen Sie hier auf die Registerkarte *Berechtigungen.* Dort sehen Sie den aktuellen Besitzer `root`. Ändern Sie die Felder *Besitzer* und *Gruppe* auf `pi`.

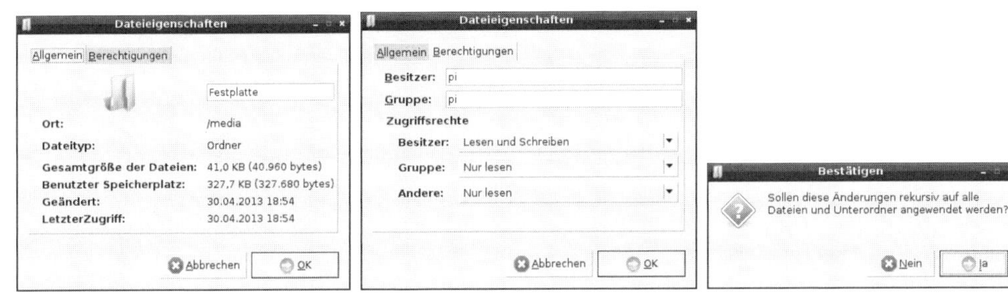

Bild 12.11: Wird `pi` zum Besitzer, darf er auf die Festplatte schreiben.

20 Bestätigen Sie auch die nächste Abfrage, damit die Änderung des Besitzers rekursiv auf alle Unterverzeichnisse angewendet wird. Diese Änderung läuft im Hintergrund und kann je nach Größe der Festplatte einige Sekunden dauern. Danach haben Sie als Benutzer `pi` vollen Zugriff auf die Festplatte.

12.2 Fotogalerie mit PhotoShow und Webserver

Mit einem einfachen Webserver auf dem Raspberry Pi lassen sich interaktive Fotogalerien erstellen, die im lokalen Netzwerk und mit ein paar Tricks auch im Internet nutzbar sind.

Der Webserver *Lighttpd* ist eine schlanke Alternative zum mächtigen Apache-Webserver, der für größere Projekte verwendet wird.

Legen Sie als Erstes ein Basisverzeichnis für den Webserver an, in dem sich später die Dateien der eigenen Website befinden. Fast alle Webserver verwenden hierfür das Verzeichnis `/var/www`. Möglicherweise ist dies von einer früheren Softwareinstallation auf Ihrem Raspberry Pi bereits vorhanden, sonst legen Sie es neu an:

```
sudo mkdir /var/www
```

Als Nächstes brauchen die meisten Webserver einen speziellen Benutzer `www-data`, der in einer gleichnamigen Benutzergruppe enthalten ist. Legen Sie zunächst die Gruppe an:

```
sudo addgroup www-data
```

Dann legen Sie den Benutzer `www-data` an, der von Anfang an Mitglied dieser Gruppe sein soll:

```
sudo adduser --ingroup www-data www-data
```

In einigen Fällen sind die Gruppe und der Benutzer bereits vorhanden. Die Befehle zeigen in dem Fall eine entsprechende Meldung an. Als Nächstes machen Sie den neuen Benutzer zum Eigentümer des Verzeichnisses `/var/www`:

```
sudo chown -R www-data:www-data /var/www
```

Jetzt geht es an die eigentliche Installation des Webservers und der dazu passenden PHP-Erweiterung:

```
sudo apt-get update
sudo apt-get install lighttpd php5-cgi
```

Ein Update der Paketlisten sollte man vor einer Installation immer durchführen, wenn man länger nichts installiert hat. Die Installation kann einige Minuten dauern. Am Ende wird der Webserver `lighttpd` automatisch gestartet. Sollte dies nicht funktionieren, weil bereits ein anderer Webserver auf dem Raspberry Pi läuft, wird eine Fehlermeldung ausgegeben. Eventuell auftauchende Warnungen können Sie ignorieren.

Bei der Installation wird automatisch ein Startskript angelegt, das den Webserver beim Start des Raspberry Pi jedes Mal mit startet.

Um die grundlegende Funktion des Webservers zu testen, öffnen Sie den Midori-Browser und geben dort die URL `http://localhost` ein.

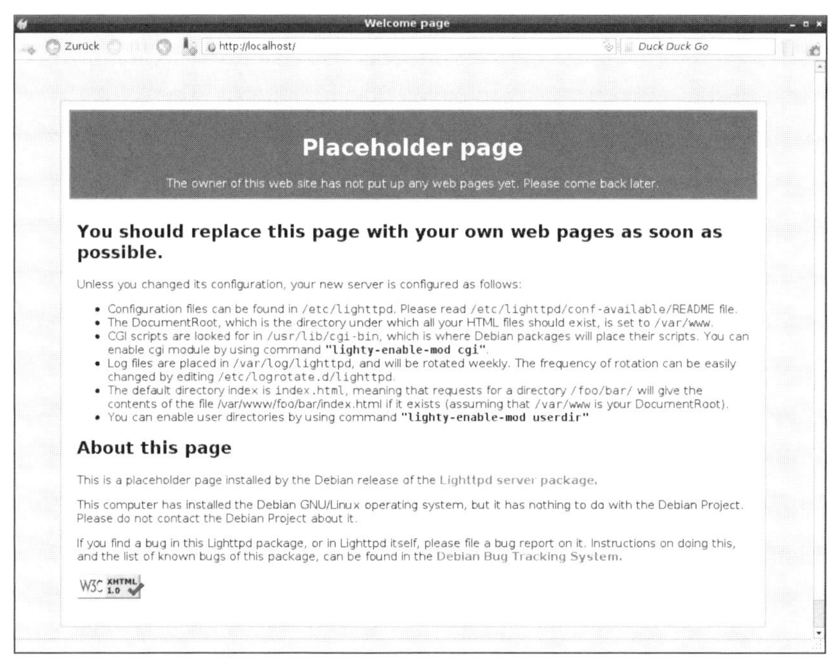

Bild 12.12: Die Startseite des Webservers zeigt ein paar Konfigurationstipps.

Webserver im LAN testen
Der Webserver steht sogleich auch im lokalen Netzwerk zur Verfügung. Geben Sie auf einem anderen PC die IP-Adresse des Raspberry Pi im Browser ein, z. B. `http://192.168.0.20`, erscheint die gleiche Seite. Die IP-Adresse finden Sie auf dem Raspberry Pi mit dem Befehl `ip addr` heraus.

Um PHP-Seiten wie z. B. eine Fotogalerie auf dem Webserver zu nutzen, muss das `fastcgi`-Modul noch aktiviert werden.

```
sudo lighty-enable-mod fastcgi
sudo lighty-enable-mod fastcgi-php
```

Laden Sie danach, wie im LXTerminal-Fenster angegeben, die veränderte Webserverkonfiguration neu:

```
sudo /etc/init.d/lighttpd force-reload
```

In Zukunft startet der Webserver bei jedem Start des Raspberry Pi automatisch. Sie brauchen sich um nichts weiter zu kümmern.

12.2.1 PhotoShow installieren

Die Software *PhotoShow* (*www.photoshow-gallery.com*) ermöglicht interaktive Fotoshows auf einem Webserver und benötigt dabei so wenig Leistung, dass ein Raspberry Pi als Webserver völlig ausreicht. Ein weiterer Vorteil gegenüber anderen, langsameren Lösungen ist, dass PhotoShow lediglich PHP, aber keine Datenbank dazu benötigt. Die Fotos können entweder interaktiv im Browser hochgeladen oder einfach in die entsprechenden Verzeichnisse kopiert werden. Laden Sie sich mit dem Midori-Browser von der Seite *github.com/thibaud-rohmer/PhotoShow* die Software herunter. Nehmen Sie das ZIP-Archiv, dann brauchen Sie nicht alle Dateien einzeln herunterzuladen.

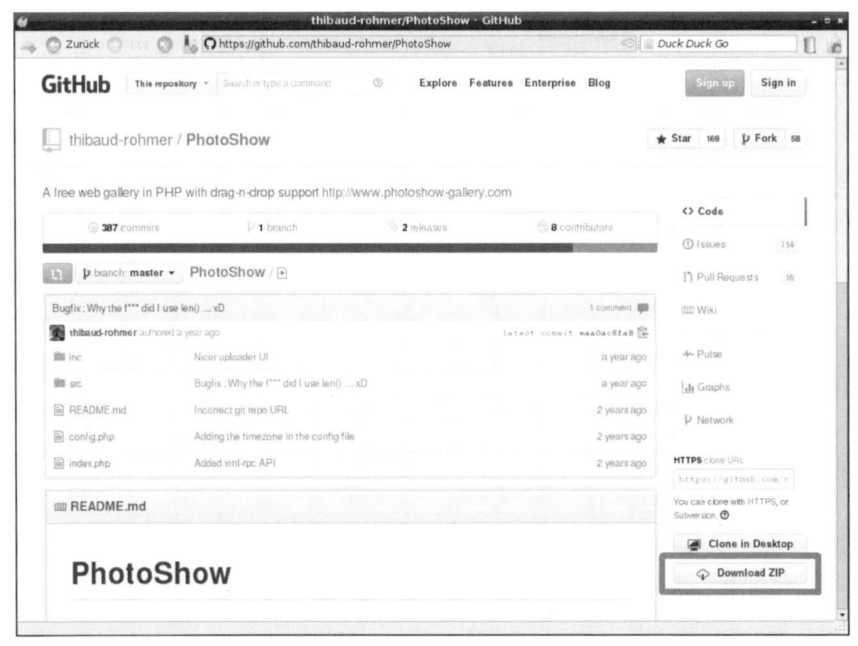

Bild 12.13: Der ZIP-Button lädt die aktuelle Softwareversion als ZIP-Archiv herunter.

Entpacken Sie das ZIP-Archiv per Doppelklick im Dateimanager. Verschieben Sie anschließend das neu angelegte Verzeichnis einschließlich aller Unterverzeichnisse in das Verzeichnis des Webservers.

```
sudo mv ./PhotoShow-master /var/www/photoshow
```

Legen Sie mit dem Dateimanager im Home-Verzeichnis `/home/pi` zwei neue Unterverzeichnisse `photos` und `generated` an. Diese müssen außer für den Benutzer `pi` auch für den Benutzer `www-data` lesbar und schreibbar sein. Klicken Sie dazu mit der rechten Maustaste auf eines der Verzeichnisse, wählen Sie im Kontextmenü *Eigenschaften* und schalten Sie auf der Registerkarte *Berechtigungen* die Zugriffsrechte für *Gruppe* und *Andere* auf *Lesen und Schreiben*. Bestätigen Sie die Änderungen mit *OK* und wiederholen Sie das auch für das andere neu angelegte Verzeichnis.

Bild 12.14: Die Verzeichnisse `photos` und `generated` müssen auch für andere Benutzer beschreibbar gemacht werden.

Tragen Sie diese beiden Verzeichnisse in die Konfiguration von PhotoShow ein. Öffnen Sie dazu die Konfigurationsdatei `/var/www/photoshow/config.php` mit dem Leafpad-Editor und ändern Sie dort die vorgegebenen Zeilen für `photos_dir` und `ps_generated`:

```
// Folder where your pictures are stored.
// Must be at least readable by web server process
$config->photos_dir   = "/home/pi/photos";

// Folder where PhotoShow parameters and thumbnails are stored.
// Must be writable by web server process
$config->ps_generated   = "/home/pi/generated";
```

Weisen Sie jetzt das `photoshow`-Verzeichnis einschließlich aller Dateien und Unterverzeichnisse dem Benutzer `www-data` als Eigentümer zu, damit der Webserver vollen Zugriff darauf hat.

```
sudo chown -R www-data:www-data /var/www/photoshow
```

Jetzt können Sie die PhotoShow direkt im Browser aufrufen. Geben Sie dazu im Midori-Browser auf dem Raspberry Pi Folgendes ein:

```
http://localhost/photoshow
```

Da es sich um eine Webanwendung handelt, können Sie auch jeden anderen Computer im Netz verwenden, indem Sie dort die IP-Adresse des Raspberry Pi im Browser eingeben, z. B.:

```
http://192.168.0.20/photoshow
```

Auf dem Raspberry Pi verhält sich PhotoShow scheinbar etwas träge, was an der geringen Leistungsfähigkeit der grafischen Oberfläche liegt und nicht an der Leistungsfähigkeit des Webservers. Auf einem anderen PC im Netz lässt sich PhotoShow im Browser sehr flüssig bedienen, wenn es auf dem Raspberry Pi als Server läuft. Beim ersten Start erscheint ein Formular, in dem Sie das Hauptbenutzerkonto anlegen müssen. PhotoShow verwendet eine eigene, von Linux unabhängige Benutzerverwaltung. Hier können Sie später verschiedene Benutzer anlegen und ihnen Rechte zum Hochladen von Bildern geben. Besucher der Fotogalerie können sich auch selbst Benutzerkonten einrichten.

Bild 12.15: Das neu eingerichtete Passwort muss zur Sicherheit nochmals bestätigt werden.

Nach der Anmeldung können Sie direkt damit beginnen, Alben anzulegen und Fotos hochzuladen. Nehmen Sie sich jedoch vorher die Zeit und klicken Sie einmal oben rechts auf *ADMIN*. Hier finden Sie diverse Konfigurationsmöglichkeiten sowie die Benutzerverwaltung. Schalten Sie in den globalen Einstellungen die Oberfläche auf Deutsch um.

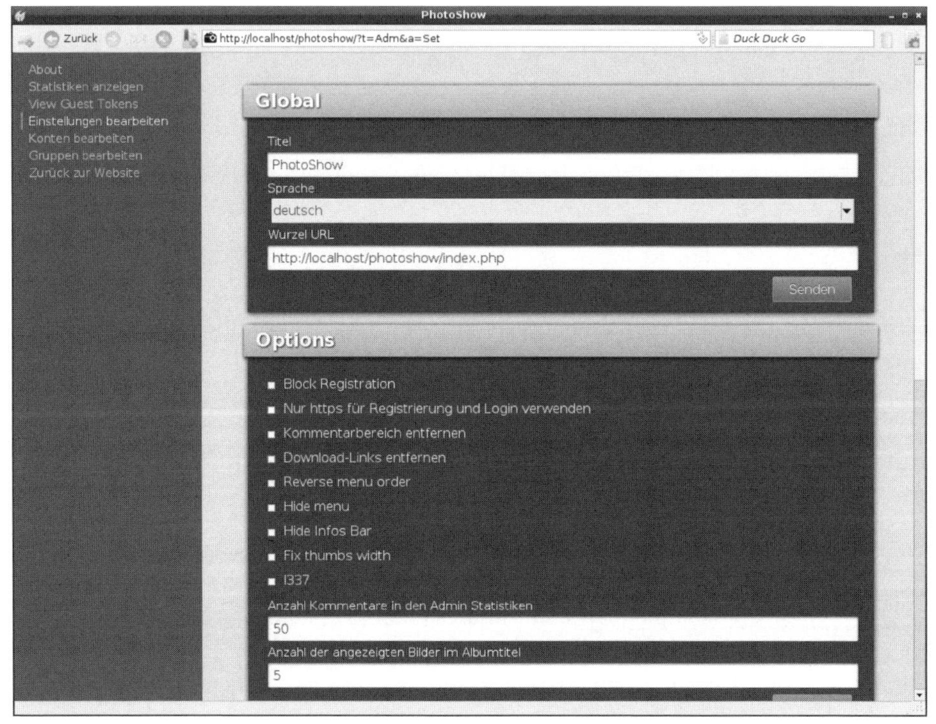

Bild 12.16: Hier stellen Sie die Sprache auf Deutsch. In der englischen Oberfläche heißt der Menüpunkt *Edit Settings*.

12.2.2 Fotos hochladen und betrachten

Links im Menü kommen Sie zurück zur Website. Als angemeldeter Benutzer haben Sie jetzt die Möglichkeit, Ordner und Unterordner für Fotos anzulegen sowie Bilder hochzuladen. Um Bilder in die Galerie hochzuladen, wechseln Sie in das gewünschte Album und klicken dort auf *Bilder uploaden*. Alternativ können Sie auch Bilder aus dem Dateimanager bzw. Windows-Explorer auf dem PC direkt per Drag-and-drop auf das Feld *Bilder uploaden* ziehen.

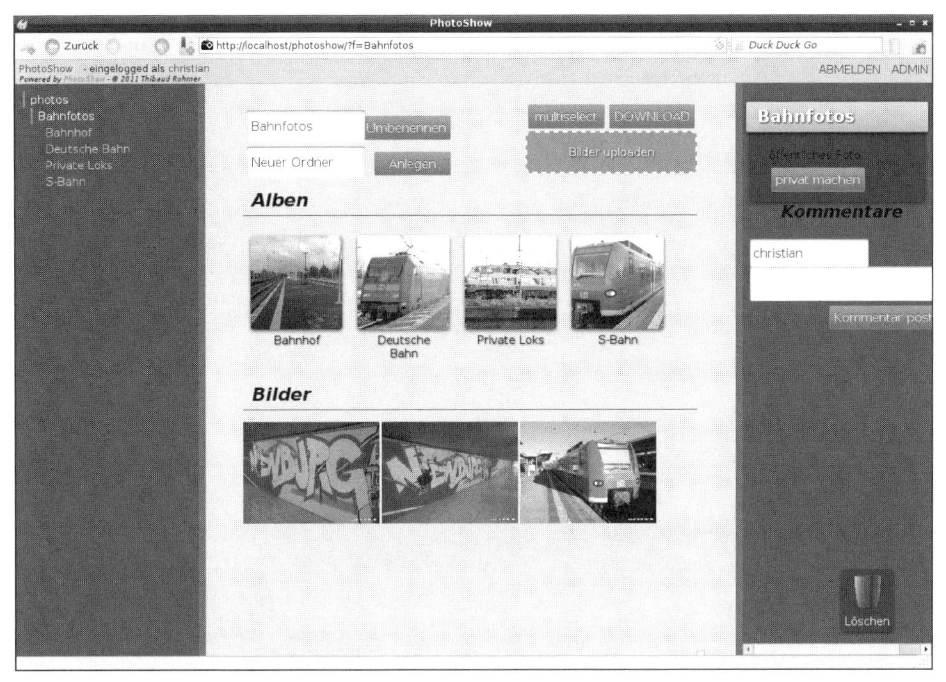

Bild 12.17: Angemeldete Benutzer finden in jedem Album oben Felder zum Anlegen neuer Alben und zum Hochladen von Fotos.

Oben rechts können Sie bei jedem Album festlegen, ob es privat oder öffentlich sein soll. Öffentliche Alben können auch ohne Benutzeranmeldung betrachtet werden. Bilder hochladen dürfen nur angemeldete Benutzer, die dazu autorisiert sind.

Die Betrachtungsfunktionen stehen in öffentlichen Alben auch nicht angemeldeten Benutzern zur Verfügung. Bei jedem Album wird automatisch ein Vorschaubild angelegt. Ein Klick auf ein Album bringt eine Übersicht mit Vorschaubildern, die automatisch angeordnet werden. Klickt man auf ein Bild, wechselt PhotoShow in eine größere Ansicht dieses Fotos.

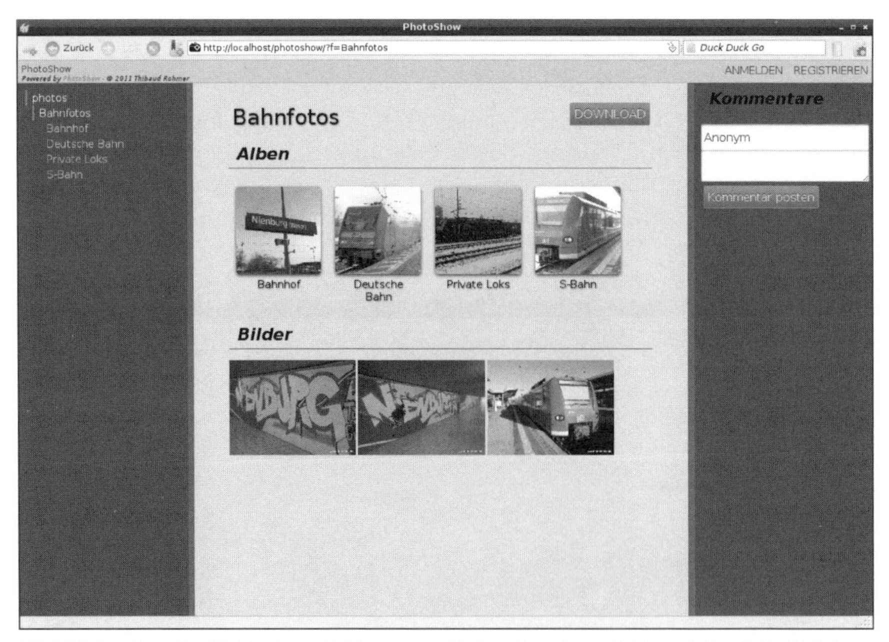

Bild 12.18: Aus der Sicht eines nicht angemeldeten Benutzers fehlen einige Schaltflächen auf der Oberfläche.

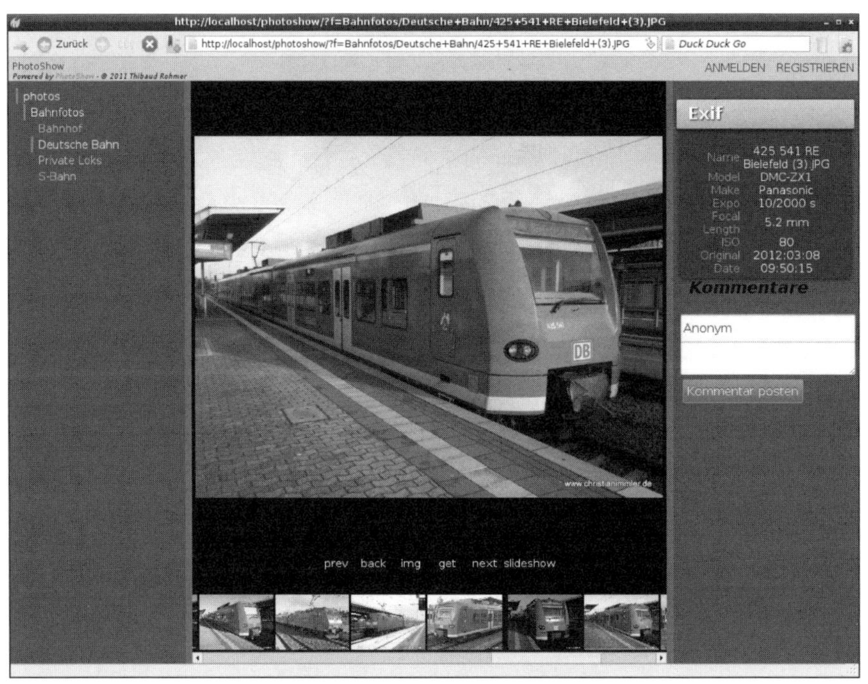

Bild 12.19: In der Großansicht blättert man mit den Schaltflächen unterhalb des Fotos durch das Album.

In der linken Spalte kann man schnell zu einem anderen Album wechseln, die rechte Spalte zeigt EXIF-Daten des Fotos an und bietet die Möglichkeit, Kommentare abzugeben. Auf Wunsch können Sie als Administrator in den Einstellungen den Kommentarbereich entfernen.

Um das Bild größer zu sehen, klicken Sie auf die Trennlinien zwischen Bild und Verzeichnisstruktur bzw. zwischen Bild und Kommentarbereich. Die seitlichen Bereiche werden damit ausgeblendet, sodass mehr Platz für das Bild ist. Auf die gleiche Weise blenden Sie die Spalten wieder ein.

12.2.3 Fotos direkt ins Dateisystem kopieren

Die Bilder in PhotoShow müssen nicht unbedingt einzeln über das Uploadformular hochgeladen werden, sondern können auch direkt in Unterverzeichnisse des `photos`-Verzeichnisses kopiert werden. Auf diese Weise können Sie z. B. vom per SSH verbundenen PC oder von einem am Raspberry Pi angeschlossenen USB-Stick sehr einfach Fotos in die Fotogalerie übertragen. Die Vorschaubilder der Alben werden automatisch angelegt, Sie brauchen nur die Bilder in die gewünschten Albenverzeichnisse zu kopieren.

Theoretisch hört sich das ganz einfach an, wären da nicht die verschiedenen Linux-Benutzer mit ihren Rechten. Selbst ist man auf dem Raspberry Pi und auch per SSH als Benutzer `pi` angemeldet, der Webserver verwendet aber den Benutzer `www-data`, und dieser ist Eigentümer des Verzeichnisses `photos`.

Um Fotos in diesem Verzeichnis ablegen zu können, bringen Sie den Benutzer `pi` zusätzlich in die Gruppe `www-data`:

```
sudo adduser pi www-data
```

Anschließend geben Sie der ganzen Gruppe für das Verzeichnis `./photos`, das dem Benutzer `www-data` gehört, und allen Unterverzeichnissen Schreibrechte:

```
sudo chmod -R 0775 ./photos
```

Jetzt können Sie als Benutzer `pi` Fotos hinzufügen, die automatisch in der Fotogalerie erscheinen. Auch das Anlegen neuer Ordner ist möglich. Da diese neuen Ordner dem Benutzer `pi` gehören, lassen sie sich in der Webansicht der PhotoShow nicht interaktiv bearbeiten, nur betrachten. Um das Problem zu lösen, weisen Sie nach dem manuellen Anlegen neuer Ordner im Dateisystem wieder die gesamte Ordnerstruktur unterhalb von `./photos` dem Benutzer `www-data` und seiner Gruppe als Eigentümer zu:

```
sudo chown -R www-data:www-data ./photos
```

Da die Gruppe Schreibrechte hat und der Benutzer `pi` dieser Gruppe zugeordnet wurde, können Sie weiterhin neue Fotos in diese Ordner kopieren.

12.2.4 Die Benutzerverwaltung von PhotoShow

PhotoShow verwendet nach außen eine eigene Benutzerverwaltung, die unabhängig von den Linux-Benutzern ist. Ein anonymer Besucher der Fotogalerie kann sich oben rechts über den Button *Anmelden* ein eigenes Benutzerkonto anlegen. Das allein gibt ihm noch keinerlei Rechte, außer dass er Kommentare jetzt mit seinem Namen schreibt und nicht mehr anonym.

Als Administrator können Sie diesem neu angemeldeten Benutzer jetzt verschiedene Rechte geben. Dazu sind unter *Gruppen bearbeiten* im *Admin*-Menü drei Benutzergruppen vordefiniert:

- `root` – Benutzer in dieser Gruppe haben Administratorberechtigung und dürfen alles: private Alben betrachten, Alben anlegen, Fotos hochladen, Einstellungen bearbeiten, Benutzer verwalten.
- `uploaders` – Benutzer in dieser Gruppe dürfen Fotos hochladen, aber nichts an den Einstellungen ändern.
- `user` – Benutzer in dieser Gruppe dürfen nur Fotos betrachten.

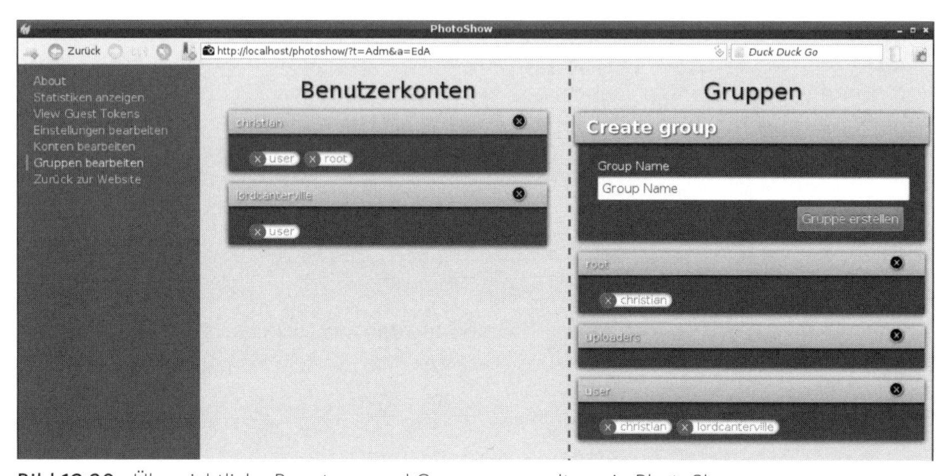

Bild 12.20: Übersichtliche Benutzer- und Gruppenverwaltung in PhotoShow.

Hier können Sie Benutzer einfach per Drag-and-drop in eine Gruppe ziehen und mit einem Klick auf das *x* links neben dem Benutzernamen auch wieder aus einer Gruppe herausnehmen. Das *x* oben rechts in den grünen Balken löscht einen Benutzer ohne weitere Nachfrage.

Vorsicht!
Löschen Sie nie eine der drei vordefinierten Gruppen und auch nie den letzten Benutzer der Gruppe `root`. Damit würden Sie die Funktionalität von PhotoShow unwiderruflich beschädigen bzw. sich selbst die Administratorrechte wegnehmen.

Neben öffentlichen Alben können Sie auch bestimmte Alben als privat markieren und so nur bestimmten Nutzern sichtbar machen. Dazu müssen Sie als ein Benutzer mit Root-Rechten angemeldet sein. Klicken Sie dann im Album rechts oben auf *privat machen*.

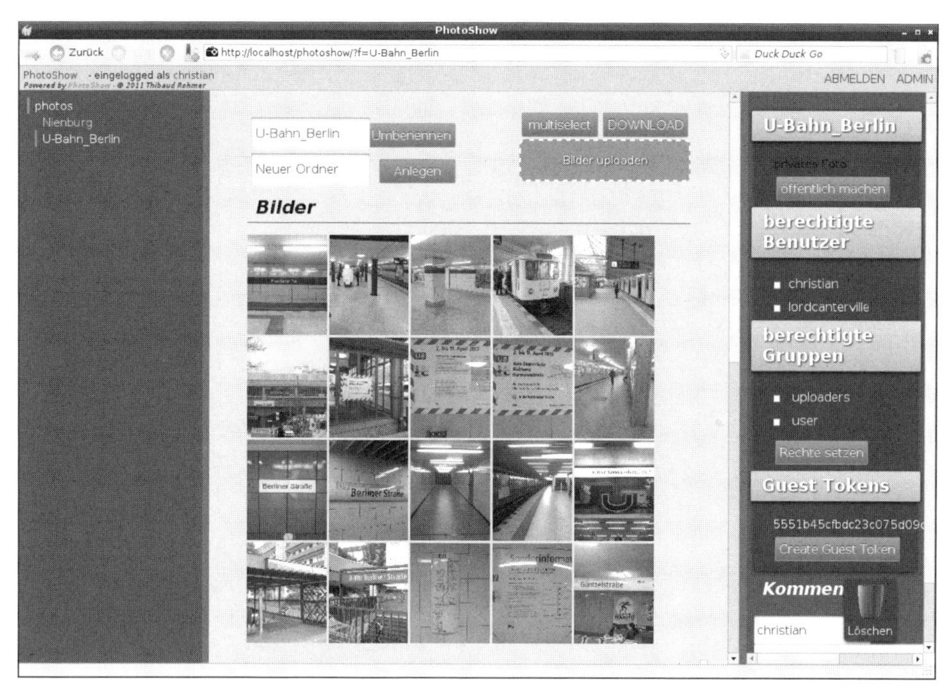

Bild 12.21: In privaten Alben erscheint rechts eine neue Leiste.

Für private Alben können Sie als Administrator berechtigte Benutzer oder Gruppen festlegen, die dieses Album sehen dürfen. Zu diesem Zweck können Sie in der Gruppenverwaltung auch neue Gruppen einrichten, die zwar keine speziellen Rechte haben, aber es einfacher machen, bestimmte Alben mehreren Benutzern auf einmal zur Verfügung zu stellen.

Möchten Sie ein privates Album bestimmten Personen zeigen, ohne dass diese ein Benutzerkonto einrichten müssen, erstellen Sie ein *Guest Token*. Dies ist ein spezieller Link mit einem langen Zahlenschlüssel, der per E-Mail verschickt werden kann. Jeder, der diesen Link kennt, kann das private Album ansehen. Alle gültigen Guest Tokens sind im Administratorbereich unter *View Guest Tokens* aufgelistet. Hier können Sie auch jederzeit einzelne löschen und damit ungültig machen.

Keine Guest Tokens im lokalen Netzwerk

Solange PhotoShow nur im lokalen Netzwerk läuft, können diese Guest Tokens nicht verwendet werden, da die Links immer auf `localhost` verweisen und daher nur auf dem Server selbst gültig sind, nicht auf anderen Computern im Netzwerk. Läuft PhotoShow auf einem Webserver im Internet, wird ein Link mit der echten Domain generiert.

12.3 Webserver im Internet zur Verfügung stellen

Der Webserver auf dem Raspberry Pi ist, zumindest theoretisch, auch über das Internet von außen erreichbar. Da Sie zu Hause üblicherweise keine Domains laufen haben, muss ein Besucher von außerhalb die öffentliche IP-Adresse Ihres DSL-Anschlusses wissen und im Browser eingeben. Leider vergeben die meisten Internetprovider einmal am Tag neue IP-Adressen, die man dann immer wieder allen Freunden mitteilen müsste, damit sie weiterhin auf den Webserver zugreifen können.

Bild 12.22: Auf der Webseite MeineIPAdresse.de finden Sie schnell Ihre eigene öffentliche IP-Adresse.

Sogenannte dynamische DNS-Dienste (DDNS) ersparen das manuelle Herausfinden und Weitergeben der eigenen IP-Adresse. Hier bekommt man einen virtuellen Servernamen. Dieser wird automatisch, üblicherweise vom Router, regelmäßig auf die derzeitige eigene IP-Adresse aktualisiert. So kann man, wie bei einem echten Domainnamen im Internet, immer den gleichen Namen verwenden, um einen Server trotz wechselnder IP-Adresse von außen zu erreichen.

Der bekannteste derartige Dienst DynDNS hat seine kostenlosen Angebote leider eingestellt. Kostenlose Benutzerkonten von früher laufen aber weiter beim Nachfolgedienst `dyn.com`. Wenn Sie hier noch ein Konto haben, ist die Wahrscheinlichkeit hoch, dass Ihr Router automatisch darüber seine IP-Adresse abgleichen kann. Haben Sie kein DynDNS-Benutzerkonto, finden Sie ähnliche Angebote bei *www.no-ip.com*, *www.selfhost.de*, *www.dnsexit.com* oder *freedns.afraid.org*.

Suchen Sie in Ihrem Routerkonfigurationsportal nach einer Einstellung *Dynamisches DNS* und dort nach unterstützten Anbietern, um den passenden Dienst auszuwählen. FRITZ!Box-Router haben bereits einen solchen Dienst, *www.myfritz.net*, eingebaut.

Registrieren Sie bei einem der DDNS-Anbieter ein kostenloses Benutzerkonto und legen Sie dabei einen virtuellen Host an, eine eindeutige Bezeichnung Ihres Servers unter einer der vom Anbieter vorgegebenen Domains. Tragen Sie diesen Hostnamen sowie den Benutzernamen und das Passwort für die Aktualisierung der IP-Adresse beim DynDNS-Dienst in Ihrer Routerkonfiguration ein.

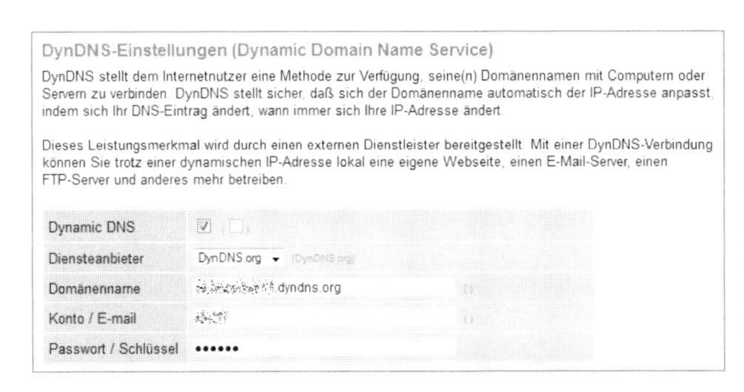

Bild 12.23: Viele Router, wie z. B. die weitverbreitete DSL EasyBox von Vodafone, unterstützen nur den ehemals bekannten kostenlosen DDNS-Anbieter DynDNS.

Sollte Ihr Router keinen der zurzeit kostenlosen DDNS-Anbieter unterstützen, richten Sie ein Benutzerkonto bei *no-ip.com* ein. Dieser Anbieter liefert eine Software, mit der der Raspberry Pi als Webserver selbst die IP-Adresse aktualisieren kann.

12.3.1 Portweiterleitung einrichten

Nun muss der Router nur noch wissen, auf welchen Computer im Netzwerk eine von außen kommende Anfrage nach einer Webseite weitergeleitet werden soll. Wenn man selbst im Internet surft, ist klar, dass die Antworten auf genau den Computer zurückgeschickt werden, von dem die Anfragen kommen. Ein Besucher von außen, der eine Seite auf Ihrem Webserver nutzen möchte, muss vom Router aber zunächst durch das lokale Netzwerk auf diesen Server, in unserem Fall auf den Raspberry Pi, geleitet werden.

Jeder DSL-Anschluss und damit jedes Heimnetzwerk hat eine einzige öffentliche IP-Adresse, die nach außen sichtbar ist. Für die unterschiedlichen Netzwerkdienste werden verschiedene Ports genutzt. So nutzt ein Webserver den Port 80, der vom Router auf den Raspberry Pi im LAN weitergeleitet werden muss.

Der Befehl `ip addr` zeigt die lokale IP-Adresse des Raspberry Pi und auch die physikalische MAC-Adresse an. Dies ist eine eindeutige Kennung der Netzwerkkarte, die unveränderlich ist. Lokale IP-Adressen beginnen üblicherweise mit `192.168`, MAC-Adressen bestehen aus sechs zweistelligen Hexzahlen, die durch Doppelpunkte getrennt sind.

Die meisten Netzwerke sind so konfiguriert, dass der Router per DHCP automatisch IP-Adressen an angeschlossene Geräte vergibt. Um nicht auf feste IP-Adressen umstellen zu müssen, bieten viele Router die Möglichkeit, bestimmte Geräte mit ihrer MAC-Adresse in der Routerkonfiguration einzutragen und ihnen immer die gleiche IP-Adresse zu geben. Suchen Sie im Konfigurationsportal Ihres Routers einen Bereich

Statisches DHCP oder *Adressreservierung* und tragen Sie dort den Raspberry Pi mit MAC-Adresse und der aktuell zugewiesenen IP-Adresse ein, damit diese in Zukunft immer gleich bleibt.

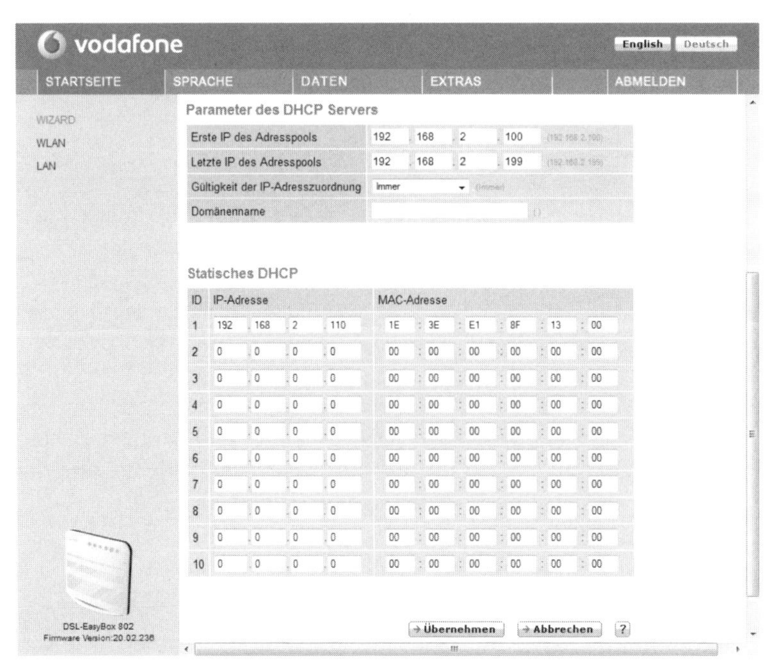

Bild 12.24: Eine Tabelle auf dem Router gibt bestimmten Geräten immer die gleiche lokale IP-Adresse.

Schalten Sie jetzt in den Bereich *Port Mapping* oder *Portweiterleitung* Ihrer Routerkonfiguration und tragen Sie dort eine Weiterleitung für den HTTP-Port 80 auf die lokale IP-Adresse des Raspberry Pi ein.

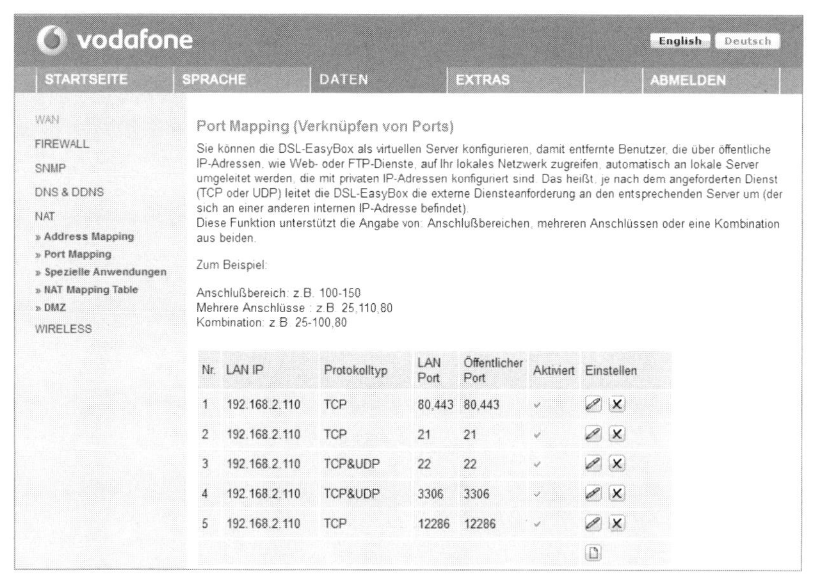

Bild 12.25: Der Port 80 muss vom Router auf den Webserver des Raspberry Pi weitergeleitet werden.

Jetzt ist Ihr persönlicher Webserver über den DDNS-Hostnamen von außen über das Internet erreichbar.

12.3.2 no-ip-Client für Raspberry Pi

Der DDNS-Anbieter *no-ip* liefert auf der Seite *www.noip.com/downloads.php?page=linux* einen Dynamic Update Client für Linux, mit dem der Raspberry Pi seine öffentliche IP-Adresse automatisch dem Dienst mitteilen kann, um den virtuellen Host zu aktualisieren, falls der Router dies nicht unterstützt.

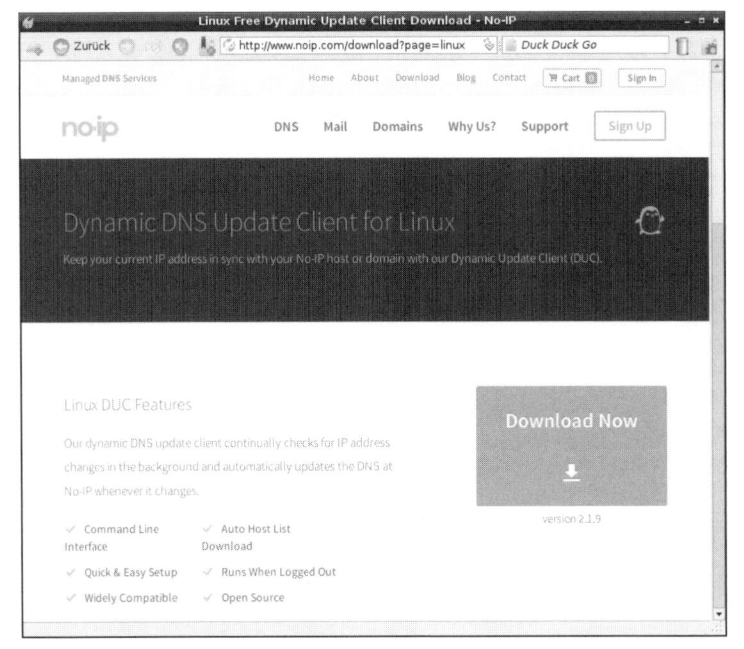

Bild 12.26: Laden Sie sich hier den Dynamic Update Client für Linux herunter.

Das Programm wird als `tar.gz`-Archiv geliefert und enthält kein fertiges Installationspaket. Dieses muss mit einem im Archiv enthaltenen Skript erst noch gebaut werden. Einige Softwareanbieter verwenden diese Methode, da so aus gemeinsamen Quellen plattform- bzw. hardwarespezifische Programmpakete gebaut werden können.

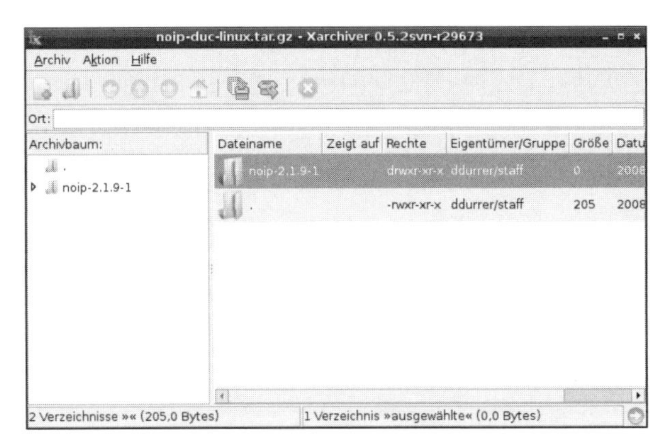

Bild 12.27: Entpacken Sie das heruntergeladene Archiv per Doppelklick im Dateimanager.

Beim Entpacken wird ein Verzeichnis `noip-2.1.9-1` angelegt. Klicken Sie im Dateimanager mit der rechten Maustaste darauf und wählen Sie im Kontextmenü *Im Terminal öffnen*. Daraufhin öffnet sich ein LXTerminal-Fenster, das sich bereits im richtigen Verzeichnis befindet. Geben Sie dort ein:

```
sudo make install
```

Während der Einrichtung müssen Sie Ihren Benutzernamen und das zugehörige Passwort für den no-ip-Dienst angeben. Bei kostenlosen Benutzerkonten gibt es nur einen virtuellen Host. Dieser wird automatisch eingetragen. Legen Sie noch ein Updateintervall fest. Die vorgeschlagenen 30 Minuten sollten in den meisten Fällen ausreichen. Zum Schluss beantworten Sie die Frage *Do you wish to run something at successful update* mit dem vorgeschlagenen `N`.

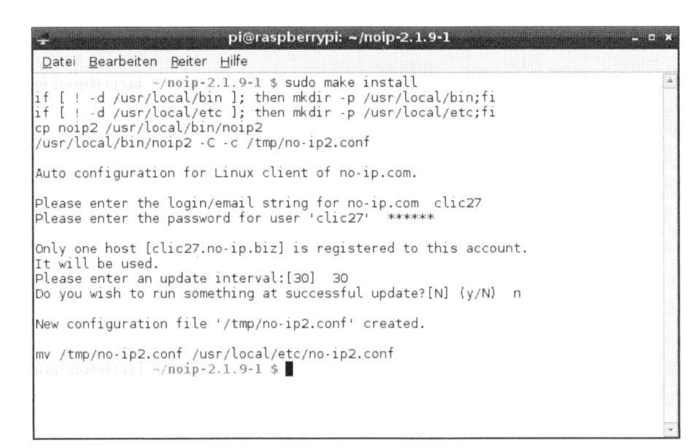

Bild 12.28: Wird kein Fehler angezeigt, wurde der no-ip-Client erfolgreich eingerichtet.

Starten Sie nach abgeschlossener Installation den no-ip-Client mit:

```
sudo noip2
```

Damit wird Ihre öffentliche IP-Adresse automatisch alle 30 Minuten bei *no-ip.com* aktualisiert. Der Webserver auf dem Raspberry Pi ist ab sofort unter dem in der Konfiguration angegebenen Hostnamen von außen erreichbar.

12.4 Die eigene Cloud mit ownCloud auf dem Raspberry Pi

ownCloud ist die eigene private Cloud auf dem eigenen Server. ownCloud (*www.owncloud.org*) bietet komfortable Funktionen zum Synchronisieren und Freigeben von Dateien für verschiedene Personen. Im Gegensatz zu vergleichbaren Lösungen wie Dropbox, Google Drive oder SkyDrive ist ownCloud eine Open-Source-Lösung, die vielfältig anpassbar ist. Die Daten liegen auf einem eigenen Server, über den man die volle Kontrolle hat, und nicht auf einem anonymen Server bei einem Cloud-Anbieter in den USA, was besonders die freuen wird, die extremen Wert auf Datenschutz legen. Ein weiterer Vorteil dieser Lösung ist, dass der verfügbare Cloud-Speicherplatz von keinem Anbieter begrenzt wird, sondern nur von der Größe der Festplatte im eigenen Server abhängt. Selbst eine ausgebaute Festplatte aus einem ausgedienten PC bietet ein Vielfaches an Speicherplatz im Vergleich zu den kostenlosen Angeboten der bekannten Anbieter von Cloud-Speicher.

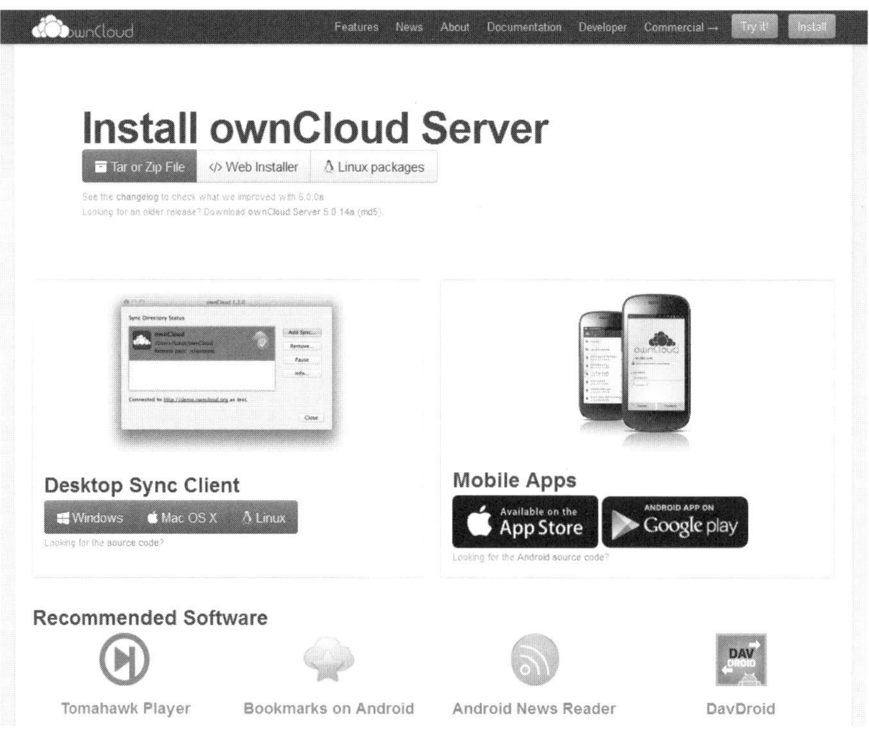

Bild 12.29: Ein Raspberry Pi mit einer angeschlossenen USB-Festplatte kann als eigener ownCloud-Server arbeiten. Sogar ganz ohne Festplatte kann bei ausreichend großer Speicherkarte ein ownCloud-Server auf dem Raspberry Pi laufen.

12.4.1 Webserver vorbereiten

Die im Folgenden beschriebene Installation geht davon aus, dass ein Raspberry Pi ausschließlich als ownCloud-Server genutzt wird und daher ohne grafische X11-Oberfläche läuft. Deshalb wird auch die gesamte Konfiguration über die Kommandozeile durchgeführt.

1. Verwenden Sie eine neu mit dem Raspbian-Betriebssystem installierte Speicherkarte, auf der noch keine zusätzlichen Programme installiert sind, die im Hintergrund nur die Performance des ownCloud-Servers belasten würden. Beim ersten Start startet auch automatisch das `raspi-config`-Skript. Hier bereiten Sie zunächst den Raspberry Pi auf seine zukünftige Aufgabe als ownCloud-Server vor.

2. Erweitern Sie das Dateisystem auf die gesamte Größe der Speicherkarte.

3. Wählen Sie unter *Internationalisation Options* die deutsche Tastatur aus und schalten Sie die Systemsprache unter *Change Locale* auf *en_US.UTF8*, damit es zu keinen Problemen mit Dateinamen kommt, die Sonderzeichen enthalten. Eine deut-

sche Benutzeroberfläche auf dem Raspberry Pi ist nicht unbedingt nötig, da im Serverbetrieb niemand direkt daran arbeitet. Die ownCloud-Oberfläche ist Deutsch.

4. Setzen Sie die Zeitzone auf *Berlin*. Das ist wichtig, damit ownCloud bei der Synchronisation die richtige Zeit der Dateien kennt. Aktivieren Sie noch den SSH-Server, um auf den Server zugreifen zu können.

5. Stellen Sie *memory_split* auf 16. Damit bekommt die GPU nur 16 MB Speicher, weniger geht nicht. Der Rest steht der CPU zur Verfügung. Schalten Sie in den erweiterten Optionen auch gleich die LXDE-Oberfläche ab, die mit dieser Speicheraufteilung nur Probleme hätte. Danach beenden Sie `raspi-config` und starten den Raspberry Pi neu.

6. Beim Neustart wird keine grafische Oberfläche mehr angezeigt. Sie müssen sich mit dem Benutzernamen `pi` und dem Passwort `raspberry` selbst anmelden.

7. Bringen Sie als Erstes das System auf den aktuellsten Stand:

```
sudo apt-get update
sudo apt-get upgrade
```

8. Legen Sie jetzt eine Benutzergruppe für den verwendeten Webserver an. Diese heißt bei Webservern üblicherweise `www-data`:

```
sudo groupadd www-data
```

9. Legen Sie danach in dieser Gruppe einen gleichnamigen Benutzer `www-data` an:

```
sudo usermod -a -G www-data www-data
```

10. Als Nächstes werden diverse Pakete installiert: der Apache-Webserver, PHP-Erweiterungen sowie die Datenbank *sqlite*. Diese Pakete werden alle von ownCloud benötigt. Je nach Raspbian-Version sind unter Umständen bereits einige installiert. Diese werden von `apt-get` automatisch übergangen. Schreiben Sie die ganze Liste in eine einzige Zeile, dann haben Sie bei der Installation Zeit für einen Kaffee:

```
sudo apt-get install apache2 php5 php5-gd php5-sqlite php5-curl php5-
common php5-intl php-pear php-apc php-xml-parser libapache2-mod-php5 curl
libcurl3 libcurl3-dev sqlite
```

11. Der Apache-Webserver wird nach der Installation automatisch gestartet. Hier müssen Sie für ownCloud noch ein paar Konfigurationsdateien anpassen. Auf Kommandozeilenebene kann der komfortable Leafpad-Editor nicht benutzt werden, Sie müssen sich mit dem `nano`-Editor begnügen:

```
sudo nano /etc/apache2/apache2.conf
```

12. Diese Datei ist mehrere Bildschirmseiten lang. Fügen Sie ans Ende folgende Zeile ein:

```
ServerName owncloud
```

Beenden Sie danach den `nano`-Editor mit der Tastenkombination [Strg]+[X], bestätigen Sie die Speicherung der Änderungen mit `J` und den vorgegebenen Dateinamen `/etc/hosts` mit [Enter].

13. Ändern Sie jetzt die Berechtigungen für ownCloud auf dem Webserver:

```
sudo nano /etc/apache2/sites-enabled/000-default
```

14. Ändern Sie hier im Bereich `<Directory /var/www/>` den Parameter `AllowOverride` von `None` auf `All`. In den anderen Bereichen der Datei lassen Sie den gleichnamigen Parameter auf der Vorgabeeinstellung und speichern die Datei.

15. Erhöhen Sie in der PHP-Konfiguration die maximale Dateigröße, um mit ownCloud auch Dateien, die größer als 2 MB sind. synchronisieren zu können:

```
sudo nano /etc/php5/apache2/php.ini
```

16. Suchen Sie in dieser sehr langen Datei mit der Tastenkombination [Strg]+[W] den Parameter `upload_max_filesize` und ändern Sie den Wert von `2M` auf `2G` um. Suchen Sie dann noch `post_max_size` und ändern Sie hier den angezeigten Wert ebenfalls auf `2G`. Speichern Sie dann auch diese Datei.

17. Löschen Sie jetzt noch die vom Webserver vorgegebene Standardseite:

```
sudo rm /var/www/index.html
```

18. Und machen Sie den Webserver als Benutzer `www-data` zum Eigentümer des Verzeichnisses:

```
sudo chown -R www-data:www-data /var/www
```

19. Jetzt müssen noch zwei Module des Apache-Webservers aktiviert werden:

```
sudo a2enmod rewrite
sudo a2enmod headers
```

20. Danach starten Sie den Webserver neu:

```
sudo service apache2 restart
```

12.4.2 Eigene Festplatte für ownCloud einrichten

Wer mehr Cloud-Speicher benötigt, als auf der Speicherplatte mit dem Betriebssystem noch vorhanden ist, verwendet für ownCloud eine eigene Festplatte oder einen größeren USB-Stick am Raspberry Pi. Sie können aber auch eine ausreichend große Speicherkarte für ownCloud nutzen.

1. Wenn Sie ein externes Laufwerk angeschlossen haben, stellen Sie als Erstes fest, wie es heißt:

```
sudo fdisk -l
```

2. Dieser Befehl zeigt die beiden Partitionen der Speicherkarte an und ganz unten die Festplatte. In den meisten Fällen heißt diese `/dev/sda1`. Im aufgelisteten Beispiel hat diese Festplatte bereits ein Linux-Dateisystem.

```
Disk /dev/mmcblk0: 2030 MB, 2030043136 bytes
4 heads, 16 sectors/track, 61952 cylinders, total 3964928 sectors
Units = sectors of 1 * 512 = 512 bytes
Sector size (logical/physical): 512 bytes / 512 bytes
I/O size (minimum/optimal): 512 bytes / 512 bytes
Disk identifier: 0x00014d34

        Device Boot      Start         End      Blocks   Id  System
/dev/mmcblk0p1            8192      122879       57344    c  W95 FAT32
(LBA)
/dev/mmcblk0p2          122880     3964927     1921024   83  Linux

Disk /dev/sda: 120.0 GB, 120034123776 bytes
255 heads, 63 sectors/track, 14593 cylinders, total 234441648 sectors
Units = sectors of 1 * 512 = 512 bytes
Sector size (logical/physical): 512 bytes / 512 bytes
I/O size (minimum/optimal): 512 bytes / 512 bytes
Disk identifier: 0x4f174f16

   Device Boot      Start         End      Blocks   Id  System
/dev/sda1            2048   234440703   117219328   83  Linux
```

3. Auf dem Raspberry Pi und ähnlichen Linux-Systemen ist es zur allgemeinen Gewohnheit geworden, USB-Festplatten und USB-Sticks unter `/media/usbxxx` in die Verzeichnisstruktur einzuhängen. Dies ist keine technische Notwendigkeit, aber eine Gewohnheit, an die man sich der Übersichtlichkeit halber halten sollte. Legen Sie also ein Verzeichnis an:

```
sudo mkdir -p /media/usb1/owncloud/data
```

4. Mounten Sie die Festplatte:

```
sudo mount /dev/sda1 /media/usb1
```

5. Damit die Festplatte bei jedem Start des Raspberry Pi automatisch wieder im gleichen Verzeichnis gemountet wird, tragen Sie sie in die Datei `/etc/fstab` ein:

```
sudo nano /etc/fstab
```

6. Tragen Sie ans Ende dieser Liste die Festplatte ein und speichern Sie danach die Datei erneut:

```
proc            /proc           proc    defaults          0       0
/dev/mmcblk0p1  /boot           vfat    defaults          0       2
/dev/mmcblk0p2  /               ext4    defaults,noatime  0       1
/dev/sda1       /media/usb1    ext3    defaults         0       0
```

7. Übergeben Sie das `/owncloud`-Verzeichnis auf der Festplatte dem Benutzer `www-data`, damit der Webserver frei darauf zugreifen kann:

```
sudo chown -R www-data:www-data /media/usb1/owncloud
```

8. Danach starten Sie den Webserver neu:

```
sudo service apache2 restart
```

12.4.3 ownCloud auf dem Webserver einrichten

1. Laden Sie sich nun den ownCloud-Webinstaller herunter:

```
wget https://download.owncloud.com/download/community/setup-owncloud.php -
-no-check-certificate
```

2. Verschieben Sie diese Datei in das Verzeichnis des Webservers:

```
sudo mv setup-owncloud.php /var/www
```

3. Lassen Sie sich jetzt noch die IP-Adresse des Raspberry Pi anzeigen:

```
ip addr
```

4. Damit ist der konsolenbasierte Teil der Installation auf dem Webserver abgeschlossen. Geben Sie an einem anderen PC im Netzwerk die IP-Adresse des Raspberry Pi im Browser ein, zeigt der Webserver bereits den Inhalt des Verzeichnisses `/var/www` an.

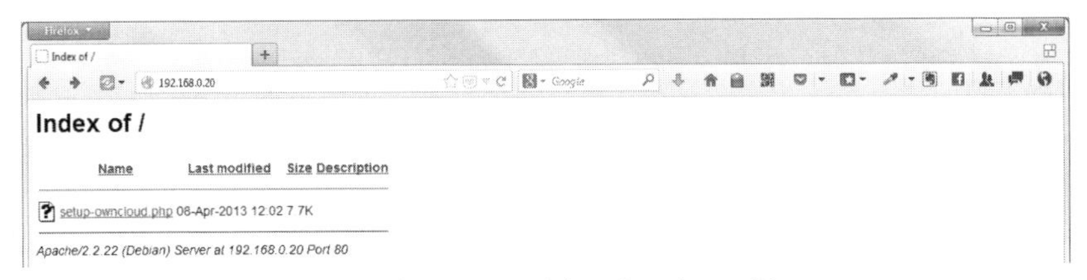

Bild 12.30: Der Inhalt des Webservers auf dem Raspberry Pi.

5. Klicken Sie auf die Datei `setup-owncloud.php`, um den Webinstaller zu starten.

6. Bestätigen Sie im nächsten Bildschirm die Installation im Unterverzeichnis `owncloud`, das automatisch angelegt wird. Danach wird die ownCloud-Software auf den Webserver heruntergeladen - Zeit für eine kurze Kaffeepause.

7. Legen Sie jetzt ein Administratorkonto für ownCloud an. Denken Sie sich dazu einen Benutzernamen und ein Passwort aus. Dieser Benutzer ist kein Linux-Benutzer, sondern gilt nur innerhalb von ownCloud. Später können Sie weitere Benutzer einrichten.

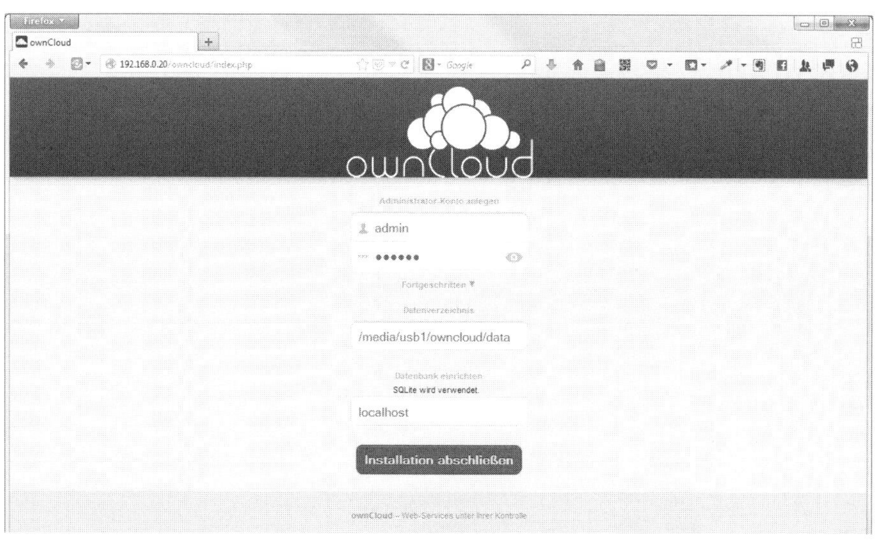

Bild 12.31: Das Augensymbol zeigt das Passwort an.

8 Nach einem Klick auf *Installation abschließen* dauert es nur wenige Sekunden, bis der Startbildschirm von ownCloud angezeigt wird.

12.4.4 ownCloud im Browser nutzen

ownCloud ist über die Eingabe der IP-Adresse des Raspberry Pi von jedem Computer über den Browser nutzbar, ohne dass spezielle Software installiert werden muss. Die ownCloud ist am Anfang noch völlig leer, nicht einmal ein paar Beispieldateien werden mitgeliefert. Klicken Sie auf den Pfeil oben links, um ein paar eigene Dateien hochzuladen.

Fahren Sie mit der Maus über eine Datei, erscheinen Symbole zum Umbenennen oder Herunterladen. Bilddateien können mit einem Klick direkt im Browser angezeigt werden. Das Gleiche gilt auch für Dokumente in den Formaten von OpenOffice und LibreOffice sowie für PDF-Dateien.

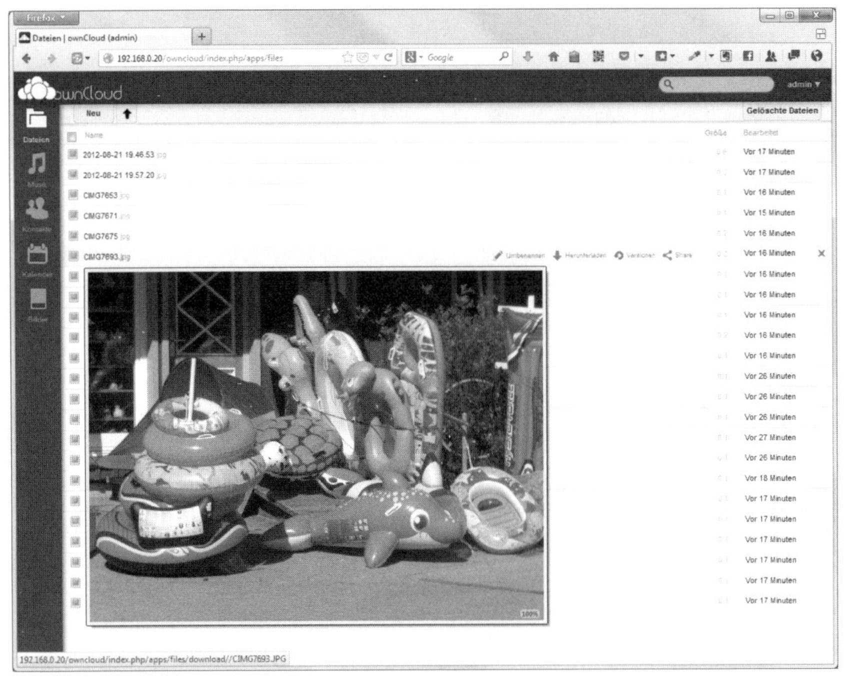

Bild 12.32: Die Dateiliste in ownCloud.

In der Fotogalerie öffnet ein Klick auf ein Bild dieses im Vollbildmodus. ownCloud bietet hier auch gleich eine Diashow-Funktion an.

Für Musik bietet ownCloud ebenfalls einen eigenen Player an, über den hochgeladene Musikdateien direkt im Browser abgespielt werden können. Zusätzliche ownCloud-Apps legen in der linken Navigationsleiste noch weitere Symbole an. Jede App präsentiert ihre Inhalte im Hauptfenster.

Über das Suchfeld oben rechts finden Sie Datei- und Verzeichnisnamen in Ihrer ownCloud. In der Dateiansicht finden Sie oben links eine Schaltfläche *Neu*, die ein kleines Menü öffnet.

Bild 12.33: Neue Ordner oder Textdateien anlegen.

- *Textdatei* – Hier legen Sie eine neue Textdatei an. Textdateien lassen sich in ownCloud direkt anklicken und bearbeiten. ownCloud stellt dazu einen eigenen Editor innerhalb des Browserfensters zur Verfügung. Auf diese Weise schreiben Sie jederzeit im Browser einen Notizzettel, den Sie nach einer Synchronisation automatisch auf dem PC haben.

- *Ordner* – Hier legen Sie Ordner und Unterordner an, um den Überblick über Ihre Dateien auf ownCloud zu behalten. In welchem Ordner man sich gerade befindet, zeigt oben die Leiste neben der Schaltfläche *Neu*.
- *Von einem Link* – Laden Sie Dateien von einer Webseite direkt in Ihre ownCloud herunter. Auf diese Weise können Sie von jedem PC aus Downloads starten, die dann automatisch auf Ihren PC zu Hause synchronisiert werden.

Kalender und Adressbuch in ownCloud

In ownCloud können nicht nur persönliche Dateien, sondern auch andere persönliche Daten, wie z. B. Adressbücher und Terminkalender, abgelegt werden. Im Bereich *Kontakte* wird zunächst ein leeres Adressbuch mit ein paar vordefinierten Gruppen angezeigt. Mit den Schaltflächen am oberen Rand legen Sie neue Gruppen und neue Kontakte an.

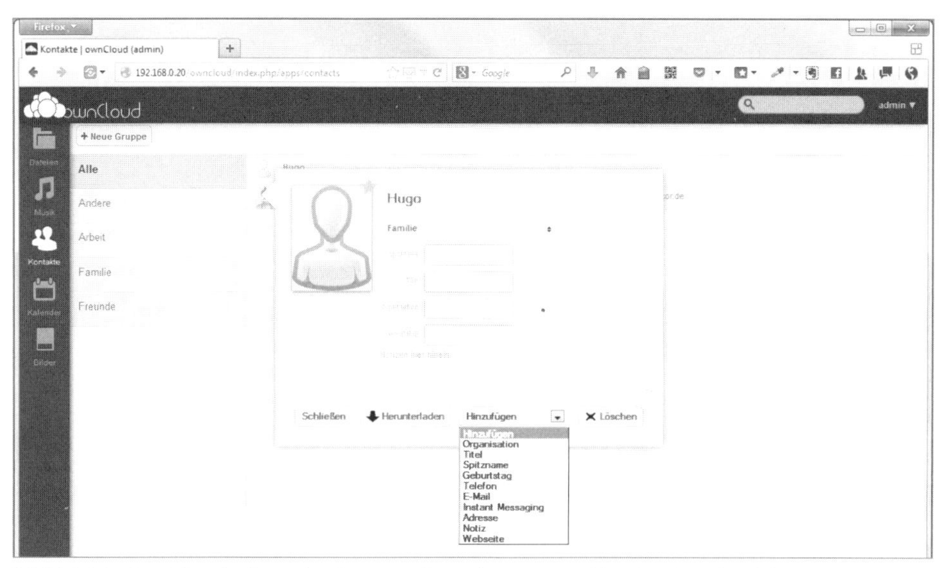

Bild 12.34: Das Eingabeformular für neue Kontakte im ownCloud-Adressbuch besitzt am Anfang nur wenige Felder. Weitere wie Telefonnummer und E-Mail können extra hinzugefügt werden.

Mit einem Klick auf das Foto laden Sie ein Kontaktfoto hoch oder weisen ein auf ownCloud vorhandenes Foto als Kontaktfoto zu.

Deutlich komfortabler, als alle Kontakte einzeln eintippen zu müssen, ist der Import eines kompletten Adressbuchs. Mit einem Klick auf das Zahnrad unten links lassen sich Adressbücher im VCF-Format importieren. Die meisten bekannten Adressverwaltungsprogramme, auch Onlinelösungen wie z. B. Google Mail, bieten eine Möglichkeit, gespeicherte Adressen in diesem Format auszugeben.

Der Kalender funktioniert, wie man es von anderen Onlinekalendern kennt, man klickt auf einen Tag und trägt einen Termin ein. ownCloud unterstützt ganztägige Termine sowie Termine über bestimmte Zeiträume und verschiedene Optionen zur Terminwiederholung.

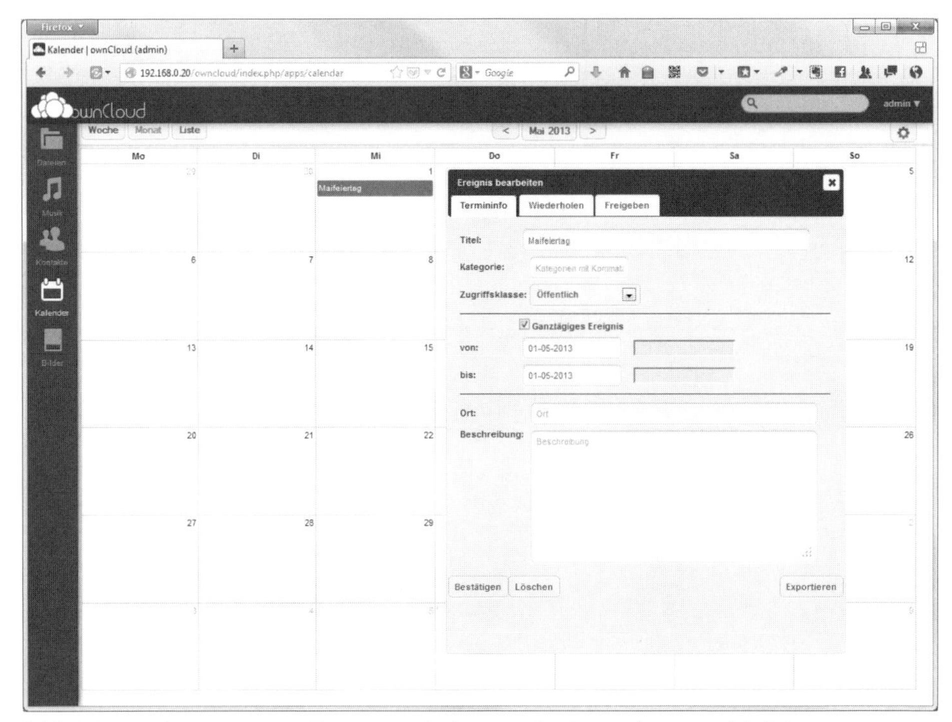

Bild 12.35: In der erweiterten Terminansicht können der Ort und eine ausführliche Beschreibung des Termins eingetragen werden.

In der oberen Symbolleiste schalten Sie die Kalenderdarstellung zwischen verschiedenen Ansichten um und springen auf einen anderen Monat oder in ein anderes Jahr.

12.4.5 Eigene Dateien vom PC automatisch mit ownCloud synchronisieren

Dateien über den Browser hochzuladen, um sie jederzeit und überall zur Verfügung zu haben, mag ganz praktisch sein - um ownCloud aber wirklich effizient zu nutzen, installieren Sie sich die ownCloud-Anwendung auf dem Windows-PC.

Das Programm läuft im Hintergrund und synchronisiert ein Verzeichnis auf dem PC mit der persönlichen ownCloud. So haben Sie alle Dateien aus der ownCloud immer auch offline auf der eigenen Festplatte zur Verfügung. Und das Beste: Ändern Sie eine

Datei in diesem Verzeichnis, wird die neue Version direkt wieder in die ownCloud hochgeladen.

Wählen Sie oben rechts im *Admin*-Menü den Menüpunkt *Persönlich*. Auf dieser Seite finden Sie ganz oben eine Übersicht über den verbrauchten und verfügbaren Speicherplatz und darunter Downloadlinks für Apps zur Synchronisierung eigener Daten mit ownCloud.

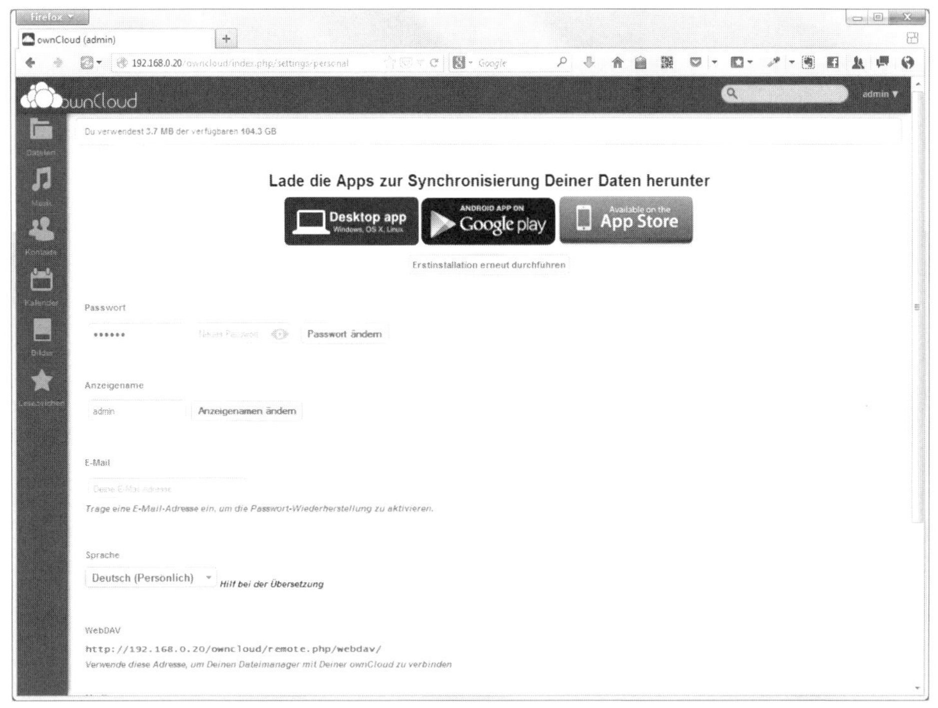

Bild 12.36: Auf der gleichen Seite können Sie auch Ihr persönliches Passwort und den Anzeigenamen ändern.

❶ Laden Sie sich hier den ownCloud-Client für Windows herunter und installieren Sie das Programm auf dem PC. Je nach Einstellung muss bei der Installation unter Windows eine Abfrage der Benutzerkontensteuerung bestätigt werden. Wählen Sie den Standardinstallationstyp, damit ownCloud beim Start von Windows automatisch mit startet, um die Daten aktuell halten zu können.

❷ Nach der Installation startet der Verbindungsassistent. Geben Sie hier die Adresse Ihres ownCloud-Servers auf dem Raspberry Pi sowie Ihre ownCloud-Benutzerdaten ein.

Bild 12.37: Solange die Meldungen grün sind, ist alles in Ordnung. Bei roten Meldungen überprüfen Sie Ihre Zugangsdaten.

❸ ownCloud legt auf dem eigenen PC im lokalen Benutzerverzeichnis ein Unterverzeichnis `ownCloud` an und in der eigenen ownCloud ein Verzeichnis `clientsync`. Ob Sie diese Verzeichnisse später wirklich nutzen, bleibt Ihnen überlassen, kopieren Sie zum Ausprobieren auf dem PC einfach ein paar kleine Dateien in dieses Verzeichnis.

❹ Nach kurzer Zeit sehen Sie diese Dateien im Browser in Ihrer ownCloud. Die Verzeichnisse werden automatisch miteinander synchronisiert. Den aktuellen Synchronisierungsstatus sehen Sie jederzeit am Symbol in der Taskleiste. Solange das ownCloud-Symbol in der Taskleiste blaue Synchronisationspfeile zeigt, werden noch Daten synchronisiert. Festplatte und ownCloud sind erst synchron, wenn hier ein grünes Häkchen erscheint. Ist keines der beiden Zusatzsymbole zu sehen, besteht keine Verbindung zur ownCloud.

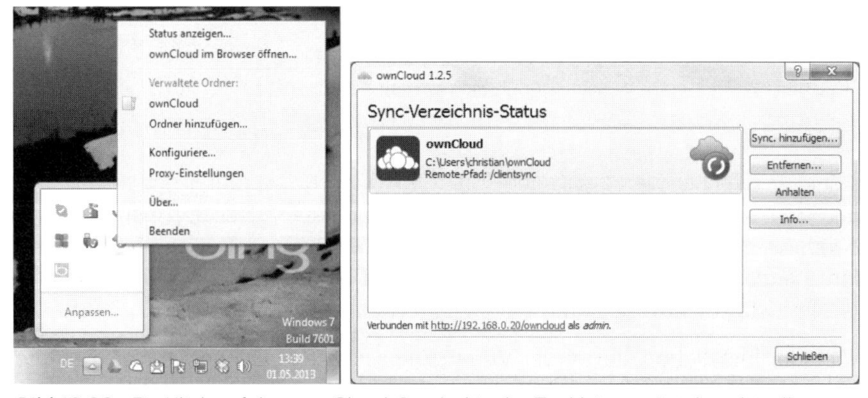

Bild 12.38: Ein Klick auf das ownCloud-Symbol in der Taskleiste zeigt den aktuellen Synchronisierungsstatus, ein Rechtsklick öffnet ein Menü mit weiteren ownCloud-Funktionen.

5 Möchten Sie das ownCloud-Symbol immer im Blick haben, klicken Sie auf den Link *Anpassen* im Feld mit den zusätzlichen Infobereichssymbolen und schalten bei ownCloud auf *Symbol und Benachrichtigungen anzeigen* um.

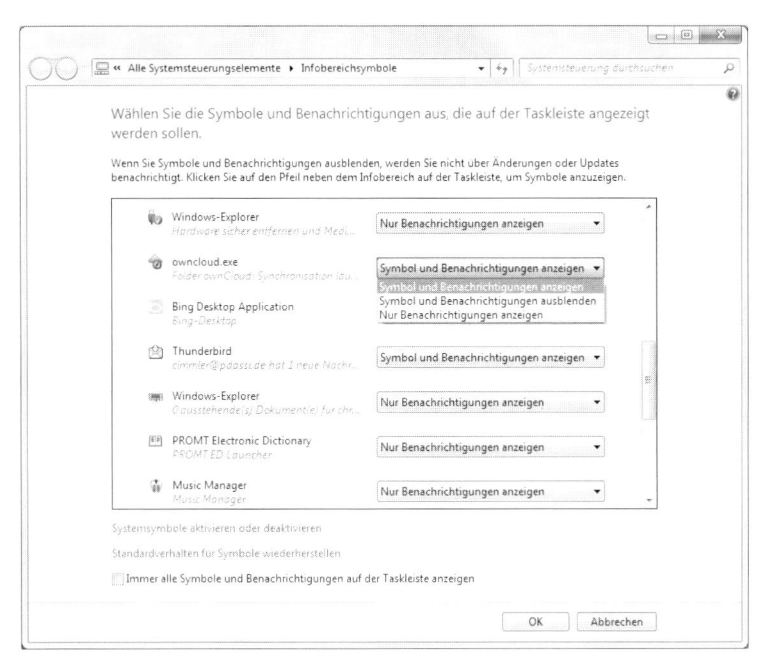

Bild 12.39: Mit dieser Einstellung erscheint das ownCloud-Symbol permanent im Infobereich der Taskleiste.

6 Das Menü des Taskleistensymbols zeigt unter *Verwaltete Ordner* bis jetzt nur den einen Ordner *ownCloud*. Klicken Sie darunter auf *Ordner hinzufügen*. Die Schaltfläche *Sync hinzufügen* im Statusfenster hat die gleiche Funktion.

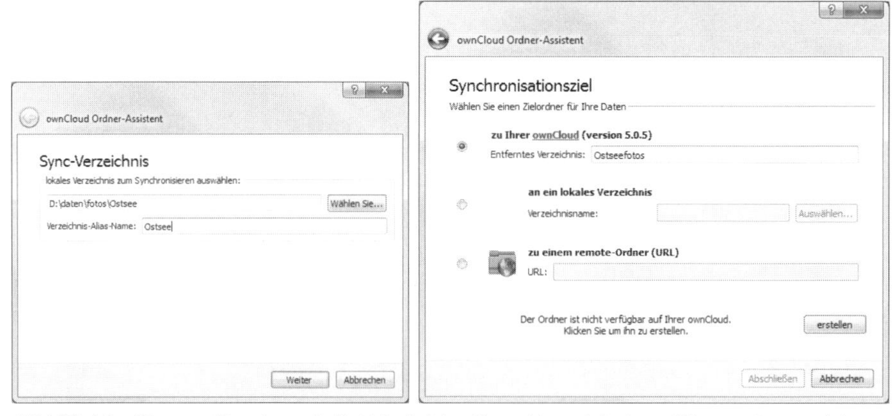

Bild 12.40: Die ownCloud ermöglicht beliebige Sync-Verzeichnisse. Diese müssen nicht (wie bei anderen Cloud-Speichern) alle in einem Unterverzeichnis liegen.

7. Wählen Sie ein lokales Verzeichnis aus - es kann auch auf einem Netzwerklaufwerk liegen - und geben Sie der Sync-Verbindung einen Namen. Dieser Name dient nur der besseren Übersicht, er hat keine technische Funktion und kann beliebig gewählt werden.

8. Im nächsten Fenster wählen Sie dann ein Verzeichnis in Ihrer ownCloud. Dieses muss noch nicht vorhanden sein, Sie können es auch direkt im Assistenten anlegen. Jetzt wird die Synchronisierung im Hintergrund automatisch gestartet.

Bild 12.41: Die Synchronisation wird direkt nach dem Anlegen der Ordner gestartet. Im Sync-Statusfenster sind alle Sync-Verzeichnisse zu sehen.

ownCloud-Apps für Smartphones

ownCloud bietet eigene Apps für Android und iOS an, mit denen man unterwegs vom Smartphone Zugriff auf seine ownCloud hat. Unverständlicherweise sind diese Apps im Gegensatz zur ownCloud selbst nicht kostenlos.

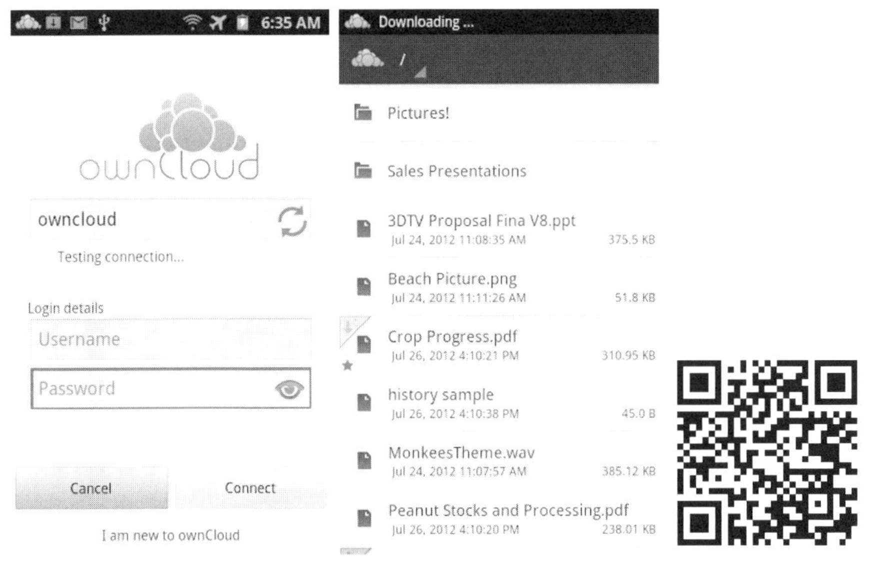

Bild 12.42: Die offizielle App von ownCloud bietet Zugriff auf alle eigenen Dateien.

Zur Synchronisation von Adressbuch und Kalender mit ownCloud bieten unabhängige Entwickler eigene Apps für Smartphones an. Dies ist möglich, da ownCloud für Adressbuch und Kalender die Standardprotokolle CardDAV und CalDAV nutzt:

CardDAV-Sync beta synchronisiert Kontakte aus ownCloud mit dem Adressbuch auf einem Android-Smartphone in beide Richtungen. Dazu legen Sie auf dem Smartphone ein zusätzliches Synchronisierungskonto an. Die Kontakte aus ownCloud können dann direkt auf dem Smartphone mit vorhandenen Kontakten aus einem Google-Konto oder Facebook verbunden werden.

CalDAV Sync beta (leider keine kostenlose Version) synchronisiert Termine und Alarme zwischen ownCloud und dem Smartphone. Dabei wird auf dem Handy ein zusätzlicher Kalender angelegt, der sich in die Kalender-App integriert. So werden Termine aus dem Google-Kalender und dem ownCloud-Kalender gleichzeitig in derselben App angezeigt.

12.4.6 ownCloud von außen über das Internet nutzen

ownCloud funktioniert nicht nur innerhalb eines lokalen Netzwerks, sondern wird besonders interessant, wenn man über das Internet von jedem Computer der Welt auf seine Daten zugreifen kann.

Die Konfiguration dafür ist einfach, da nur der Apache-Webserver eine Verbindung nach außen braucht. ownCloud selbst braucht nicht speziell konfiguriert zu werden.

Vergeben Sie über einen dynamischen DNS-Dienst, wie weiter oben unter im Abschnitt »Webserver im Internet zur Verfügung stellen« beschrieben, einen eindeutigen Namen. Unter diesem ist Ihre ownCloud dann im Browser sowie auch über Sync-Clients erreichbar. Tragen Sie in den Sync-Clients den DDNS-Namen und nicht mehr die lokale IP-Adresse im Netzwerk ein, damit die Synchronisation z. B. mit einem Notebook auch von außerhalb des Hauses funktioniert.

12.4.7 ownCloud-Ordner im Windows-Explorer einbinden

ownCloud unterstützt das WebDAV-Protokoll zur Übertragung von Dateien. Damit können Sie direkt über den Windows-Explorer oder auch einen Dateimanager unter Linux auf die in der ownCloud gespeicherten Dateien zugreifen. Auf dem PC muss keine Synchronisation eingerichtet sein, da direkt auf die ownCloud zugegriffen wird.

1. Leider ist in Windows das von ownCloud verwendete Authentifizierungsverfahren *Basic authentication* nicht voreingestellt. Starten Sie den Registrierungseditor regedit.exe und setzen Sie im Registrierungszweig `HKEY_LOCAL_MACHINE\SYSTEM\CurrentControlSet\Services\WebClient\Parameters` den Parameter `BasicAuthLevel` auf `2`. Starten Sie danach den Computer neu.

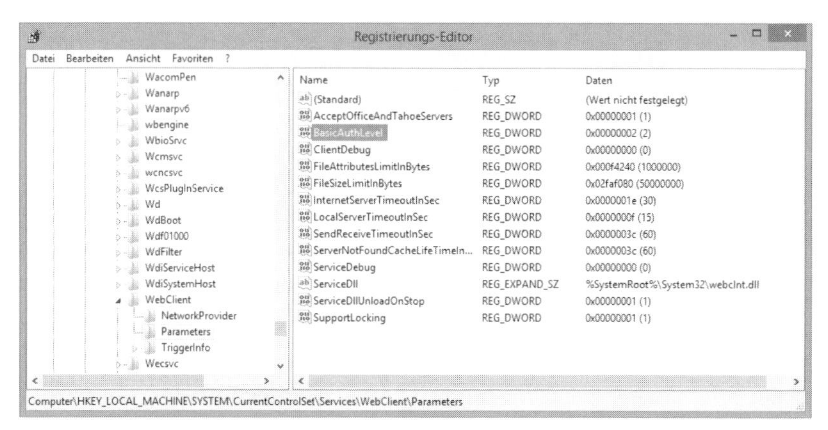

Bild 12.43: Dieser Parameter legt das Verfahren zur Authentifizierung bei der Anmeldung von Windows fest.

2. Öffnen Sie im Windows-Explorer die Ansicht *Computer* und klicken Sie dort auf *Netzlaufwerk verbinden*.

3. Wählen Sie einen freien Laufwerkbuchstaben aus und tragen Sie im Feld *Ordner* die WebDAV-Adresse Ihrer ownCloud ein. Diese finden Sie in ownCloud über das *Admin*-Menü auf der Seite *Persönlich*.

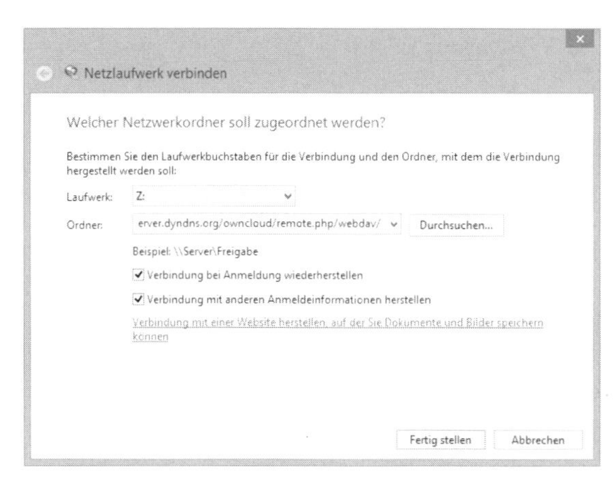

Bild 12.44: Statt eines lokalen Netzwerkordners wird hier die WebDAV-Adresse eingetragen.

❹ Schalten Sie die Kontrollkästchen *Verbindung bei Anmeldung wiederherstellen* und *Verbindung mit anderen Anmeldeinformationen herstellen* ein.

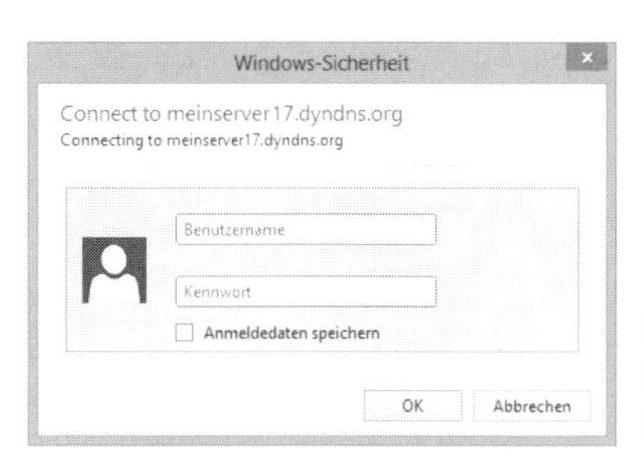

Bild 12.45: Nach einem Klick auf *Fertig stellen* erscheint ein Anmeldefenster, in dem Sie Ihre ownCloud-Zugangsdaten eingeben müssen.

❺ Bei erfolgreicher Anmeldung erscheint das WebDAV-Laufwerk von ownCloud unter den Netzwerkadressen im Windows-Explorer. Jetzt können Sie beliebig im Rahmen Ihrer ownCloud-Berechtigungen Daten in beide Richtungen übertragen.

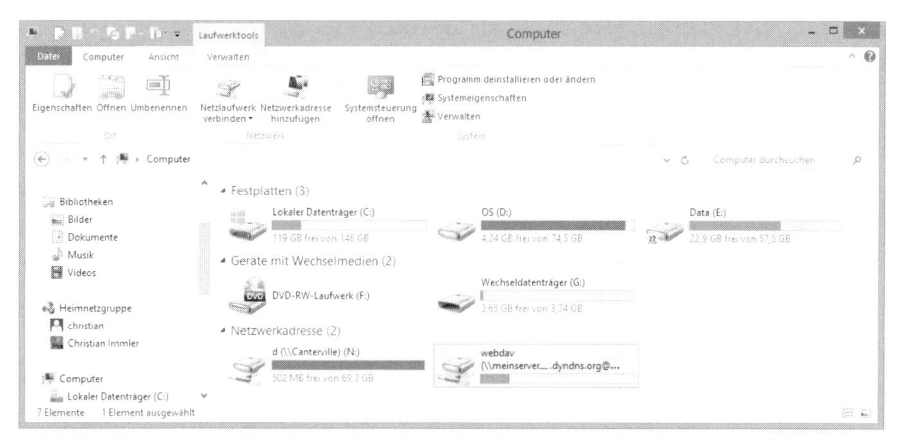

Bild 12.46: Dieses Laufwerk ist online, keine lokale Kopie wie bei der Verwendung des Sync-Clients. Offline steht das Laufwerk nicht zur Verfügung.

12.4.8 Raspberry Pi als ownCloud-Client

Wenn Sie den Raspberry Pi als Desktopcomputer nutzen und in der grafischen Oberfläche damit arbeiten, können Sie ebenfalls ownCloud per WebDAV nutzen. In diesem Fall ist der Raspberry Pi ownCloud-Client, die ownCloud selbst läuft auf einem anderen Server.

Tragen Sie die WebDAV-Adresse aus ownCloud in die Adresszeile des Dateimanagers ein. Ersetzen Sie dabei das `http://` durch `dav://`. Bei der ersten Anmeldung werden Sie nach Ihren ownCloud-Zugangsdaten gefragt.

Bild 12.47: Mit einem Lesezeichen erreichen Sie die ownCloud auch nach einem Neustart schnell wieder.

Legen Sie für dieses Verzeichnis über das Lesezeichenmenü ein Lesezeichen an. Dann finden Sie Ihre ownCloud auch nach einem Neustart des Raspberry Pi im linken Seitenfenster des Dateimanagers.

Jetzt können Sie Ihre ownCloud beim Arbeiten auf dem Raspberry Pi nutzen und haben trotz der eng begrenzten Kapazität der Speicherkarte immer Zugriff auf Ihre persönlichen Dateien.

12.4.9 Die Benutzerverwaltung in ownCloud

ownCloud ist für mehrere Benutzer geeignet. So ist es möglich, zum Beispiel mehreren Familienmitgliedern oder Mitarbeitern in einem Team Zugriff auf die eigene ownCloud oder auch nur bestimmte Verzeichnisse zu geben.

1. Im *Admin*-Menü unter *Benutzer* legen Sie neue Benutzer an. Legen Sie oben links einen Benutzernamen und ein Passwort fest, wählen Sie eine Gruppe aus und klicken Sie auf *Anlegen*.

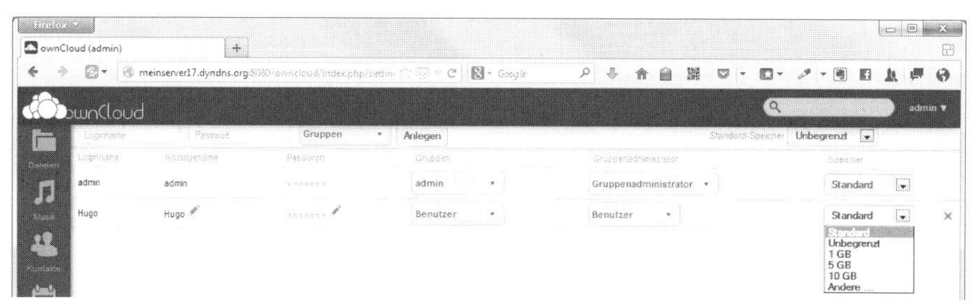

Bild 12.48: Der zur Verfügung stehende Speicherplatz kann für jeden Benutzer begrenzt werden.

❷ Jeder Benutzer - auch der Administrator - sieht bei seiner Anmeldung in ownCloud grundsätzlich nur seine eigenen Dateien, hat aber die Möglichkeit, diese mit anderen Benutzern zu teilen. Fahren Sie dazu in der Listenansicht mit der Maus auf eine Datei und klicken Sie auf das Symbol *Share*.

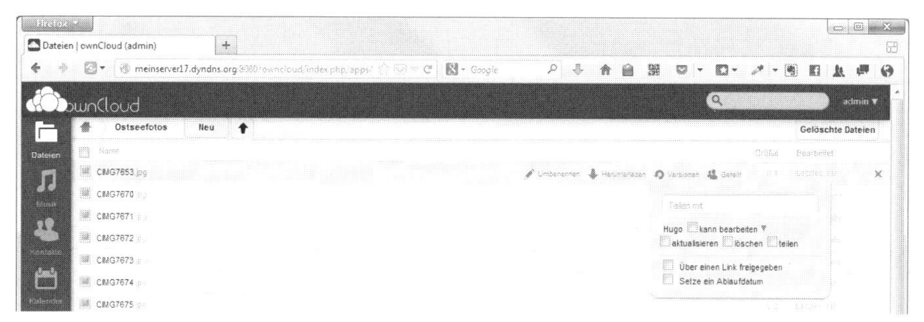

Bild 12.49: Dateifunktionen tauchen auf, wenn man mit der Maus auf eine Datei fährt.

❸ Wählen Sie hier einen Benutzer oder eine ganze Gruppe aus, mit der die Datei geteilt werden soll. Legen Sie dabei auch fest, ob die Personen, die die Datei sehen, diese auch bearbeiten, aktualisieren, löschen oder weiterteilen dürfen.

Dateien für Fremde oder öffentlich freigeben
Alternativ können Sie auch Dateien an Personen freigeben, die kein Benutzerkonto in Ihrer ownCloud haben, um z. B. einen Downloadlink oder ein großes Foto per E-Mail zu verschicken, ohne riesige Anhänge an die Mail zu hängen. Schalten Sie *Über einen Link freigeben* ein, bekommen Sie einen Link angezeigt, den Sie per E-Mail oder über soziale Netzwerke weitergeben können. Optional können Sie ein Passwort festlegen, das die Person, die den Link hat, eingeben muss, um die Datei zu sehen. Solche Links können mit einem Ablaufdatum versehen werden. Dadurch schränken Sie die Gefahr ein, dass Dateien missbräuchlich verwendet werden, wenn ein Freigabelink in falsche Hände gerät. Um direkt aus ownCloud heraus E-Mails mit Freigabelinks zu verschicken, müssen Sie auf dem Raspberry Pi einen Mailserver eingerichtet haben.

❹ ownCloud-Benutzer sehen die freigegebenen Dateien anderer Benutzer in dem neuen Verzeichnis *Shared*, das unabhängig vom ursprünglichen Verzeichnis der

Datei ist. Gibt jemand ein ganzes Verzeichnis frei, erscheint dieses als Unterverzeichnis unter *Shared*.

5. Als Administrator können Sie die Möglichkeiten, die Benutzer haben, um Dateien zu teilen, einschränken. Solche Einschränkungen, die Sie im *Admin*-Menü unter *Administrator* vornehmen, gelten immer für alle Benutzer.

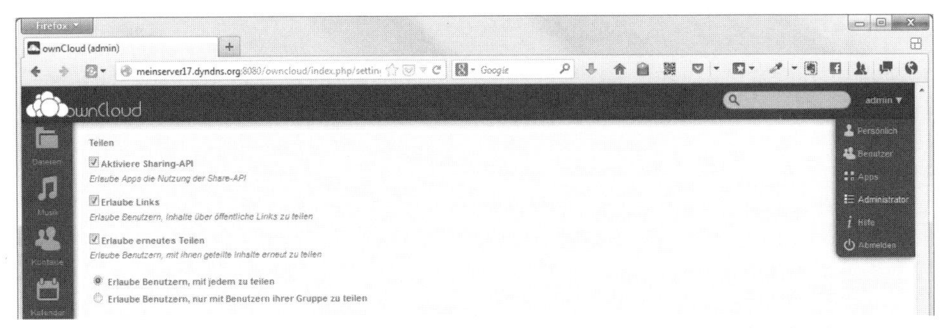

Bild 12.50: Nimmt der Administrator Beschränkungen beim Teilen vor, werden den Benutzern die entsprechenden Funktionen nicht mehr angezeigt.

Museumsreife Präsentationen mit Pi Presents

Pi Presents ist ein Präsentationsprogramm für Museen und Besucherzentren, um dort auf kostengünstige Weise Audio-, Dia- und Videoshows interaktiv zu präsentieren. Im Gegensatz zu teuren Multimedia-Black-Boxes sind nur noch ein Raspberry Pi, ein HDMI-Fernseher und ein paar Knöpfe zum Schalten notwendig.

Bild 13.1: Interaktive Mediathek im Deutschen Pferdemuseum mit Pi Presents, links unten das Bedienfeld für Pi Presents). (Fotos: web-echo-medienservice/Deutsches Pferdemuseum)

Das Programm bietet unter anderem:

- Animation oder Ausstellung von Exponaten durch Ton-, Video- oder Diashows, die von einem Infrarotbewegungsmelder (PIR) oder durch Taster (Buttons) gesteuert werden.
- Eine sich wiederholende Mediashow für Besucherzentren, die Bilder, Videos, Audiotracks und Nachrichten bietet.
- Menüanzeige verfügbarer Videos, wobei das Abspielen vom Besucher unterbrochen und neu gestartet werden kann.
- Anzeige PowerPoint-ähnlicher Präsentationen, die über Buttons oder Tastatur gesteuert werden. Die Präsentationen können Fotos, Texte, Audiospuren und Videos enthalten.
- Mit der Liveshow können dynamisch Bilder, Videos oder Audiotracks aus einem Netzwerk für die Anzeige in einer bereits laufenden Show geladen werden.

Pi Presents läuft in der Grundeinstellung als tastaturgesteuerte Desktopanwendung auf dem Raspberry Pi. Das Programm kann aber auch als Black-Box-Anwendung, gesteuert über GPIO, zum Laufen gebracht werden. Es benötigt kein Netzwerk, alle Daten können offline auf der Speicherkarte oder einem USB-Stick liegen.

Die eingebauten Black-Box-Funktionen:

- Bildschirmpause deaktiviert.
- Vollbildmodus ohne Fensterrahmen.
- Schwarzer Bildschirm hinter Videos und Bildern.
- Betrieb ohne Tastatur, Maus oder Tasten (wer ängstlich ist, kann einen Button zum Herunterfahren einrichten).
- Option für Taster oder PIR über GPIO.
- Automatischer Start beim Einschalten des Raspberry Pi.
- Alle Medien können auf einem USB-Stick oder auf der SD-Karte gespeichert werden.
- Sicheres Abschalten ohne Tastatur oder Maus.

Was braucht man?
Für eine interaktive Präsentation mit Pi Presents benötigt man einen Raspberry Pi-Modell A oder B und einen Monitor. Weitere Hardware ist optional, da das Programm komplett offline läuft, ist kein Netzwerk nötig. Die Profile und Medien können auf der Speicherkarte des Raspberry Pi oder auf einem USB-Stick bzw. einer externen Festplatte liegen. Zur Steuerung können eine Tastatur oder aber auch einfache Schalter verwendet werden, die am GPIO-Port angeschlossen sind.

Weitere Informationen zu Pi Presents und ein ausführliches Handbuch finden Sie im Blog des Entwicklers: *pipresents.wordpress.com*.

13.1 Pi Presents im Deutschen Pferdemuseum

Besucher des Deutschen Pferdemuseums (*www.pferdemuseum.org*) können über Tasten an Multimedia-Terminals Menüs steuern, die unterschiedliche Film- und Fotosequenzen zu bestimmten Themen der Ausstellung zeigen. Im Hintergrund laufen dazu Raspberry Pi und Pi Presents, deren Stromverbrauch und Wartungsaufwand gegenüber kommerziellen Multimedia-Präsentationsgeräten deutlich geringer ist.

Bild 13.2: Das Deutsche Pferdemuseum in Verden (Aller) setzt Pi Presents für interaktive Multimedia-Präsentationen an verschiedenen Ausstellungsobjekten ein.

Diese Medien sollen die Originalexponate nicht ersetzen, sondern auf Abruf Zusatzinformationen liefern. Die früher an dieser Stelle eingesetzten endlos laufenden Videorekorder lenkten stark von den wertvollen historischen Exponaten ab.

Bild 13.3: Reitsimulator und Kutschensimulator im Deutschen Pferdemuseum. links unten die Bedienelemente für Pi Presents. (Fotos: web-echo-medienservice/Deutsches Pferdemuseum)

Für den rauen Alltagsbetrieb im Museum sind die Multimedia-Stationen mit fest eingebauten Tasten aus Edelstahl an geeigneten Stellen an den Exponaten versehen. Die verwendeten Bildschirme verfügen über einen USB-Anschluss, der ausreichend Strom liefert, um den Raspberry Pi zu versorgen. So ist weiterhin für jede Station nur eine einzige Steckdose notwendig.

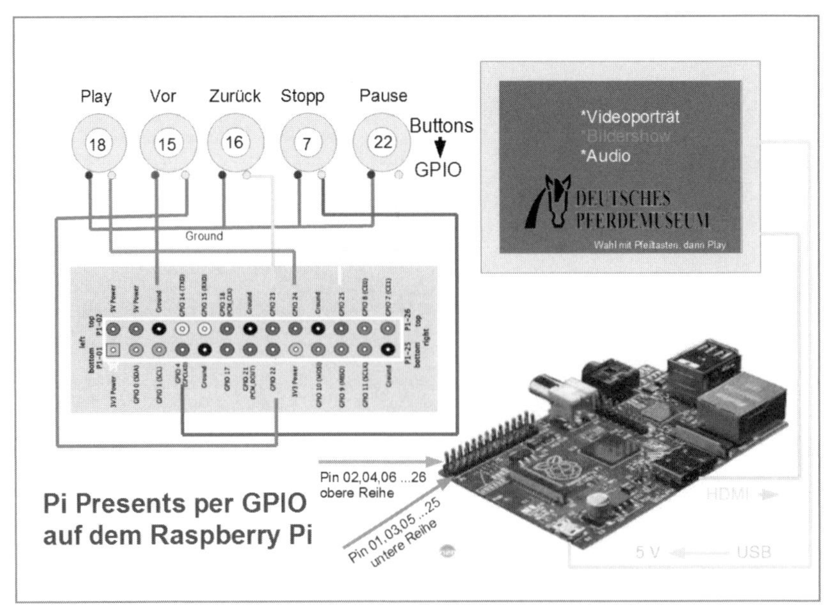

Bild 13.4: Schaltplan einer Multimedia-Station mit Pi Presents. (Grafik: web-echo-medienservice/Deutsches Pferdemuseum)

Pi Presents bietet einen Autostartmodus, der die Präsentation automatisch nach dem Start des Raspberry Pi startet. So können die Multimedia-Stationen automatisch jeden Morgen mit dem Einschalten der Museumsbeleuchtung gestartet werden, ohne dass sich ein Mitarbeiter darum kümmern muss. Die Geräte werden abends einfach ausgeschaltet. Ein Raspberry Pi muss nicht unbedingt ordnungsgemäß heruntergefahren werden.

13.2 Pi Presents installieren

Pi Presents basiert auf Python, benötigt aber einige zusätzliche Pakete, die vor der ersten Verwendung installiert werden müssen:

```
sudo apt-get update
sudo apt-get install python-imaging python-imaging-tk
sudo apt-get install x11-xserver-utils unclutter mplayer uzbl
```

Weiterhin wird die Bibliothek *Pexpect* benötigt, mit der sich Automatisierungsaufgaben in Python einfach erledigen lassen. Diese liegt nicht als fertiges Installationspaket vor, sondern muss heruntergeladen, entpackt und dann per Skript installiert werden. Wenn Sie diese Bibliothek bereits für den TBOPlayer installiert haben, können Sie diesen Schritt überspringen.

Stellen Sie sicher, dass Sie sich im LXTerminal-Fenster im Home-Verzeichnis des angemeldeten Benutzers `pi` befinden. Wenn nicht, springen Sie dorthin:

```
cd
```

Holen Sie sich das nur 150 kB große Archiv aus dem Sourceforge-Projekt des Entwicklers:

```
wget http://pexpect.sourceforge.net/pexpect-2.3.tar.gz
```

Entpacken Sie dieses Archiv:

```
tar xzf pexpect-2.3.tar.gz
```

Dabei wird automatisch ein Verzeichnis `pexpect-2.3` angelegt. Wechseln Sie in dieses Verzeichnis:

```
cd pexpect-2.3
```

Starten Sie dort mit Root-Rechten das Installationsskript:

```
sudo python ./setup.py install
```

Wechseln Sie erneut in das Home-Verzeichnis:

```
cd
```

Holen Sie sich jetzt das eigentliche Programm Pi Presents:

```
wget https://github.com/KenT2/pipresents.next/tarball/master -O - | tar xz
```

Dabei wird ein Verzeichnis `KenT2-pipresents-next-xxxx` angelegt. Nennen Sie dies im Dateimanager oder mit folgendem Kommandozeilenbefehl in `pipresents` um:

```
mv KenT2-pipresents--next-879c110 pipresents
```

13.3 Erster Test von Pi Presents

Um die Installation zu testen, starten Sie Pi Presents aus dem LXTerminal-Fenster:

```
python ./pipresents/pipresents.py
```

Nachdem Python initialisiert wurde, was einige Sekunden dauern kann, erscheint ein großes, schwarzes Fenster auf dem Bildschirm, mit der Meldung, dass das angegebene Profil nicht existiert. Schließen Sie dieses Fenster wieder.

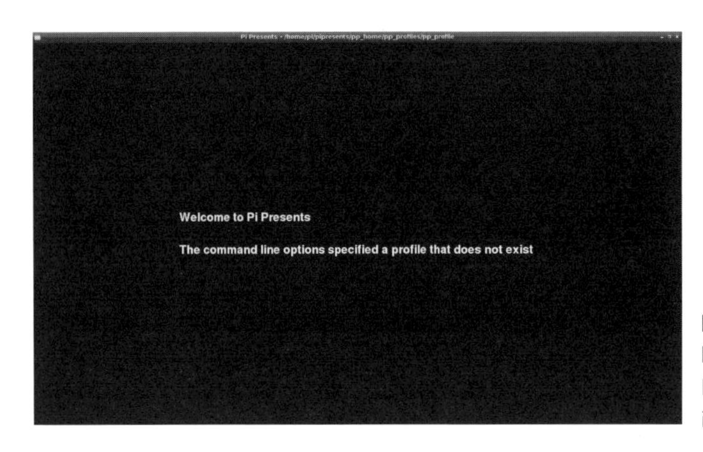

Bild 13.5: Diese Meldung bedeutet immerhin, dass Pi Presents richtig installiert wurde.

Laden Sie sich eine ca. 26 MB große Beispielpräsentation vom Entwickler der Software herunter:

```
wget https://github.com/KenT2/pipresents-next-examples/tarball/master -O - |
tar xz
```

Nach dem Entpacken erscheint ein Verzeichnis `KenT2-pipresents-next-examples-xxxx`. Öffnen Sie dieses und verschieben Sie das Unterverzeichnis `pp_home` in Ihr Home-Verzeichnis. Starten Sie jetzt die Beispielshow mit:

```
python ./pipresents/pipresents.py -f -p pp_mediashow_1p2
```

Am Ende der Show schließen Sie das Fenster einfach mit [Alt]+[F4], um Pi Presents zu beenden.

Pi Presents benötigt eine grafische Oberfläche

Pi Presents wird zwar komplett über die Kommandozeile gesteuert, benötigt aber zum Abspielen die Grafikfunktionen der LXDE-Oberfläche. Das Programm läuft nicht im reinen Textmodus.

Bild 13.6: Die Pi Presents-Beispielpräsentation `pp_mediashow`.

13.4 Audio auf dem Raspberry Pi einrichten

Sollten Sie im Video keinen Ton hören, kann dies mehrere Ursachen haben - möglicherweise haben Sie bisher auf dem Raspberry Pi noch nie etwas gehört.

Der Raspberry Pi erkennt standardmäßig automatisch, welcher von beiden Audioausgabekanälen, HDMI oder der 3,5-mm-Analogausgang, verwendet werden kann. Haben Sie einen PC-Monitor mit DVI-Anschluss und keinen HDMI-Fernseher, schließen Sie zunächst über ein Audiokabel einen Kopfhörer oder PC-Lautsprecher an.

Um den Audioausgang auch nutzen zu können, starten Sie das Konfigurationstool:

```
sudo raspi-config
```

Wählen Sie unter *Advanced Options/Audio* die Option *Force 3.5mm ('headphone') jack.*

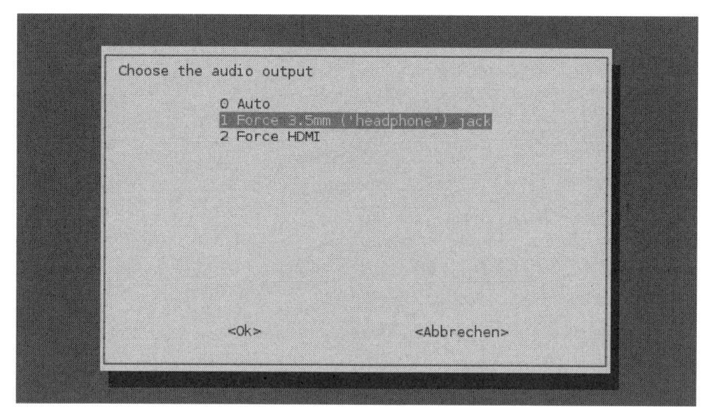

Bild 13.7: 3,5-mm-Audioausgang aktivieren.

Andernfalls würde die Automatik das Audiosignal über den HDMI-Anschluss ausgeben, und es wäre in den meisten Fällen nichts zu hören.

Analoger Audioeingang am Monitor
Bei vielen Monitoren funktioniert der analoge Audioeingang nur, wenn auch der VGA-Videoeingang genutzt wird. Bei der Umschaltung auf DVI-Signal wird er oft abgeschaltet, sodass Sie, selbst wenn der Monitor einen analogen Audioeingang hat, externe Lautsprecher benötigen.

13.4.1 Audioausgabe in Pi Presents

Pi Presents bietet eine eigene Möglichkeit zur Steuerung der Audioausgabe. Hier lassen sich verschiedene Audioausgabekanäle ansteuern, um z. B. bestimmte Informationen über Kopfhörer auszugeben, während über den HDMI-Monitor eine Hintergrundmusik läuft.

Leider ist die Audioausgabe in der Beispielpräsentation fest auf HDMI eingestellt. Das können Sie aber leicht ändern. Gehen Sie dazu mit dem Dateimanager in das Verzeichnis `/home/pi/pp_home/pp_profiles/pp_mediashow_1p2`. Dort finden Sie zwei

Dateien mit der Endung `.json`. Öffnen Sie diese beiden Dateien mit dem Leafpad-Editor und löschen Sie das Wort `hdmi` in den Einträgen `omx-audio` und `mplayer-audio`. Speichern Sie danach die Dateien wieder.

Wenn Sie die Präsentation jetzt wieder abspielen, werden die Systemeinstellungen für die Audioausgabe übernommen, und das Audiosignal wird nicht mehr zwingend auf HDMI abgespielt.

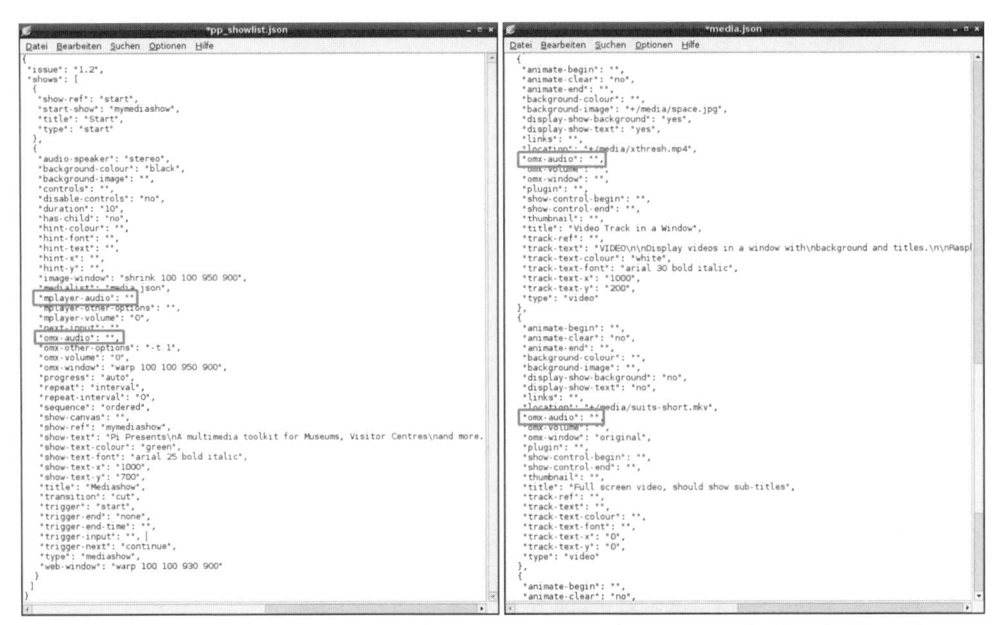

Bild 13.8: Mit diesen Einträgen verwendet eine Pi Presents-Präsentation die Standardvorgaben für die Audioausgabe.

13.5 Die Möglichkeiten von Pi Presents in Beispielen

Pi Presents liefert verschiedene Beispiele für Anwendungen und Steuerung, die die zahlreichen Präsentationsmöglichkeiten veranschaulichen.

Alle Beispiele verwenden immer wieder die gleichen Medien, die in `/home/pi/pp_home/media` gespeichert sind. Die Profile befinden sich in `/home/pi/pp_home/pp_profiles`. Die Datei `pp_showlist.json` definiert das Aussehen und den Ablauf der Show, andere Dateien regeln die Anzeige der Medien. Alle Dateien können mit einem Texteditor angezeigt und bearbeitet werden. Starten Sie die Beispiele direkt von der Kommandozeile, z. B.:

```
python ./pipresents/pipresents.py -f -p pp_menu_1p2
```

13.5.1 Steuerung mit der Tastatur

Pi Presents lässt sich mit der Tastatur interaktiv steuern. Diese Tasten gelten für alle Präsentationen:

- Die Pfeiltasten [↑] und [↓] führen durch das Menü.
- Die Pfeiltasten [↑] und [↓] führen durch eine Präsentation. Mit ihnen kann man auch zum nächsten oder vorherigen Beitrag einer automatischen Show springen. Die Bewegungsrichtung kehrt sich am Start und Ende der Show um.
- Die [Enter]-Taste startet eine Präsentation oder den ausgewählten Menüeintrag.
- [Esc] stoppt einen laufenden Beitrag und kehrt zur Show zurück. In einer untergeordneten Show führt [Esc] zur aufrufenden Show zurück.
- In einem Bild, bei Video und Audio ermöglichen [P] oder die [Leertaste] eine Pause oder die Fortsetzung.
- [Strg]+[Pause] beendet Pi Presents.

13.6 Der Editor für Pi Presents

Pi Presents steuert die Shows über Konfigurationsdateien im reinen Textformat. Diese können mit jedem Texteditor, wie z. B. Leafpad, bearbeitet werden. Pi Presents liefert zusätzlich einen komfortablen Editor mit, der nichts anderes tut, als diese Konfigurationsdateien unter einer übersichtlichen Oberfläche zu bearbeiten. So braucht man sich die Namen der einzelnen Parameter nicht zu merken. Mit diesem Editor lassen sich vorhandene Shows bearbeiten und neue erstellen.

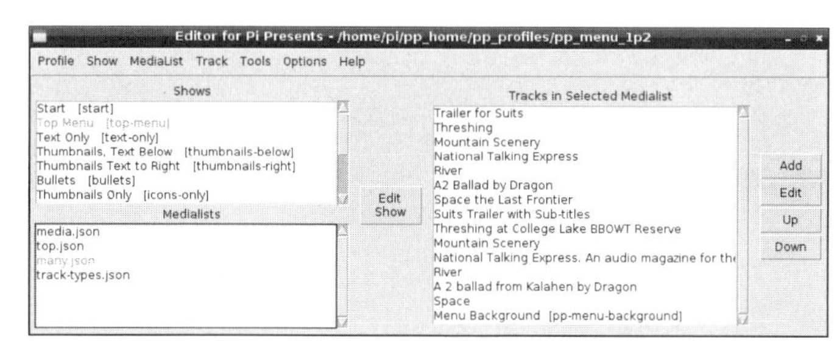

Bild 13.9: Eine Beispielshow im Pi-Presents-Editor.

Starten Sie den Editor am besten in einem zweiten LXTerminal-Fenster. Dann können Sie parallel im ersten Fenster Pi Presents selbst starten und so Änderungen an einer Show schneller testen.

```
python ./pipresents/pp_editor.py
```

Die Shows in Pi Presents werden über sogenannte Profile verwaltet. Ein Profil entspricht in einem Museum z. B. einem Ausstellungsstück bzw. einem Infoterminal. Jedes Profil kann eine oder mehrere Shows enthalten. Zu jedem Profil gehören Medienlisten, in denen die verwendeten Medien, Bilder, Videos und Audios eingetragen sind. Wählen Sie eines der Beispielprofile über den Menüpunkt *Profile/Open*.

- Das Fenster *Shows* oben links zeigt die im gewählten Profil verfügbaren Shows.
- Das Fenster *Medialists* unten links zeigt die Medienlisten dieses Profils.
- Das rechte Fenster *Tracks in Selected Medialist* zeigt die Titel der im Fenster *Medialists* ausgewählten Medienliste.

Markieren Sie eine Show und klicken Sie auf *Edit Show*, um diese zu bearbeiten. Alle Shows haben die folgenden Felder:

- `title` - Text, der im Editor und im Menü angezeigt wird.
- `show_ref` - Hinweis, dass andere Shows auf diese Show verweisen können. Der Eintrag kann ein beliebiger alphanumerischer String ohne Leerzeichen sein.
- `medialist` - Dies ist der Name einer Datei, die im Medienlistenfenster angezeigt wird. Die Datei muss die Erweiterung `.json` (JavaScript Object Notation) besitzen. Jede Show muss eine Medienliste enthalten, in der die Tracks der Show festgelegt sind.

Showtexte überlagern jedes Bild in der Show. Shows haben zusätzlich eine Reihe von Feldern, die für alle Tracks der Show Standardwerte enthalten, darunter `duration` (Dauer), `cut` (Unterbrechung) und `omx-audio` - die Tracks laufen mit diesen Werten, wenn die gleichnamigen eigenen Felder frei bleiben.

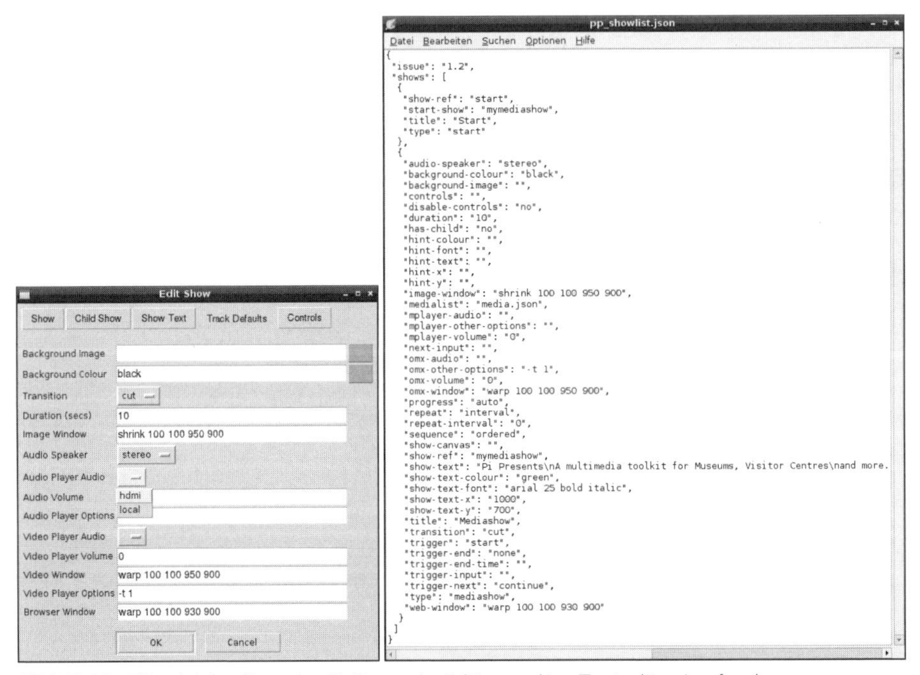

Bild 13.10: Die gleiche Show im Pi-Presents-Editor und im Texteditor Leafpad.

An dieser Stelle taucht ein Problem des Pi-Presents-Editors auf. Der Parameter `omx-audio` lässt sich nur auf `hdmi` oder `local` stellen, er kann aber nicht, wie weiter oben beschrieben, einfach leer gelassen werden, damit Pi Presents die automatisch erkannte Systemkonfiguration des Raspberry Pi übernimmt. Mit dem Pi-Presents-Editor lassen sich Shows demnach nur für eine bestimmte Audiokonfiguration festschreiben. Um sie variabel auf jeder Hardwarekonfiguration lauffähig zu machen, muss man die JSON-Datei mit einem Texteditor bearbeiten und den Parameter `omx-audio` leer lassen. Danach kann die Datei mit dem Pi-Presents-Editor eingelesen werden, und die Option `""` wird in der Auswahl mit angeboten.

13.7 Abspielbare Medien

Jede Show benötigt mindestens eine Medienliste, in der die einzelnen Tracks aufgelistet sind. Medienlisten ähneln Wiedergabelisten in einem Mediaplayer, sie spielen ebenfalls Tracks entweder nacheinander oder als Teil eines Menüs ab. Unbenannte Tracks werden im Menü oder in der Mediashow in der Reihenfolge abgespielt, in der sie im Editor eingetragen wurden.

Mediatracks sind mit Mediendateien verknüpft und bestimmen, wie die zugehörigen Medien abgespielt werden. Es gibt vier Typen von Mediatracks:

- *Video* – Pi Presents zeigt jedes Video, das der OMXPlayer spielen kann. Videos können mit GPIO-Buttons, der `Leertaste` oder der `P`-Taste angehalten werden. Die Abspielbarkeit unterschiedlicher Medientypen hängt von den installierten Codec-Lizenzen auf dem Raspberry Pi ab.
- *Audio* – Audiotracks werden zurzeit ebenfalls vom OMXPlayer ausschließlich bei schwarzem Hintergrund abgespielt. Für die Zukunft ist ein verbessertes System geplant. Damit wäre Schluss mit dem »Plop« beim Abstöpseln des Klinkensteckers. Außerdem könnte man mehr als eine Spur gleichzeitig abspielen, und Audios könnten mit Bildern kombiniert werden, was bisher nicht möglich ist.
- *Bilder* – Imagetracks können mit GPIO-Buttons, der `Leertaste` oder der `P`-Taste angehalten werden. Über die Bildertracks können Texte gelegt werden. *Track-Text* wird über einen einzelnen Track gelegt, *Show-Text* überlagert jeweils eine ganze Show. Bilder werden mit der mit der Python Imaging Library gerendert und sollten nicht über 1 MB groß sein. Es ergibt keinen Sinn, ein Foto in der Originalauflösung einer Digitalkamera einzubauen und es jedes Mal während der Show auf Bildschirmauflösung herunterzurechnen. Die Qualität wird dabei nicht besser – also lieber vorab auf Bildschirmgröße verkleinern und dann in die Show einbauen.
- *Infotexte* – Messagetracks zeigen Text auf einem schwarzen Hintergrund. Sie benötigen keine Beschreibungsdatei, weil der Text im *Track-Entry* des Profils eingetragen wird.

- *Web Tracks* – Webseiten aus dem Internet oder aus dem lokalen Dateisystem, die mit dem Webkit-basierten uzbl-Browser gerendert werden. Dieser Browser wird mit Pi Presents installiert.

Für jeden Tracktyp wird in Feldern festgehalten, wie der Track dargestellt werden soll; einige Tracktypen überschreiben die Einträge in den entsprechenden Feldern der führenden Show.

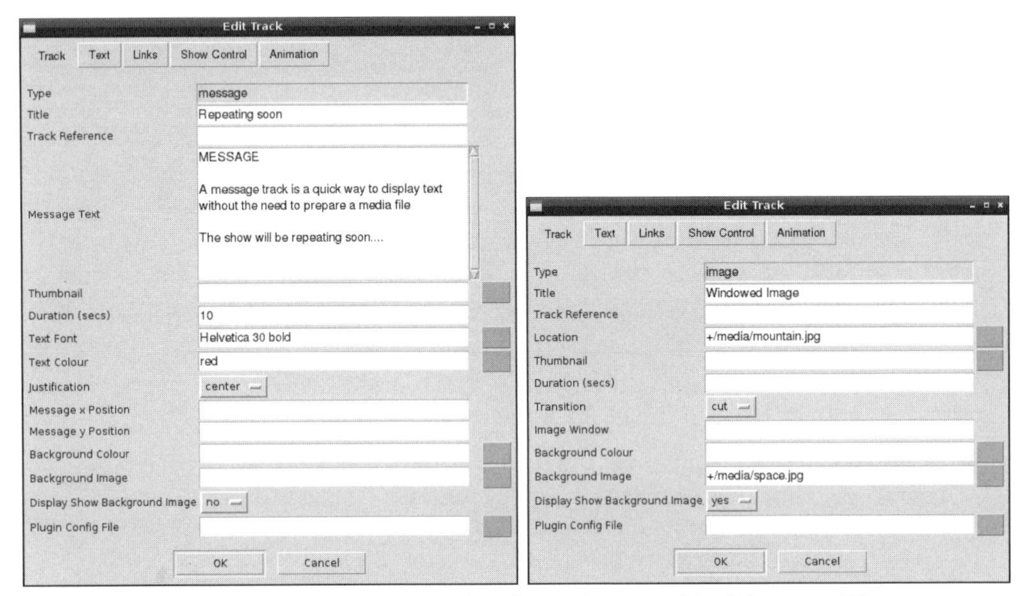

Bild 13.11: Beispiele für einen Messagetrack und einen Imagetrack im Pi Presents-Editor.

Medienverzeichnisse

Pi Presents verwendet ein System, bei dem Profile und ihre Medien zwischen verschiedenen Laufwerken hin und her verschoben werden können, ohne dass dabei die Verknüpfungen zwischen Shows und ihren Mediatracks verloren gehen. Das ist wichtig, wenn ein Profil auf der SD-Karte eines Raspberry Pi eingerichtet wurde, um es anschließend auf einem USB-Stick im Echtbetrieb auf einem anderen Gerät einzusetzen, oder wenn man die Profildateien auf einem PC zusammenstellen möchte.

Um diese Portabilität zu erreichen, müssen die Tracks in Unterverzeichnissen des pp_home-Verzeichnisses gespeichert werden. Wenn Tracks unter pp_home gespeichert werden, bevor das Profil erstellt ist, legt der Profileditor automatisch die richtige Verknüpfung an. Das führende Pluszeichen in Dateipfaden lässt zu, dass Tracks relativ zum pp_home-Verzeichnis dargestellt werden können. Wenn das Pluszeichen fehlt, muss ein absoluter Pfad angegeben werden. Die Dateiverknüpfung bei relativem Pfad wird z. B. so aussehen: `+/media/track_to_play.mp4`.

Außer Mediatracks sind innerhalb einer Medienliste noch drei weitere Arten von Tracks möglich:

- *show* – Weitere Shows können auch als Tracks eingebunden werden, die sich beliebig tief verästeln lassen.

- *child-show* – Spezielle Tracks, die eine untergeordnete Show innerhalb einer Mediashow aufrufen.
- *menu-background* – Spezielle Tracks, die eine Bilddatei als Hintergrund hinter ein Menü legen.

13.8 Die verschiedenen Arten von Shows in Pi Presents

Pi Presents kennt sechs Arten von Shows. Mediashows geben eine Reihe von Tracks wieder, Menüs erlauben dem Benutzer die Auswahl von Tracks, und Liveshows starten sofort und wiederholen das Abspielen in alphabetischer Reihenfolge der Tracknamen. Radiobuttonshows sind vergleichbar mit Kioskpräsentationen, Hyperlinkshows sind besonders für Touchscreens geeignet, und die Start-Show ist die übergeordnete Show in jedem Profil, die die anderen aufruft.

Alle im Folgenden beschriebenen Parameter der unterschiedlichen Arten von Shows können über den Pi Presents-Editor oder auch direkt in die jeweilige JSON-Datei eingetragen werden.

13.8.1 Die Start-Show

In jedem Profil muss eine Show mit Namen *Start* existieren. Diese wird gestartet, wenn Pi Presents mit dem jeweiligen Profil aufgerufen wird.

Diese Start-Show enthält immer die folgenden Felder:

Feld	Beispiele	Werte
Type	start	Immer Typ *start*.
Title	Start	Beschreibt die im Editor angezeigte Show.
show-ref	start	Immer Typ *start*.
start-show	mymediashow	Den Namen der zu startenden Show aus der *Shows*-Liste wählen.

13.8.2 Mediashow

Stellen Sie sich eine Mediashow als Diashow vor, die verschiedene Tracktypen abspielen kann – Videos, Audiotracks, Bilder und sogar gesteuerte Animationen.

Mediashows haben eine Reihe von Feldern, in denen der Rahmen für die Showsteuerung festgelegt wird. Ein Menü kann mit einer Mediashow verbunden sein, damit das Menü von jedem Track in der Show aufgerufen werden kann. Diese Shows heißen

Child-Shows. Das *Has Child*-Feld zeigt Pi Presents, dass mit dieser Show ein Menü verknüpft ist. Das Menü selbst wird in der Medienliste mit der Show verbunden. Mit der *Child-Show* ist *Hint Text* verknüpft, der nur angezeigt wird, wenn im Feld *Has Child* ein *yes* eingetragen ist.

Eine Mediashow ist eine Folge von einem oder mehreren Bildern, Videos, Nachrichten, Menüs, weiteren Mediashows oder Soundtracks. Der Inhalt wird durch die Medienliste `media.json` festgelegt. Die Datei `pp_showlist.json` legt das Aussehen und das Verhalten der Show fest. Diese kann folgende Parameter enthalten:

Feld	Beispiele	Werte
type	mediashow	Kann nicht geändert werden.
title	My First Show	Text beschreibt die Show im Editor oder in Menüs.
show-ref	myfirstshow	Eintrag, wie die Show mit anderen Shows verknüpft ist. Text ohne Leerzeichen.
medialist	media.json	Dateiname der Medienliste, die die Tracks für die Mediashow enthält.

13.8.3 Menü

Ein Menü in Pi Presents besteht aus mehreren Textzeilen, über die der Benutzer mit der Tastatur oder Buttons eine Option auswählen kann. Es hat eine Reihe von Feldern, um das Aussehen zu gestalten. Ein Menü verfügt über einige Benutzerhinweise, die im *hint-text*-Feld eingetragen werden.

Bild 13.12: Ein Auswahlmenü.

Wurde ein Menü eine längere Zeit nicht betätigt, ist es sinnvoll, zur führenden Mediashow zurückzukehren. Das *timeout*-Feld bietet diese Rückkehrfunktion an. Ein Menü kann ein Hintergrundbild haben. Das Bild wird im *has-background*-Feld aktiviert. Die Verknüpfung mit dem Menü steht in der Medienliste, die mit der Show verknüpft ist.

13.8.4 Liveshow

Eine Liveshow ist eine Folge von einem oder mehreren Bildern, Videos sowie Webseiten und Audiotracks. Die Inhalte werden dynamisch eingebunden, die Liveshow muss also nicht von Anfang an komplett festgelegt werden. Liveshows starten sofort und wiederholen das Abspielen in alphabetischer Reihenfolge der Tracknamen. Ein Menü kann mit einer Liveshow so verbunden werden, dass das Menü von jedem Track in der Show aufgerufen werden kann. Die Parameter für Liveshows entsprechen weitgehend denen von Mediashows.

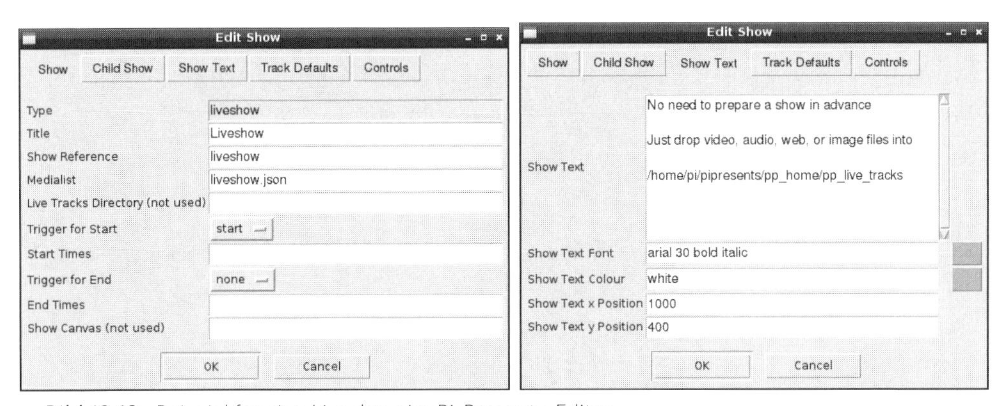

Bild 13.13: Beispiel für eine Liveshow im Pi-Presents-Editor.

Tracks können z. B. per SFTP auf den Raspberry Pi übertragen werden. Mit der Option `-l` beim Start können gleich zwei Speicherorte für Livetracks festgelegt werden, einmal das Home-Verzeichnis und zum anderen ein von der `-l`-Option benanntes Verzeichnis. Dabei können die Tracks auch auf einem freigegebenen Verzeichnis im Netzwerk liegen.

Shows für Pi Presents auf dem Windows-PC vorbereiten

Da Pi Presents reine Textdateien zur Konfiguration verwendet, können diese natürlich auch auf jedem PC erstellt und später auf den Raspberry Pi übertragen werden. Sie können den Pi Presents-Editor sogar auf einem Windows-PC nutzen. Dafür brauchen Sie das kostenlose Python für Windows von *www.python.org/download*. Bei der Installation wird automatisch eine Zuordnung für `.py`-Dateien angelegt, sodass Sie die Datei `pp_editor.py` direkt per Doppelklick starten können. Legen Sie in Ihrem Benutzerverzeichnis unter Windows ein Verzeichnis `pp_home` und darin ein Unterverzeichnis `pp_profiles` an, damit der Pi-Presents-Editor die Projektstruktur wie auf dem Raspberry Pi abbilden kann. Wenn Sie die fertigen Projekte nicht direkt auf den Raspberry Pi übertragen können (wenn dieser z. B. an einer Stelle eingesetzt wird, an der es keinen PC gibt), kopieren Sie das auf dem Windows-PC erstellte `pp_home`-Verzeichnis auf die oberste Verzeichnisebene eines USB-Sticks.

Schließen Sie diesen am Raspberry Pi an und starten Sie Pi Presents mit dem Parameter `./pipresents/pipresents.py -o /media/USBSTICK` bzw. dem jeweiligen Namen, unter dem der Raspberry Pi Ihren USB-Stick erkennt.

13.8.5 Radiobuttonshow

Eine Radiobuttonshow verfügt über Präsentationsmöglichkeiten, wie sie in vielen Kiosken üblich sind:

Sie startet zum Beispiel mit einem Einstiegsbildschirm, etwa mit einem Text, der den Benutzer zum Druck auf einen Button auffordert, der einen Track startet. Der Druck auf einen Button spielt einen Track, der diesem Button zugeordnet ist. Beim Abspielen des Tracks startet ein Druck auf einen anderen Button dessen zugeordneten Track. Am Ende eines Tracks oder durch Druck auf Stopp erfolgt die Rückkehr zum Einstiegsbildschirm.

In Pi Presents kann der Einstiegsbildschirm ein Bild, eine Nachricht, ein Video, ein Audiotrack oder eine Show sein; alle können diverse Texte zeigen. Weitere Tracks werden nach Maßgabe der *play*-Befehle im *links*-Feld abgespielt.

13.8.6 Hyperlinkshow

Eine Hyperlinkshow bietet Showeigenschaften an, wie sie auf Touchscreens in Museen benutzt werden:

Sie startet zum Beispiel mit einer Einstiegsseite, der Homepage, mit etwas einführendem Text und/oder Bildern sowie einer Auswahl von Buttons, die es dem Benutzer ermöglichen, zu anderen Seiten zu wechseln. Jede Seite kann über eine andere Buttonauswahl verfügen, um andere Seiten aufrufen zu können. Auf allen Seiten mit Ausnahme der Homepage erlauben zusätzliche Buttons, auf vorherige Seiten zurückzugehen oder die Homepage wieder aufzurufen.

Jede Seite in einer Hyperlinkshow ist ein Track. Alle Seiten haben Verknüpfungsfelder, die Befehle für die Bewegung zwischen Tracks und zurück enthalten.

13.9 Pi Presents im Black-Box-Betrieb

Wenn Pi Presents in einem Museum oder einer Ausstellung automatisch laufen soll, möchte man nicht mit Tastatur und Maus jeden Morgen das jeweilige Projekt starten. In den meisten Fällen wird an den Bildschirmen gar keine Tastatur vorhanden sein. Es gibt viele Einstellungsmöglichkeiten, um mit Pi Presents im Vollbildmodus automatisch startende, per GPIO gesteuerte Präsentationen abzuspielen.

Hängen Sie die folgenden Optionen an die Kommandozeile von Pi Presents an:

Optionen	Bedeutung
-p [PROFIL]	Basisverzeichnis des verwendeten Profils, z. B. pp_mediashow. Wenn nicht angegeben, wird standardmäßig pp_profile verwendet.
-g	Verwendet GPIO zur Steuerung mit Buttons und PIR. Pi Presents muss vom Benutzer root gestartet werden: sudo python ./pipresents/pipresents.py -g Beachten Sie die Hinweise zur GPIO-Steuerung weiter unten.
-b	Verhindert die Bildschirmabschaltung nach einer bestimmten Zeit. Damit dies funktioniert, muss x11-server-utils installiert sein.
-f [top, bottom, left, right]	Startet Pi-Presents im Vollbildmodus. Das Argument gibt die Position der Taskleiste an, üblicherweise bottom.
-o [home]	Ort des Pi Presents-Home-Verzeichnisses, z. B. /media/USBSTICK. Wenn diese Option nicht angegeben wird, wird standardmäßig /home/pi gesetzt.
-l [LIVESHOW]	Liveshowtracks werden immer aus dem pp_live_tracks-Verzeichnis abgespielt, das mit der -o-Option als Datenort standardmäßig unter /home/pi/pp_home/pp_live_tracks liegt. Wenn die -l-Option einen Verzeichnispfad enthält, wird dieser als zweite Quelle für Liveshowtracks eingesetzt, z. B. /media/USBSTICK/live_tracks.

Weitere Kommandozeilenoptionen sind nicht für den Black-Box-Betrieb, sondern zum Testen der eigenen Profile gedacht:

-v	Überprüft das Profil, wenn Pi Presents gestartet wird.
-d	Laufzeitfehler verursachen Warnmeldungen und werden im Terminalfenster gemeldet, wenn dieses geöffnet ist. Bei eingeschaltetem Debugging wird zusätzlich eine Ereignisliste der Pi-Presents-Aktivitäten im Terminalfenster angezeigt. Fehler und diese Liste werden auch in der Datei pipresents/pp_log.log gespeichert.

13.9.1 Der Vollbildmodus von Pi Presents

Präsentationen wirken wesentlich professioneller, wenn sie im Vollbildmodus ohne störende Fensterränder und Taskleisten laufen. Pi Presents kann dazu mit der Startoption `-f` einen Vollbildmodus simulieren. In Wirklichkeit läuft die Präsentation weiter in einem Fenster, aber dieses wird auf volle Bildschirmgröße maximiert. Dazu werden die Titelzeile des Fensters sowie die Taskleiste ausgeblendet, sodass der ganze Bildschirm für die Show zur Verfügung steht. Außerdem wird in diesem Modus der Mauspfeil abgeschaltet. Mit der Tastenkombination [Alt]+[F4] können Sie Pi Presents auch in diesem Modus jederzeit beenden.

13.9.2 Pi Presents mit dem Start des Raspberry Pi automatisch starten

In einem Museum wäre es höchst unpraktisch, müsste man jeden Morgen über ein LXTerminal-Fenster die Show starten. Bei mehreren Infobildschirmen wäre ein Mitarbeiter erst mal einige Zeit beschäftigt. Viel einfacher ist es, Pi Presents nach dem Booten des Raspberry Pi automatisch mit der richtigen Show zu starten.

Voraussetzung für den Autostart von Pi Presents ist, dass der Raspberry Pi automatisch zum LXDE-Desktop bootet, was üblicherweise die Grundeinstellung ist. Sollte das nicht der Fall sein, können Sie diese Einstellung mit `sudo raspi-config` nachholen.

Legen Sie im Dateimanager das Verzeichnis `/home/pi/.config/lxsession/LXDE` an. Das Verzeichnis `.config` ist bereits vorhanden. Es ist aber wie alle Linux-Verzeichnisse, deren Name mit einem Punkt beginnt, nur sichtbar, wenn im Menü des Dateimanagers unter *Ansicht* der Schalter *Verborgene Dateien anzeigen* eingeschaltet ist.

Erstellen Sie in diesem Ordner eine Textdatei mit Namen `autostart`, die die Kommandozeile zum Start Ihres Pi Presents-Profils enthält, z. B.:

```
sudo python ./pipresents/pipresents.py -f -b -g -p profil
```

Die Parameter dieser Beispielzeile bedeuten:

- `sudo` – Soll im Black-Box-Modus die GPIO-Steuerung genutzt werden, muss Pi Presents mit Root-Rechten aufgerufen werden.
- `python ./pipresents/pipresents.py` – Der Programmaufruf aus dem Home-Verzeichnis des Nutzers `pi`.
- `-f` – Vollbildmodus.
- `-b` – Automatisches Abschalten des Bildschirms verhindern.
- `-g` – GPIO-Steuerung verwenden.
- `-p profil` – Aufruf eines Pi-Presents-Profils. Statt `profil` muss der wirkliche Name des Profils angegeben werden.

Machen Sie jetzt diese Datei noch ausführbar, indem Sie im Dateimanager mit der rechten Maustaste darauf klicken und im Kontextmenü *Eigenschaften* wählen. Aktivieren Sie im nächsten Fenster auf der Registerkarte *Berechtigungen* den Schalter *Datei als Programm ausführen*. Beim nächsten Start des Raspberry Pi wird automatisch die Show gestartet.

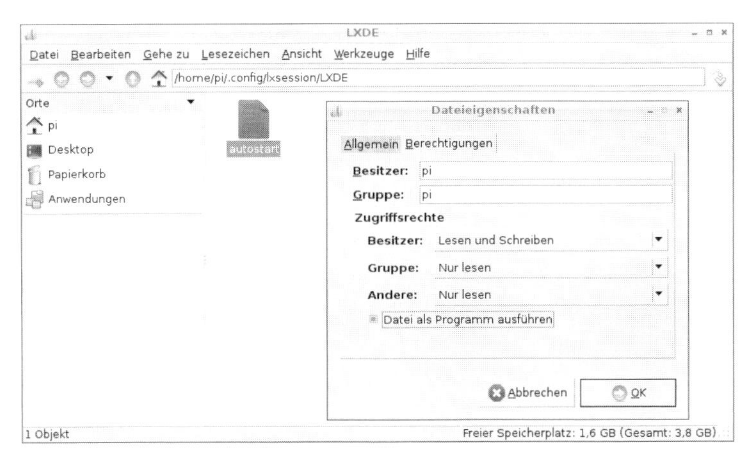

Bild 13.14: Mit dieser Einstellung wird das `autostart`-Skript ausführbar.

13.9.3 Pi Presents über GPIO steuern

Über die GPIO-Schnittstelle des Raspberry Pi lassen sich Drucktasten anschließen, die an einem interaktiven Bildschirmterminal fest eingebaut sind, und mit diesen kann die Show gesteuert werden. So ist keine Tastatur am Raspberry Pi nötig, diese kann aber bei Bedarf weiterhin verwendet werden, auch wenn GPIO aktiviert ist.

Die Steuerung über GPIO wird mit der Befehlsoption `-g` in der Kommandozeile eingeschaltet. Wenn GPIO benutzt wird, muss dem Startkommando für Pi Presents `sudo` vorangestellt werden, da man nur mit Root-Rechten Zugriff auf die GPIO-Schnittstelle des Raspberry Pi hat.

Pin	Button	Tastatur	Aktion
P-12	Shutdown		5 Sekunden drücken, um Pi Presents zu beenden und den Raspberry Pi herunterzufahren.
P-15	Down	↓	Nächster Eintrag in der Show oder nach unten im Menü.
P-16	Up	↑	Vorheriger Eintrag in der Show oder nach oben im Menü.
P-18	Play	Enter	Start einer Show oder Wiedergabe von Bildern oder einer Child-Show.

Pin	Button	Tastatur	Aktion
P-22	Pause	P oder Leertaste	Unterbrechungspause für Videos.
P-7	Stopp	Esc	Stoppt die Wiedergabe eines Titels oder kehrt zur Show auf oberer Ebene zurück.
P-11	PIR	Enter	Anschluss für Bewegungsmelder.
		Strg + Pause	Bricht Pi Presents ab. Das Pi-Presents-Fenster muss dazu geöffnet sein.

Die GPIO-Ports sind als über die ansteigende Flanke gesteuerte Eingabeports mit internen Pull-up-Widerständen ausgelegt.

- Drucktasten sollten mechanisch sein, nicht elektronisch. Beim Drücken müssen sie geschlossen werden, normalerweise sind sie offen, Die Tasten werden an einen GPIO-Pin und Masse (Ground) angeschlossen.
- PIRs (passive Infrarotbewegungssensoren) haben regulär geschlossene Relaiskontakte und werden zwischen GPIO-Pin und Masse (Ground) angeschlossen.

Der Entwickler von Pi Presents empfiehlt, einen 330-Ohm-Schutzwiderstand zwischen dem GPIO-Port und dem Schalter einzubauen. Dies schützt den Raspberry Pi, falls ein Eingang versehentlich als Ausgang konfiguriert wird.

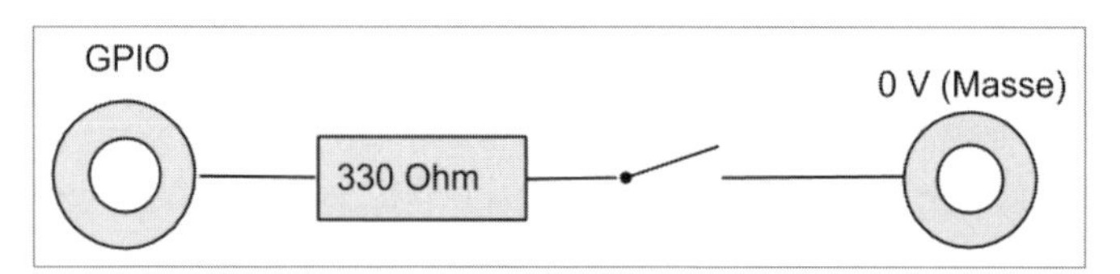

Bild 13.15: Anschlussschema einer Drucktaste für GPIO-Steuerung.

Pi Presents enthält eine softwareseitige Entprellung mit geringer Schalthysterese, um möglichst exakte Logiksignale zu erzeugen. Es brauchen keine Pull-down-Widerstände zwischengeschaltet zu werden. Sollte es hier Probleme geben, kann der Schwellenwert in der Datei `pp_buttons.py` angepasst werden.

Stichwortverzeichnis